基础设施全过程工程咨询操作指南

JICHU SHESHI QUANGUOCHENG GONGCHENG ZIXUN CAOZUO ZHINAN

北京圣华安咨询有限公司　编著

中国电力出版社
CHINA ELECTRIC POWER PRESS

内 容 提 要

本书首先介绍了全过程工程咨询和基础设施工程项目的概念、特点及发展现状，之后介绍了基础设施工程项目前期咨询、勘察设计咨询、招标采购咨询、合同管理咨询、施工阶段管理咨询、建设过程其他专项咨询、竣工咨询及运营咨询等内容，最后一章是基础设施项目的全过程工程咨询案例，供读者参考。

本书适合作为工程监理、工程造价、工程管理等专业的技术人员从事基础设施全过程工程咨询的工具书，也可供大土木类相关专业学生参考阅读。

图书在版编目（CIP）数据

基础设施全过程工程咨询操作指南 / 北京圣华安咨询有限公司编著. —北京：中国电力出版社，2021.1
ISBN 978-7-5198-4984-9

Ⅰ. ①基… Ⅱ. ①北… Ⅲ. ①基本建设项目-咨询服务-指南 Ⅳ. ①F284-62

中国版本图书馆 CIP 数据核字（2020）第 178232 号

出版发行：中国电力出版社
地　　址：北京市东城区北京站西街 19 号（邮政编码 100005）
网　　址：http://www.cepp.sgcc.com.cn
责任编辑：王晓蕾（010-63412610）
责任校对：黄　蓓　朱丽芳
装帧设计：张俊霞
责任印制：杨晓东

印　　刷：三河市航远印刷有限公司
版　　次：2021 年 1 月第一版
印　　次：2021 年 1 月北京第一次印刷
开　　本：787 毫米×1092 毫米　16 开本
印　　张：21.25
字　　数：511 千字
定　　价：69.80 元

《基础设施全过程工程咨询操作指南》
编　委　会

前　言

全过程工程咨询，是指业主在项目建设过程中将工程咨询业务整体委托给一家企业，由该企业提供项目策划、可行性研究、环境影响评价报告、工程勘察、工程设计、工程监理、造价咨询及招标代理等工程咨询服务的活动。

基础设施项目是指为社会生产和居民生活提供公共服务的物质工程设施建设项目，是用于保证国家或地区社会经济活动正常进行的公共服务系统。它是社会赖以生存发展的一般物质条件。

基础设施包括交通、邮电、供水供电、商业服务、科研与技术服务、园林绿化、环境保护、文化教育、卫生事业等市政公用工程设施和公共生活服务设施等。它们是国民经济各项事业发展的基础。在现代社会中，经济越发展，对基础设施的要求越高；完善的基础设施对加速社会经济活动，促进其空间分布形态演变起着巨大的推动作用。

建立完善的基础设施往往需较长时间和巨额投资。对新建、扩建项目，特别是远离城市的重大项目和基地建设，更需优先发展基础设施，以便项目建成后尽快发挥效益。

基础设施项目推进全过程工程咨询，可以有效提高投资决策水平、提升工程质量、节省投资、缩短工期，对深化供给侧改革，加快产业转型升级，促进经济可持续发展具有重要意义。

2017 年 2 月，国务院办公厅印发《关于促进建筑业持续健康发展的意见》（国办发〔2017〕19 号），提出“培育全过程工程咨询，鼓励投资咨询、勘察、设计、监理、招标代理、造价等企业采取联合经营、并购重组等方式，培育一批具有国际水平的全过程工程咨询企业。”

2017 年 5 月，住房和城乡建设部部署全过程工程咨询试点，鼓励有条件的地方和企业采用全过程工程咨询组织项目建设。

2019 年 3 月 15 日国家发展改革委、住房城乡建设部联合印发《关于推进全过程工程咨询服务发展的指导意见》（发改投资规〔2019〕515 号），意见要求在房屋建筑和市政基础设施领域推进全过程工程咨询服务发展，提升固定资产投资决策科学化水平，进一步完善工程建设组织模式，推动高质量发展。

北京圣华安咨询有限公司长年服务于各级政府与投资机构，在工程咨询前期勘察、可研、设计、造价、监理、项目管理等领域均积累了丰富经验与案例，并初步形成全过程咨询与项目管理服务平台，成为国内基础设施项目全过程工程咨询服务领先机构。在多年工作咨询实践中，圣华安咨询有限公司也对基础设施项目全过程咨询服务形成了自己的认知理解与规范流程。

从工程技术角度审视，现行工程建设组织方式把投资咨询、环境评价、勘察、设计、监理、招标代理及造价等工程咨询业务碎片化，分别委托不同企业，造成反复招标，前期工作程序冗长，不利于工程项目建设。通过全过程工程咨询组织方式改革，采用集约化方式，整合工程咨询业务，统一委托一家企业提供全过程工程咨询服务，可以简化程序，提高资源整合效率，加速工程项目建设。

前期咨询的碎片化必然带来众多项目相关责任主体，职责不清，相互扯皮，上下脱节，给业主组织协调和监督管理造成困难，进而影响工程质量。采用全过程工程咨询，可以简化业主与工程咨询方的关系，理清职责，方便监管，改进工程咨询服务质量。

分割的前期咨询业务通常也会带来工程费用难以统计，不断超过投资概算，业主不得不追加投资，增加投资的风险。采用全过程工程咨询可以有效降低管理成本，减少工程建设支出，节约工程投资。

北京圣华安咨询有限公司认为，采用全过程工程咨询可以有效缩短建设周期，改进工程咨询质量，提升工程建设水平，降低工程造价，节约工程投资，帮助业主获得更好的投资回报。

全过程工程咨询不仅有助于整体社会效益的提升，也是建筑业供给侧改革的重要内容，是建筑业转型升级的必由之路，可以帮助企业重组融合，研发创新，流程再造，降低生产经营成本，提高劳动生产率，培养创新型人才和复合型人才。采用全过程工程咨询可以将招投标环节减少，政府相应审批减少，促进投融资环境改善。

从既有规范及理论成果入手，结合同行业经验以及公司开展全过程工程咨询的实践，圣华安咨询有限公司组织公司相关专家共同编写了《基础设施全过程工程咨询操作指南》。本书系统介绍了国内开展基础设施项目全过程工程咨询的相关知识体系与工作流程，希望对于行业从业人员具有参考借鉴意义。

本书的编写也得到了中国工程咨询协会、中国勘察设计协会、中国建设工程造价管理协会、中国建设工程监理协会、北京市工程咨询协会等多方专家的支持指导，在此表以诚挚的谢意！

希望本书的出版，有助于我国基础设施项目全过程工程咨询服务的技术提升，进而提高固定资产投资水平，促进工程建设高质量发展。

目　录

第一章　全过程工程咨询及相关政策

第一节　工程咨询行业发展概论

一、国际工程咨询业的发展

1. 国际工程咨询业的发展历程

工程咨询产生于18世纪末19世纪初的第一次产业革命，它是近代工业化进程下的产物。19世纪初期，工程师一般受聘于政府部门和工厂企业，从事工业生产、工程设计和施工管理。19世纪上半叶开始，随着西方国家工业革命和社会经济技术的发展，一部分工程师分离出来，凭着自身的专业技能和丰富经验，提供建筑工程咨询服务。随着从事工程咨询人员的增多，建筑领域开始出现行会组织。1818年，英国建筑师约翰·斯梅顿组织成立了第一个土木工程师学会。1852年，美国建筑师学会成立，参加这些学会的土木工程师和建筑师虽然没有冠名为咨询工程师，但他们从事的却是工程咨询性质的业务。1904年，丹麦成立了国家咨询工程师协会，随后美国、英国、比利时、法国、瑞士等国家也相继成立工程咨询协会，表明工程咨询作为一个独立行业已经在欧美一些国家形成。1913年，国际咨询工程师联合会成立，标志着工程咨询作为一个独立行业，已经在世界范围内形成。

由此可知，国际工程咨询业的发展大致经历了三个阶段：个体咨询阶段、合伙咨询阶段和综合咨询阶段。

个体咨询阶段。19世纪，土木工程师和建筑师独立承担从建筑工程建设中分离出来的技术咨询业务，这一时期的工程咨询活动具有分散性、随机性、经验性的特点。

合伙咨询阶段。20世纪，工程咨询已从建筑业扩展到工业、农业、交通等行业领域，咨询形式也由个体独立咨询发展到合伙人公司，技术咨询水平进一步提高。

综合咨询阶段。第二次世界大战以后，工程咨询业又发生了三个变化：从专业咨询发展到综合咨询，从工程技术咨询发展到战略咨询，从国内咨询发展到国际咨询。同时，出现了一批著名的工程咨询公司，如福陆公司（FLUOR）、柏克德公司（Bechtel）、奥雅纳工程顾问公司（ARUP）等。

20世纪50年代，信息技术的产生和发展掀起了第三次产业革命的热潮，促进了工程咨询业的进一步演进，各行各业使用工程咨询服务越来越普遍，促使工程咨询业在数量和规模上均出现了新的飞跃。此外，经济的发展越来越突破民族经济和地缘经济的概念而变得日趋国际化，工程咨询服务也逐步走向国际化。随着国际经济技术交流与合作不断加强，发展中国家的工程咨询业也迅速崛起，并吸引了AECOM（艾奕康）、SWECO（斯纠可)、福陆、BV（必维)、柏克德等一大批国际工程咨询企业进驻中国。

2. 美国咨询业

美国咨询业十分发达，其咨询营业额占全球咨询市场的比重很大。美国工程咨询业针对客户经营环境日趋复杂多变，经营存在着管理水平低、人员素质低、技术人员和管理人员缺乏等问题，依靠自身对问题专业化研究的优势和长期咨询服务积累的丰富经验，为客户提供具有独立性和客观性的建议，同时可为企业提供专项研究方案、专门技术、新的管理方法、经营经验等，美国的咨询业注重服务的策略性与实用性，成为美国企业越来越依赖的重要智力支持力量。

美国工程咨询业具有以下特点：

（1）政府扶持力度大

美国政府十分重视工程咨询业的市场需求，其主要做法是，帮助咨询公司打开业务渠道，充分保证咨询公司的业务来源；在咨询公司的管理方面，政府除了从税收、保险等方面通过经济手段加以调控外，还从审计等方面进行严格管理；美国政府部门提倡企业找咨询公司为其服务，咨询项目在招标的基础上公开竞争。此外，为鼓励咨询业的发展，政府还采取将企业的咨询费用计入成本的方式来刺激企业对咨询的需求。

（2）私有化程度高

从美国工程咨询业的发展规律来看，咨询业的主要动力是具有“企业性质”的民间咨询机构的介入，它们直接接受市场的考验，并将成为国家咨询产业的主要力量。例如，美国80%的咨询公司具有私营企业性质，它们一般不隶属于政府部门或企业单位，而是独立选择或承担咨询项目，客观、中立开展咨询业务，为企业提供具有“高附加值”的咨询服务。

（3）具有完善的服务体系

美国工程咨询业的构成比较合理。既有世界一流的大型咨询公司，又有众多专业分工非常细的小型咨询公司，已经形成了市场运作规范、专业化程度高、收费合理、相对稳定的服务体系。

（4）完善的人才资源管理机制

美国工程咨询业在人力资源的建设与开发方面也有许多成熟的做法。例如，严格的资格认证制度，人力资源的目标管理制度，为专业人员营造的客观性、公正性和科学性工作氛围，强调遵守其职业道德以及设立相对独立的项目进度及质量的审查小组等。另外，通过采用激励机制、约束机制与良好文化氛围的互相作用方式，使得美国咨询业在人力资源管理方面机制更加完善。

3. 英国咨询业

英国咨询业历史悠久，经验丰富。服务范围大致可分为工程咨询以及产品、技术、经营管理咨询两大类。英国工程咨询主体包括咨询工程公司、咨询合伙人公司和独立咨询工程师。英国主要的大中型咨询工程公司有近300家，它们在设计和项目管理方面有丰富的实践经验和人力资源，客户群也比较广泛。咨询合伙人公司一般是由多名有经验的、有资质的工程师合作经营构成的咨询实体，他们的客户大多来自当地或英国国内，客户群比较稳定，独立咨询工程师是即将退休的或已退休的有着丰富咨询经验的工程师。他们大多在项目中以顾问或第三方咨询工程师的身份出现。

从咨询的业务权重来看，土木工程设计、房屋建筑设计、基础工程设计，路桥设计、现场勘察、水处理系统设计、防洪工程设计、交通规划、施工安全咨询和铁路设计等业务占了整个英国咨询业务的75%，其余的25%包括电力系统设计、隧道工程、防火工程、石油管道工程和防震工程等，有时在业主委托下，咨询服务业也涉及工程项目管理或施工过程中的监理。

由于英国国内咨询市场已被充分开发，咨询主体的利润率已被压缩到1%～3%，近些年来，一些颇具规模的咨询公司已把业务重点放到远东环太平洋地区和中东的迪拜，中国市场也是他们争夺的重中之重。

4. 其他国家和地区的咨询业

德国、法国两国工程咨询业都有着悠久的历史，在其本国和世界多数国家的建设活动中起着重要作用。这两个国家的咨询机构规模呈两级分布状态，以大型或小型公司发展。日本咨询业虽在20世纪60年代才兴起，但目前已进入稳步发展的阶段。日本政府成立了“日本海外工程咨询公司协会”，着力开拓海外咨询业务。此外，其他一些欧洲国家以及澳大利亚也都拥有实力强劲的工程咨询行业，并积极参与国际市场竞争。

在国际工程咨询市场上，工程咨询业大体上有三种类型：

一是专门的工程咨询机构。如独立的顾问公司、工程咨询公司等。

二是工程咨询和工程设计二者兼营的咨询设计机构。这类咨询机构既承担项目前期工作，又承担项目设计和有关技术文件的编制，包括完整的分段深度设计图纸和相应的方案资料，还可提供现场设计服务和项目监理。

三是集咨询、设计、采购、建设于一体的工程公司。其服务范围包括项目建设的“全过程”，即从项目投资前期工作开始直至建成投产（或交付使用）为止，也就是所谓的“交钥匙”方式，这也是一个时期以来，国际建筑市场上受推崇和应用较多的方式。国际工程咨询企业，特别是大型工程咨询企业，具有如下特点：规模特大、经验丰富、跨国性经营和发展；利用金融手段进行企业兼并和重组，吸收多国人才，全球布点，构建网络型组织，开展多种国际合作，实现全球化服务；提供全生命周期咨询服务，系统性问题一站式整合服务；提供综合性很强的多元化服务模式，包括各种类型工程的咨询服务，包括房屋建筑、工业建设、基础设施（公路、铁路、地铁、航道等）、建筑设备、环境工程和水务工程等；拥有国际著名的规划和建筑设计团队；拥有一批设计、施工和工程管理经验非常丰富的咨询工程师。

5. 国际工程咨询业的发展趋势

（1）开拓广泛的专业咨询服务

为了生存与发展，一些国际咨询工程师将业务重点转向专业咨询业务，并努力开拓更广泛的专业咨询领域。国际咨询工程师常以专业咨询服务为先导，以此进入新的咨询服务市场，并在专业咨询服务基础上进一步开辟全方位、全过程的工程咨询服务。

（2）加强与当地咨询工程师的合作

在许多国家，由于地方保护政策的原因，外国咨询工程师一般很难单独被委托从事项目的咨询服务工作，即使在外国咨询工程师可以自由从事咨询业务的地区，也经常遇到外汇的短缺和对可汇兑货币的汇款限额问题，对外国咨询业进入当地造成一定困难，所以，国际咨询工程师常常采取与当地的咨询工程师合作、合资经营的方式承担项目的咨询服务工作，或者为当地的咨询工程师或业主提供各专业的技术服务。

二、国内工程咨询业的发展

1. 国内工程咨询业的发展历程

新中国成立以来，我国工程咨询业从无到有，由小到大，取得了长足的发展。随着改革开放的深入和社会主义市场经济体制的确立，工程咨询产业化、工程咨询单位市场化步伐明显加快，行业规模显著扩大，人员素质不断提高，服务质量和水平稳步提升。中国工程咨询业发展历程大致可以分为四个阶段：萌芽阶段、起步阶段、与国际接轨阶段和快速发展阶段。

萌芽阶段：“一五”期间，我国工程咨询业初步萌芽，当时我国的投资决策体制沿用苏联的模式，采用“方案研究”“建设建议书”“技术经济分析”等类似可行性研究的方法，取得了较好的效果，并由此成立了一批工程设计院，由这些设计院担任大量的工程设计及项目前期工作，但当时的咨询工作都是在政府指令性计划下完成的，服务内容和服务形式与现代化的咨询服务在深度和广度上均有所差异。

起步阶段。我国真正意义上的工程咨询业始于 20 世纪 80 年代初期。在此期间，我国工程咨询业务大部分属于工程前期项目咨询，机构大体上可分为两个部分：绝大部分是当时计划经济体制下诞生的勘察设计单位；其次是依托各级计经委等政府部门或建设银行等金融机构而成立的各类工程咨询服务公司。

1992 年，中国工程咨询协会的成立及 1994 年《工程咨询业管理暂行办法》的颁布标志着我国工程咨询行业正式形成，国家产业政策也明确把工程咨询纳入服务业，然而，此时从事战略性规划和工程项目后评价等业务的工程咨询机构比较少，工程咨询主业仍局限于前期论证和评估咨询，综合性工程咨询公司极少，而工程勘察设计单位的业务范围还是以工程勘察设计为主。

与国际接轨阶段。随着 1996 年中国工程咨询协会代表我国工程咨询业加入国际咨询工程师联合会（FIDIC）和 2001 年我国加入 WTO，我国政府机构改革、科研设计单位全面转制，在此契机下，国内各类工程咨询单位也进行了与政府机构的脱钩改制工作，工程咨询市场进一步开放。与此同时，国外工程咨询机构也开始大力开拓中国市场，在中国设立办事处或成立公司，此外，国内工程咨询企业也开始尝试进入国际市场，我国工程咨询业进入了全面迎接国际竞争的时代。

快速发展阶段。2001 年后，中国工程咨询协会启动了工程咨询单位资格认定实施办法的修订工作。

2002 年，人事部、国家发展计划委员会决定对长期从事工程咨询工作，具有较高知识技术水平和丰富实践经验的人员，进行注册咨询工程师（投资）执业资格的认定工作。

2005 年，国家发展改革委颁布实施《工程咨询单位资格认定办法》，并首次将工程咨询单位资格认定纳入行政许可。

2008 年，国务院正式明确了“指导工程咨询业发展”是国家发展改革委的主要职能之一，首次明确中国工程咨询业的归口管理部门。随后，国家发展和改革委员会编制印发了第一个工程咨询业发展纲要——《工程咨询业2010—2015年发展规划纲要》，标志着一个法律法规、运行制度日益完善的行业发展态势和政府指导、行业自律、市场运作的工程咨询市场正在形成。

2010年，国际咨询工程师联合中国工程咨询协会共同启动了FIDIC工程师培训和认证试点工作，进一步加快了我国工程咨询行业的国际化进程。

2012年，工程咨询行业成为国家鼓励类产业目录并被列入《服务业发展“十二五”规划》，并于2016年列入《中华人民共和国国民经济和社会发展第十三个五年规划纲要》，加快发展的生产性服务业。

2016年，中国工程咨询协会出台了《工程咨询业2016—2020年发展规划》，分析了我国工程咨询行业发展状况和面临形势，提出了工程咨询行业发展的总体要求、具体内容和政策措施建议。

2017年，国务院《关于促进建筑业持续健康发展的意见》提出，完善工程建设组织模式，培育全过程工程咨询，鼓励投资咨询、勘察、设计、监理、招标代理、造价等企业采取联合经营、并购重组等方式发展全过程工程咨询，培育一批具有国际水平的全过程工程咨询企业。

2017年，国家发展改革委颁布《工程咨询行业管理办法》取消行政许可，取消了准入门槛。行业管理由行政许可模式转为政府监管、行业自律、企业自主的管理模式，由静态管理转为动态管理，由事前许可管理转为事中事后监督管理。

此外，一批涉及工程咨询行业管理、市场准入、市场监管、质量控制的规范性文件陆续出台，各项鼓励支持工程咨询业发展的政策措施进一步落实，使工程咨询的行业认知度有效提升，行业自律管理与服务有效加强，行业发展环境持续优化。

2. 我国工程咨询企业的构成

（1）按照资质认定的不同管理部门划分

按照资质认定的不同管理部门进行划分，主要分为两大类别：

一类是由国家发展改革委颁发的工程咨询资质的企业或事业单位，主要为投资项目开展前期论证、评估等环节提供咨询服务，从业人员以注册咨询工程师（投资）为准入资格。此类称之为“工程咨询（投资）机构”。

另一类是由住房城乡建设部等其他政府部门颁发资质的工程咨询机构，包括投资建设项目的勘察设计、工程监理、工程造价咨询及工程招标代理等，从业人员也分别设置了相应的准入资格，如注册建筑师、注册结构工程师、注册监理工程师、注册造价工程师等。

（2）按照工程咨询机构的性质和服务阶段划分

按照工程咨询机构的性质和服务阶段划分，我国工程咨询机构主要由三类构成：

第一类，综合性工程咨询机构，主管部门为各地发展改革部门。承接业务范围涵盖投资建设项目的前期决策、勘察设计及实施阶段的咨询服务，其中，服务内容以项目前期决策咨询为主，项目实施阶段咨询为辅。

第二类，各行业的研究院、设计院以及咨询机构等。主管部门为国家各行业管理部门，承接业务范围涵盖从勘察设计到实施阶段的咨询服务。

第三类，企业性质的工程咨询机构。企业规模通常为中小型。承接业务范围涵盖投资建设项目的前期决策、勘察设计及实施阶段的咨询服务，该类工程咨询机构普遍具有相对科学的企业管理体制、运营体制和高效的员工激励机制，具有较为广阔的成长和发展空间，未来发展趋势良好。

3. 我国工程咨询行业的发展趋势

随着我国经济的快速发展，固定资产投资规模的不断扩大，我国工程咨询行业发展迅速，主要呈现以下特点和发展趋势：

（1）行业实力明显增强

我国咨询行业规模稳步扩大，可持续发展的人才队伍日益壮大，具有国际竞争力的工程咨询公司（集团）不断增加，工程咨询单位体制机制改革创新力度不断加大，工程咨询行业差异竞争、优势互补、协调共进的多元化发展格局逐步形成。截至2015年年底，全行业年营业收入超过3万亿元，20家工程咨询企业选入《工程新闻记录》（ENR）“全球工程设计公司150强”，同时，有21家工程咨询企业进入“国际工程设计公司225强”。

（2）市场化进程显著加快

2017年7月17日，国家发展改革委投资司发布《工程咨询行业管理办法》（征求意见稿），该意见中不再提“工程咨询单位应取得工程咨询单位资格证书，在认定的专业和服务范围内开展工程咨询业务”等条款，取消了工程设计、工程监理等咨询业务范围。此外，2017年9月22日，国务院印发《国务院关于取消一批行政许可事项的决定》，该决定中也取消了工程咨询单位资格认可行政许可事项，放开工程咨询市场准入。由此，工程咨询行业的市场化，产业化进程进一步加快，并进一步激发了工程咨询单位及市场的活力，从而可以更好地为经济社会发展服务。

（3）业务范围有待充实

受我国特殊国情影响，我国工程咨询服务在长期的建设过程中逐渐形成了分阶段分部门的特点。根据项目的建设过程，工程咨询业服务的过程大体上可分为项目建设前期的策划、项目的可行性研究、勘察设计、招标和评标服务、合同谈判服务、施工管理（监理）、生产准备、调试验收与总结评价等，现阶段工程咨询单位主要集中在投资策划与可行性研究阶段，设计阶段还没有成形的咨询服务，而施工阶段由监理公司来承担建设项目的质量和工期的监督管理工作，造价环节由造价咨询公司来进行，其他阶段由其他单位完成。工程咨询单位的工作分开开展，由此很难实现全过程的控制与管理。

4. 我国工程咨询业面临的问题

与发达国家相比，我国工程咨询业起步较晚，基础薄弱，整体发展水平与经济社会发展的要求并不完全适应，制约行业发展的问题相对比较突出，具体如下：

1）行业法律法规不健全。现有法规尚未形成体系，工程咨询的法律地位和法律责任没有得到明确界定。

2）行业多头管理、政出多门，缺乏对全行业的统一指导。

3）全社会对工程咨询认识不足。工程咨询概念模糊，与国际通行的“为投资建设提供全过程服务”的理念存在差异，各类投资主体的咨询意识普遍淡薄，并且行业的社会认知度不高。

4）行业发展的政策环境不理想。收费结构不合理，对行业发展起引导、保障和扶持作用的相关政策缺位。

5）市场发育不健全。市场分裂割据，行政干预与地方保护现象较多，市场机制难以有效发挥作用，无序竞争现象严重。

6）缺乏统一的行业自律管理组织，行业自律管理与服务不完善。

7）工程咨询单位自身建设的力度有待加强。创新动力不足，咨询服务质量有待提高，高素质人才匮乏，管理体制及运行机制不灵活，信息化建设滞后，国际化水平低。

第二节　全过程工程咨询的概念、内涵、特征、服务内容及其模式

一、全过程工程咨询相关概念

根据目前国家和有关省（自治区、直辖市）市的最新政策文件，并参考 FIDIC 等有关国际专业组织惯例，全过程工程咨询的相关概念定义包括以下几个。

1. 全过程工程咨询

全过程工程咨询是指对项目从前期决策至运营全过程提供组织、管理、经济、技术和法务等各有关方面的工程咨询服务，包括全过程项目管理以及前期决策咨询、规划、勘察、设计、造价咨询、招标代理、监理、运行维护咨询以及 BIM 咨询等专业咨询服务。全过程工程咨询服务可采用多种组织方式，由投资人委托一家单位负责或牵头，为项目前期决策至运营持续提供局部或整体解决方案以及管理服务。

2. 全过程工程咨询单位

全过程工程咨询单位是指建设项目全过程工程咨询服务的提供方。全过程工程咨询单位应具有国家现行法律规定的与工程规模和委托工作内容相适应的工程咨询、规划、勘察、设计、监理、招标代理、造价咨询等一项或多项资质（或资信），可以是独立咨询单位或咨询单位组成的联合体。

3. 全过程工程咨询总咨询师和专业咨询工程师

总咨询师是指全过程工程咨询单位委托并经投资人确认的，应取得工程建设类注册执业资格或且有工程类、工程经济类高级及以上职称，并具有相关能力和经验为建设项目提供全过程工程咨询的项目总负责人。总咨询师应具有良好的职业道德和执业信用记录，遵纪守法、廉洁奉公、作风正派、责任心强；有承担项目全过程工程咨询任务相适应的专业技术管理、经济和法律等知识体系。

专业咨询工程师是指具备相应资格和能力，并在总咨询师管理协调下，开展全过程工程咨询服务的相关专业人士。专业咨询工程师主要包括（但不限于）：注册建筑师、勘察设计注册工程师、注册造价工程师、注册监理工程师、注册建造师，咨询工程师（投资）等相关执业人员。

全过程工程咨询是“咨询型代建”，应以全过程项目管理为核心，以项目策划为灵魂，以总咨询师为负责人，以资源整合为抓手，全面集成前期决策咨询，规划咨询、勘察、设计、造价咨询、监理、招标代理、运行维护咨询以及 BIM 咨询等专业咨询服务，为建设项目提供全方位、全要素的咨询服务，实现项目增值和项目目标。

二、全过程工程咨询的内涵、特征

1. 全过程工程咨询的内涵

全过程工程咨询的含义可以理解为：对工程建设项目前期研究和决策以及工程项目实施和运行（或称运营）的全生命周期提供包含设计和规划在内的涉及组织、管理、经济和技术等各有关方面的工程咨询服务。

1）全过程工程咨询的性质：咨询服务、管理咨询和技术咨询兼而有之。

2）全过程工程咨询的目的：提高投资决策科学性；实现项目的集成化管理；提升项目投资效益的发挥，确保工程质量。

3）全过程工程咨询的作用：有利于工程建设组织管理模式的改革；有利于工程咨询服务业发展质量的提升；有利于工程咨询行业组织结构的调整以及行业资源的优化组合；有利于工程咨询企业水平和能力的提升；有利于工程咨询行业人才队伍的建设和综合素质的提升；有利于建筑师制度的建立和推动；有利于工程咨询业的国际化发展。

4）全过程工程咨询的服务对象，主要为业主提供咨询服务。

5）全过程工程咨询的服务周期包括项目决策、设计、施工和运营四个阶段的全生命周期（可以称之为“完整全过程”），或者至少涵盖两个或两个以上阶段的工程咨询服务（称之为“阶段性全过程”）。

6）全过程工程咨询的推进原则：坚持政府引导与市场选择相结合的原则。

2. 全过程工程咨询的特征

1）咨询服务覆盖面广，服务阶段覆盖项目策划决策、建设实施（设计、招标、施工）、运营维护等过程。服务内容包括技术咨询、管理咨询。

2）强调理性策划。工程咨询单位要运用工程技术、经济学、管理学、法学等多学科的知识和经验，为委托方提供智力服务，如投资机会研究、建设方案策划、融资方案策划、招标方案策划、建设目标分析论证等。

3）实施集成化管理。工程咨询单位需要综合考虑项目质量、安全、环保、投资、工期等目标以及合同管理、资源管理、信息管理、技术管理、风险管理、沟通管理等要素之间的相互制约和影响关系，实施集成化管理，避免项目管理要素独立运作而出现的漏洞和制约。

三、全过程工程咨询的服务范围和内容

1. 全过程咨询的服务范围

全过程工程咨询的服务范围是投资项目的全生命周期，包括决策阶段、实施阶段（设计和施工）和运营阶段，具体由委托合同约定。

2. 全过程咨询的服务内容

全过程工程咨询的服务内容是合同委托范围内全过程（或相对全过程）实施的策划、控制和协调，以及单项或单项组合专业工程咨询。其服务内容可以简单表达为：“1＋X”模式。其中，“1”指全过程（或相对全过程）工程咨询管理服务，服务内容是全过程（或阶段全过程）的策划、控制和协调工作，接近于以往业主工作，是贯穿全过程的服务管理

咨询；“X”指专业工程咨询管理服务的集合，可以用（x_0、x_1、x_2，…，x_n）表达，具体单项专业工程咨询（不限于此），承担全过程工程咨询的企业可以根据委托方意愿、自身服务能力、资质和信誉状况等承担其中的一项或多项专业工程咨询服务，“剩余”的其他专业工程咨询服务可以由委托方直接委托或全过程工程咨询企业通过转委托、联合体、合作体等方式统筹组织和管理。

四、全过程工程咨询的服务模式之争

有一说法全过程工程咨询即为代建，也有一说法全过程工程咨询为工程总承包式的管理，从对全过程工程咨询上述概念可以看出，全过程工程咨询与代建制、项目管理承包（PMC）、工程总承包（EPC），工程监理等项目管理模式虽有近似之处，但也有一定的差别。

1. 代建制

《国务院关于投资体制改革的决定》（国发〔2004〕20号）中规定：“对非经营性政府投资项目加快推行代建制，及通过招标等方式，选择专业化的项目管理单位负责建设实施，严格控制项目投资、质量和工期，竣工验收后移交给使用单位。”代建制是为了实施对于政府投资公益性项目建设的有效管理，建立科学的责权分担机制，而根据法律法规和行政规章的规定通过市场竞争的方式或其他方式，从具有相应代建资质的项目管理企业或专业机构中选任合格的代建人。政府作为投资人和业主以代建合同的方式将投资项目实施建设的全过程委托其管理，并支付相应代建费用的项目实施管理方式。

代建制主要强制适用于政府投资项目实施全过程项目管理，而全过程工程咨询可适用于一般项目且由项目投资人自行选用。代建单位主要是提供全过程的项目管理服务，一般不提供专业咨询服务；而全过程工程咨询单位既可提供全过程项目管理服务，也可提供各专业解决方案。代建项目单位可直接与建设项目的承包人签订合同，并负有直接监督合同履行的责任，而全过程工程咨询单位不直接与承包人签合同，而是协助投资人与承包人签订合同，并根据投资人的委托监督合同的履行。代建项目单位交付的是建设项目实体，对全部项目管理行为和项目成果承担责任，因而风险较大；全过程工程咨询单位主要提供的是项目解决方案，就项目管理和专业咨询方案对投资人负责，风险比代建单位要小。

2. 项目管理承包（PMC）

PMC承包商担保投资人对建设项目进行全过程、全方位的项目管理，包括项目的总体规划、项目定义、工程招标、选择设计、采购、施工，并对设计、采购、施工进行全面管理。PMC是受投资人委托对项目进行全面管理的项目管理承包，一般不直接参与项目的设计、采购、施工和试运行等阶段的具体工作；而全过程工程咨询既对项目进行全过程项目管理，也可直接负责项目的前期决策咨询、勘察设计、招标采购、工程监理、竣工验收等具体工作，并且可提供项目运行维护的咨询服务。PMC交付的最终成果是建设项目实体，而全过程工程咨询交付的主要成果是项目管理和各专业咨询的专业意见和解决方案，供投资人决策和采纳实施。

3. 工程总承包（EPC）

工程总承包（EPC）是指从事工程总承包的企业受投资人委托，按照合同约定对建设项目的勘察、设计、采购、施工、试运行（竣工验收）等实行全过程或若干阶段的承包。在EPC模式下，投资人将包括项目勘察设计、设备采购、土建施工、设备安装、技术服务、技术培训直至整个项目建成投产的全过程均交由独立的EPC承包商负责。EPC承包商将在“固定工期、固定价格及保证性能质量”的基础上完成项目建设工作。工程总承包（EPC）不是采用咨询服务方式，而是采用承包商责任划分与风险承担的一种模式。在EPC模式下，全过程工程咨询单位仍具有自己的投资人顾问及项目管理的角色。EPC承包人与投资人是合同甲乙方关系，EPC承包人按合同约定履行乙方责任，承担项目管理和建设工程、向投资人交付项目实体；而全过程工程咨询单位与投资人是委托代理关系，全过程工程咨询单位根据投资人的委托，代行投资人的职责。

4. 工程监理

工程监理是根据法律法规的规定，建设项目必须由项目投资人委托的具备相应资质的监理单位进行监理的一个工程管理制度。1997年制定的《中华人民共和国建筑法》以法体的形式作出规定，国家推行建设工程监理制度。在工程监理中，作为项目建设监督管理专家的注册监理工程师接受投资人的委托，以自身的专业技术知识、管理技术知识和丰富的工作实战经验，有效地对项目建设的质量、进度、投资进行管理和控制、公正地管理合同，使建设项目的总目标得到最优化的实现；工程监理单位主要是对建设项目施工阶段的质量、进度、投资等内容进行监督和控制，履行专职的监督辅助职能，向投资人承担责任的范围仅限于其监理工作的范围之内；而全过程工程咨询单位对项目提供管理和各专业咨询服务工作，其中涵盖了监理工作的全部内容和责任。

5. 全过程工程咨询服务模式

根据当前国内的情况和实践的状况，目前大致有三大类服务模式：

1）全过程工程咨询顾问型模式。该模式是指从事全过程工程咨询企业受业主委托，按照合同约定，为工程项目的组织实施提供全过程或若干阶段的顾问咨询服务，特点是咨询单位只是顾问，不直接参与项目的实施管理。

2）全过程工程咨询管理型模式。该模式是指从事全过程工程咨询企业受业主委托，按照合同约定，代表业主对工程项目的组织实施进行全过程或若干阶段的管理和咨询服务，特点是咨询单位不仅是顾问，还直接对项目的实施进行管理。咨询单位可根据自身的能力和资质条件提供单项咨询服务。

3）全过程咨询一体化协同管理模式。该模式是指从事全过程工程咨询企业和业主共同组成管理团队，对工程项目的组织实施进行全过程或若干阶段的管理和咨询服务。

以上三种模式，咨询单位可根据自身的能力和资质条件提供单项或多项咨询服务。

第三节　全过程工程咨询服务的必要性及价值优势

一、推行全过程工程咨询模式的必要性

传统建设工程的目标、计划、控制都以参与单位个体为主要对象，项目管理的阶段性和局部性割裂了项目的内在联系，导致项目管理存在明显的管理弊端，这种模式已经与国

际主流的建设管理模式脱轨。“专而不全”“多小散”企业的参与，通常会导致项目信息流通的断裂和信息孤岛现象，致使整个建设项目缺少统一的计划和控制系统，业主无法得到完整的高质量的建筑产品和完备的服务。

现阶段建设工程普遍具有规模化、群体化和复杂化等特征，而通常不具备项目管理能力的业主方必须参与建设过程，并需要承担许多管理工作和由此带来的责任风险，大量成本、时间和精力将被消耗在各种界面沟通和工作协调上，甚至会出现众多参建方相互制衡和各项管理目标失控等复杂情况。虽然随着市场的演变，逐步发展出了类似“代建整合＋专业服务”的管理模式，但从客观的角度来看，以代建方为主附带其他单项或多项的服务模式依旧没有从根本上解决传统建设模式之间分散和割裂的固有缺陷，这也导致工程建设服务市场长期处于“小、散、乱、差”的窘境之中。

回顾过去的几年，建筑行业出现重大变革，一些企业的发展陷于“坡顶”困境。人工、材料、运营成本处于历史高位，“营改增”等重大政策相继出台，经营压力空前增大。由于新常态背景下产业结构的调整，房建领域的建设高峰一去不复返，市场需求缓慢下降，新兴的商业模式不断碾压传统模式，大型央企和民营企业之间的竞争边界日益模糊，取而代之的是“僧多粥少”的惨烈竞争局面。

推行全过程工程咨询服务是深化国内工程建设项目组织实施方式改革，提高工程建设管理水平，提升行业集中度，保证工程质量和投资效益，规范建筑市场秩序的重要措施。同时也是国内现有勘察、设计、施工、监理等从业企业调整经营结构，谋划转型升级，增强综合实力，加快与国际建设管理服务方式接轨，摆脱现有“小、散、乱、差”窘境的最佳举措，更是适应社会主义市场经济发展的必然要求。

二、全过程工程咨询的价值优势

1. 优势

1）节省投资。承包商单次招标的优势，可使其合同成本大大低于传统模式下设计、造价、监理等参建单位多次发包的合同成本，实现“1＋1＞2”的效益。由于咨询服务商的服务覆盖了全过程，整合了各阶段工作服务内容，更有利于实现全过程投资控制，通过限额设计、优化设计和精细化管理等措施降低“三超”风险，提高投资收益，确保项目的投资目标。

2）缩短工期。由一家单位提供全过程工程咨询服务，一方面，承包单位可最大限度地处理内部关系，大幅度减少业主日常管理工作和人力资源投入，有效减少信息漏斗，优化管理界面；另一方面，该模式不同于传统模式冗长繁多的招标次数和期限，可有效优化项目组织和简化合同关系，并克服设计、造价、招标、监理等相关单位责任分离、相互脱节的矛盾，缩短项目建设周期。

3）提高品质。各专业过程的衔接和互补，可提前规避和弥补原有单一服务模式下可能出现的管理疏漏和缺陷，承包商既注重项目的微观质量，更重视建设品质、使用功能等宏观质量。这种模式还可以充分发挥承包商的主动性、积极性和创造性，促进新技术、新工艺、新方法的应用。

4）减小风险。在五方主体责任制和住房城乡建设部工程质量安全三年提升行动背景下，建设单位的责任风险加大，服务商作为项目的主要参与方和责任方，势必发挥全过程管理优势，通过强化管控，减少甚至杜绝生产安全事故，从而较大程度地降低或规避建设单位主体责任风险。同时，可有效避免因众多管理关系伴生的廉洁风险，有利于规范建筑市场秩序，减少违法违规行为的发生。

总之，全过程工程咨询服务的试点推行，符合供给侧改革指导思想，有利于革除影响行业前进的深层次结构性矛盾，提升行业集中度，是国家宏观政策的价值导向，更是行业发展不可阻挡的趋势；全过程工程咨询服务方式的推广，有利于集聚和培育出适应新时代的新型工程建设服务企业，加快国内投资建设模式与国际建设管理服务方式接轨；同时对于提升建设管理行业的服务价值，重塑智力和管理密集型企业形象有着重要意义。

2. 全过程工程咨询的价值

推行全过程工程咨询有助于实现建设项目绿色、可持续发展，解决项目利益相关方的冲突矛盾，打造求同存异的工作环境，有利于维护良好的生态环境和减少污染的建设项目；推行全过程工程咨询有助于建设项目继承传统文化，实现传统文化的创造性转化、创新性发展，有利于传统与当代文化的相融相通；推行全过程工程咨询有助于建设项目进行集约管理，全过程工程咨询将集约思想融入建设项目中，充分发挥全过程工程咨询的作用，有利于提高建设项目的质量和效率，使建设资源的运用更加科学、合理、节约；推行全过程工程咨询有助于更好地提升建设项目价值，提高工程建设管理水平，提升行业集中度，保证建设项目获取最大的经济和使用效益。

在建设项目咨询服务过程中，全过程工程咨询一方面通过协调管理打破过程中的信息与资源壁垒，提高沟通效率，保证项目顺利运营，实现建设项目边际效益最大化的目标；另一方面实现工程咨询机构转型升级，增强综合实力，加快与国际建设管理服务方式接轨，是适应社会主义市场经济发展的必然要求。

（1）提高投资效益，打破条块分割

采用投资人单次招标的方式，使得其时间成本、交易成本远低于传统模式下设计、造价、监理等参建单位多次发包的成本。由一家咨询单位或者采用联合体的形式通过总咨询师的协调管理，将咨询服务覆盖工程建设全过程，包含传统模式下设计、造价、监理等各专业咨询单位的职责义务，这种高度整合各阶段的服务内容，一方面，将更有利于实现全过程投资控制，有效解决各阶段各专业之间的条块分割问题；另一方面，通过限额设计、优化设计和精细化管理等措施提高投资收益，确保项目投资目标的实现。

（2）保障项目合规，助力政府监管

当前建设市场还不完善，监管需加强，一些地方存在违规审批、违规拆迁、违法出让土地等损害群众利益的问题，扰乱了社会主义市场经济秩序。通过全过程工程咨询与管理，能够集约整合社会资源对建设项目进行有效监管，为政府提供强有力的全过程监管措施；由总咨询师统一指导梳理建设项目全过程的报批流程、资料，避免出现错报、漏报现象，有利于规范建筑市场秩序、减少违法违规行为。

（3）加强风控预防，降低项目风险

发挥全过程管理优势，通过强化管控决策、投资、过程、运营、自然、社会等风险，对于项目而言，有效降低决策失误、投资失控的概率，减少生产安全事故；对于社会而言，也可避免自然环境的破坏，保护生态，有效集约利用资源，减少浪费。

（4）提高项目品质，增强行业价值

首先，不同专业咨询工程师组成咨询团队参与全过程工程咨询，各专业咨询工作统筹安排，分工协作，可极大提高服务质量和项目品质，弥补了多个单一服务团队下可能出现的管理疏漏和缺陷；同时，有利于激发专业咨询工程师的主动性、积极性和创造性，促进新技术、新工艺和新方法的应用；其次，培养具备国际视野的人才，促进行业转型升级，提高工程咨询行业国际竞争力；借助“一带一路”倡议的平台，支持工程咨询行业走出去，在国际建设项目中立足；此外，可吸引优秀的国际化人才，保持行业的可持续性发展。

第四节　全过程工程咨询相关政策

在2003年发布的《关于培育发展工程总承包和工程项目管理企业的指导意见》（建市〔2003〕30号）及2004年发布的《建设部关于印发（建设工程项目管理试行办法）的通知》（建市〔2004〕200号）中就已经提出了未来要走向工程总承包道路并提及开展对工程项目的组织实施进行全过程或若干阶段的管理和服务的思路。2010年，国家发展改革委颁布的《国家发展改革委关于印发工程咨询业2010—2015年发展规划纲要的通知》中提出：推动工程咨询业务结构调整，促进全过程工程咨询服务协调健康发展，形成科学发展的咨询服务体系。这是第一次在国家政策规定中出现“全过程工程咨询”。

2017年以来，以国务院办公厅颁布的《国务院办公厅关于促进建筑业持续健康发展的意见》为开端，国家大力推行全过程工程咨询，颁布了多项法规，引导相关企业开展项目投资咨询、工程勘察设计、施工招标咨询、施工指导监督、工程竣工验收、项目运营管理等覆盖工程全生命周期的一体化项目管理咨询服务，力图通过试点先行打造出一批具有国际影响力的全过程工程咨询企业，从而带动行业整体发展，最终实现工程项目全过程工程咨询服务的产业化整合，培育出一体化的项目管理咨询服务体系。2017年以来国家颁布的关于全过程工程咨询的政策法规见表1-1。

表1-1　2017年以来国家颁布的关于全过程工程咨询的政策法规

政策法规名称	相关规定
《国务院办公厅关于促进建筑业持续健康发展的意见》	培育全过程工程咨询。鼓励投资咨询、勘察、设计、监理、招标代理、造价等企业采取联合经营、并购重组等方式发展全过程工程咨询，培育一批具有国际水平的全过程工程咨询企业。制定全过程工程咨询服务技术标准和合同范本。政府投资工程应带头推行全过程工程咨询，鼓励非政府投资工程委托全过程工程咨询服务。在民用建筑项目中，充分发挥建筑师的主导作用，鼓励提供全过程工程咨询服务
《住房和城乡建设部建筑市场监管司关于印发〈住房城乡建设部建筑市场监管司2017年工作要点〉的通知》	推进全过程工程咨询服务。试点开展全过程工程咨询服务模式，积极培育全过程工程咨询企业，鼓励建设项目实行全过程工程咨询服务。总结和推广试点经验，推进企业为民用建筑项目提供项目策划、技术顾问咨询、建筑设计、施工指导监督和后期跟踪等全过程服务。出台《关于促进工程监理行业转型升级创新发展的意见》，提出监理行业转型升级改革措施

续表

政策法规名称	相关规定
《住房和城乡建设部建筑市场监管司关于印发〈住房城乡建设部建筑市场监管司2018年工作要点〉的通知》	推动工程建设组织方式变革。推进工程总承包，出台房屋建筑和市政基础设施项目工程总承包管理办法，健全工程总承包管理制度。继续修订工程总承包合同示范文本，研究制定工程总承包设计、采购、施工的分包合同示范文本，完善工程总承包合同管理。出台推进全过程工程咨询服务指导意见，制定全过程工程咨询服务技术标准和合同示范文本，积极培育全过程工程咨询企业。出台关于进一步推进建筑师负责制的指导意见，研究制定建筑师负责制项目合同示范文本，继续在民用建筑工程项目中推行建筑师负责制
《住房和城乡建设部关于开展全过程工程咨询试点工作的通知》	为贯彻落实《国务院办公厅关于促进建筑业持续健康发展的意见》（国办发〔2017〕19号），培育全过程工程咨询，经研究，选择北京、上海、江苏、浙江、福建、湖南、广东、四川8省（直辖市）以及中国建筑设计院有限公司等40家企业（名单见附件）开展全过程工程咨询试点。目的是：健全全过程工程咨询管理制度，完善工程建设组织模式，培养有国际竞争力的企业，提高全过程工程咨询服务能力和水平，为全面开展全过程工程咨询积累经验
《住房城乡建设部等部门关于印发〈贯彻落实促进建筑业持续健康发展意见重点任务分工方案〉的通知》	培育全过程工程咨询。鼓励投资咨询、勘察、设计、监理、招标代理、造价等企业采取联合经营、并购重组等方式发展全过程工程咨询，培育一批具有国际水平的全过程工程咨询企业。制定全过程工程咨询服务技术标准和合同范本。政府投资工程应带头推行全过程工程咨询，鼓励非政府投资工程委托全过程工程咨询服务。在民用建筑项目中，充分发挥建筑师的主导作用，鼓励提供全过程工程咨询服务。（发展改革委、住房城乡建设部共同牵头，工业和信息化部、财政部、交通运输部、水利部、工商总局、铁路总公司、民航局配合）
《住房城乡建设部关于促进工程监理行业转型升级创新发展的意见》	（1）创新工程监理服务模式。鼓励监理企业在立足施工阶段监理的基础上，向“上下游”拓展服务领域，提供项目咨询、招标代理、造价咨询、项目管理、现场监督等多元化的“菜单式”咨询服务。对于选择具有相应工程监理资质的企业开展全过程工程咨询服务的工程，可不再另行委托监理。适应发挥建筑师主导作用的改革要求，结合有条件的建设项目试行建筑师团队对施工质量进行指导和监督的新型管理模式，试点由建筑师委托工程监理实施驻场质量技术监管。鼓励监理企业积极探索政府和社会资本合作（PPP）等新型融资方式下的咨询服务内容、模式。 （2）提高监理企业核心竞争力。引导监理企业加大科技投入，采用先进检测工具和信息化手段，创新工程监理技术、管理、组织和流程，提升工程监理服务能力和水平。鼓励大型监理企业采取跨行业、跨地域的联合经营、并购重组等方式发展全过程工程咨询，培育一批具有国际水平的全过程工程咨询企业。支持中小监理企业、监理事务所进一步提高技术水平和服务水平，为市场提供特色化、专业化的监理服务
《住房城乡建设部关于印发工程造价事业发展“十三五”规划的通知》	坚持培育全过程工程咨询。优化工程造价执业资质资格管理，积极营造工程造价咨询市场良好环境，维护市场公平竞争、激发市场活力。大力推进全过程工程造价咨询服务，鼓励造价咨询企业通过联合经营、并购重组等方式开展全过程工程咨询服务
《住房城乡建设部关于加强和改善工程造价监管的意见》	营造良好的工程造价咨询业发展环境。充分发挥工程造价在工程建设全过程管理中的引导作用，积极培育具有全过程工程咨询能力的工程造价咨询企业，鼓励工程造价咨询企业融合投资咨询、勘察、设计、监理、招标代理等业务开展联合经营，开展全过程工程咨询，设立合伙制工程造价咨询企业。促进企业创新发展，强化工程造价咨询成果质量终身责任制，逐步建立执业人员保险制度
《工程咨询行业管理办法》	全过程工程咨询服务范围包括：采用多种服务方式组合，为项目决策、实施和运营持续提供局部或整体解决方案以及管理服务。有关工程设计、工程造价、工程监理等资格，由国务院有关主管部门认定

续表

政策法规名称	相关规定
《国家发展改革委关于印发〈工程咨询单位资信评价标准〉通知》	申请甲级评价的专业近3年合同业绩应满足以下条件之一： （1）主持完成国家级规划咨询不少于1项或省级规划咨询不少于2项或市级规划咨询不少于4项，且全部服务范围内（规划咨询、项目咨询、评估咨询、全过程工程咨询，下同）业绩累计不少于10项； （2）单一服务范围内完成的业绩累计不少于40项，或覆盖两个及以上服务范围的业绩累计不少于30项； （3）项目咨询、评估咨询、全过程工程咨询等三项服务范围内完成的单个项目投资额15亿元及以上业绩不少于10项

各地方政府为了更好地落实国家法规的要求，促进地方工程咨询行业的健康发展，也陆续颁布了各地方的法规规章来规范和引导地方工程咨询业，各地方颁布的政策法规见表1-2。

表1-2　各地方颁布的全过程工程咨询的政策法规

政策法规名称	相关规定
《江苏省住房和城乡建设厅关于印发〈2017年全省建筑业发展和市场监管工作要点〉的通知》	培育全过程工程咨询。按照我厅印发的《关于推进工程建设全过程项目管理咨询服务的指导意见》的通知要求，积极推进监理与项目管理服务一体化发展，培育一批智力密集型、技术复合型、管理集约型的大型工程项目管理服务企业。研究制定全过程项目管理咨询服务的合同文本和工作评价标准，在全省公布一批试点企业，年底召开全过程项目管理咨询服务推进会
《吉林省住房和城乡建设厅关于印发〈全省建筑工程质量安全提升行动实施方案〉的通知》	培育全过程工程咨询。推行全过程工程咨询服务模式，制定相关技术标准和合同范本。整合投资咨询、勘察、设计、监理、招标代理、造价等企业采取联合经营、并购重组等方式发展全过程工程咨询。政府投资工程应带头推行全过程工程咨询，各地应选取试点项目，推动落实。在民用建筑项目和非政府投资项目中，鼓励提供全过程工程咨询服务
《陕西省人民政府办公厅关于促进建筑业持续健康发展的实施意见》	培育全过程工程咨询。支持投资咨询、勘察、设计、监理、招标代理、造价等企业联合经营、并购重组，积极培育一批全过程工程咨询服务企业。鼓励拥有单项资质的中介服务机构积极注册建筑师、勘察设计师、监理工程师、造价工程师等专业人员，开展全过程工程咨询服务。改革工程咨询服务委托方式，政府投资工程要带头推行全过程工程咨询服务，引导非政府投资工程委托全过程工程咨询服务，鼓励在民用建筑项目中发挥建筑师的主导作用
《辽宁省人民政府办公厅关于促进建筑业持续健康发展的实施意见》	培育全过程工程咨询。鼓励投资咨询、勘察、设计、监理、招标代理、造价咨询等企业联合经营、并购重组，培育一批高水平的全过程工程咨询企业。政府投资工程应推行全过程工程咨询，鼓励和支持非政府投资工程委托全过程工程咨询服务
《江西省人民政府办公厅关于促进建筑业持续健康发展的实施意见》	培育全过程工程咨询。支持投资咨询、勘察、设计、监理、招标代理、造价咨询等企业合并、并购重组，积极培育一批全过程工程咨询服务企业。依法必须招标的工程建设项目，在项目立项后即可通过招投标择优选择全过程工程咨询企业。工程咨询企业在开展全过程工程咨询服务过程中提出合理化建议节省投资额的，建设单位可给予奖励。采用工程总承包模式的大型公共建筑项目，原则上应委托全过程工程咨询，引导非政府投资工程委托全过程工程咨询服务。鼓励在民用建筑项目中发挥建筑师的主导作用

续表

政策法规名称	相关规定
《江苏省政府关于促进建筑业改革发展的意见》	培育全过程工程咨询服务。整合工程建设所需的投资咨询、工程设计、招标代理、造价咨询、工程监理、项目管理等业务，促进咨询企业提供全过程、一体化服务。引导和支持建设单位将全过程工程咨询服务委托给具有全部资质、综合实力强的一家企业或一个联合体；或委托给一家具有相关资质的企业，并由该企业将不在本单位资质业务范围内的业务分包给其他具有相应资质的企业。各地每年要落实一批有影响力、有示范作用的全过程工程咨询项目。在民用建筑项目中，充分发挥建筑师的主导作用，探索实施建筑师负责制。截至2020年，全省培育具有全过程工程咨询能力的骨干企业100家
《安徽省人民政府办公厅关于推进工程建设管理改革促进建筑业持续健康发展的实施意见》	积极推进全过程工程咨询。政府投资工程应带头推行全过程工程咨询，省相关部门负责制定具体实施办法，支持非政府投资工程委托全过程工程咨询服务。鼓励投资咨询、勘察设计、工程监理、造价咨询等企业通过联合经营、并购重组等方式，加快推进全过程工程咨询，培育一批高水平的全过程工程咨询企业。全过程工程咨询企业或联合体应具备工程设计或工程监理相应的资质，同时还应具备相应执业资格、能力的专业技术人员和管理人员。根据行业特点，制定全过程工程咨询服务技术标准和合同范本。在民用建筑项目中，试行建筑师主导的全过程工程咨询服务
《湖南省人民政府办公厅关于印发〈湖南省贫困地区中小学校建设实施方案〉的通知》	项目实施。年度实施项目经审核确定后，各项目县市要按照既定的项目建设方案组织开展项目建设，不得随意扩大建设规模，改变学校用途。为提高决策水平、提高工程质量、节约建设投资、缩短建设周期，项目学校统一纳入湖南省全过程工程咨询试点项目，通过公开招标选定全过程工程咨询服务单位，由其提供工程勘察、工程设计、工程监理、造价咨询及招标代理等工程咨询服务，省住房城乡建设厅进行指导和监督
《贵州省人民政府办公厅关于促进建筑业持续健康发展的实施意见》	培育全过程工程咨询。开展全过程工程咨询试点工作，支持投资咨询、勘察、设计、监理、招标代理、造价等企业采取联合经营、并购重组等方式发展全过程工程咨询服务，积极培育一批全过程工程咨询服务企业。创新工程咨询服务委托方式，政府投资工程应带头推行全过程工程咨询，鼓励和引导非政府投资工程以全过程管理方式选择工程咨询服务，鼓励在民用建筑项目中发挥注册建筑师的主导作用。鼓励支持企业增项市政、交通、水利、电力、通信等行业资质，积极参与全省大扶贫、大数据、大生态等工程项目建设
《四川省人民政府办公厅关于促进建筑业持续健康发展的实施意见》	加快培育全过程工程咨询。改革现有的分段咨询服务模式，整合投资咨询、勘察、设计、监理、造价咨询、招标代理等咨询服务内容，积极开展对工程建设前期研究和决策以及工程项目实施和运营的全生命周期、全过程集约化咨询服务。政府投资的大中型建设项目要带头推行全过程工程咨询；依法必须进行招标的勘察设计、工程监理咨询服务，建设单位可只招标1家具备相应资质的咨询单位或单位联合体提供全过程工程咨询服务；属于政府采购的咨询服务项目，应依法通过政府采购确定咨询单位；鼓励非政府投资工程委托全过程工程咨询服务管理。建立健全全过程工程咨询管理体系，提高全过程工程咨询服务能力和水平，培育一批具有国际水平的全过程工程咨询企业（责任单位：住房城乡建设厅、省发展改革委）

续表

政策法规名称	相关规定
《营口市人民政府办公室关于推进现代建筑产业发展的实施意见》	培育全过程工程咨询企业，推行全过程工程咨询服务：传统建设模式是将建筑项目中的设计、施工、监理等阶段分隔开来，各单位分别负责不同环节和不同专业的工作，这不仅增加了企业成本，也分割了建设工程的内在联系。全过程工程咨询企业在建设项目的设计、招标、施工、验收及后期跟踪等工程各环节提供全过程工程咨询服务，其高度整合的服务内容在节约投资成本的同时也有助于缩短项目工期，提高服务质量和项目品质，有效规避风险，符合国家政策和建筑行业发展方向。各县（市）区政府及市直有关部门要加快推进本土工程设计、监理企业转型，促进监理企业与设计企业整合，培育全过程工程咨询企业。政府投资项目，要带头采取全过程工程咨询模式，非国有投资项目推荐采取全过程工程咨询模式。鼓励外埠技术领先的优势勘察设计、监理企业落户或与本土企业组成联合体，参与本地重点项目，提供高水平的全过程工程咨询服务，提高本土企业技术水平，带动本土企业发展
《吉林省人民政府办公厅关于促进建筑业改革发展的若干意见》	鼓励监理、设计单位联合投资咨询、勘察、招标代理、造价等企业，采取联合经营、并购重组等方式发展全过程工程咨询。全过程工程咨询服务费用应当根据工程项目规模、复杂程度、服务范围与内容等，在合同中约定。对全过程工程咨询单位提出并落实的合理化建议，可按照节省投资额或产生效益的一定比例给予奖励，奖励比例在合同中约定。制定全过程工程咨询服务技术标准和合同范本。政府投资工程应带头推行全过程工程咨询
《淮南市人民政府办公室关于推进工程建设管理改革促进建筑业持续健康发展的实施意见》	推进全过程工程咨询。政府投资工程应带头推进全过程工程咨询，市相关部门负责制定具体实施办法。支持非政府投资工程委托全过程工程咨询。鼓励投资咨询、勘察设计、工程监理、造价咨询等企业通过联合经营、并购重组，培育一批高水平的全过程工程咨询企业。全过程工程咨询企业或联合体应具备工程设计或工程监理相应的资质，同时还应具备相应执业资格、能力的专业技术人员和管理人员。根据行业特点，制定全过程工程咨询服务技术标准和合同范本。在民用建筑项目中，试行建筑师主导的全过程工程咨询服务
《大连市人民政府办公厅关于促进建筑业持续健康发展的实施意见》	加快推进现代工程咨询业发展。大力培育全过程工程咨询企业，鼓励投资咨询、勘察、设计、监理、造价等企业加快转型发展和人才培养，发展全过程工程咨询服务。政府投资工程应带头推行全过程工程咨询，鼓励非政府投资工程委托全过程工程咨询服务。提高监理企业核心竞争力，创新工程监理服务模式。对于选择具有相应工程监理资质的企业开展全过程工程咨询服务的工程，可不再另行委托监理。强化对工程监理的监管，强化注册监理工程师执业责任落实
《甘肃省住房和城乡建设厅关于转发〈住房城乡建设部关于印发工程勘察设计行业发展“十三五”规划的通知〉的通知》	推行工程总承包，试点全过程工程咨询服务：深化建设项目组织实施方式改革，积极推行工程总承包制。建立适应工程总承包制的管理体系，开展工程总承包业务。设计单位要拓展延伸工程设计咨询服务范围，创造条件积极发展全过程工程咨询服务，探索总结全过程工程咨询的服务模式和管理方式
《湖北省住房和城乡建设厅关于印发〈湖北建筑业发展“十三五”规划纲要〉的通知》	提升工程咨询服务业发展质量。落实国家关于工程咨询服务委托方式改革的要求，落实新的咨询服务技术标准和合同范本，鼓励投资咨询、勘察、设计、监理、招投标代理、造价等企业采取联合经营、并购重组等方式发展全过程工程咨询，培育一批具有国际水平的全过程工程咨询企业。提升建筑设计水平，健全适应建筑设计特点的招标投标制度。完善注册建筑师制度，探索在民用建筑项目中推行建筑师负责制。完善工程监理制度，强化对工程监理的监管

续表

政策法规名称	相关规定
《山东省人民政府办公厅关于贯彻国办发〔2017〕19号文件促进建筑业改革发展的实施意见》	培育全过程工程咨询。鼓励投资咨询、勘察、设计、监理、招标代理、造价咨询等企业联合经营、并购重组，培育一批高水平的全过程工程咨询企业。实行工程总承包的政府投资项目应采用全过程工程咨询模式。鼓励非政府投资工程委托全过程工程咨询服务。全过程工程咨询单位应具备工程设计或工程监理资质，资质范围内的业务自行承担，资质范围外的可直接另行发包
《云南省人民政府办公厅关于促进建筑业持续健康发展的实施意见》	培育全过程工程咨询服务。改革工程咨询服务委托方式，研究制定咨询服务技术标准，规范咨询收费行为，引导有能力的企业通过联合经营、并购重组等方式，开展项目投资咨询、工程勘察设计、施工招标咨询、施工指导监督、工程竣工验收、项目运营管理等覆盖工程全生命周期的一体化项目管理咨询服务。培育具有国内先进水平的全过程工程咨询示范企业。探索在民用建筑项目中推行建筑师负责制，提供全过程工程咨询服务
《浙江省人民政府办公厅关于加快建筑业改革与发展的实施意见》	培育全过程工程咨询服务。大力培育全过程工程咨询企业，鼓励我省投资咨询、勘察、设计、监理、招标代理、造价等企业加快转型发展和人才培养，发展全过程工程咨询服务。积极开展全过程工程咨询服务试点，健全相关管理制度，制定相关招标文件和合同范本，提高全过程工程咨询服务能力和水平。政府投资工程应带头推行全过程工程咨询，鼓励非政府投资工程委托全过程工程咨询服务
《上海市人民政府办公厅印发〈关于促进本市建筑业持续健康发展的实施意见〉的通知》	创新工程监理服务模式，鼓励监理企业在立足施工阶段监理的基础上，向“上下游”拓展服务领域，对于选择具有相应工程监理资质的企业开展全过程工程咨询服务的工程，可不再另行委托监理
《山西省人民政府办公厅关于促进建筑业持续健康发展的实施意见》	积极发展全过程工程咨询企业。鼓励企业通过联合经营、并购重组等方式，整合工程建设所需的工程咨询、招标代理、勘察设计、造价咨询、监理等上下游产业链相关服务业务，推动咨询企业向全过程工程服务企业转型，培育一批具有全国先进水平的全过程工程咨询企业。政府投资工程应当带头推行全过程工程咨询，鼓励非政府投资工程采用全过程工程咨询服务，充分发挥建筑师在项目建设中的主导作用
《河北省人民政府办公厅关于促进建筑业持续健康发展的实施意见》	培育全过程工程咨询。鼓励投资咨询、勘察、设计、监理、招标代理、造价咨询等企业采取联合经营、并购重组等方式发展全过程工程咨询。有条件的企业可先行先试。国有投资项目应带头推行全过程工程咨询，鼓励非国有投资项目委托全过程工程咨询服务。实行工程总承包的国有投资项目应采用全过程工程咨询模式。在民用建筑项目中充分发挥建筑师的主导作用，鼓励提供全过程工程咨询服务（省发展改革委、省住房城乡建设厅牵头，省工业和信息化厅、省财政厅、省交通运输厅、省水利厅、省通信管理局、省公共资源交易监督办公室配合）
《福建省人民政府办公厅关于促进建筑业持续健康发展的实施意见》	培育全过程工程咨询。在房屋建筑和市政基础设施工程等领域组织开展全过程工程咨询试点，建立健全全过程工程咨询管理制度。鼓励投资咨询、勘察、设计、监理、招标代理、造价等企业采取联合经营、并购重组等方式发展全过程工程咨询，打造具有综合竞争力的全过程工程咨询企业。政府投资工程应带头推行全过程工程咨询，将项目决策分析与评估、项目实施总体策划、工程项目管理、工程勘察、设计、监理、招标代理、工程验收阶段专项咨询、后评价等全部或部分业务委托给全过程工程咨询服务企业。鼓励非政府投资工程委托全过程工程咨询服务。在民用建筑项目中，充分发挥建筑师的主导作用，鼓励提供全过程工程咨询服务

续表

政策法规名称	相关规定
《河南省人民政府办公厅关于大力发展装配式建筑的实施意见》	推行工程总承包。建立推行与装配式建筑发展相适应的工程总承包建设模式。健全与装配式建筑总承包相适应的发包承包、施工许可、分包管理、工程造价、质量安全监管、竣工验收等制度，实现工程设计、部品部件生产、施工及采购的统一管理和深度融合。按照总承包负总责的原则，落实工程总承包单位在工程质量安全、进度控制、成本管理等方面的责任。支持大型设计、施工和部品部件生产企业通过调整组织架构、健全管理体系，向具有工程管理、设计、施工、生产、采购能力的工程总承包企业转型。发展装配式建筑全过程工程咨询，政府投资工程带头推行全过程工程咨询，鼓励非政府投资工程委托符合条件企业开展全过程工程咨询（责任单位：省住房城乡建设厅、发展改革委）
《河南省人民政府办公厅关于印发河南省建筑业转型发展行动计划（2017—2020年）的通知》	鼓励省内投资咨询、勘察、设计、监理、招标代理、造价等企业采取联合、重组、并购等方式，向全过程工程咨询企业转型
《黑龙江省住房和城乡建设厅关于加强工程监理工作若干意见的通知》	创新工程监理服务模式。开展全过程工程咨询。鼓励大型工程监理企业向“上下游”拓展服务领域，提供项目咨询、招标代理、造价咨询、项目管理、现场监督等多元化、全过程工程咨询服务，在有条件的地区、企业、项目先试先行，积累经验。对于选择具有相应工程监理资质的企业开展全过程工程咨询服务的工程，可不再另行委托监理
《青海省人民政府办公厅关于促进建筑业持续健康发展的实施意见》	培育全过程工程咨询服务。鼓励投资咨询、勘察、设计、监理、招标代理、造价咨询等企业联合经营、并购重组，开展覆盖工程全生命周期的咨询服务，培育一批高水平的全过程工程咨询企业。政府投资工程应推行全过程工程咨询，依法必须招标的工程建设项目，在项目立项后即可通过招投标选择咨询企业，西宁、海东、海西等市州每年要落实一批有示范作用的全过程工程咨询项目。工程咨询企业提出合理化建议并节省投资的，建设单位应给予不低于节省投资额50%的奖励。在民用建筑项目中，充分发挥建筑师的主导作用，探索实施建筑师负责制。（省发展改革委、省财政厅、省住房城乡建设厅、省交通运输厅、省水利厅、各市州人民政府）
《黑龙江省住房和城乡建设厅关于印发〈省住房和城乡建设厅建筑管理处2018年工作要点〉的通知》	推行全过程工程咨询。政府投资工程带头推行全过程工程咨询，支持非政府投资工程委托全过程工程咨询服务。探索全过程工程咨询服务政策体制机制，培育我省全过程工程咨询企业，引导有能力的企业开展覆盖工程全生命周期的一体化项目管理咨询服务
《上海市住房和城乡建设管理委员会关于进一步改善和优化本市施工许可办理环节营商环境的通知》	改革工程监理机制。在本市社会投资的“小型项目”和“工业项目”中，不再强制要求进行工程监理。建设单位可以自主决策选择监理或全过程工程咨询服务等其他管理模式。鼓励有条件的建设单位实行自管模式。鼓励有条件的建设项目试行建筑师团队对施工质量进行指导和监督的新型管理模式
《江苏省住房城乡建设厅关于印发〈2018年全省建筑业工作要点〉的通知》	培育全过程工程咨询服务。推进设计、监理、造价、招标代理等工程咨询服务类企业在聚焦主业的同时，积极向全过程工程咨询方向转型发展。研究出台《全过程工程咨询服务工作标准》和《全过程工程咨询服务合同示范文本》。依据《开展全过程工程咨询服务试点工作方案》，公布一批试点企业和示范项目，并且对试点项目开展情况进行跟踪，及时总结试点经验

续表

政策法规名称	相关规定
《广西壮族自治区人民政府办公厅关于促进建筑业持续健康发展的实施意见》	培育全过程工程咨询。依法必须招标的工程建设项目，可通过招标投标择优选择全过程工程咨询企业。探索全过程工程咨询服务计费方式。全过程工程咨询企业提出合理化建议节省投资的，建设单位可给予奖励。采用工程总承包模式的建筑项目，原则上委托全过程工程咨询。在民用建筑项目中，充分发挥建筑师的主导作用，鼓励提供全过程工程咨询服务
《湖南省人民政府办公厅关于促进建筑业持续健康发展的实施意见》	培育全过程工程咨询。政府投资工程应带头推行全过程工程咨询，鼓励非政府投资工程委托全过程工程咨询服务。对于选择具有相应工程监理资质的企业开展全过程工程咨询服务的工程，可不再另行委托监理。建立全过程工程咨询管理制度，明确全过程工程咨询企业责任，制定全过程工程咨询服务技术标准、取费参考标准、招标文件和合同范本。（省住房城乡建设厅、省发展改革委牵头，省财政厅、省交通运输厅、省水利厅、省经信委、省工商局等有关单位负责）
《湖北省人民政府关于促进全省建筑业改革发展二十条意见》	深化工程项目组织实施方式改革。大力推行工程总承包，政府投资新建项目和国有投资新建项目应带头采用工程总承包，装配式建筑全部采用工程总承包，鼓励社会资本投资新建项目和 PPP 项目采用工程总承包。健全工程总承包的招投标、质量安全管理和市场准入制度，鼓励工程建设的设计、施工、建造和服务企业融合发展。到 2020 年，我省新建项目工程总承包占比，武汉市、襄阳市、宜昌市达到 30%以上，其他市州达到 15%以上；到 2025 年，武汉市、襄阳市、宜昌市达到 50%以上，其他市州达到 30%以上。充分发挥湖北工程咨询行业能力强的优势，积极培育全过程工程咨询，鼓励投资咨询、勘察设计、监理、招标代理、造价咨询等企业采取联合经营、并购重组等方式发展全过程工程咨询。政府投资工程应带头推行全过程工程咨询服务，鼓励非政府投资工程委托全过程工程咨询服务。到 2020 年，培育中南工程咨询设计集团、中信工程设计建设有限公司等 10 家以上具有全过程工程咨询服务能力的咨询服务企业。支持建筑师在民用建筑项目中发挥主导作用、拓展业务范围、提升综合服务能力，创作出一批水平高、质量优、效益好的优秀工程项目
《海南省人民政府办公厅关于促进建筑业持续健康发展的实施意见》	培育全过程工程咨询。国有资金投资或其占主导地位的建设项目应带头推行全过程工程咨询，鼓励社会投资项目委托全过程工程咨询。依法必须招标的工程建设项目，在项目立项后即可通过招标投标择优选择全过程工程咨询企业。鼓励投资咨询、勘察、设计、监理、招标代理、造价等企业采取联合经营、并购重组等方式发展全过程工程咨询
《北京市住房和城乡建设委员会关于进一步改善和优化本市工程监理工作的通知》	对于总投资 3000 万元以下的公用事业工程（不含学校、影剧院、体育场馆项目），建设规模 5 万平方米以下成片开发的住宅小区工程，无国有投资成分且不使用银行贷款的房地产开发项目，建设单位有类似项目管理经验和技术人员，能够保证独立承担工程安全质量责任的，可以不实行工程建设监理，实行自我管理模式。鼓励建设单位选择全过程工程咨询服务等创新管理模式
《山东省住房和城乡建设厅关于开展装配式建筑工程总承包招标投标试点工作的意见》	工程总承包项目的投标人不得是工程总承包项目的全过程工程咨询单位、代建单位、项目管理单位、监理单位、造价咨询单位或者招标代理机构。工程总承包项目宜采用全过程工程咨询服务
《重庆市人民政府办公厅关于进一步促进建筑业改革与持续健康发展的实施意见》	培育全过程工程咨询服务，实现服务集成化。促进工程咨询行业的业务融合，构建科学合理的管理协调机制，推进项目管理服务集成化发展，提高服务质量。引导投资咨询、勘察、设计、监理、招标代理、造价咨询等企业拓宽业务范围，为建设单位提供全过程项目管理咨询服务，实现项目全生命周期的进度目标、质量安全目标、投资目标。政府投资工程应带头推行全过程工程咨询。力争到 2020 年，培育 30 家全过程工程咨询服务企业。探索试行建筑师负责制，充分发挥建筑师的主导作用，鼓励提供全过程工程咨询服务

第二章　基础设施工程及其咨询特点

第一节　基础设施的概念

一、基础设施概念由来

“基础设施”一词又为“基础结构”。最早对基础设施给予足够重视的经济学家为罗森斯坦·罗丹，他在1943年把一国或一地区的社会总资本或社会总投资分为两类：“社会分摊资本”（Social Overhead Capital，SOC）和“私人资本”（Private Capital，PC），前者即指基础设施。赫尔希曼将后者又称之为“直接生产性活动”。这种分类观点一直为后人所承袭。

钱纳里（H. Chenery）和莫塞·赛尔昆（Moises Syrquin）明确地将社会产业部门分为两大部门，即为可交易部门和非可交易部门，前者包括初级产品部门和制造业；后者包括社会基础设施和服务业，其中社会基础设施又包括建筑业、水、电和煤气业、运输业以及通信业等。

麦格劳—希尔公司的图书公司1982年出版的《经济百科全书》，进而对基础设施做了比较详细的解释。该书写道：“基础设施是指那些对产出水平或生产效率有直接或间接的提高作用的经济项目，主要内容包括交通运输系统、发电设施、通信设施、金融设施、教育和卫生设施，以及一个组织有序的政府和政治体制……”

在我国，我们通常理解的基础设施是指为社会生产和居民生活提供公共服务的工程设施，是用于保证国家或地区社会经济活动正常进行的公共服务系统，也是社会赖以生存发展的一般物质条件。在现代社会中，经济的不断发展对基础设施的要求也越来越高，完善的基础设施对加速社会经济活动，保障并提高人民生活质量起着巨大的推动作用。

基础设施项目涵盖范围非常广泛，广义的来说，包括公路、桥隧、铁路、码头港口、机场、市政道路、地铁轻轨、能源、水利、邮政、通信、教育、文化、卫生、体育设施等。基础设施以为人民提供基本的服务的目的而存在，大多具有比较明显的公益性。

二、城市基础设施

城市基础设施中“基础设施”一词，英文“Infrastructure”词义为“基础”“下部（底层）结构”“永久性基地（设施）”。因此，有的学者将它翻译为基础结构，有的将它译为基础设施。城市基础设施是为了满足城市物质生产和居民生活需要，向城市居民和各单位提供基本服务的公共物质设施以及相关的产业和部门，是整个国民经济系统的基础设施在城市地域内的延伸。1985年7月，城乡建设环境保护部在北京召开的城市基础设施讨论会上下了定义："城市基础设施是既为物质生产，又为人民生活提供一般条件的公共设施，是城市赖以生存和发展的基础"。城市基础设施可以分广义的概念和狭义的基础设施概念。本书中涉及的基础设施是指狭义的基础设施，即工程性的基础设施。工程性的基础设施一般包括六个方面的内容：

城市能源系统：包括城市电力生产与输变电设施，煤制气、天然气、液化石油气的生产、供应设施，城市热能生产与集中供热设施等。

水源给排水系统：包括水资源的开发、利用设施，自来水的生产、供应设施，雨水排放、处理设施等。

交通运输系统：包括城市对内交通运输的道路、桥梁、公共交通场站设施，城市对外交通的航空、水运、公路、铁路等设施。

邮电通信系统：包括邮政、电信、电话等设施。

城市生态环境保护系统：包括环境卫生和垃圾清运处理、环境监测保护、园林绿化等设施。

城市防灾系统：包括防火、防洪、防地震、防地面下沉、防风雪以及人防战略等设施。

城市基础设施中各类设施既相对独立又密切关联。随着社会经济的发展、科学技术的进步、人民生活水平的不断提高，既对城市基础设施提出新的要求，又为城市基础设施的发展开辟新的道路，而城市基础设施的加强、发展、完善、配套，又会进一步推动城市社会经济的发展，促进科学技术的进步，改善人民的生活条件和生活环境质量。

三、农村基础设施

农村基础设施是指为发展农村生产和保证农民生活而提供的公共服务设施的总称。包括交通邮电、农田水利、供水供电、商业服务、园林绿化、教育、文化、卫生事业等生产和生活服务设施。它们是农村中各项事业发展的基础，也是农村经济系统的一个重要组成部分，应该与农村经济的发展相互协调。

参照中国新农村建设的相关法规文件，农村基础设施包括：农业生产性基础设施、农村生活基础设施、生态环境建设、农村社会发展基础设施四个大类。

1）农业生产性基础设施：主要指现代化农业基地及农田水利建设。

2）农业生活性基础设施：主要指饮水安全、农村沼气、农村道路、农村电力等基础设施建设。

3）生态环境建设：主要指天然林资源保护、防护林体系、种苗工程建设，自然保护区生态保护和建设、湿地保护和建设、退耕还林，农民吃饭、烧柴、增收等当前生计和长远发展问题。

4）农村社会发展基础设施：主要指有益于农村社会事业发展的基础建设，包括农村义务教育、农村卫生、农村文化基础设施等。

四、新基建基础设施

新基建是相对于传统基建的一种新概念，新基建的重心不再是房地产，我们可以将新基建看作是宽泛定义下的信息基建，新型基础设施建设是指人工智能、工业互联网、物联网等新型基础设施建设。新型基础设施主要包括三方面内容：

一是信息基础设施，主要指基于新一代信息技术演化生成的基础设施，比如，以 5G、物联网、工业互联网、卫星互联网为代表的通信网络基础设施，以人工智能、云计算、区块链等为代表的新技术基础设施，以数据中心、智能计算中心为代表的算力基础设施等。

二是融合基础设施，主要指深度应用互联网、大数据、人工智能等技术，支撑传统基础设施转型升级，进而形成的融合基础设施，比如智能交通基础设施、智慧能源基础设施等。

三是创新基础设施，主要指支撑科学研究、技术开发、产品研制的具有公益属性的基础设施，比如重大科技基础设施、科教基础设施、产业技术创新基础设施等。伴随技术革命和产业变革，新型基础设施的内涵、外延也不是一成不变的，将持续跟踪研究。

与传统基建相比，新型基础设施建设内涵更加丰富，涵盖范围更广，更能体现数字经济特征，能够更好推动中国经济转型升级。

与传统基础设施建设相比，新型基础设施建设更加侧重于突出产业转型升级的新方向，无论是人工智能还是物联网，都体现出加快推进产业高端化发展的大趋势。

第二节　基础设施的特点

一、传统基础设施的特点

1. 配置上的大规模的初始集聚性

由于基础设施项目规模大、配套性强，必须同时建成才能发挥作用，因而一开始就需要有最低限度的大量投资作为其创始资本。比如，要建成一个水力发电站，不仅需要整修河道、建筑水坝和水库，而且需要建设电站建筑物，购买电机设备、建设输电系统、修筑公路、安装通信设施、建造有关生产服务设施和生活服务设施等。这样，工程初始就要有大规模的投资预算，而且这些投资缺一不可。先投资建设水坝，没有发电设备和必要的通信设施，即使电站建成了也不能投入使用。要修建一条通信线路，光购买通信器材还不行，还必须铺设电缆、修建中继站等。修筑公路、铁路等基础设施亦是如此。因此，基础设施必须有大额投资才能建成，并且要有相应的辅助设施才能投入使用，形成生产能力。如果投资量小或工种不配套，即使项目建成也无法产生效用，只会半途而废甚至造成浪费。

2. 有较长的酝酿期

与直接生产部门相比，基础设施建设周期长，投资资金难以在短时期内得到回收。以交通运输业为例，一般铁路线路的建设需要 5～8 年的时间，加上建设前期的工作，往往需要十多年的时间，大型运输网的建设则往往需要几十年的时间。

3. 时间上不可分及不可逆性

基础设施“必须在时间上居先于其他直接生产性投资”。由于基础设施建设周期长，因此必须在建设时间上先行一步。从发达国家工业化初期的经验来看，基础设施（特别是交通运输业）的发展速度都普遍高于国民生产总值的增长速度，对于发展中国家来说同样如此。在发展中国家工业化初期，只有运输业等基础设施超前发展了，才能有助于消除各地区在自然条件上的差异，促进统一市场的形成，形成生产向具有比较优势的区域集中，大大提高国民经济的整体效益。

有人认为基础设施服务属于“公共物品”或“准公共物品”。实质上，由于基础设施涵盖的内容十分广泛，不同部门间、部门内部和各种技术类型之间，基础设施产业的经济特征大不相同，其既有纯公共物品和准公共物品，也有公共资源和纯私人物品。

当城市间的收费高速公路不太拥挤，从而不太具有竞争性时，它就是典型的准公共物品。因为增加一辆车、一个司机并不影响其他人使用公路的效益，而其在技术上可以排他而且排他的成本并不昂贵（设立收费站）。而与此相反，城市道路在交通高峰期十分拥挤，具有很强的竞争性。但直到现在，也很难有技术上的措施可以防止其他人使用城市公路，或者对高峰期和非高峰期使用道路者根据使用量征收不同的费用，无法排他，这是一种典型的公共资源。大多数基础设施的服务性质属于私人物品，具有竞争性和排他性，比如供水、供电、煤气、电话、铁路、教育等，并不像通常人们所认为的它们属于公共物品或准公共物品。只是它们依然产生外部效应——其中许多会影响环境。比如，发电时使用矿物燃料排出的废气可能产生严重的负外部效应。可见，基础设施服务不仅不同于其他商品，而且它们自己内部也存在着许多差别。基础设施消费上的这些特征，对于如何提供基础设施服务有着非常重要的意义。

4. 自然垄断性

现代基础设施最一般的经济特征是，通过为各类使用者服务的网络传输系统，特别是通过管道供水、电网、煤气、电信、排水和铁路等公共设施提供服务。一般情况下，这种传输系统是专用的，也就是说，它只能传送一种东西。用于传输系统的投资（比如地下水管线或电缆）是最不可能重新修复的，因为它们不能移作他用或转移到其他地方——不像用于交通运输工具的投资。一旦付出投资，这部分成本就“沉淀”了。由于这些传输系统形成了网络，因此与之相配套的服务流量（交通、电力、通信信号）对于充分发挥其效应至关重要，因而，这些基础设施产业有着巨大的规模经济性。基础设施项目建成投入使用后，在一定的产出范围内，单位产品成本会随着量的增加而下降，即具有显著的成本弱增性。对于具有这种自然垄断性的基础设施产业而言，由一家或极少数几家企业垄断性经营能使成本效率最大化。

当然，基础设施各部门的自然垄断程度是不尽相同的。首先，不同部门成本下降的情况是极不相同的，比如，高压输电网的最佳范围是全国范围，然而对供水来说，要节省与用水量挂钩的单位成本，只能在市或区级才可以实现。其次，即使在同一部门内部，不同生产阶段的特点也不一样。在电力部门，依靠控制规模节省发电量的做法常常在发电能力小于充分发展的市场容量时，就没有余地了。再次，各部门沉淀成本的重要性也不相同。比如，在铁路和港口部门，对于机车车辆和货物搬运设备的投资而言，沉淀成本的重要性要小于固定设施的投资，这使得企业可以很容易地进入或退出沉淀成本较低的经营活动以便与其潜在的市场力量竞争。这种经营活动被称之为“可竞争”的活动。此外，许多基础设施可以利用不同的技术建设避开大规模的网络投资。比如以改善公共厕所或化粪池为基础的环境卫生设施可以提供与排污系统、垃圾处理一样的服务，但却省去了网络投资。小规模的灌溉系统——特别是以水井和机井为基础的灌溉系统以及小规模的以再生能源为基础的发电厂（比如小型水电站），同样不需要与大规模的网络连接，但却能极大地满足用户的需要。电话服务可以通过电话网络，也可以通过无线电系统提供。

5. 较强的外部经济性

基础设施所提供的服务有利于直接生产活动的进行，并且是其得以进行的基础，但“从社会经营资本得到的利润常常通过许多间接的因果关系回到整个社会，而不直接到创办的企业家手中”。基础设施的社会经济利益高于其他产业部门，而资金收益率却低于其他产业部门。比如，根据美国麻省理工学院与埃及开罗大学在埃及进行联合调查的数据表明，通信投资的直接效益与对其他产业部门产生的间接效益之比为：①商业 1∶69；②服务业 1∶85；③设备制造业 1∶126；④手工业 1∶78。

另外，基础设施不能依赖进口。一个国家的某些农产品、矿产品可以自己不生产，全部依赖进口。但水、电供应，除非是在边境一定范围内可以通过进口外，都必须依靠自己建设供水、供电系统形成供给。运输、通信设备、器材可以进口，但必须在国内建立交通通信网络。否则，便不能形成供给。

二、城市基础设施的特点

城市基础设施作为城市赖以生存和发展的基础条件，作为一项系统工程，一般具有以下四个特点：

1. 服务职能的同一性和公共性

构成城市基础设施的各部分都具有同一职能，即服务职能。无论何种城市基础设施，其服务对象都是整个城市的社会生产和居民生活。

城市基础设施服务的公共性表现在两个方面：①任何一项基础设施都不是为特定部门、单位、企业或居民服务的，而是为城市所有部门、单位、企业和居民提供服务的，是为城市社会整体、为整个城市提供社会化服务。②城市基础设施提供的服务，从服务对象上看，既为物质生产服务，又为居民生活服务。两者难以截然分开。据有关资料显示，城市自来水 30%、70%，城市煤气 50%、50%，城市道路运输量的 30%、70%分别是为城市居民生活服务和为物质生产服务的。

2. 运转的系统性和协调性

城市基础设施是一个有机的综合系统，也是城市大系统中的一个子系统，其系统性和协调性，不仅通过显而易见的城市道路网、电网、自来水管网、煤气输配管网等各类设施自成体系的网络表现出来，而且表现为城市基础设施的各个分类设施系统之间的密切联系，形成城市内部一个相对独立的系统。这个系统在其内部以及同外界环境之间均需协调一致，才能正常良好地运转。城市基础设施必须与城市国民经济、人口规模、居民生活水平、城市规划建设等保持协调发展的关系。城市基础设施内部各分类设施系统之间联系也非常紧密而协调。例如城市道路建设中，往往涉及电力、电信、给水、排水、煤气、园林、环卫、消防等部门，城市的给水、排水、煤气、电信等管线往往预埋在城市道路下面，城市道路的开挖所影响的不只是城市交通，而且会影响到其他城市基础设施效率的发挥。如果城市排水设施不良，遇到雨水积水，就会造成交通不畅；如果城市道路通畅，就能提高城市的防火防灾能力；如果城市电话普及，通信设备良好，无疑也会减少城市交通流量，减轻城市道路压力等。城市基础设施各分类设施内部都构成一个有机整体，自成系统，互相协调，不能割裂。如城市道路、公路、地铁、铁路、民航、公共客运交通、个体交通、货运、交通管理等组成一个有机整体构成城市交通系统；又如水资源的开发利用、水源保护、防洪、给水、排水、污水处理与利用等构成水资源和给排水系统。以上所有这些方面，表现出它们之间的联系密切、互相制约、互相依存的运转系统性和协调性。

3. 建设的超前性和形成的同步性

城市基础设施建设的超前性有两层含义：一是时间上的超前。从城市发展的要求来看，作为城市发展和存在的基础，城市基础设施的建设理应在前；从技术角度讲，城市基础设施建设的工期长，埋设在地下的部分较多，必须先行施工，否则不但会造成重复施工，影响整体建设工程的工期和效率，而且会浪费大量资财，影响整体效益，所谓城市建设前期准备必须先做到"七通一平"，就是这个道理。二是容量上的超前，即城市基础设施的能力应走在城市对其需要的前面。这是因为，城市对基础设施的需要往往随时会有变化且会不断增长，而基础设施却因牵动面大而不宜随时扩建变动。所以，城市道路埋设在地下的各种管线等有关工程量大，使用年限长，建成后不易移动的设施，应按城市一定时期内发展规划和总体要求一次建成或按最终规划建设或者预留，否则会妨碍城市今后的发展和扩建。

城市基础设施形成的同步性是指城市基础设施与相关的其他设施工程同时形成能力。基础设施提前形成能力会造成基础设施投资的呆滞，而基础设施滞后形成能力又会造成企业或住宅区等设施投资的呆滞而影响其发挥效益，只有形成建设同步，才能实现宏观最佳投资效益。从我国目前总的情况来看，城市基础设施形成能力往往落后于其他项目，例如，北京市 90 年代住宅竣工量大大增加，但由于基础设施跟不上，每年有 25%左右的住宅建成后不能及时交付使用。

4. 效益的间接性和长期性

城市基础设施的建设和管理，其目的并不完全着眼于获得自身的经济效益，而在于为整个城市经济的发展提供基础条件，促进城市经济和其他各项城市事业的发展，增进城市的总体效益。城市基础设施的投资效益和经营管理效果，往往表现为服务对象的效益提高，进而促进城市总体效益的提高。例如，城市道路和桥梁的建设投资和维护费用都很大，但一般并不直接向使用者收费，当然也就不能采取市场补偿的方式直接收回投资或进行更新和再建，更不能为财政提供积累。孤立地看城市道路和桥梁的效益很差，但它们确为城市高效运转创造了条件。重庆长江大桥、嘉陵江大桥建成后，使重庆市江北、南岸和市区连成一片，几乎 100%的企业受益；上海市的南浦大桥、杨浦大桥、延安东路越江隧道的建设，对上海市建设成世界性大都会将产生深远影响，这些大桥和隧道都没有直接向使用者收费。又如，天津引滦入津引水工程完成后，由于水质改善，天津纺织印染工业的染色牢度提高半级到一级，一级品率也大为提高。此外，城市基础设施的间接效益，有时还可以通过其服务对象的效益收益来计算，例如，大连市前几年因为缺水每年损失工业产值 6 亿元；上海工业如能增加 32 万 m^3 煤气，每年可增加产值 7 亿～8 亿元。所以，城市基础设施的效益主要是通过整体社会经济效益而间接地表现出来的。

城市基础设施投资大、使用期长，总的投资效益在短期内难以得到集中反映，要通过一段相当长的时期才能表现出来，而且城市基础设施的经济效益、社会效益、环境效益会长期反映出来。例如，城市园林绿化等环境设施，给城市居民创造了良好的生活环境和活动场所，使居民身心得到健康发展；城市防灾设施的健全，可使城市能稳定安全地运转，这些效益是深远的长期的。

三、新基建的特点

新基建和传统基建一个最大的区别是新基建广泛应用了新技术，满足了经济发展及人民对美好生活的新需求。

1）新基建不会在全国各地普遍开花，而是会在某些地区形成聚集，需要因地制宜。

2）新基建产业覆盖范围极广，以无人机为例，从机身制造到利用通信铁塔信号传输再到北斗定位、充电设备等，每一种产品形态在不同地区、不同领域和细分层次上都会有成百上千家企业群策群力，进而形成不同于传统基建的全新生态。

3）新基建中的数字基础设施超越了地理位置和时间的界限，可以全方位、全时段地为各领域用户服务，形成整合效应，但设施的所在地可能并不是最直接的受益者。

第三节 基础设施的时代变更

传统的“基建”是指铁路、公路、桥梁、水利工程等大建筑。20 世纪 80 年代，我国就开始在基础设施领域引入 PPP 模式，经过 30 多年发展，为持续提高我国基础设施水平发挥了积极作用。经济新常态下，继续做好基础设施领域 PPP 有关工作，有利于推进结构性改革尤其是供给侧结构性改革，增加有效供给，实施创新驱动发展战略，促进稳增长、补短板、扩就业、惠民生；有利于打破基础设施领域准入限制，鼓励引导民间投资，提高基础设施项目建设、运营和管理效率，激发经济活力，增强发展动力；有利于创新投融资机制，推动各类资本相互融合、优势互补，积极发展混合所有制经济；有利于理顺政府与市场关系，加快政府职能转变，充分发挥市场配置资源的决定性作用和更好发挥政府作用。

各地发展改革部门要会同有关行业主管部门等，切实做好能源、交通运输、水利、环境保护、农业、林业以及重大市政工程等基础设施领域 PPP 推进工作，进一步加强协调配合，形成政策合力，确保政令统一、政策协同、组织高效、精准发力，共同推动政府和社会资本合作工作顺利开展。

根据 2016 年 7 月 7 日国务院常务会议明确的政府和社会资本合作部门职责分工，按照《中共中央国务院关于深化投融资体制改革的意见》（中发〔2016〕18 号）、《国务院关于创新重点领域投融资机制鼓励社会投资的指导意见》（国发〔2014〕60 号）等文件精神，就进一步做好传统基础设施领域政府和社会资本合作（PPP）相关工作、积极鼓励和引导民间投资均提出了要求。

依据《国务院关于深化投融资体制改革的意见》（中发〔2016〕18 号）、《国务院关于创新重点领域投融资机制鼓励社会投资的指导意见》（国发〔2014〕60 号）、《国务院办公厅转发财政部发展改革委人民银行关于在公共服务领域推广政府和社会资本合作模式指导意见的通知》（国办发〔2015〕42 号）、《基础设施和公用事业特许经营管理办法》（国家发展改革委等部门令 2015 年第 25 号）、《国家发展改革委关于开展政府和社会资本合作的指导意见》（发改投资〔2014〕2724 号）等文件要求，制定本导则。

2018 年 12 月 19 日至 21 日，中央经济工作会议在北京举行，会议重新定义了基础设施建设，把 5G、人工智能、工业互联网、物联网定义为“新型基础设施建设”。随后“加强新一代信息基础设施建设”被列入 2019 年政府工作报告。

2019 年以来，以人工智能、5G、特高压、轨道交通等“涉科”企业为代表的新型基础设施建设板块在资本市场上备受追捧，凸显出资本力量对中国经济风向的敏锐洞察和快速反应。

2019 年 7 月 30 日，中共中央政治局召开会议，提出“加快推进信息网络等新型基础设施建设”。

2020 年 1 月 3 日，国务院常务会议确定促进制造业稳增长的措施时，提出“大力发展先进制造业，出台信息网络等新型基础设施投资支持政策，推进智能、绿色制造”。

2020 年 2 月 14 日，中央全面深化改革委员会第十二次会议指出，“基础设施是经济社会发展的重要支撑，要以整体优化、协同融合为导向，统筹存量和增量、传统和新型基础设施发展，打造集约高效、经济适用、智能绿色、安全可靠的现代化基础设施体系”。

2020 年 3 月 4 日，中共中央政治局常务委员会召开会议，强调“要加大公共卫生服务、应急物资保障领域投入，加快 5G 网络、数据中心等新型基础设施建设进度”。

2020 年 3 月 6 日，工业和信息部召开加快 5G 发展专题会，加快新型基础设施建设。中国信通院发布的《5G 产业经济贡献》认为，预计 2020 至 2025 年，中国 5G 商用间接拉动的经济总产出约 24.8 万亿元。根据《中国 5G 经济报告 2020》测算，到 2025 年，5G 商用带来的信息消费规模累计将超过 8.3 万亿元。

2020 年 4 月报道，新基建主要包括 5G 基站建设、特高压、城际高速铁路和城市轨道交通、新能源汽车充电桩、大数据中心、人工智能、工业互联网七大领域，涉及诸多产业链。

2020 年 4 月 20 日，国家发展改革委创新和高技术发展司司长伍浩在国家发展改革委新闻发布会上表示，新基建包括信息基础设施、融合基础设施和创新基础设施三方面。

2020 年 5 月 7 日，从上海市政府新闻发布会上介绍的《上海市推进新型基础设施建设行动方案（2020—2022 年）》获悉，上海初步梳理摸排了这一领域未来三年实施的第一批 48 个重大项目和工程包，预计总投资约 2700 亿元，各级政府投资约 600 亿元，其余 2100 亿元是社会投资。

2020 年 5 月 22 日，2020 年政府工作报告中再次提到了要加强新型基础设施建设的发展力度。

第四节　新基建的发展现状

一、新基建国际发展现状

1. 5G 的全球发展

全球各国积极发展建设 5G，着重服务商业使用，在 5G 网络建设、5G 智能手机使用、5G 基站建设等方面还处于初步建设阶段，存在较大的发展空间。据 GSA（Global mobile Suppliers Association）统计，截至 2020 年 3 月底，全球约 123 个国家的多家运营商宣布过它们正在投资建设5G，且近40个国家的运营商提供了一项或多项符合3GPP标准的5G服务。其中，有60多家运营商发布了符合3GPP标准的5G移动服务，有30多家运营商发布了符合3GPP标准的5G固定无线接入或家用宽带服务。在5G领域，中国、韩国、美国和日本处于领先地位，英国、德国和法国位于第二梯队，新加坡、俄罗斯和加拿大处于第三梯队。截至2020年2月初，中国已开通了15.6万个5G基站。截至2019年年底，韩国5G用户规模达到500万，计划在其85个城市建设23万个5G基站。美国则计划建设60万个5G基站，而德国计划建设4万个以上5G基站。日本计划在2024年底投资1万亿日元修建约7万个5G基站，同时，日本政府计划通过财政预算对基站建设进行补贴，这将可能使基站建设规模增加至8.4万，见表2-1。

表2-1　　5G基站建设数量

国家	计划数量
中国	55万
韩国	23万
美国	60万
德国	4万以上
日本	7万

（数据来源：赛迪研究院根据网络信息整理）

2. 大数据中心的全球发展

大型运营商仍然重视对数据中心的建设支出，且全球已建成一定数量的数据中心供给使用，但大数据中心还是处于持续建设、数量增加的发展阶段。据Synergy Research统计，2019年，超大规模运营商的资本支出增加了1%，但其针对数据中心的资本支出增加了11%，这些支出主要用于建设、扩张和装备大数据中心。2019年，全球用于数据中心软硬件的支出达1520亿美元，该支出主要由公共云数据中心拉动，其占总支出的比重约为37%。截至2019年年底，全球共有512个大数据中心。Synergy Research的超大规模数据是基于全球前20名云服务和互联网服务企业资本支出和数据中心跟踪分析而得，所涉及的企业包括了在IaaS、PaaS、SaaS、搜索、社交网络和电子商务等领域的最大运营商，数据具有较强的可靠性。2019年，全球资本支出规模最大的运营商为亚马逊、谷歌、微软、脸书和苹果，这5家企业总部均在美国，能反映出美国在大数据中心领域的强大实力。其余大规模支出运营商包括阿里巴巴、腾讯、IBM、京东、百度和甲骨文公司，见表2-2。

表2-2　　重要运营商分布

序号	企业名称	总部地点	序号	企业名称	总部地点
1	亚马逊	美国	7	腾讯	中国
2	谷歌	美国	8	IBM	美国
3	微软	美国	9	京东	中国
4	脸书	美国	10	百度	中国
5	苹果	美国	11	甲骨文	美国
6	阿里巴巴	中国			

（数据来源：赛迪研究院据Synergy Research报告整理）

Data Centre Pricing 研究了 17 个欧洲国家数据中心建设状况，2019 年 12 月结果显示，英国是欧洲最大的第三方数据中心市场，其数据中心面积为 85.8 万 m^2，其次是德国和荷兰，数据中心面积分别为 58.3 万 m^2 和 46.1 万 m^2。英国斯劳及伦敦和 M25 高速公路系统内部的数据中心集群共占英国数据中心面积的 45%。预计到 2023 年，德国数据中心面积将增加 41%，意大利、波兰、法国和爱尔兰的数据中心面积增加 48%～58%，而英国仅增加 9%。欧洲最大的数据中心集群位于法兰克福，其次为阿姆斯特丹、巴黎、伦敦和 M25 内部区域。

二、新基建国内发展现状

1. 中央顶层设计，政策路线明朗

从 2018 年至今，共有 7 次中央级会议或文件明确表示加强新型基础设施建设，党中央和国务院重视程度不断强化，相关政策路线日趋清晰。国家持续密集部署新型基础设施，在于新型基础设施具备新时代的丰富内涵，既符合未来经济社会发展趋势，又适应中国当前社会经济发展阶段和转型需求，在补短板的同时将成为社会经济发展的新引擎。作为数字经济的发展基石、转型升级的重要支撑，新一代信息技术引领的新型基础设施建设已成为我国谋求高质量发展的关键要素。

2015—2020 年我国各个领域新基建重点政策见表 2-3。

表 2-3　2015—2020 年“新基建”七大领域重点政策（中央层面）

领域	时间	部门	会议	政策文件与规划内容
人工智能	2015.5	国务院		《中国制造 2025》中把智能制造作为两化深度融合的主攻方向
	2015.7	国务院		《国务院关于积极推进“互联网＋”行动的指导意见》中，将人工智能作为其主要的十一项行动之一
	2016.3	国务院		《国民经济和社会发展第十三个五年规划纲要（草案）》，人工智能概念进入“十三五”重大工程
	2016.7	国务院		《“十三五”国家科技创新规划》，将智能制造和机器人列为“科技创新 2030 项目”重大工程之一
	2016.5	国家发展改革委、科技部、工业和信息化部、中央网信办		《“互联网＋”人工智能三年行动实施方案》，明确提出到 2018 年国内要形成千亿元级的人工智能市场应用规模
	2017.3		第十二届全国人民代表大会	《2017 年政府工作报告》，“人工智能”首次被写入政府工作报告
	2017.7	国务院		《新一代人工智能发展规划》，确定新一代人工智能三步走发展战略
	2017.10		十九大	人工智能进入十九大报告，将推动互联网、大数据、人工智能和实体经济深度融合
	2017.12	工业和信息化部		《促进新一代人工智能产业发展三年行动计划（2018—2020 年）》，以新一代人工智能技术的产业化和集成应用为重点，推动人工智能和实体经济深度融合

续表

领域	时间	部门	会议	政策文件与规划内容
人工智能	2018.1	国家标准化管理委员会		《人工智能标准化白皮书（2018版）》
	2019.3		中央全面深化改革委员会第七次会议	《关于促进人工智能和实体经济深度融合的指导意见》，构建数据驱动、人机协同、跨界融合、共创分享的智能经济形态
	2019.11	国家发展改革委		《产业结构调整指导目录（2019年本，征求意见稿）》中直接提及人工智能的条目共计18条，全部为鼓励性政策
工业互联网	2017.10		国务院常务会议	《关于深化“互联网＋先进制造业”发展工业互联网的指导意见》，这是规范和指导我国工业互联网发展的指导性文件。确定的总体目标是，构建与我国经济社会发展相适应的工业互联网生态体系，并进一步提出2025年、2035年和21世纪中叶“三步走”目标
	2018.6	工业和信息化部		《工业互联网发展行动计划（2018—2020）》提出到2020年底，我国将实现“初步建成工业互联网基础设施和产业体系”的发展目标，具体包括建成5个左右标识解析国家顶级节点、遴选10个左右跨行业跨领域平台、推动30万家以上工业企业上云、培育超过30万个工业APP等内容
新能源汽车充电桩	2018.12	工业和信息化部		《车联网（智能网联汽车）产业发展行动计划》，预计到2020年，实现车联网（智能网联汽车）产业跨行业融合取得突破，具备高级别自动驾驶功能的智能网联汽车实现特定场景规模应用，“人—车—路—云”实现高度协同，适应产业发展的政策法规、标准规范和安全保障体系初步建立
	2016.1	财政部		《关于“十三五”新能源汽车充电基础设施奖励政策及加强新能源汽车推广应用的通知》，2016—2020年中央财政将继续安排资金对充电基础设施建设、运营给予奖补
	2015.10	国务院		《关于加快电动汽车充电基础设施建设的指导意见》到2020年，基本建成适度超前、车桩相随、智能高效的充电基础设施体系，满足超过500万辆电动汽车的充电需求；建立较完善的标准规范和市场监管体系，形成统一开放、竞争有序的充电服务市场；形成可持续发展的“互联网＋充电基础设施”产业生态体系，在科技和商业创新上取得突破，培育一批具有国际竞争力的充电服务企业
	2018.12	国家发展改革委		《汽车产业投资管理规定》再次强调我国汽车产业电动化、智能化发展的方向，新能源汽车与智能网联汽车是我国未来汽车主流产品
	2019.12	工业和信息化部等		《新能源汽车产业发展规划（2020—2035）（征求意见稿）》
大数据中心	2015.8	国务院		《促进大数据发展行动纲要》，要培育高端智能、新兴繁荣的产业发展新生态
	2016.12	工业和信息化部		《大数据产业发展规划（2016—2020年）》
	2017.2		中共中央政治局	实施国家大数据战略专门集体学习

续表

领域	时间	部门	会议	政策文件与规划内容
5G 基建	2015.5	国务院办公厅		《关于加快高速宽带网络建设推进网络提速降费的指导意见》到 2020 年，技术先进、应用繁荣、保障有力的大数据产业体系基本形成
	2016.11		第十二届全国人大第四次会议	提出“网络强国”战略
	2016.12			《“十三五”国家信息化规划》中，十六次提到了“5G”
	2017.3		第十二届全国人大	2017 年《政府工作报告》中专门提及“第五代移动通信技术（5G）”

2. 地方政府加紧行动，项目引领新基建实施

根据 2019 年政府工作报告，北京等 10 省（自治区、直辖市）要求推动人工智能发展。北京等 7 省（自治区、直辖市）表示要加强工业互联网的建设。辽宁等 6 省（自治区、直辖市）提出发展物联网。辽宁、黑龙江、江苏、福建、安徽、河南、四川、广西至少 8 省（自治区）提出加快 5G 商用步伐，湖北要求加快 5G 产业化进程，北京、湖南提出加快 5G 新型基础设施建设。根据 2020 年政府工作报告，上海将提升新一代信息基础设施能级，推进 5G 网络市域全覆盖。

贵州提出超前谋划、大力推进新型基础设施建设。湖北将加快 5G、工业互联网、冷链物流等新型基础设施建设。内蒙古则布局 5G 通信应用和大数据、区块链、物联网、人工智能等产业。陕西提出推动新一代信息技术、大数据、人工智能等新兴产业加快发展。2020 年各省重点建设项目偏重于新基建项目。2020 年 3 月 4 日，湖南省发展改革委公布 2020 年首批 105 个省重点建设项目清单，总投资额近万亿元，清单中共 75 个基础设施项目。2020 年 3 月 5 日，广东省发展改革委发布《2020 年重点建设项目计划》，提出 2020 年共安排省重点项目 1230 个，总投资 5.9 万亿元，其中基础设施建设项目聚焦城际轨道、5G 通信等。江苏、浙江、江西、山东等省公布的重点项目清单均强调城际轨道、高铁、新型信息通信等新基建。浙江正制定新型基础设施建设投资指导意见。重庆提出完善人工智能、智慧广电等新型基础设施。新疆提出推进人工智能、工业互联网、物联网等新型基础设施建设。

三、新基建未来发展

以 5G、物联网、工业互联网、卫星互联网为代表的通信网络基础设施是新基建的重要内容。

1. 工业互联网：高端智能工厂成首都高精尖产业代表

在工业制造环节，将 5G、大数据中心、人工智能、工业互联网等新基建与制造工厂相结合，将生态节能、物联网、智能网联、无人驾驶等作为智能化的基础和优势特色，成为“高精尖产业发展”的代表性项目之一。

2. 智慧能源基础设施

近年来，随着新能源和通信技术进步，借助储能电池、充电桩以及物联网体系搭建的能源互联的车联网平台，正在成为城市能源管理的重要内容。因此，智慧能源基础设施也被纳入新基建之中。

以5G网络建设为例，除了网络建设自身需要投入大量的资金以外，还能够带动产业链上下游，包括相关设备、移动终端的研发和生产，以及培育壮大在线教育、智能家居、沉浸式游戏等新型消费。

3. 安防监控

(1) 适用于需要集成多家安防系统的项目，基本要求是接入监控系统是遵循GB/T 28181标准的数字系统。实现对科达、安讯士Axis主流监控系统进行兼容整合，将视频流统一汇集到中心视频服务器系统上，实现对视频信号的统一调取和监看。

(2) 实现县（市）、乡（镇）、村三级视频连接方案，解决视频信号在专网、局域网、政务网和互联网中互通互联的问题，上级监控中心可以顺畅地调用下级监控系统的视频信号。实现监控视频在大屏幕上多样式展示，提供2×2、3×3、4×4、环绕式、一主多辅等展示形式。可动态调整视频窗口位置，可选择对某路视频全屏展示。解决传统解码系统在直播流选择和布局方面灵活性不足的问题。

(3) 面向智能手机、PAD、PC等终端输出小画幅视频流，实现超远程跨地域视频监看。解决视频流重新复用和多终端适配的问题。

(4) 视频传输播放采用多重安全验证机制，杜绝非授权访问，确保信息流和视频流传输的安全性。

(5) 对终端视频流的访问采用触发式消息通道，可配置为不观看不传输，有效避免网络堵塞和带宽不足问题，确保重要视频观看的流畅性和稳定性。

如“雪亮工程”充分发挥视频监控系统的作用，推进社会治安防控体系建设。“雪亮工程”是以县、乡、村三级综治中心为指挥平台，以综治信息化为支撑，以网格化管理为基础，以公共安全视频监控联网应用为重点的“群众性治安防控工程”。它通过三级综治中心建设把治安防范措施延伸到群众身边，发动社会力量和广大群众共同监看视频监控，共同参与治安防范，从而真正实现治安防控“全覆盖、无死角”。

第三章 基础设施工程前期咨询

第一节 工程项目融资咨询

一、国外基础设施投融资方式

1. PPP（BOT、TOT等）

PPP是英文Public-Private Partnership的缩写，是指政府公共部门和私人部门基于基础设施项目的投资和建设而形成的相互的合作关系。在PPP的合作方式下，合作各方参与某个基础设施项目时，政府并不是把项目的责任全部转移给私人企业，而是由参与合作的各方根据项目的情况以及交易结构的安排合理地分担责任和风险。

以国家财政资金为主导进行基础设施建设是世界上很多国家在经济发展起步阶段所普遍采取的政策。但是，随着经济的高速发展，对基础设施建设投资的需求与日俱增，单单依靠国家财政拨款建设基础设施显然已不能满足对基础设施建设投资的巨大需求。20世纪80年代以来，西方国家纷纷放松对过去由国家垄断经营的基础设施领域的管制，引入民间资本，建立竞争机制，基础领域的改革极大地推动了基础设施相关行业的发展，基础设施产品的供给能力有了显著提高，并成为近一二十年来西方国家拉动经济增长的重要推动力。PPP的理念就是在这样的背景下发展并被广泛应用，我们所熟知的BOT（即Build-Operate-Transfer）或TOT（即Transfer-Operate-Transfer）模式以及本书介绍的BT模式均是PPP在不同基础设施项目运作中所呈现出的具体交易模式。

在欧洲、澳大利亚等发达国家PPP的应用范围很广泛，既可以用于具备一定盈利能力的基础设施的投资建设（如水厂、电厂），也可以用于很多非营利设施的建设（如监狱、学校等）。

2. 资产证券化

资产证券化（Asset-backed Securitization）就是把缺乏流动性，但具有未来现金流收入的资产汇集起来，通过法律和财务上的结构性重组，将其转变成可在金融市场上出售和流通的金融产品，据以融通资金的过程。

通常来说，具有下列特征的资产较容易实现证券化：①能够在未来产生可预见的稳定的现金流；②原始权益人持有该资产已有一段时间，且信用记录良好；③容易获得资产的相关数据；④资产的历史记录良好，即违约率和损失率较低。

不难发现一些具备收费机制的基础设施项目完全符合条件，而且与其他资产相比还有以下特点：现金流稳定且可预测；历史记录完备，透明度较高；资产完全同质，规模较大。这些特点对开展资产证券化非常有利，所以部分基础设施项目是十分适合开展资产证券化的。

国际上资产证券化已经发展成为一种比较成熟的融资方式，在金融市场上发挥着重要作用。在我国，资产证券化还是一种新事物，尚处于起步阶段，但在公路交通领域已经有所突破，相信随着操作经验的不断积累、相关法律法规的不断完善，资产证券化会在未来的基础设施投融资领域中扮演重要的角色。

二、我国基础设施项目融资现状

基础设施建设是我国经济社会发展的基础和城镇化的必备条件，基建投资更是近年来保证我国 GDP 平稳较快增长的有力支撑。多年来，我国基建投资的资金来源主要有财政拨款、自筹资金、国内贷款、外资、债券和其他资金渠道。从城市市政公用设施建设固定资产投资口径来看，自筹资金、财政拨款和国内贷款占比较高。自筹资金主要来自政府专项债、其他地方政府性基金支出、政府融资平台的发债融资和非标融资。在控制地方政府隐性债务风险的政策要求下，自筹资金占比从 2013 年 29%的高点降至 2016 年的 23%。2018 年上半年，金融严监管导致非标融资规模大幅萎缩，地方融资平台的非标融资受阻，导致 2018 年上半年自筹资金不足，基建投资增速在资金短缺的困局下持续走低。为缓解基建投资资金不足的问题，2018 年下半年专项债发行明显提速，2018 年 10 月 31 日国务院也出台《关于保持基础设施领域补短板力度的指导意见》，提出防止基建投资大起大落。在专项债资金和国务院政策支持下，基建投资增速在四季度止跌企稳。

2019 年 3 月 5 日，第十三届全国人民代表大会第二次会议在北京人民大会堂开幕，国务院总理做政府工作报告。报告提到合理扩大有效投资。紧扣国家发展战略，加快实施一批重点项目。完成铁路投资 8000 亿元、公路水运投资 1.8 万亿元，再开工一批重大水利工程，加快川藏铁路规划建设，加大城际交通、物流、市政、灾害防治、民用和通用航空等基础设施投资力度，加强新一代信息基础设施建设。今年中央预算内投资安排 5776 亿元，比去年增加 400 亿元。创新项目融资方式，适当降低基础设施等项目资本金比例，用好开发性金融工具，吸引更多民间资本参与重点领域项目建设。落实民间投资支持政策，有序推进政府和社会资本合作。政府要带头讲诚信守契约，决不能“新官不理旧账”，对拖欠企业的款项年底前要清偿一半以上，决不允许增加新的拖欠。

从政府工作报告来看，2019 年基础设施补短板的力度并未减弱。然而基础设施建设的融资难度却空前增加。一方面，随着 2018 年减税降费政策的落实，全年减轻企业税收和社保缴费负担近 2 万亿元。2019 年减税降费力度只增不减，势必给各级财政带来巨大压力。另一方面，为有效控制地方政府债务风险，尤其是隐性债务风险，2016 年来多部门加强监管，地方政府融资渠道明显收紧。2018 年 2 月 8 日，国家发展改革委、财政部联合发布《关于进一步增强企业债券服务实体经济能力严格防范地方债务风险的通知》（发改办财金〔2018〕194 号文），2018 年 3 月 31 日财政部印发了《关于规范金融企业对地方政府和国有企业投融资行为有关问题的通知》（财金〔2018〕23 号），监管文件的频繁发布，体现了监管机构对地方政府违法违规举债的高度重视，也使得地方政府与融资平台、金融机构之间多年来心照不宣的“借道融资”模式开始瓦解。

在此种情况下，要保证基础设施建设不停滞，补短板工作不滑坡，各地就必须熟悉各种融资渠道，在监管允许的范畴内，想方设法为地方基建项目筹集资金，一方面保证在建项目高质量完工，另一方面保证新建项目按时开工，切实提高人民群众的生活水平。

三、我国基础设施项目投资人

1. 政府性投融资公司

我国各地投资 BT 项目的投资人中主要包括各个城投（城市建设投资）公司、发展（投资发展）公司、国资（国有独资）公司等。该类公司基本均是全国资性质，分属各级国资委或政府直接管辖，其成立的背景往往是为了解决城市经济发展资金短缺瓶颈，拓展资金来源，并以经营城市的理念，借助市场经济的手段，把整座城市作为一个资源聚合体，合理配置及盘活存量，从而对构成城市空间和城市功能载体的自然生成资本（如城市土地）和人力资本（如城市路桥）及其相关的延伸资本（如城市路桥的冠名权）等进行聚集、重组和营运，以实现最大限度地发掘城市资源的潜力，在整个城市范围内实现资源配套容量和效益的最大化、最优化，以谋求城市资产滚动增值的目标。其投资城市基础设施建设项目的主要目的是为政府以项目为题材进行融资，一般无盈利要求。因而，此类公司没有也并不需要具备从事市政基础设施项目投资、建设的资质。目前国内从中央到省（自治区、直辖市）、市、县有为数众多的此类政府性投融资公司，但以 BT 模式投资基础设施建设的此类公司多在经济发达地区，如上海城投、无锡国联、吴江城投等。

2. 国有控股多元化公司

除上述全国资性质公司外，我国 BT 项目的投资人主要还来源于国有控股的多元化企业。国有控股的多元化企业因为其公司的多元化股权结构，为股东盈利是其追求的主要目标，而这些公司一般也拥有较大的资产规模、较好的融资渠道，同时，也与政府有较好的沟通能力和公共关系，较易获得政府的信任。

在这类企业中，上市公司是一个特殊的群体。这些上市公司因为其拥有较好的公司治理、较佳的社会信用，且具备证券市场融资能力，从而能比一般企业更加容易获得资金支持。国内此类上市公司大多具有相应工程承包资质和能力的建筑类公司。从公开披露的信息来看，浦东建设、上海建工、中铁一局等是此类比较活跃的 BT 项目投资公司，同时这些公司所投资的 BT 项目一般也具有规模较大、周期较长、建设标准较高、收益较好等特点，而且大多是政府迫切希望早点实施、关系到民生以及招商环境的重点项目，比如城市快速通道、主干道，以及大型公共设施等。总之，国有控股的上市公司既是国家基础设施项目融资的平台，承担直接融资的功能，同时也通过以 BT 这种投融资方式参与项目的投资和建设获取适当的投资和建设收益。

3. 民营企业

作为国有经济的重要补充力量，民营企业因其高度的灵活性和信息的非公开性，近年来在基础设施 BT 模式建设领域也颇为活跃。但是，此类投资者由于本身资产规模有限、融资能力有限，或者不具备较高的建设资质，主要承担城市次干道等小型 BT 项目。

4. 外资企业

近年来，基于对人民币升值的预期和寻求稳定收益的目的，国外资本对投资我国基础设施项目表现出了浓厚的兴趣。外国投资者投资基础设施 BT 项目最需要确保的是较低的项目风险、较为固定的收益等，因而一般对于合作政府的级别要求比较高，而该类项目往往也由有较强引进外资愿望的地方政府发起，并且大多以合资企业的形式出现。目前，外资企业建设基础设施项目主要通过债权（包括债券、股东借款、外资贷款等），以及股权（外商独资、参股、优先股等）进行融资。

四、地方政府基础设施项目的融资方式

随着我国金融市场的发展和地方财政投融资体系的改革，我国地方基础设施项目的融资方式与时俱进，不断丰富，为地方政府的融资选择提供了诸多途径。2019 年政府工作报告中主要提及政府和社会资本合作的 PPP 模式、地方政府专项债券融资方式以及地方融资平台带来的其他资金周转方式。

1. 股权型融资方式

政府和社会资本合作的 PPP 模式带有股权性质。在 PPP 模式中，政府通过特许经营权、合理定价、财政补贴等事先公开的收益约定规则，引入社会资本参与城市基础设施等公益性事业投资和运营，以利益共享和风险共担为特征，发挥双方优势，提高公共产品或服务的质量和供给效率。政府和社会资本合作的 PPT 模式自 2014 年启动后一度备受追捧，截至 2019 年 1 月末，全国 PPP 综合信息平台项目管理库 8735 个项目均已完成物有所值评价和财政承受能力论证的审核，覆盖 31 个省（自治区、直辖市）及新疆兵团和 19 个行业领域。截至 2019 年 1 月末，管理库累计落地项目数 4814 个、投资额 7.3 万亿元，落地率 55.1%。

2018 年 3 月，金融监管力度升级，众多违法违规 PPP 项目浮出水面，地方 PPP 模式超出政府自身财力、固化政府支出责任、泛化运用范围等问题层出不穷。各地开始对 PPP 项目库进行清理排查，PPP 概念迅速降温，一路高歌猛进的 PPP 模式自此按下减速键。今年的政府工作报告，再度提及“吸引更多民间资本参与重点领域项目建设。落实民间投资支持政策，有序推进政府和社会资本合作”。同年 3 月 8 日，财政部印发《关于推进政府和社会资本合作规范发展的实施意见》（下称“实施意见”），明确规范推进政府和社会资本合作（PPP）项目实施，鼓励民资和外资参与，优先支持基础设施补短板及健康、养老、文化、体育、旅游等公益性领域。文件的发布，标志着 PPP 模式在停滞整顿 1 年之后，进入规范化常态化的调整发展阶段。

合法合规运用 PPP 模式，首先在于始终明确社会资本在 PPP 项目设计、建设、运营和维护过程中需要承担的责任。《财政部关于推广运用政府和社会资本合作模式有关问题的通知》（财金〔2014〕76 号）指出，政府和社会资本合作模式是在基础设施及公共服务领域建立的一种长期合作关系。通常模式是由社会资本承担设计、建设、运营、维护基础设施的大部分工作，并通过使用者付费及必要的政府付费获得合理投资回报；政府部门负责基础设施及公共服务价格和质量监管，以保证公共利益最大化。

合法合规运用 PPP 模式，重点在于有效防控地方政府隐性债务风险。本次印发的实施意见，再次强调各级财政部门要进一步提高认识，遵循“规范运行、严格监管、公开透明、诚信履约”的原则，切实防控地方政府隐性债务风险，坚决打好防范化解重大风险攻坚战，扎实推进 PPP 规范发展。地方政府需始终坚持必要、可承受的财政投入原则，审慎科学决策，健全财政支出责任监测和风险预警机制，防止政府支出责任过多、过重加大

财政支出压力，切实防控假借 PPP 名义增加地方政府隐性债务。

合法合规运用 PPP 模式，需要对 PPP 模式的不同类型有深入的了解。PPP 模式按照项目回报机制，可分为有明确依据的政府付费类项目、使用者付费类项目和可行性缺口补贴类项目。不同类型的 PPP 模式，风险要素不尽相同（见表 3-1）。基于切实防控地方政府隐性债务风险的出发点，本次实施意见对新上政府付费项目提出了更加审慎的要求，财政支出责任占比超过 5%的地区，不得新上政府付费项目；使用者付费比例低于 10%的项目，不予入库。地方政府在使用 PPP 模式之前，需明确项目所属的 PPP 类型，降低项目的合规风险。

表 3-1　PPP 模式的分类、特点及风险关注要点

分类		特点	风险关注
按回报机制	有明确依据的政府付费（既有债权）	项目建成并通过竣工验收，进入可用性服务状态，项目建设及运营带来的现金回收风险基本解除后，政府支付可用性服务费	地方政府财政实力和信用水平；是否列入相应的地方政府财政预算
	使用者付费（未来收益权）	项目公益直接向终端用户收费，如供水项目、燃气供应项目等	运营环境；社会资本的持续经营能力
	可行性缺口补贴	项目本身不具备经营性收费机制或现金流不足以覆盖投资。缺口部分由政府从城市建设维护费、土地增值财政收入中拿出资金进行偿付或补贴，纳入地方财政预算	政府补贴占比；项目进行状态；运营环境；可持续运营能力

PPP 模式是财政减负的帮手，不能使其成为政府隐性债务风险的帮凶；PPP 项目是提高民生工程质量的盛宴，不能使其成为施工企业攫取短期利润的快餐。只有这样，PPP 模式才能不忘初心，在稳增长、促改革、惠民生方面持续发挥积极作用。

2. 债权型融资方式

与工商企业项目的债权融资方式相似，地方政府基础设施项目的债权型融资方式也可分为直接融资与间接融资。直接融资由地方政府通过发行地方政府债券实现。其中，针对特定基建项目的债权融资，通过发行地方政府专项债券实现。基建项目的间接融资途径不仅包括从商业银行获得商业贷款，也包括从国开行、农发行等政策性银行获得政策性贷款。考虑到当前法律明确地方政府只能通过发行债券方式进行融资，银行贷款更多是通过地方融资平台来进行的。

银行贷款的融资模式为各地所熟知，地方政府一般债券发行管理暂行办法出台时间较早，以一般公共预算收入还本付息，操作流程较为简单。2018 年政府工作报告中未专门提及银行贷款和一般债券融资，本小节对此两种债权型融资方式也不再做过多介绍，而将重心放于专门解决产生一定收益的基础设施项目资金问题的地方政府专项债券。

政府工作报告中提及 2018 年将有效发挥地方政府债券作用。2018 年拟安排地方政府专项债券 2.15 万亿元，比 2017 年增加 8000 亿元，为重点项目建设提供资金支持，也为更好防范化解地方政府债务风险创造条件。合理扩大专项债券使用范围。继续发行一定数量的地方政府置换债券，减轻地方利息负担。鼓励采取市场化方式，妥善解决融资平台到期债务问题，不能搞“半拉子”工程。2019 年 1 月，财政部要求指导和督促地方将专项债券资金重点用于急需资金支持的方面，优先用于解决在建项目、政府项目拖欠工程款问题等。

2018 年 4 月 3 日，财政部下发财预〔2018〕28 号文，《试点发行地方政府棚户区改造专项债券管理办法》（下称《管理办法》），成为继土地储备专项债、收费公路专项债和项目收益专项债之后第四类专项债券管理办法，对探索建立棚户区改造专项债券与项目资产、收益相对应的制度具有深远意义和积极作用。2018 年 10 月，住建部在北京主持召开部分省（自治区、直辖市）市座谈会，研究 2019 年棚改政策。会上提出棚改融资以发行棚改专项债为主，政府购买棚改服务模式取消，但鼓励国家开发银行、中国农业发展银行对收益能平衡的棚改项目继续贷款。2019 年，地方政府专项债券发行规模更大，作用更重要，是监管鼓励、政策支持的融资方式，值得引起地方政府的广泛重视。

2018 年，各省（自治区、直辖市）市发行地方政府专项债券 18 067.63 亿元，发行只数为 485。从发行地域上来看，江苏、山东、广东、浙江等地的发行规模最大，四川、广东、天津、河北的发行数量最多。

从项目类型来看，2018 年发行的土储专项债最多，其次是用来偿还或置换政府债券，用于多种项目的公益性资本支出的发行规模排在第三，棚户区改造专项债券的发行规模排在第四。2018 年地方政府专项债券还涉及交通运输、教育、水务、医疗、生态环保等诸多领域，但发行规模和发行数量较少。

表 3-2 和表 3-3 从发行数量和发行规模两个维度分类汇总了 2018 年各地区专项债券的发行情况。

3. 其他资金周转方式

此外，地方政府还可运用其他资金周转方式，如通过与咨询方签订委托代建协议，或与其他社会组织签订政府购买服务合同或政府采购协议，由委托方先行建设工程或提供服务，政府则依据合同约定在某些时点或工程（服务）结束后一次性结清账款的方式，进行资金周转并实现短期融资的需求。

2019 年政府工作报告中明确，鼓励采取市场化方式，妥善解决融资平台到期债务问题，不能搞“半拉子”工程。上交所对地方融资平台发行公司债的审核条件有所放松，对于到期债务六个月内的债务，以借新还旧为目的发行公司债，放开政府收入占比 50%的上限限制，但不允许配套补流。对地方融资平台融资的边际放松，预计将使其再融资压力得到有效缓解。那么在合法合规，不增加地方政府隐性债务规模的前提下，地方政府仍可采用形成应付账款的形式实现资金周转与短期融资。

需要注意的是，2018 年 6 月财政部发布《政府购买服务管理办法（征求意见稿）》，该文件在《国务院办公厅关于政府向社会力量购买服务的指导意见》（国办发〔2013〕96 号）、《政府购买服务管理办法（暂行）》（财综〔2014〕96 号）和《关于坚决制止地方以政府购买服务名义违法违规融资的通知》（财预〔2017〕87 号，以下简称 87 号文）的基础上，结合目前地方政府开展政府购买服务的实际情况，对原办法进行了针对性的修订。

五、基础设施项目与融资方式建议

不同的融资方式各有优势。地方基础设施项目可根据自身特点，选择合适的融资途径，规避项目的法律风险与整改风险。在选择融资方式的同时，也可酌情考虑未来融资方式可能发生的转变。同时，在新项目尚未启动时，可为项目设计多种融资方案，从而保证项目资金尽快到位，而不必死守一种融资途径，导致项目资金无法落实。

表 3-2　　2018 年各地区专项债券的发行数量

行标签	产业园	偿还到期政府与公益性资本支出	偿还或置换政府债	防洪	工业园区	公益性资本支出	交通运输	教育	旅游	棚改	三供两治	生态保护	生态环保	收费公路	水务	土储	乡村振兴	医疗	综合管配
2018 年	1	34	110	1	2	74	4	7	4	85	1	2	2	26	6	113	2	10	1
安徽		1	3							3				1		3			
北京			3			3				1						1			
福建		3	3			6				1				1		2			
甘肃		1	1							1				1		1			
广东		1	2			8				6				1	2	18			
广西			7			2		1		1				1		1		1	
贵州			12							1								1	
海南		2					1									2			
河北		2	3			5				5				2		13		1	
河南		2	1							8				1		15			
黑龙江		1	2			1				1				1		4			
湖北			2			10													
湖南			6			1	1									3			
吉林		2						1		1				2		1		1	
江苏			3			3				2				1		2			
江西		5	5							1				1					
辽宁			9							4						5		1	
内蒙古			7			2	1			6									
宁夏		3	1							4				1		1			
青海		2						1		3				1		1		1	
山东		1	7			4				8						1			
山西		4				4				2				1		4			
陕西			8					1		3				2		2			
上海		2	1							1						2			
四川	1		3	1	2	2	1	1	4	4			2	2	4	6	2	2	1
天津		2				2				13		1		2		14			
西藏																2			
新疆			4			9		1		1	1	1						2	
云南			5			5		1		1				1		1			
浙江			10			3				3				3		4			
重庆			2			3										4			

表 3-3 **2018 年各地区专项债券的发行规模**

行标签	产业园	偿还到期政府债与公益性资本支出	偿还或置换政府债	防洪	工业园区	公益性资本支出	交通运输	教育	旅游	棚改	三供两治	生态保护	生态环保	收费公路	水务	土储	乡村振兴	医疗	综合管配
2018 年	5.00	1244.02	4190.85	0.30	14.69	3577.75	86.20	60.27	10.67	2747.85	8.90	17.90	25.38	628.60	49.87	5322.30	5.70	47.41	15.00
安徽		95.54	22638							47153				2000		29104			
北京			45.91			10800				9200						7000			
福建		70.99	9946			14295				2465				650		30400			
甘肃		52.03	494							3300				3400		10200			
广东		129.24	9300			28390				1880				7100	1360	65900			
广西			174.45			1425		2942		1300				4800		20200		733	
贵州			595.77							800								400	
海南		34.63					700									10100			
河北		75.68	5330			507.99				14.01				3660		21212		500	
河南		183.33	3336							18123				5200		22410			
黑龙江		87.00	20.42			20.00				300				1200		13200			
湖北			51.45			642.00													
湖南			493.40			65.00	67.00									275.00			
吉林		62.80						407		500				2600		14613		490	
江苏			385.70			597.00				255.00				23.00		495.00			
江西		83.93	75.95							348.00				43.00					
辽宁			155.04							9.00						24.26		174	
内蒙古			71.08			5165	1200			8535									
宁夏		37.00	159							5800				700		600			
青海		9.00						300		2400				600		200		600	
山东		157.28	27599			21926				58596						159.95			
山西		52.57				93.53				8.82				1500		7625			
陕西			284.29					13.00		46.09				80.00		118.91			
上海		40.50	18.30							54.00						211.00			
四川	5.00		197.00	0.30	14.69	1273	0.20	6.08	10.67	45.91			25.36	7.50	36.27	431.25	5.70	10.34	15.00
天津		70.80				25.00				200.00		15.00		11.00		309.98			
西藏																12.73			
新疆			78.30			244.30		3.70		15.00	8.90	2.90						8.20	
云南			297.10			154.50		10.00		17.50				47.00		89.00			
浙江			350.06			164.00				131.00				85.00		417.60			
重庆			108.62			211.00										350.00			

基础设施项目在选择融资方式时，应当同时考虑三方面因素，第一是工程进度，即项目是新建项目还是在建项目。第二是工程紧迫性，即项目是否需要尽快完工投入使用。第三是项目回报机制，即项目本身产生收益的能力。三方面因素相互影响，对基础设施项目的融资方式选择形成制约，见表 3-4。

表 3-4　　基础设施项目的融资方式选择

项目性质		项目无收益	项目有部分收益	项目收益可覆盖投资
新建项目	工程紧迫周期短（不超过 3 年）	1. 地方政府一般债券 2. 委托代建	1. 地方政府专项债券 2. 银行贷款 3. 委托代建	1. 地方政府专项债券 2. 银行贷款 3. 委托代建 4. PPP 模式
	工程非紧迫但周期长（5～15 年）	1. PPP 模式 2. 地方政府一般债券 3. 委托代建	1. PPP 模式 2. 地方政府专项债券 3. 委托代建 4. 银行贷款	1. PPP 模式 2. 地方政府专项债券 3. 委托代建 4. 银行贷款
在建（非 PPP 模式项目）	工程紧迫且周期短（不超过 3 年）	1. 地方政府一般债券 2. 委托代建	1. 地方政府专项债券 2. 银行贷款 3. 委托代建	1. 地方政府专项债券 2. 银行贷款 3. 委托代建 4. PPP 模式
	工程非紧迫但周期长（5～15 年）	1. 地方政府一般债券 2. 委托代建 3. PPP 模式	1. 地方政府专项债券 2. 委托代建 3. 银行贷款 4. PPP 模式	1. 地方政府专项债券 2. 委托代建 3. 银行贷款 4. PPP 模式

注：基建项目自筹资金本小节未做分析，此表也未展示。根据政策要求，无论选择何种融资方式，自筹资金（资本金）均不能低于项目总投资的 20%。但 2019 年政府工作报告中特别提到“适当降低基础设施等项目资本金比例”。

表 3-4 对基础设施项目的融资方式选择进行了罗列，对于不同性质的项目，表 3-4 中前置的方式可以优先考虑。基础设施项目选择融资方式的几点原则如下：第一，工程紧迫的项目慎用 PPP 模式和委托代建模式，以避免过长的权责协调期和法律尽调期。但若项目收益可覆盖投资，则均可考虑；第二，在建（非 PPP 模式）项目慎用 PPP 模式，以避免过高的转换成本和过长的协调期；第三，非紧迫项目可优先选择 PPP 模式以提高项目建设运营质量，并尽量避免采用委托代建模式，从而避免在较长的建设时期内发生法律风险；第四，非紧迫项目尽量避免使用银行贷款的融资方式，如若项目融资确需银行贷款，则尽量缩短贷款期限，降低融资成本。

从实践来看，工程紧迫且周期短的项目往往能够获得政策性融资支持，如政策性银行贷款以及专项债券的支持。而污染防治项目则可能争取到绿色债券的支持，在全过程工程咨询建模式中提高咨询方的融资效率，降低融资成本。

此外，无论采取上述何种融资方式，基础设施建设想要顺利推进，项目本身的资质一定要过硬。在基础设施项目实际建设过程中，各地区公益性项目，尤其是一些棚改项目，存在规划不科学、潜在收益未充分挖掘、贷款期限过长等问题。这些问题一方面使地方政府损失大量项目收益，另一方面使地方政府负担了过高的利息成本。在基础设施建设案例中，地铁上盖物业，污水处理厂下沉等建设方式，有效利用了宝贵的土地资源，为其他基础设施项目提供了思路。有效提高公益性项目规划的科学性，创新项目投资回报机制，即可增强人民群众的获得感，又能进一步减轻地方政府负担。

六、基础设施项目的投资风险及评估

与大多数项目一样，基础设施风险可能相对较小，但还是会面临诸如市场风险、建设风险、利率风险、政府信用风险、政策风险等。投资者必须通过分析、评估等方式全面了解这些风险，并提前准备规避和解决这些风险的措施。

1. 市场风险

此项目面临的市场风险主要是指取得基础设施项目过程的风险。因为大多数项目必须经历一个漫长的谈判或者招标的程序，所以，如何把握项目、如何战胜竞争对手非常重要。在处理这个问题的时候，投资者一般必须保持良好的合作意愿，与政府（业主）进行充分的沟通，宣讲自身的优势，了解政府的意图，并且通过增值服务来赢得政府的信任，最终获取项目。

在控制市场风险的过程中，必须特别关注政府的诉求，明确政府想要达到或实现的目标，这样对顺利承接该项目，以及获得政府的长期支持都很关键。由于目前我国城市普遍处于基础设施需求膨胀的时期，若能在项目介入初期与当地政府建立一种长期合作共赢的战略伙伴关系，从而搭建了相互信任的平台，将会更有利于后续其他基础设施建设项目的跟进。

2. 建设风险

根据一般基础设施项目的合同，只有投资者完成项目的竣工验收，协议中业主履行的支付回购款的义务才生效，因此，在项目的建设期内，出现的任何质量、安全、进度的错误、延误、事故等不确定因素都将导致项目不能按时、及时验收，这样对项目的回购也将影响深远。

为解决这一问题，务必将项目的这些风险控制在事前，并选择合适的项目管理模式，制定详细的管理制度，并在以下三个方面进行有效控制：

（1）投资控制：设计质量，概算、预算把关，设计变更签证等；

（2）施工控制：施工单位的标后管理，工、料、机的管理，质量、安全、进度、文明施工等管理；

（3）竣工管理：竣工时间控制、备案归档等。

针对此项目的建设风险，一般应从设置双方互相制约的管理模式开始，并引入外部的项目管理咨询机构、代理机构，进而在回购协议中补充有关因外部不可预见因素及业主方原因造成的工程进度、方案变更等损失弥补措施，这样才能将项目的建设风险尽可能降低。

3. 利率风险

对于基础设施项目而言，利率风险主要存在于项目的回购期。回购期内，中国人民银行公布同期的贷款基准利率发生变化，可能导致融资成本上升，并影响到回购方支付的回购款的金额，进而影响到 BT 项目的投资收益，形成 BT 项目的利率风险。因此，在本项目 BT 模式设计之初，就应充分考虑到利率风险，将回购方须支付的项目投资收益率设定为浮动利率，即在一定范围（一般指央行贷款基准利率上下浮动 0～100 个 BP）内，利率可不做调整，但超出这一范围，双方就必须按照新的基准利率调整投资收益率，并相应修改每年的回购金额，这样基本上可有效避免投资者和回购方的重大利率波动风险。

4. 回购风险

在回购期，投资人面临的主要风险是政府信用风险，政府能否按时支付回购款是 BT 项目的最大风险。因此，投资者一般在评价这方面的风险时都比较谨慎，参考很多商业银行和政策性银行的评估方法，现列出政府信用风险的典型定量评估模型（见表 3-5）。

表 3-5　　地方政府财力评价模型

指　标	满分	各层级	分配分值	得分
行政级别	10	省级、省会、直辖市	10	
		地区（国家级开发区）	7.5	
		县级（省级开发区）	5	
		县级以下	2.5	
GDP（亿元）	10	＞2000	10	
		1000～2000	9	
		500～1000	8	
		200～500	7	
		100～200	6	
		50～100	5	
		20～50	4	
		10～20	3	
		＜10	2	
GDP 增长率	6	年均增长 10%及以上	6	
		年均增长 8%～10%	5	
		年均增长 6%～8%	4	
		年均增长 4%～6%	3	
		年均增长 2%～4%	2	
		年均增长不大于 2%	1	
人均 GDP（元）	10	＞15 000	10	
		10 000	7.5	
		5000	5	
		＜2000	2.5	

续表

指　标	满分	各层级	分配分值	得分
区位	8	环渤海直辖市	8	
		其他省会市	6	
		省内有竞争优势区域	4	
		其他	2	
本级财政一般预算总收入（亿元）	10	50亿元	10	
		15亿元	7.5	
		8亿元	5	
		2亿元	2.5	
本级财政可支配收入（亿元）	10	大于30亿元	10	
		大于10亿元	7.5	
		大于5亿元	5	
		大于1亿元	2.5	
一般预算本年收入/一般预算本年支出	6	＞80%	6	
		＞65%	5	
		＞50%	4	
		＞30%	3	
		＜30%	2	
一般预算本年收入/一般预算总收入	4	＞70%	4	
		＞60%	3	
		＞50%	2	
		＞40%	1	
本级一般预算收入增长率	4	＞20%	4	
		＞15%	3	
		＞10%	2	
		＜10%	1	
专项转移收入比例	4	＞40%	4	
		＞30%	3	
		＞20%	2	
		＜20%	1	
建设性支出比例	8	40	8	
		30	6	
		25	4	
		20	2	

续表

指　标	满分	各层级	分配分值	得分
本级财政负债率	10	<30%	10	
		30%~50%	7.5	
		0%~70%	5	
		>70%	2.5	

根据表 3-5 模型评估，政府信用评估的各项得分若累计总分超过 60 分，即可认为政府财力较好，回购风险相对较小。该模型评估得出的分数越高，说明政府的信用越好。

经上述模型评估后，针对政府信用较低的项目，必须要求政府方以担保的方式进行弥补，如设置第三方独立担保、履约保函、土地质押、将回购款的支付列入当地政府财政预算（或资金平衡计划）等补充措施，来降低因政府无法按时履约造成的回购风险。

第二节　项目建议书

基础设施项目建议书（或初步可行性研究报告）是要求建设某一具体项目的建议文件，是基本建设程序中最初阶段的工作，是投资决策前对拟建项目的轮廓设想，其主要作用是论述一个拟建建设项目的必要性、条件的可行性和获得的可能性，供投资人或建设管理部门选择并确定是否进行下一步工作。项目建议书报经投资主管部门批准后，可以进行可行性研究工作，但并不表明项目非上不可，项目建议书不是项目的最终决策。

一、项目建议书的编制依据

项目建议书编制依据如下：

1）国民经济的发展、国家和地方中长期规划；

2）产业政策、生产力布局、国内外市场、项目所在地的内外部条件；

3）有关机构发布的工程建设方面的标准、规范、定额；

4）其他相关的法律、法规和政策；

5）投资人的组织机构、经营范围、财务能力等；

6）项目资金来源落实材料；

7）项目初步设想方案，如总投资、产品及介绍、产量、预计销售价格、直接成本及清单；

8）联合建设的项目需提交联合建设合同或协议；

9）根据不同行业项目的特殊要求需要的其他相关资料；

10）全过程工程咨询单位的知识和经验体系；

11）其他与项目相关的资料。

二、项目建议书的编制要点

项目建议书的编制是按照建设项目的隶属关系，由有关部门、地区、企业或投资人根据国民经济和社会发展的长远规划、行业规划、地区规划及经济建设的方针、任务和技术经济政策等要求，结合资源情况、企业战略、建设条件等，在广泛调查研究、收集资料、踏勘建设地点、初步分析投资效果的基础上进行编制。

项目建议书的编制要点如下。

①要全面掌握宏观信息，即国家经济和社会发展规划、行业或地区规划（尤其是市政路网规划）、线路周边自然资源等信息。

②要重点论证项目建设的必要性。

③要根据项目预测结果，并结合规划情况及和同类项目类比的情况，论证提出合理的建设规模和投资规模。

④要尽可能全面地勾画项目的整体构架，减少较大建设内容的遗漏。

三、项目建议书的内容

1. 项目建设的依据、必要性和任务

（1）项目建设的依据

概述项目所在地的行政区划和自然、地理、资源情况，社会经济现状以及地区国民经济与社会发展规划对文创中心建设的要求。

概述项目所在地建设现状及其近、远期发展规划对项目建设的要求。

说明项目所依据的产业发展规划和各项专业规划。

（2）项目建设的必要性

阐明项目在地区国民经济和社会发展规划中的地位与作用，论证项目建设的必要性。

根据地区国民经济发展规划和建设项目任务要达到的目标，在产业发展规划和相关规划的基础上，进行必要的补充调查研究工作，对所在地区功能基本相同的项目方案进行综合分析比较，阐明各项目方案的优缺点，论述推荐本项目的理由。

（3）项目建设的任务

阐述本项目的建设任务，按照国家政策和总体效益优化原则，分析研究有关部门对本项目的要求，结合工程条件，考虑本项目在区域规划中的作用，提出项目的开发目标和任务的主次顺序。

对分期开发的项目分别拟定近期和远期的开发目标与任务。

2. 项目建设条件

（1）水文、气候

简述工程所在区域自然地理、水系概况等。简述工程地点的气候特性和主要气象要素的统计特征值。

（2）地质

简述工程区域地形地貌、地层岩性、地质构造、构造稳定性，并初步确定工程场区地震基本烈度。对工程地质环境及主要工程地质问题提出初步评价意见。

（3）其他外部条件

分析项目所在地区和附近有关地区的生态、社会、人文环境等外部条件及其对本项目的相互影响。

说明有关部门和地区对项目建设的意见、协作关系以及有关协议。

说明有关其他部门、地区影响该工程立项的因素。

3. 项目初步建设方案

（1）项目目标及功能定位

项目功能定位及市场目标定位。对项目目标及功能的定位，是项目投资策划咨询和开发建设的一项重要工作。

（2）项目方案构思

对未来投资项目的目标、功能、范围以及项目涉及的各主要因素和大体轮廓的设想与初步界定。

（3）项目方案初步论证

本项目的构成包括大致估计建设内容及规模。提出选址初步意见和初步的土建、公用、辅助工程方案，估算出总建筑面积及主要单项工程的建筑面积。

4. 投资机会研究

投资机会研究又称投资机会论证。这一阶段的主要任务是提出建设项目投资方向建议，即在一个确定的地区和部门内，根据自然资源、市场需求、国家产业政策和国际贸易情况，通过调查预测和分析研究选择建设项目，寻找投资的有利机会。机会研究要解决两个方面的问题：一是社会是否需要；二是有没有可以开展项目的基本条件。

机会研究一般从以下三个方面着手开展工作：第一，以开发利用本地区的某一丰富资源为基础，谋求投资机会；第二，以现有工业的拓展和产品深加工为基础，通过增加现有企业的生产能力与生产工序等途径创造投资机会；第三，以优越的地理位置、便利的交通条件为基础分析各种投资机会。

这一阶段的工作比较粗略，一般是根据条件和背景相类似的建设项目来估算投资额和生产成本，初步分析建设投资效果，提供一个或一个以上可能进行建设的项目投资或投资方案。这个阶段所估算的投资额和生产成本的精确程度控制在±30%左右。大中型项目的机会研究所需时间在1～3个月，所需费用占投资总额的0.2%～1%。如果投资人对这个项目感兴趣，再进行下一步的可行性研究工作。

该阶段的工作成果为项目建议书中的部分内容，项目建议书是拟建项目单位向国家提出的要求建设某一项目的建议文件，是对建设项目建设的轮廓设想。

5. 环境影响初步评价

说明项目所在地区的环境质量、环境功能等环境特征。

根据工程影响区的环境状况，结合工程开发的规模、运用方式、施工组织方式等特性，应说明工程开发是否与这些规划的目标相协调。从环境保护角度分析是否存在工程开发的重大制约因素。

对环境的主要不利影响，应初步提出减免的对策和措施。

6. 项目管理实施方案

（1）进度计划

进度计划包括项目立项、规划方案送审、可研报批、征地拆迁，勘察、设计、施工图设计及相关审查、招投标等。建设工期基本合理科学，符合相关部门对建设工期的要求。

（2）招标方案

在招标方案中，对项目的招标事项包括招标范围、招标组织形式、招标方式等进行论述，符合国家有关政策法律法规，复核项目特点和实际需求，具备可操作性和对后期工作的指导性。

7. 投资估算及资金筹措

（1）投资估算

简述投资估算的编制原则、依据及采用的价格水平年。初拟主要基础单价及主要工程单价。提出投资主要指标包括主要单项工程投资、工程静态总投资及动态总投资。估算分年度投资。对主体建筑工程应进行单价分析，按工程量估算投资。其他建筑工程、临时工程投资可按类比法估算。设备及安装工程投资可采用扩大指标估算。其他费用可根据工程规模逐项分别估算或综合估算。

（2）资金筹措设想

提出项目投资主体的组成以及对投资承诺的初步意见和资金来源的设想。

8. 经济初步评价

（1）经济评价依据

说明经济评价的基本依据。

（2）财务初步评价

说明财务评价的价格水平、主要参数及评价准则；项目总投资；资金来源和条件；说明各项财务支出；构成项目成本的各项费用；初估项目收入。简述项目利润分配原则，提出财务初步评价指标。若需要融资，还需简述还贷资金来源，预测满足贷款偿还条件的物品价格。对项目的财务可行性进行初步评价。

9. 社会初步评价

（1）社会影响初步分析

说明项目的社会影响分析旨在分析预测项目可能产生的正面影响和负面影响。包括项目对所在地区居民收入的影响、居民生活水平和生活质量的影响、居民就业的影响；项目对所在地区不同利益群体的影响，对教育、卫生的影响。

（2）社会互适性初步分析

初步分析预测项目能否为当地的社会环境、人文条件所接纳，以及当地政府、居民支持项目存在与发展的程度，考察项目与当地社会环境的相互适应关系。

（3）项目的初步社会风险分析

项目的社会风险分析是对可能影响项目的各种社会因素进行识别并提出防范措施。

对项目的社会可行性进行初步评价。

10. 结论与建议

1）综述项目建设的必要性、任务、规模、建设条件、建设方案、环境影响、建设工期、投资估算和经济评价等主要成果。

2）简述项目建设的主要问题，以及地方政府及各部门有关方面的意见和要求。

3）提出综合评价结论，并提出今后工作的建议。

四、项目建议书的编制程序

在工程项目建议书编制阶段，全过程工程咨询单位组建项目组—专业咨询工程师搜集资料、踏勘现场—专业咨询工程师编制项目建议书—总咨询师审核项目建议书—投资人确认项目建议书—投资人/全过程工程咨询单位申报项目建议书—投资主管部门审批项目建议书。

项目建议书的编制程序如图 3-1 所示。

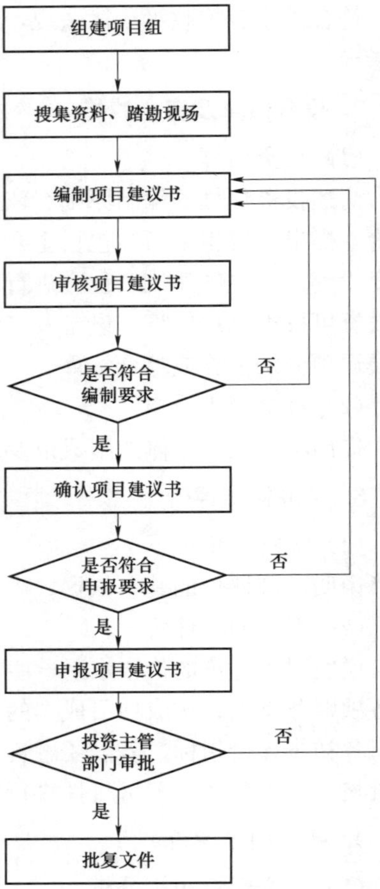

图 3-1 项目建议书的编制程序

五、项目建议书编制注意事项

1）要充分了解国家、地方的相关法规、政策，紧密结合自身行业的特点论证，项目建设目标要与国家、地区、部门、行业的宏观规划目标一致。

2）要通过广泛的考察、调研，借鉴同行业的经验，资料数据一定要准确、可靠，要有较强的说服力。

3）项目建议书评估要点

①主要解决项目建设的必要性问题。

②必要性的审核。

定性分析：政策因素、效果因素等。

定量分析：规划、项目定位、交通需求预测等；重点是与政策、规划的一致性问题。

③投资估算审核：多采用简单估算法（包括单位生产能力估算法、生产能力指数法、比例估算法、系数估算法和指标估算法等）。

第三节 工程项目可行性研究

一、可行性研究的目标

项目可行性研究是项目生命周期的重要环节，是投资决策的基础和重要依据，因此可行性研究应以满足项目科学决策、指导项目实施、规避重大失误与风险为目标。为此，需要调查研究与项目有关的法律政策和相关资料、数据，对项目的技术经济、工程、环境等进行充分论证和分析，从而提出项目是否值得投资、如何进行投资的结论和意见。对投资项目进行可行性研究的主要目的不仅是为可行性研究提供科学的投资决策依据、项目设计的依据、项目实施的依据及项目评估的依据，也是最大限度地获得经济效益和社会效益。对于重大基础设施投资项目尤其如此。

二、可行性研究的依据

1）《投资项目可行性研究指南（试行版）》；

2）《项目申请报告通用文本》（发改投资〔2017〕684号）；

3）《建设项目经济评价方法与参数》（第三版）；

4）项目建议书（初步可行性研究报告）及其批复文件；

5）城市规划行政主管部门出具的项目规划意见；

6）国土资源行政主管部门出具的项目用地意见；

7）环境保护行政主管部门出具的项目环评意见；

8）土地合同及土地规划许可；

9）其他区（市）县发展改革或市级主管部门的转报文件（含投资管理部门意见）；

10）国家和地方的经济和社会发展规划、行业部门的发展规划，如江河流域开发治理规划、铁路公路路网规划、电力电网规划、森林开发规划，以及企业发展战略规划等；

11）有关的法律、法规和政策；

12）有关机构发布的工程建设方面的标准、规范、定额；

13）拟建场（厂）址的自然、经济、社会概况等基础资料；

14）合资、合作项目各方签订的协议书或意向书；

15）与拟建项目有关的各种市场信息资料或社会公众要求等；

16）根据不同行业项目的特殊要求需要的其他相关资料；

17）建设项目的其他相关资料；

18）全过程工程咨询单位的知识和经验体系。

三、可行性研究的主要工作方法

1）现场调查与资料分析相结合。在研究过程中，要特别注意现场踏勘、实地调查与资料的分析比较，根据以往经验，一个方案的稳定和落实，要对现场进行多次反复踏勘、深入了解，将多次调查结果密切结合，才能取得综合各项制约因素和条件后较为完善的推荐方案。同时需要了解国内及国外的相关文献和政策法规。

2）理论分析与专家经验相结合。结合专家的经验，明确到对具体案例的分析，使定量分析取得最佳结果。

3）可行性研究与专题研究相结合。为使可行性研究报告更加深入，内容更加丰富、翔实，更具科学性和合理性，并满足可行性研究报告报批对相关支持性文件的要求，在进行可行性研究报告编制时，要开展一系列专题研究，与可行性研究工作结合进行。

4）方案论证与外部协调相结合。项目可行性研究涉及的专业众多，外部制约条件复杂，所以在研究过程中，既要注意论证方案的合理性，又要注意与外部条件的协调性。

5）定性分析与定量分析相结合。遵循定性分析与定量分析相结合的原则，并以定量分析为主，力求能够反映项目实施中的费用（如投资、运营成本等）与收益（如运营收入等），对不能直接进行定量分析比较的，则实事求是地进行定性分析。

6）静态分析与动态分析相结合。静态分析与动态分析各有特点，不可舍弃两者中的任何一种，在项目决策分析与评价中应根据需要，采用静态分析与动态分析相结合，动态分析为主，静态分析为辅的决策分析与评价方法。

7）多方案比较与优化。多方案的比较论证与优化是项目决策分析与评价的关键，尤其是进行多目标决策分析时，方案众多，可采用综合评分法、目标排序法、逐步淘汰法或两两对比法进行比选，并运用价值工程方法进行方案优化。

四、可行性研究的内容

1. 可行性研究报告的内容

根据《投资项目可行性研究指南（试行版）》以及相关政策文件的规定可知，建设项目的可行性研究报告一般包括以下内容：

1）总论。总论包括：项目提出的背景与概况；可行性研究报告编制的依据；项目建设条件；问题与建议。

2）市场预测。市场预测包括：市场现状调查；产品供需预测；价格预测；竞争力与营销策略；市场风险分析。

3）资源条件评价。资源条件评价包括：资源可利用量；资源品质情况；资源赋存条件；资源开发价值。

4）建设规模与产品方案。建设规模与产品方案包括：建设规模与产品方案构成；建设规模与产品方案的比选；推荐的建设规模与产品方案；技术改造项目推荐方案与原企业设施利用的合理性。

5）场（厂）址选择。场（厂）址选择包括：场（厂）址现状及建设条件描述；场（厂）址方案比选；推荐的场（厂）址方案；技术改造项目现有场（厂）址的利用情况。

6）技术设备工程方案。技术设备工程方案包括：技术方案选择；主要设备方案选择；工程方案选择；技术改造项目技术设备方案与改造前比较。

7）原材料、燃料供应。原材料、燃料供应包括：主要原材料供应方案选择；燃料供应方案选择。

8）总图运输与公用辅助工程。总图运输与公用辅助工程包括：总图布置方案；场（厂）内外运输方案；公用工程与辅助工程方案；技术改造项目与原企业设施的协作配套。

9）节能措施。节能措施包括：节能设施；能耗指标分析（技术改造项目应与原企业能耗比较）。

10）节水措施。节水措施包括：节水设施；水耗指标分析（技术改造项目应与原企业水耗比较）。

11）环境影响评价。环境影响评价包括：环境条件调查；影响环境因素分析；环境保护措施；技术改造项目与原企业环境状况比较。

12）劳动安全卫生与消防。劳动安全卫生与消防包括：危险因素和危害程度分析；安全防范措施；卫生保健措施；消防措施。

13）组织机构与人力资源配置。组织机构与人力资源配置包括：组织机构设置及其适应性分析；人力资源配置；员工培训。

14）项目实施进度。项目实施进度包括：建设工期、实施进度安排；技术改造项目的建设与生产的衔接。

15）投资估算。投资估算内容包括：投资估算范围与依据；建设投资估算；流动资金估算；总投资额及分年投资计划。

16）资金筹措。资金筹措包括：融资组织形式选择；资本金筹措；债务资金筹措；融资方案分析。

17）财务评价。财务评价包括：财务评价基础数据与参数选取；销售收入与成本费用估算；财务评价报表；盈利能力分析；偿债能力分析；不确定性分析；财务评价结论。

18）经济效益和社会效益。经济效益和社会效益包括：项目的经济效益；项目的社会效益。

19）研究结论与建议。研究结论与建议包括：推荐方案总体描述；推荐方案的优缺点描述；主要对比方案；结论与建议。

2. 可行性研究报告的编制要点

1）应能充分反映项目可行性研究工作的成果，内容齐全、结论明确、数据准确、论据充分，满足决策者定方案定项目的要求。

2）重大技术方案，应有两个以上方案的比选，方案中应当包含建设项目的规模、功能、标准和绿色建筑实施方案分析等内容。

3）主要工程技术数据应能指导下一步项目初步设计的进行。

4）项目的资金筹措方案应切实可行，投资估算，土地、资金、建造成本分析应当合理，如有银行贷款等非政府资金筹集方式，报告还应能满足银行等金融部门信贷决策的需要。

5）应反映可行性研究过程中出现的某些方案的重大分歧及未被采纳的理由，以供委托单位与投资人权衡利弊进行决策。

6）应附有评审、审批决策所必需的文件资料等。

3. 可行性研究报告各阶段内容

可行性研究报告在不同阶段的要求不同，在项目建议书被主管计划部门批准后，对于投资规模大，技术工艺又比较复杂的大中型骨干项目，需要先进行初步可行性研究。初步可行性研究也称为预可行性研究，是正式的详细可行性研究前的预备性研究阶段。经过投资机会研究认为可行的建设项目，值得继续研究，但又不能肯定是否值得进行详细可行性研究时，就要做初步可行性研究，进一步判断这个项目是否具有生命力，是否有较高的经济效益，若经过初步可行性研究，认为该项目具有一定的可行性，便可转入详细可行性研究阶段（见表 3-6）。

表 3-6　　可行性研究报告各阶段要求

工作阶段	机会研究	初步可行性研究	详细可行性研究	评价阶段
工作性质	项目设想	项目初步选择	项目拟定	项目评估
工作内容	鉴别投资方向和目标，选择项目，寻求投资机会（地区、行业、资源和项目的机会研究），提出项目投资建议	对项目初步评价作专题辅助研究，广泛分析、筛选方案，鉴定项目的选择依据和标准，研究项目的初步可行性，决定是否需要进一步做详细可行性研究或否定项目	对项目进行深入细致的技术经济论证，重点对项目进行财务效益和经济效益分析评价，多方案必选，提出结论性意见，确定项目投资的可行性和选择依据标准	综合分析各种效益，对可行性研究报告进行评估和审查，分析判断项目可行性研究的可靠性和真实性，对项目做最终决定

续表

工作阶段	机会研究	初步可行性研究	详细可行性研究	评价阶段
工作成果及作用	编制项目建议书作为判定经济计划和编制项目建议书的基础，为初步选择投资项目提供依据	编制初步可行性报告，判定是否有必要进行下一步详细可行性研究，进一步判明建设项目的生命力	编制可行性研究报告，作为项目投资决策的基础和重要依据	提出项目评估报告，为投资决策提供最后决策依据，决定项目取舍
估算精度	±30%	±20%	±10%	±10%
研究费用占总投资的百分比（%）	0.2%～1%	0.25%～1.25%	大项目 0.2%～1% 中小项目 1.0%～3.0%	—
需要时间（月）	1～3	4～6	大项目 8～12 中小项目 4～6	—

4. 可行性研究报告编制大纲

以公共建筑项目可行性研究报告编制大纲为例，介绍可行性研究报告的具体包括内容。公共建筑项目一般指行政办公用房、文化娱乐场馆、体育场馆、医疗卫生设施、教育科研设计机构用房、文物古迹和革命纪念建筑、慈善宗教建筑、外国使领馆等。下面为公共建筑项目可行性研究报告编制大纲：

第一章，总论：包括项目背景、项目概况和问题与建议。

第二章，需求分析与建设规模：包括需求分析、建设规模方案比选（包括结构形式、建筑面积、使用功能）和推荐建设规模方案。

第三章，厂（场）址选择：包括厂（场）址现状、厂（场）址条件、厂（场）址条件比选和推荐厂（场）址方案［绘制厂（场）址地理位置图］。

第四章，建筑方案选择：包括建筑设计指导思想与原则、项目总体规划方案、建筑方案、建筑方案比选和主要技术经济指标。

第五章，节能节水措施：包括节能措施及能耗指标分析和节水措施及水耗指标分析。

第六章，环境影响评价：包括项目厂（场）址环境现状、项目建设与运营对环境的影响、环境保护措施、环境保护设施与投资和环境影响评价。

第七章，劳动安全与卫生消防：包括危险因素及危险程度分析、安全设施和消防设施。

第八章，组织机构与人力资源配置：包括组织机构与人力资源配置。

第九章，项目实施进度：包括建设工期、项目实施进度安排和项目实施进度表（横线表）。

第十章，投资估算与资金筹措：包括投资估算和资金筹措方式与来源。

第十一章，财务评价：包括财务评价基础数据选择、服务收入支出预测和财务评价指标。

第十二章，社会评价：包括项目对社会的影响分析、项目与所在地区互适性分析、社会风险分析和社会评价结论。

第十三章，研究结论与建议：推荐方案总体描述、推荐方案优缺点描述、主要对比方案和结论与建议。

附图、附表、附件。

第四节 前期投资估算

一、投资估算简介

投资估算是在项目投资决策投资管控的过程中，依据现有的资料和特定的方法对建设项目的投资数额进行的估计。它是项目建设前期编制项目建议书和可行性研究报告的重要组成部分，是项目决策的重要依据之一。投资估算的准确与否不仅影响到可行性研究工作的质量和经济评价结果，也直接关系到下一阶段的设计概算和施工图预算的编制，对建设项目资金筹措方案也有直接的影响。因此，全面准确地估算建设项目的工程造价是可行性研究乃至整个决策阶段造价管理的重要任务。

二、投资估算的依据

建设项目投资估算的基础资料与依据主要包括以下几个方面：

1）拟建项目的建设方案确定的各项工程建设内容及工程量；

2）专门机构发布的建设工程造价费用构成、估算指标、计算方法，以及其他有关工程造价的文件；

3）专门机构发布的工程建设其他费用估算方法和费用标准，以及有关机构发布的物价指数；

4）部门或行业制定的投资估算方法和估算指标；

5）拟建项目所需设备、材料的市场价格。

建设项目总投资是为了完成项目建设并达到使用要求或生产能力，在建设期内预计或实际投入的全部费用总和。根据国家规定，从满足建设项目投资设计和投资规模的角度，建设项目投资的估算包括固定资产投资估算和流动资金估算两部分。

建设项目总投资如图 3-2 所示。

三、投资估算的程序

投资估算的编制一般包含静态投资、动态投资与流动资金估算三部分，主要包括以下几步。

1）分别估算各单项工程所需的建筑工程费、设备及工器具购置费和安装工程费。其中，建筑工程费的估算可以采用单位建筑工程投资估算法、单位实体工程量投资估算法和概算指标投资估算法三种方法的某一种进行估算。工器具购置费一般按占设备费的一定比例计取。安装工程费通常按行业或专门机构发布的安装工程定额、取费标准和指标估算投资。

2）在汇总各单项工程费用的基础上，估算工程建设其他费用和基本预备费。

3）估算涨价预备费和建设期贷款利息。

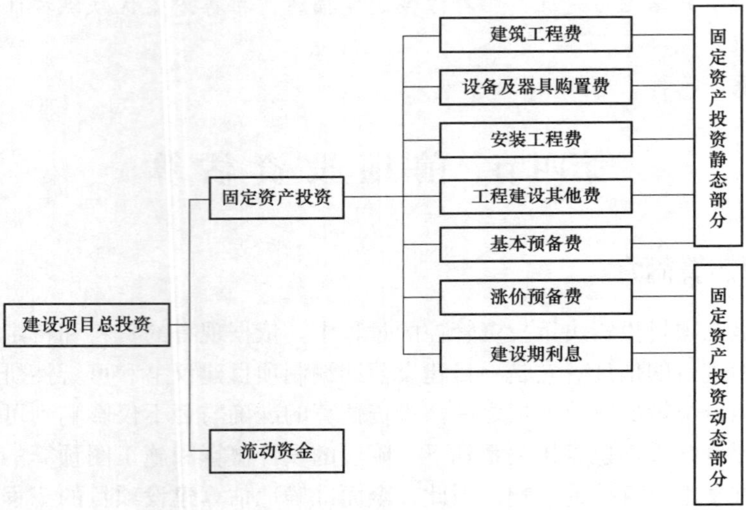

图 3-2　建设项目总投资

4）估算流动资金。

5）汇总得到建设项目总投资估算。

可行性研究阶段的投资估算编制流程如图 3-3 所示。

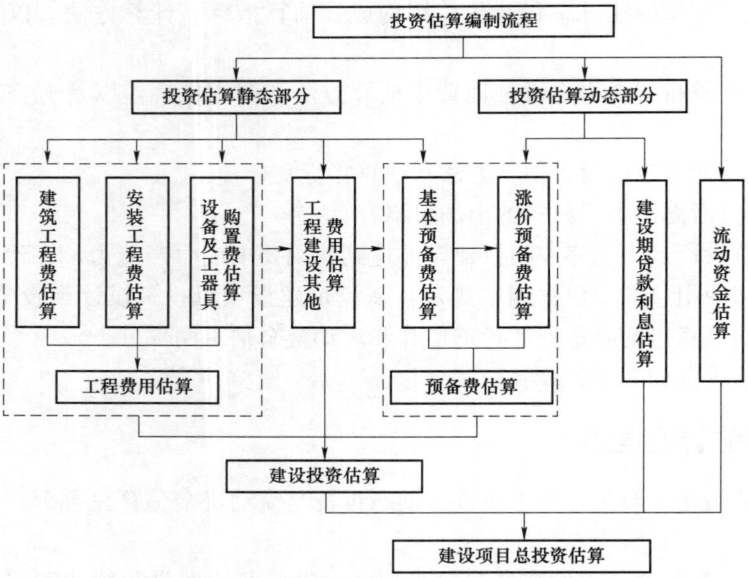

图 3-3　建设项目可行性研究阶段投资估算编制工作流程

四、投资估算注意事项

1）投资估算贯穿于整个建设项目投资决策过程之中。投资决策过程可划分为项目的投资机会研究或项目建设书阶段，初步可行性研究阶段及详细可行性研究阶段，因此投资估算工作也分为相应三个阶段。不同阶段所具备的条件和掌握的资料不同，对投资估算的要求也各不相同，因而投资估算的准确程度在不同阶段也不同，进而每个阶段投资估算所起的作用也不同。

2）选择有利的投资机会要明确投资方向，提出概略的项目投资建议，并编制项目建议书。该阶段工作比较粗略，投资额的估计一般是通过与已建类似项目的对比得来的，因而投资估算的误差率可在30%左右。这一阶段的投资估算是作为相关管理部门审批项目建议书，初步选择投资项目的主要依据之一，对初步可行性研究及投资估算起指导作用，决定一个项目是否真正可行。

3）在投资机会研究结论的基础上，弄清项目的投资规模、原材料来源、工艺技术、厂址、组织机构和建设进度等情况，进行经济效益评价，判断项目的可行性，作出初步投资评价。该阶段是介于项目建议书和详细可行性研究之间的中间阶段，误差率一般要求控制在20%左右。这一阶段是作为决定是否进行详细可行性研究的依据之一，同时也是确定某些关键问题需要进行辅助性专题研究的依据之一，这个阶段可对项目是否真正可行作出初步的决定。

4）详细可行性研究阶段也称为最终可行性研究阶段，主要是进行全面、详细、深入的技术经济分析论证阶段，要评价选择拟建项目的最佳投资方案，对项目的可行性提出结论性意见。该阶段研究内容详尽，投资估算的误差率应控制在10%以内。这一阶段的投资估算是进行详尽经济评价，决定项目可行性，选择最佳投资方案的主要依据，也是编制设计文件，控制初步设计及概算的主要依据。

第五节　工程项目行政审批管理

建设工程项目行政审批管理是工程项目管理工作中一项重要内容，工作程序烦琐复杂，涉及部门多、环节多，办事程序相互穿插，加强工程项目行政审批管理工作，确保工程建设项目的顺利推进是工程项目建设成功的基本保证。

在基础设施建设项目管理过程中，全过程工程咨询单位代表项目投资人负责管理，原来由投资人承担的项目报批管理的工作也就转移给全过程工程咨询单位。

一、项目行政审批的程序

项目的行政审批管理贯穿于项目建设行为的始终，但密集于项目建设的前期（一般指从项目立项到开工的阶段）。建设项目行政审批管理主要涉及项目使用单位、项目投资人、全过程工程咨询单位、设计单位以及各政府相关管理部门。在前期管理阶段，全过程工程咨询单位负责办理与工程相关的各类行政审批手续，涉及的行政审批部门包括各级发展改革委以及规划、国土、建设、消防、环保、人防、地震、交通、园林、水务、气象、卫生、市政公用等行业主管部门。

在不同的项目建设时期，投资人或者全过程工程咨询单位需要向不同的部门进行行政审批，行政审批内容主要包括：建设项目选址意见书、建设用地规划许可证、建设工程规划许可证、国有土地使用证、建设工程施工许可证等。各地关于基本建设行政审批流程可能在细节上有所不同，具体根据项目所在地的相关政策文件执行，但大体上按照类似的程序进行。基础设施建设项目全过程工程咨询行政审批流程如图 3-4 所示。

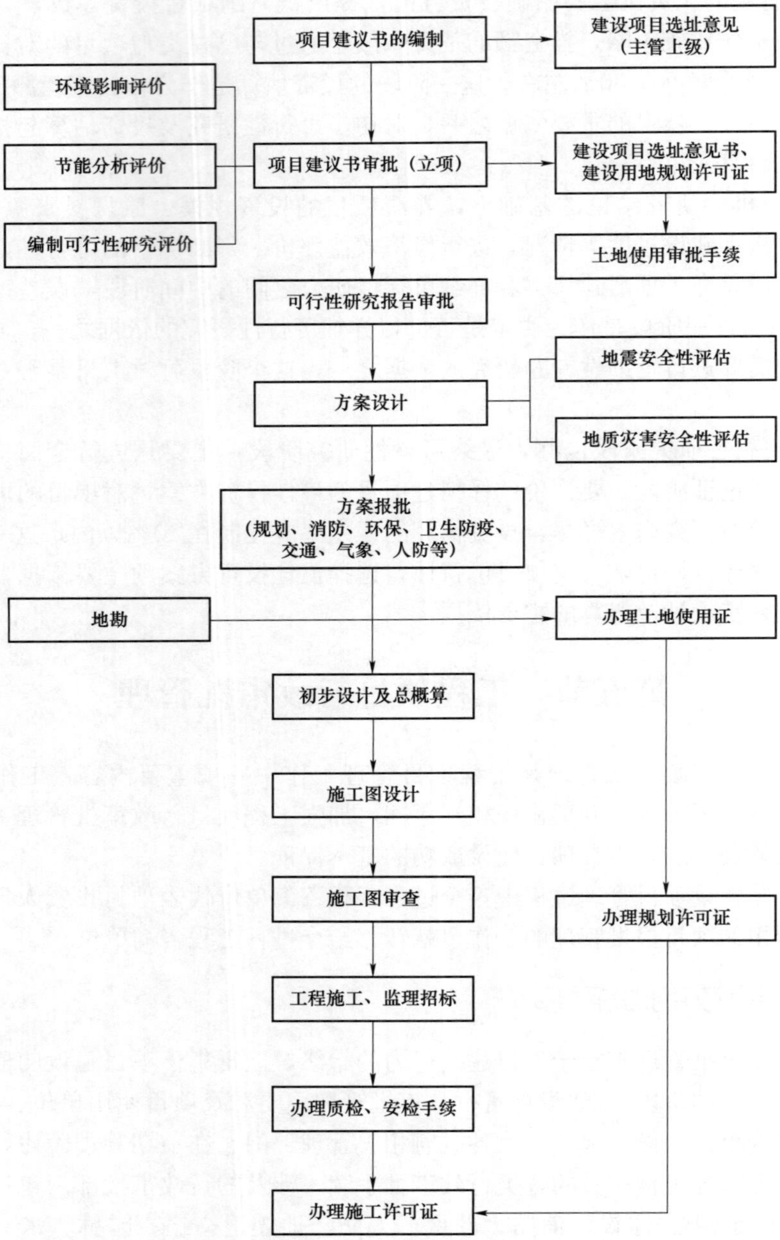

图 3-4　建设项目行政审批流程

项目各部门的具体行政审批内容如图 3-5 所示。

行政审批部门	审批内容	
发展改革部门	项目建议书行政审批	
	节能评估报告行政审批	
	可行性研究报告行政审批	
	招标备案行政审批	
	初步设计概算行政审批	
规划部门	建设项目选址意见书	
	建设用地规划许可证	
	建设工程规划许可证	
国土部门	意向用地意见函	办理土地登记地籍调查
	土地置换意见	办理规划手续地籍调查
	置换土地批复	国有土地使用权初始登记
	土地整合意见	国有土地使用权变更登记
	办理用地手续地籍调查	……
建设部门	项目初步设计审查	建设工程质量监督备案
	项目施工图审查备案	建设工程安全监督备案
	建筑工程外立面装饰设计审查	报建费核准缴纳
	工程招标投标监督备案	建筑工程施工许可证
	建设工程施工合同备案	夜间施工许可证
其他相关部门	环境影响评价报告的审批	地震安全性评价和抗震设防要求的审定
	交通影响评价报告审批	建设工程消防设计审核
	取水许可	开发建设项目水土保持方案审批
	城市绿化设计方案审查	建设项目预防性卫生审查
	建设项目人防工程规划方案审查	建设项目人防工程施工图审查
	水电气配套建设申请	……

图 3-5 建设项目行政审批内容

全过程工程咨询单位对项目行政审批管理的工作内容体现在两个方面：一是组织人员对投资人提供的资料及各类材料进行审核；二是组织人员协助投资人办理审批手续，完成项目的审批工作。

二、工程项目行政审批重点环节

1. 前期

（1）土地

土地的取得主要有出让、划拨、转让三种方式，不同的土地获取方式对应着不同的土地政策和审批程序，下面就从定义、主要形式、使用年限和禁止性规定等几个方面对上述三种土地取得方式进行简要的介绍。

1）土地使用权出让。土地使用权出让是指国家将一定年限内的土地使用权出让给土地使用者，由土地使用者向国家支付土地使用权出让金的行为。

土地使用权出让主要形式有招标、拍卖、挂牌和协议转让等。

居住用地使用权最高年限为70年，工业用地使用权最高年限为50年，教育、科技、文化、卫生、体育用地使用权最高年限为50年，商业、旅游、娱乐用地使用权最高年限为40年，综合或者其他用地使用权最高年限为50年。

2）土地使用权划拨。土地使用权划拨是指县级以上人民政府依法批准，在土地使用者缴纳补偿、安置等费用后将该幅土地交付其使用，或者将土地使用权无偿交付给土地使用者使用的行为。即划拨土地使用权不需要使用者出钱购买土地使用权，而是经国家批准其无偿地、无年限限制地使用国有土地。但取得划拨土地使用权的使用者依法应当缴纳土地使用税。

以划拨方式取得土地使用权的，除法律、行政法规另有规定外，没有使用期限的限制。虽无年限限制，但因土地使用者迁移、解散、撤销、破产或者其他原因而停止使用土地的，国家应当无偿收回划拨土地使用权；因城市建设发展需要和城市规划的要求，也可以对划拨土地使用权无偿收回。无偿收回划拨土地使用权的，其地上建筑物和其他附着物归国家所有，但应根据实际情况给予适当补偿。

划拨土地使用权一般不得转让、出租、抵押，但土地使用者为公司、企业、其他组织和个人，领有土地使用权证，地上建筑物有合法产权证明，经当地政府批准其出让并补交土地使用权出让金或者以转让、出租、抵押所获收益抵交出让金的，可以转让、出租、抵押。

未经批准擅自转让、出租、抵押划拨土地使用权的，没收其非法收入，并根据其情节处以相应罚款。

3）土地使用权转让。土地使用权转让是指土地使用者将土地权再转移的行为，即土地使用者将土地使用权单独或者随同地上建筑物、其他附着物转移给他人的行为。原拥有土地使用权的一方成为转让人，接受土地使用权的一方成为受让人。

土地使用权转让的主要形式有出售、交换和赠予等。

通过转让方式取得的土地使用权，其使用年限为土地使用权出让合同规定的使用年限减去原土地使用者已使用年限后的剩余年限。

未按土地使用权出让合同规定的期限和条件投资开发、利用土地的，土地权不得转让。

（2）立项

经项目实施组织决策者和政府有关部门的批准，并列入项目实施组织或者政府计划的过程叫项目立项。项目立项的报批程序包括备案制、核准制和审批制。报批程序结束即为项目立项完成。

根据《国务院关于投资体制改革的决定》（国发〔2004〕20 号），政府投资项目实行审批制，非政府投资项目实行核准制或登记备案制。

1）政府投资项目。对于采用直接投资和资本金注入方式的政府投资项目，政府需要从投资决策的角度审批项目建议书和可行性研究报告，除特殊情况外，不再审批开工报告，同时还要严格审批其初步设计和概算；对于采用投资补助、转贷和贷款贴息方式的政府投资项目，则只审批资金申请报告。

政府投资项目一般都要经过符合资质要求的咨询中介机构的评估论证，特别重大的项目还应实行专家评议制度。国家将逐步实行政府投资项目公示制度，以广泛听取各方面的意见和建议。

2）非政府投资项目。对于企业不使用政府资金投资建设的项目，政府不再进行投资决策性质的审批，区别不同情况实行核准制或登记备案制。

①核准制。企业投资建设《政府核准的投资项目目录》中的项目时，仅需向政府提交项目申请报告，不再经过批准项目建议书、可行性研究报告和开工报告的程序。

②备案制。对于《政府核准的投资项目目录》以外的企业投资项目，实行备案制。除国家另有规定外，由企业按照属地原则向地方政府投资主管部门备案。

为扩大大型企业集团的投资决策权，对于基本建设现代企业制度的特大型企业集团，投资建设《政府核准的投资项目目录》中的项目时，可以按项目单独申报核准，也可编制中长期发展建设规划，规划经国务院或国务院投资主管部门批准后，规划中属于《政府核准的投资项目目录》中的项目不再另行申报批准，只需办理备案手续。企业集团要及时向国务院有关部门报告规划执行和项目建设情况。

（3）项目前期第三方评估

1）节能评估。节能评估是指根据节能法规、标准，对投资项目的能源利用是否科学合理进行分析评估。节能评估由具有工程咨询资质的第三方评估单位编制，发展改革委审批。节能评估有节能评估报告书、节能评估报告表和节能登记表三种形式。

年综合能源消费量 3000t 标准煤以上（含 3000t 标准煤，电力折算系数按当量值，下同），或年电力消费量 500 万 kW·h 以上，或年石油消费量 1000t 以上，或年天然气消费量 100 万 m^3 以上的固定资产投资项目，编制节能评估报告书。

年综合能源消费量 1000 至 3000t 标准煤（不含 3000t，下同），或年电力消费量 200 万至 500 万 kW·h，或年石油消费量 500 至 1000t，或年天然气消费量 50 万至 100 万 m^3 的固定资产投资项目，编制节能评估报告表。

上述条款以外的固定资产投资项目，应由项目建设方填写节能登记表。

部分地区报告分类与国家分类有不一致的情况，视实际情况具体分析。

2）环境影响评价。国家根据建设项目对环境的影响程度，对建设项目的环境影响评价实行分类管理。环境影响评价由具有工程咨询资质的第三方评估单位编制，环保局审批。环境影响评价有环境影响报告书、环境影响报告表和环境影响登记表三种形式。

可能造成重大环境影响的，应当编制环境影响报告书，对产生的环境影响进行全面评价。

可能造成轻度环境影响的，应当编制环境影响报告表，对产生的环境影响进行分析或者专项评价。

对环境影响很小、不需要进行环境影响评价的，应当填报环境影响登记表。

3）其他第三方评估。根据项目所在地相关政府职能部门的要求，在建设工程项目前期，委托具有相应资质的单位编制各项评估报告，如交通影响评价、日照分析、抗震评估等，以保证建设工程项目的顺利进行。

（4）建设用地规划许可

《建设用地规划许可证》是建设单位在向土地管理部门申请征用、划拨土地前，经城乡规划行政主管部门确认建设项目位置和范围符合城乡规划的法定凭证，是建设单位用地的法律凭证。没有此证的用地属非法用地。

办理建设用地规划许可的条件：

1）建设项目符合城乡规划；

2）以划拨方式获得土地使用权的建设项目，取得《建设项目选址意见书》（有效期内）和国有主管部门对建设项目用地的预审意见或其他相关文件；

3）以出让方式获得土地使用权的建设项目，取得《国有土地使用权出让合同》；

4）取得项目批准（或核准、备案）文件的建设项目；

5）建设项目涉及环保、城管、国家安全、消防、文物保护等部门的，需提供各相关行政主管部门的书面意见。

《建设用地规划许可证》及附图，有效期限一年。以划拨方式获得土地使用权的建设项目，还包括以规划条件为主要内容的附件。在有效期限内取得《国有土地使用证》的，有效期与《国有土地使用证》相同。

逾期未办理土地使用手续或在有效期届满30日前未申请办理延期手续的，上述证件及附图自行失效。

（5）建设工程规划许可

《建设工程规划许可证》是城市规划行政主管部门依法核发的，确认有关建设工程符合城市规划要求的法律凭证。

城市规划区内各类建设项目（包括住宅、工业、仓储、办公楼、学校、医院、市政交基础设施等）的新建、改建、扩建、翻建，均需依法办理《建设工程规划许可证》。具体单位包括：

1）新建、改建、扩建建筑工程；

2）各类市政工程、管线工程、道路工程等；

3）文物保护单位和优秀近代建筑的大修工程以及改变原有外貌、结构、平面的装修工程；

4）沿城市道路或者在广场设置的城市雕塑等美化工程；

5）户外广告设施；

6）各类临时性建筑物、构筑物。

（6）工程报建

工程建设项目报建是指工程建设项目由建设单位或其代理机构在工程项目可行性研究报告或其他立项文件被批准后，须向建设行政主管部门或其授权机构进行报建，交验工程项目立项的批准文件，包括银行出具的资信证明以及批准的建设用地等其他有关文件的行为。

工程报建的主要内容有：

1）工程名称；

2）建设地点；

3）投资规模；

4）资金来源；

5）工程规模；

6）开竣工日期等。

（7）初步设计审批

消防、环保、卫生、规划、气象等相关政府职能部门对初步设计文件出具意见，设计单位根据征询意见调整初步设计文件，最终通过建设单位和有关建设主管部门审批的过程。

（8）施工图审查

施工图审查是施工图设计文件审查的简称，是指建设主管部门认定的施工图审查机构按照有关法律、法规，对施工图涉及公共利益、公众安全和工程建设强制性标准的内容进行的审查。国务院建设行政主管部门负责全国的施工图审查管理工作。省、自治区、直辖市人民政府建设行政主管部门负责组织本行政区域内的施工图审查工作的具体实施和监督管理工作。

建设单位应当将施工图报送建设行政主管部门，由建设行政主管部门委托有关审查机构，进行结构安全和强制性标准、规范执行情况等内容的审查。

建筑工程设计等级分级标准中的各类新建、改建、扩建的建筑工程项目均属审查范围。省、自治区、直辖市人民政府建设行政主管部门，可结合当地的实际情况，确定具体的审查范围。

施工图审查包括以下主要内容：

1）建筑物的稳定性、安全性审查，包括地基基础和主体结构体系是否安全、可靠；

2）是否符合消防、节能、环保、抗震、卫生、人防等有关强制性标准、规范；

3）施工图是否达到规定的深度要求；

4）是否损害公众利益。

审查机构应当在收到审查材料后20个工作日内完成审查工作，并提出审查报告；特级和一级项目应当在30个工作日内完成审查工作，并提出审查报告，其中重大及技术复杂项目的审查时间可适当延长。审查合格的项目，审查机构向建设行政主管部门提交项目施工图审查报告，由建设行政主管部门向建设单位通报审查结果，并颁发施工图审查批准书。对审查不合格的项目，提出书面意见后，由审查机构将施工图退回建设单位，并由原设计单位修改，重新送审。

施工图审查批准书，由省级建设行政主管部门统一印制，并报国务院建设行政主管部门备案。

凡应当审查而未经审查或者审查不合格的施工图项目，建设行政主管部门不得发放施工许可证，施工图也不得交付施工。

施工图一经审查批准。不得擅自进行修改。如遇特殊情况需要进行涉及审查主要内容的修改时，必须重新报请原审批部门，由原审批部门委托审查机构审查后再批准实施。

建设单位或者设计单位对审查机构作出的审查报告如有重大分歧时，可由建设单位或者设计单位向所在省、自治区、直辖市人民政府建设行政主管部门提出复查申请，由省、自治区、直辖市人民政府建设行政主管部门组织专家论证并作出复查结果。

建筑工程竣工验收时，有关部门应当按照审查批准的施工图进行验收。

（9）施工许可

除国务院建设行政主管部门确定的限额以下的小型工程外，建筑工程开工前，建设单位应当按照国家有关规定向工程所在地县级以上人民政府建设行政主管部门申请领取施工许可证。按照国务院规定的权限和程序批准开工报告的建筑工程，不再领取施工许可证。

申请领取施工许可证，应当具备如下条件：

1）已办理建筑工程用地批准手续；

2）在城市规划区内的建筑工程，已取得规划许可证；

3）需要拆迁的，其拆迁进度符合施工要求；

4）已经确定建筑施工单位；

5）有满足施工需要的施工图纸及技术资料；

6）有保证工程质量和安全的具体措施；

7）建设资金已落实；

8）法律、行政法规规定的其他条件。

建设单位应当自领取施工许可证之日起 3 个月内开工。因故不能按期开工的，应当向发证机关申请延期；延期以两次为限，每次不超过 3 个月。既不开工又不申请延期或者超过延期时限的，施工许可证自行废止。

在建的建筑工程因故中止施工的，建设单位应当自中止施工之日起 1 个月内，向发证机关报告，并按照规定做好建设工程的围护管理工作。

建筑工程恢复施工时，应当向发证机关报告；中止施工满 1 年的工程恢复施工前，建设单位应当报发证机关核验施工许可证。

按照国务院有关规定批准开工报告的建筑工程，因故不能按期开工或者中止施工的，应当及时向批准机关报告情况。因故不能按期开工超过 6 个月的，应当重新办理开工报告的批准手续。

2. 竣工验收时

当工程项目按设计文件的规定内容和施工图纸的要求全部建成后，便可组织验收。竣工验收是投资成果转入生产或使用的标志，也是全面考核工程建设成果、检验设计和工程质量的重要步骤。

（1）专项验收

专项工程验收是指对建（构）筑物、公共工程、消防、职业卫生、环境保护、档案、防雷、特种设备等方面的验收。

专项工程验收以项目专项批复文件及合同为依据，评价项目质量和效果。专项验收的内容和标准，要符合各级建设行政主管部门以及行业的相关规定。

专项验收包括消防验收、环保验收、绿化验收、交通验收、防雷验收、档案验收、规划验收及特种设备验收等。

（2）工程质量验收

1）建筑工程质量验收的程序与组织。

①检验批和分项工程应该由监理工程师（建设单位项目技术负责人）组织施工单位项目专业质量（技术）负责人等进行验收。

②分部工程应该由总监理工程师（建设单位项目负责人）组织施工单位项目负责人和技术，质量负责人等进行验收。地基与基础，主体结构分部工程的勘察，设计单位项目负责人和施工单位技术，质量负责人等进行验收。

③单位工程完工后，施工单位应自行组织有关人员进行检查评定，并向建设单位提交工程验收报告。

④建设单位接到工程验收报告后，应由建设单位（项目）负责人组织施工（含分包）、设计、监理等单位负责人进行单位工程验收。

⑤单位工程质量验收合格后，建设单位应在规定的时间内（15 天）将竣工报告和有关文件，报建设行政管理部门备案。

2）建筑工程质量验收条件。

检验批的合格质量应符合下列要求：

①主控项目和一般项目的质量经抽样检查合格；

②具有完整的施工操作依据，质量检查记录。

分项工程的合格质量应符合下列要求：

①分项工程所含的检验批均应符合合格质量的规定；

②分项工程所含的检验批的质量验收记录应完整。

分部工程的合格质量应符合下列要求：

①分部工程（子分部）所含的分项工程均应符合合格质量的规定；

②质量控制资料应完整；

③地基与基础，主体结构和设备安装等分部工程有关工程安全和功能的检验和抽样检测结果应符合有关规定；

④观感质量验收应符合要求。

单位工程的合格质量应符合下列要求：

①单位工程（子单位）所含的分部工程（子分部）均应符合合格质量的规定；

②质量控制资料应完整；

③单位工程（子单位）所含的分部工程有关工程安全和功能的检测资料应完整；

④主要功能项目的抽查结果应符合相关质量验收规范的规定；

⑤观感质量验收应符合要求。

当建筑工程质量不符合要求时，应按照下列规定进行：

①经过返工重做或更换器具，设备的检验批，应重新进行评定；

②经过有资质的检测单位鉴定，能够达到设计要求的检验批，应进行验收；

③经过有资质的检测单位鉴定，达不到设计要求，但是经过原设计单位核算认可能够达到满足结构安全和使用功能的检验批，可进行验收；

④经过返修或加固处理的分项工程，分部工程，虽然改变了外形尺寸但仍能够满足安全使用功能，可以按照技术处理方案和协商文件验收；

⑤经过返修或加固处理的仍不能满足安全使用要求的分部工程、单位工程，严禁验收。

（3）工程质量验收备案

建设单位应当自建设工程竣工验收合格之日起 15 日内，将建设工程竣工验收报告和规划、消防、环保等部门出具的验收文件报建设行政主管部门或者其他有关部门备案。

三、“多规合一”协同平台审批简介

1. “多规合一”简介

“多规合一”是指在一级政府一级事权下，强化国民经济和社会发展规划、城乡规划、土地利用规划、环境保护、文物保护、林地与耕地保护、综合交通、水资源、文化与生态旅游资源、社会事业规划等各类规划的衔接，确保“多规”确定的保护性空间、开发边界、城市规模等重要空间参数一致，并在统一的空间信息平台上建立控制线体系，以实现优化空间布局、有效配置土地资源、提高政府空间管控水平和治理能力的目标。

“多规合一”协同平台（以下简称“协同平台”）是以城市总体规划为引领，实现本市城乡、土地利用、国民经济和社会发展等规划相互衔接、协调一致的“一张蓝图”为底图，通过信息化手段，实现多种规划信息共享共用，各部门业务协同办理，为工程建设项目提供“预沟通、预协调”等技术服务，从而提高审批效率的工作平台。

2. 相关要求

（1）提高政治站位，全面落实工作要求

“多规合一”协同平台工作机制是精准推动城市总体规划实施、深入推进工程建设项目审批制度改革的重要创新措施，是经过实践检验行之有效的改革措施，受到社会广泛欢迎和国务院督查组的肯定。按照改革实施方案的要求，政府投资和社会投资的工程建设项目都要纳入平台，成为常态化工作模式。各分局、机关各处室及委属各单位要进一步提高政治站位，增强责任意识，主动运用平台工作机制，努力构建科学、便捷、高效的规划国土管理和工程建设项目审批体系。

（2）切实转变观念，主动开展工作

要切实转变思想观念和管理方式，围绕全面落实城市总体规划确定的各项目标和提高审批效率，不等不靠，按照平台操作手册，主动开展工作。要积极通过“多规合一”协同平台统筹协调委内外相关部门，快速协调解决问题，为建设单位提供全面、稳定、综合的咨询服务意见，增强市场主体和群众获得感。

（3）强化联动，持续完善

平台运行过程中要坚持“上下衔接、左右协同”的原则，加强各相关单位间的沟通协作，主动对标先进，相互学习借鉴，随时发现问题，随时解决问题。针对不同类型的项目及时进行总结，不断充实“多规合一”协同平台的研究方法，完善平台工作标准。

（4）提升能力，加强监督

各相关单位要以市县总体规划为统领，持续提高统筹研究和决策能力，充分发挥平台机制优势，提升服务水平。同时，要坚持改革与廉政同行，加强集体决策，健全自我监督和群众监督机制，确保平台“阳光”运行。

3.“多规合一”审批程序

“多规合一”协同平台的工作流程包括初审、会商、上报批准等环节。根据项目复杂程度，工作流程相应简化。

房屋类工程建设项目由归口的各级管理处室以及分局负责规划实施相关工作的科室（以下简称“承办部门”）组织进行研究。市政基础设施类建设项目由对应的综合交通、轨道交通、市政设施处（科）室组织进行。

“多规合一”协同平台根据项目需要形成“多层次、多模块、自动触发”的组合研究方式，市、区两级的内部、外部会商模块可按照需要在研究过程中进行组合使用，涉及各处（科）室工作的应主动开展。

（1）初审阶段

初审阶段主要审核新的工程建设项目是否符合北京城市总体规划的要求。同时，帮助建设单位选择最有利的办事流程（内部改造、现状改建、新建扩建项目），并为建设单位下步需开展的工作提出建议与设计条件。

政府投资类项目应由发改部门提出资金安排意见。

1）项目申请。建设单位可通过市规划国土委网站、行政服务大厅或书面致函的方式申请提供“多规合一”协同平台的咨询服务。提出申请时建设单位应如实提供项目基本信息。

2）操作流程。在接收到建设单位申请后，项目根据所在位置的地理信息编码形成唯一编号。办公室通过行政办公系统将建设单位申请分配到“多规合一”协同平台专栏，并批转至承办部门。承办部门负责梳理项目情况，形成项目基本材料，并在组织初审会进行集体研究。

初审会是承办部门的业务会，每周定期召开，对一周内提交的项目进行研究、判定。属于可建设的内部改造类及现状改建类的项目，则直接回复咨询意见；属于可建设的新建扩建项目，视需要将项目材料通过审批管理系统和“多规合一”会商平台推送至相关部门征求意见。意见经汇总后，对项目提出含综合设计条件的初审意见，以便建设单位开展下一步工作。土地利用、市政交通等部门应根据初审意见自动启动相关工作。

3）办理要求。初审意见应书面反馈给建设单位，建设单位可以通过互联网查询和打印。

（2）会商阶段

对于通过初审阶段的新建扩建项目、通过公开交易市场取得土地开发权的项目以及符合《关于落实优化营商环境相关政策进一步完善审批工作的通知》要求的在途项目，需要协调各方出具咨询意见，对项目方案进行综合审查的，则进入会商阶段进行研究。会商阶段主要为建设单位提供各部门相关意见，并对建设项目进行综合审查，以便建设单位后续快速获得行政许可。

1）项目申请。建设单位需要根据初审意见编制综合实施方案，通过规划国土委网站报送相关材料。编制的设计方案应满足相关法律、法规、政策及规范的要求。

2）操作流程。在收到建设单位提交的材料后，承办部门应组织对建设单位提交的材料进行审核。对于通过初审阶段的项目，还需要校核建设单位是否完成初审意见中要求落实的相关问题。

经审核符合要求项目则组织会议进行研究，确定该项目具体会商方式；不符合要求的项目，需建设单位对设计方案进行修改，并要求落实相关工作。

需要进行内部会商的项目，视情况将审核过的项目材料推送至相关处（科）室研提意见，也可直接组织会议进行研究。需要进行外部会商的项目，将审核过的项目材料推送至“多规合一”协同会商平台（对于特殊事项可通过发文方式征求意见），并明确各部门从哪些方面提出意见，并告知各部门在 15 天内一次性返回意见，逾期不回复的视为无意见。原则上通过公开交易市场取得土地开发权的项目只需要进行各部门专业审核即可。

各方面意见反馈后，承办部门根据项目情况进行汇总形成“多规合一”综合审查意见，并反馈至建设单位。项目若涉及确定供地方式、地价水平、规划指标等需报请上级机关批准事项的，经会议研究并上报批准后生效。

3）办理要求。综合审查意见应书面反馈给建设单位，并函告相关部门配合做好相关工作。建设单位可以通过互联网查询和打印综合审查意见。

建设单位凭综合审查意见可同步办理签订土地出让合同、建设工程规划许可证等规划与土地手续。

项目综合审查意见应与此前的申请、初审意见、会商意见、图纸等材料打包形成存档文件进行存档，并在行政办公系统内标注提醒该项目可以进入相应的审批环节。

某市“多规合一”审批流程图如图 3-6 所示。

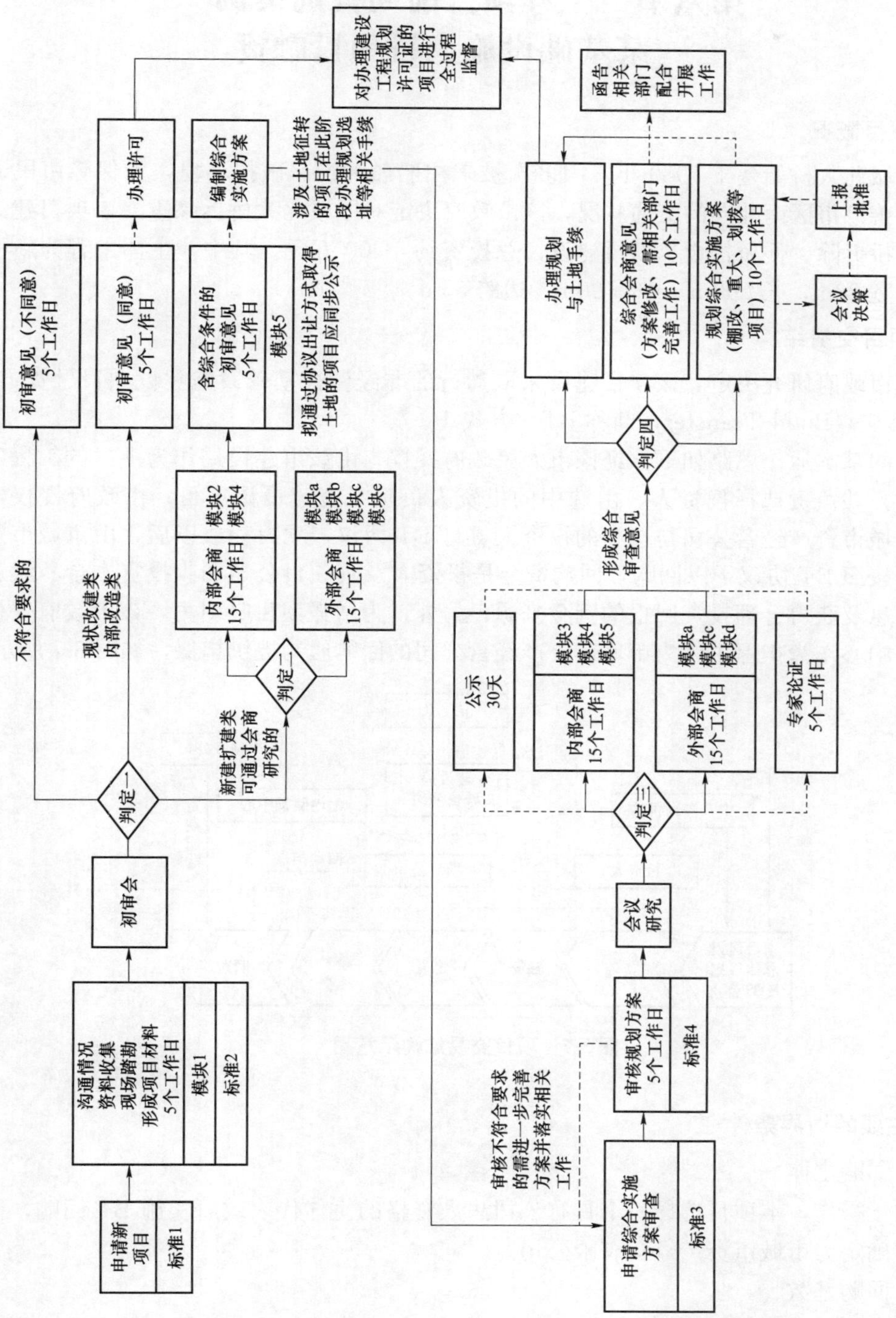

图3-6　某市"多规合一"审批流程图

第六节　工程项目前期咨询案例
——某基础设施大桥项目融资

1. 项目概况

某市城北大桥始建于1980年，因多次被来往船舶冲撞，破损不堪，为保障市民通行安全，改善该市区南北向的交通状况，该市政府决定对原城北大桥拆除重建，项目建设内容包括老桥拆除、便桥搭设、新桥建设，总投资约4 000万元。其中，主体工程为新桥建设，新桥宽28m，长200m，中跨90m，边跨55m。

2. 项目交易结构

经该市政府研究决定，该项目建设采取通行的非经营性基础设施建设项目融资方式，即建设-移交（Build-Transfer，简称BT）方式。

项目的基本运作思路如下：经该市人民政府授权，由该市建设局作为项目的工程建设管理主体，并负责选择投资人，由选中的投资人负责投资建设该项目；市政府授权建设局、该市城市资产经营公司与选中的投资人签订BT协议；项目建成以后，由市城市资产经营公司按照BT协议予以回购，回购资金是投资人及其项目公司回收投资本金、偿还银行贷款本息及获得合理投资回报的资金来源；另外，为增强项目吸引力，该市政府安排市土地储备中心作为担保主体为市城市资产经营公司的回购履约提供担保，如图3-7所示。

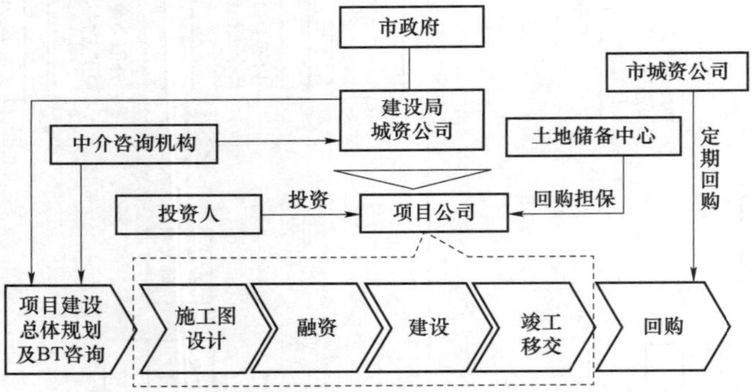

图3-7　项目交易结构示意图

3. 主要的边界条件

（1）回购主体

为便于操作，本项目选择一个具有公司法人资格的主体代表政府实施BT回购，回购主体最终确定为市城市资产经营有限公司。

（2）回购基数

BT项目中常见的回购基数确定方式主要有以下两种：一种是以前期的概算、预算等为基础确定；二是以经政府审计的项目竣工决算为基础确定。为在项目前期将工程建设投资额锁定，本项目选择第一种方式即以经政府批准的施工图预算作为最高限价，由投资人在投标文件中自行报价，其报价作为回购基数。工程变更部分参照投资报价时的下浮率计入最终的回购基数中。

（3）资金回报率

本项目采用银行同期基准贷款利率（当时国内银行5年期基准贷款利率为6.84%）作为中标人的资金回报率，为使项目便捷操作，招标文件约定资金回报率在协议期内不予调整，并提请投资人注意承担利率风险。

（4）回购期限

BT项目的一般回购年限为3～5年，经综合考虑政府的资金计划安排、资金成本、市场上投资人可接受程度，本项目的回购期限最终确定为5年。

（5）回购款支付方式

BT项目回购价款的支付主要有两种方式：一种是每年等额还本付息，即每年向投资人支付等额的回购款；另一种是每年等额还本，逐年支付利息，每年的回购总额是递减的。为便于政府制定财政预算，减轻前期回购资金压力，本项目采用等额还本付息方式，每年支付一次。

（6）回购资金来源

本项目属于城市基础设施建设项目，回购资金须由政府财政预算内或预算外资金安排，通过市城市资产经营公司支付给投资人。同时，为增强投资人信心，本项目还安排市土地储备交易中心为回购履约提供保证担保，并出具书面担保函。

4. 项目经验总结

（1）评标方法的设计

该项目投标人招标经常会与工程施工项目招投标混淆，特别是在垫资承包的情况下更是容易混淆。从本质上来讲，BT项目招标选中的投资人首先是要承担投资责任，因此，评标方法要综合考虑投标人的资信实力和投融资能力。

因此，该城北大桥项目的评标程序主要分为两个阶段。

第一阶段是资格评审和技术方案评审。资格评审主要是对投资人注册资本、净资产、财务状况、资质等进行评议。针对能够综合反映投资人资信实力和项目实施能力的因素进行符合性检查。技术方案评审由专家对投标人提交的技术方案的可行性进行评审。经第一阶段评标，满足本项目要求的投资人才能进入第二阶段评标。

第二阶段将通过综合评标的方式对投标人的投融资方案、同类项目经验以及商务报价这三个方面进行重点考察和评分。

（2）投资人推介工作的重要性

投资人推介是BT项目招标准备工作的重要一环，但在实际工作中却常常被忽视，与工程施工招标不同，BT项目招标对投资人的资金实力要求较高，同时投资人也要通过沟通充分了解项目的主要情况，进而才能决定是否参与投资竞争。由于受到时间、观念等各种因素的限制，本项目的投资人推介工作做得不够充分，致使参与投标的投资人仅3家，勉强达到招标文件的要求。因此，我们认为须多借助报纸、网络等媒体、政府招商会、专题推介会等方式发布招商信息，加大项目推介力度，让更多的投资人有机会深入了解项目情况，以吸引更多的投资人前来参与竞争。另外，由于BT项目招标本质上是一种投资行为，投资人内部决策程序也比参加一般的工程施工投资更加谨慎，所需要的时间也比较长，因此，招标公告报名时间的设置也要适度长一些。

（3）项目融资的难度

项目融资是基础设施项目常用的融资方式之一。与传统的完全追索的公司融资不同，项目融资通常是以项目本身的现金流量和资产作为融资安排的基础，而不是主要以项目投资人的资信为基础。

实际操作中，国内商业银行在相当长时间内都不接受这种融资方式，近年来随着BOT方式在基础设施项目上的普遍应用，项目融资也逐渐被商业银行所接受。在BT类项目上，实现项目融资的案例并不多见。商业银行在评估BT项目贷款时，主要考虑项目公司获得政府回购款的保障程度。因此，BT项目能否采用这种融资结构与政府的态度有很大关系，有些地方政府完全没有为投资者提供融资便利和支持的意识，投资人要想实现项目融资几乎不可能。

（4）设立项目公司的必要性

在BT项目中，是否要设立项目公司也是一个有争议的问题，投资人往往会以操作复杂、无法实现项目融资等各种理由拒绝成立项目公司，认为成立项目公司没有必要。从政府的角度来说，成立项目公司则是非常有必要的。首先，从BT方式的运作实践来看，南京、苏州、无锡、扬州、常州以及上海等地的BT项目都成立项目公司，这既是对国家、省（自治区、直辖市）、市关于项目公司制度和项目资本金制度的遵守，也是规范运作BT项目的根本。其次，设立项目公司是风险管理的需要。BT项目涉及信用风险、融资风险、政策风险、市场风险等风险因素，必须安排一定的风险分配机制将上述不确定性由项目有关各方合理分担。设立的项目公司就是一个非常有用的风险分配的中间体，从而有利于项目的促成。最后，设立项目公司也有利于政府部门集中、有效地监管，有利于保证项目长期、稳定的运行。

第四章　基础设施工程勘察设计咨询

第一节　工程项目勘察

工程勘察是指由具有相应资质的勘察单位，接受项目单位的委托，根据工程项目及建设工程相关法律法规的要求，查明、分析、评价拟建工程的建设场地的地质地理环境特征和岩土工程条件，编制建设工程勘察文件的活动。工程勘察为工程项目的设计、施工提供依据。（水文地质、工程测量等勘察项目负责人可由勘察单位根据规定选派具备勘察质量安全管理能力的专业技术人员担任。）

工程勘察包括建设工程项目的岩土工程、水文地质勘察、工程测量等专业。其中，岩土工程包括：岩土工程勘察（工程地质勘察）、岩土工程设计、岩土工程物探测试检测监测、岩土工程咨询和岩土工程治理等。

一、工程勘察的主要内容

1）工程地质勘察。研究各种对工程建设的经济合理性有直接影响的岩土工程地质问题，如岩土滑移、活动断裂、地震液化、地面侵蚀、岩溶塌陷及各种复杂地基土等，以及由于人类活动所造成的环境地质问题（如地下采空塌陷、边坡挖填失稳、地面沉降等），提出工程建设的方案和设计，以及工程施工所需的地质技术参数等，并对有关技术经济指标做出评价。

2）矿产资源勘察。搜寻矿产形成和分布的地质条件、矿床储存规律、矿体变化特征，并进行分析评价，进而勘察拟开发矿产资源的储量、品质、开发条件的合理性和经济性。编制勘查文件。

3）工程测量。研究工程建设场地的地形、地貌特征，以及施工与安全使用的监测技术。为规划设计、施工及运营管理等各阶段提供所需的基本条件，测绘资料与测绘保障。

4）水文地质勘察。查明工程项目所在地的地下水的分布形成规律，地下水的物理性质和化学成分，提出地下水资源合理利用及地下水对工程建设的影响及建议。

5）工程水文。研究河流或其他水体的水文要素变化和分布规律，预估未来径流的情势，为工程的规划设计及施工管理提供水文依据。

二、工程勘察的工作程序及质量要求

工程勘察的主要任务是按照勘察阶段的要求，正确反映工程地质条件，提出工程评价，为设计、施工提供依据。

工程勘察一般分 3 个阶段，即可行性研究勘察、初步勘察、详细勘察。每个勘察阶段都有各自的目的，先确定建筑的可行性，然后对地质水文情况做一个大致勘察，最后的详细勘察需要弄清楚每一个地层岩土的情况，需要做原位实验、土工实验，确定地基承载力，进而采取合适的基础形式和施工方法。

各勘察阶段的工作要求具体如下。

1）可行性研究勘察。可行性研究勘察又称选址勘察，其目的是通过收集、分析已有资料，进行现场勘探。必要时进行工程地质测绘和少量勘探工作，对拟选厂址的稳定性和适应性做出岩土工程评价，进行经济技术论证和方案比较，满足确定场地方案的要求。

2）初步勘察。初步勘察是在可行性研究勘察的基础上，对场地内建筑地段的稳定性做出工程评价，并对确定建筑总平面布置，主要建筑物地基基础方案及对不良地质现象的防治工作方案进行论证，满足初步设计或扩大初步设计的要求。

3）详细勘察。详细勘察应对地基基础处理与加固、不良地质现象的防治工程进行工程计算与评价，满足施工图设计的要求。

三、工程勘察的依据

项目勘察阶段咨询服务的依据主要有：

1）经批准的项目建议书、可行性研究报告等文件；

2）勘察任务书；

3）《建设工程勘察设计管理条例》（国务院令第 293 号令）（2015 年修订）；

4）现行《工程建设项目勘察设计招标投标办法》；

5）现行《建设工程勘察设计资质管理规定》；

6）现行《建设工程勘察质量管理办法》；

7）现行《实施工程建设强制性标准监督规定》；

8）现行《中华人民共和国建筑法》；

9）现行《岩土工程勘察规范》（GB 50021）；

10）其他相关专业的工程勘察技术规范标准。

四、工程勘察的内容

1. 勘察方案的编审

勘察方案应由全过程工程咨询单位勘察专业工程师编制、设计专业工程师进行审查，编审主要包括以下内容：

1）钻孔位置与数量、间距是否满足初步设计或施工图设计的要求；

2）钻孔深度应根据上部荷载与地质情况（地基承载力）确定；

3）钻孔类别比例的控制，主要是控制性钻孔的比例以及技术性钻孔的比例；

4）勘探与取样：包括采用的勘探技术手段方法、取样方法及措施等；

5）原位测试：主要包括标贯试验、重探试验、静力触探、波速测试、平板载荷试验等。在勘察投标中应明确此类测试的目的、方法、试验要求、试验数量；

6）土工试验：土工试验项目应该满足建筑工程设计与施工所需要的参数，比如为基坑支护提供参数的剪切试验，地基土强度验算时的三轴剪切试验，以及水质分析等；

7）项目组织，包括机械设备，人员组织；

8）方案的经济合理性。

通过对勘察方案的编制和审查，可以保证勘察成果满足设计需要、满足项目建设需要，为设计工作的开展提供真实的地勘资料。

2. 勘察文件的编审

勘察文件是勘察工作的成果性文件，需要充分利用相关的工程地质资料，做到内容齐全、论据充足、重点突出。此外，勘察文件应正确评价建筑场地条件、地基岩土条件和特殊问题，为工程设计和施工提供合理适用的建议。因此，全过程工程咨询单位要全面细致做好工程勘察文件的编制与审查，为设计和施工提供准确的依据。

全过程工程咨询单位须按照国家和省（自治区、直辖市）市制定的工程勘察标准、技术规范和有关政策文件，组织专业技术力量和设备等，组织开展工程勘察工作，精心编制和审查工程勘察文件，特别应重点做好以下几个方面内容。

1）勘察文件是否满足勘察任务书委托要求及合同约定。

2）勘察文件是否满足勘察文件编制深度规定的要求。

3）组织专家对勘察文件进行内部审查，确保勘察成果的真实性、准确性，将问题及时反馈至地勘单位，并跟踪落实修改情况。

4）检查勘察文件资料是否齐全：有无缺少实验资料、测量成果表、勘察工作量统计表和勘探点（钻孔）平面位置图、柱状图、岩芯照片等。

5）工程概述是否表述清晰，有无遗漏，包括工程项目、地点、类型、规模、荷载、拟采用的基础形式等各方面。

6）勘察成果是否满足设计要求。

全过程工程咨询单位审查合格后要将勘察文件报送当地建设行政主管部门对勘察文件中涉及工程建设强制性标准的内容进行严格审查，并将审查意见及时反馈至专业咨询工程师（勘察），直至取得审查合格书。

3. 编制程序

全过程工程咨询单位勘察阶段咨询服务程序，如图 4-1 所示。

五、工程勘察咨询注意事项

勘察咨询服务的注意事项主要包括：

1）凡在国家建设工程设计资质分级标准规定范围内的建设工程项目，均应当委托勘察业务。

2）开展勘察业务的机构一定要具备相应的工程勘察资质证书，且与其证书规定的业务范围相符，全过程工程咨询单位如没有响应资质的，应发包给拥有响应资质的工程勘察单位实施。

3）勘察方案必须经报审合格后，方可实施。

4）勘察文件一定要满足勘察任务书的要求。

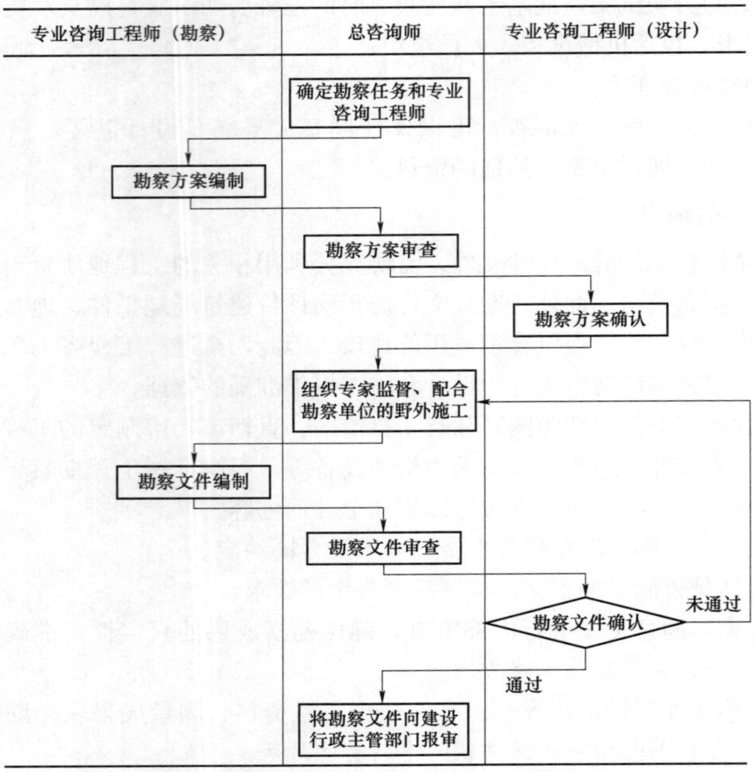

图 4-1　全过程工程咨询单位勘察阶段咨询服务程序

第二节　工程项目设计

工程项目设计是指根据工程的要求，对工程项目所需要的技术、经济、资源和环境等条件进行综合分析、论证，编制工程项目设计文件的活动。

工程项目设计是对拟建工程在技术和经济上进行全面的安排，是工程建设计划的具体化，是组织施工的依据。工程项目设计是根据工程项目的总体需求和地质勘查报告，对工程的外形和内在的实体进行筹划、研究、构思、设计和描绘，形成设计说明书和设计施工图等相关文件，使工程项目的质量目标具体化。

工程设计需要严格贯彻执行国家经济建设的方针、政策，符合国家现行的工程建设标准和设计规范，遵守设计工作程序，以提高经济效益、社会效益、环境效益为核心，大力促进技术进步。依据法律法规和工程建设强制性标准开展勘察设计工作是保证工程质量的前提和基础。同时要切合实际、安全可靠、技术先进、经济合理、美观实用，要节约土地、节约能源，有利于生产、方便生活，要实行资源的综合利用，要重视环境保护工作，重视技术与经济的结合，积极采取新技术、新工艺、新材料、新设备以保证工程建设项目的先进性和可靠性。

一、工程项目设计的主要目的

1）实现先进的科学技术与生产建设相结合。

2）建设项目的使用功能与其价值的有机结合。

3）作为安排建设计划、设备的采购安装和组织施工的依据。

4）作为编制招标标底及投资控制的依据。

5）设计阶段的项目费用估算，将使业主明确实施建设所需的费用，可作为其筹措资金的依据和用于授权及实施成本控制。

在项目立项后，设计阶段的设计质量及设计方案的优劣是影响项目投资、工程质量及使用阶段经济效益、社会效益、环境效益的关键因素。

二、工程项目设计的主要依据

1）有关工程建设及质量管理方面的法律、法规，城市规划，国家规定的工程项目设计深度要求。铁路、交通道路、水利等专业建设工程，还应依据专业规划的要求。

2）有关工程建设技术标准。如工程建设强制性标准、规范及规程、设计参数、定额指标等。

3）项目批准文件。如项目可行性研究报告、项目评估报告及选址报告等。

4）体现建设单位建设意图的设计规划大纲、纲要和合同文件。

5）反映项目建设过程中和建成后所需要的有关技术、资源、经济、社会协作等方面的协议、数据和资料。

6）其他。如环境保护部门的要求，工程所在地区周围的机场、港口、码头、文物，以及其他军事设施对工程项目的要求、限制或影响等方面的文件。

三、工程项目设计的阶段划分

国际上一般将设计工作划分为方案设计、初步设计和施工图设计 3 个阶段。如果项目有特殊需要，也可以增加技术设计环节。工程设计是可行性研究的深入和继续，是在可行性研究确定项目可行的条件下解决怎样进行建设的具体工程技术和经济问题。因此，两者在内容上是大致相同的，但在工作深度上则存在明显不同。

1. 方案设计

方案设计是投资决策之后，由咨询单位将可行性研究提出的意见和问题，经与业主协商认可后提出的具体开展建设的设计文件。方案设计的深度要求取决于可行性研究的结果和业主对项目任务的要求。

2. 初步设计

初步设计，是下一阶段施工图设计的基础，由总包设计单位编制，在有些国家可以作为招标文件用。初步设计的内容，依项目的类型不同而有所变化，一般来讲，它是项目的宏观设计，即项目的总体设计、布局设计，主要的工艺流程、设备的选型和安装设计，土建工程量及费用的估算等。

初步设计的深度应满足以下要求：设计方案的选择和确定；主要设备、材料订货；土地征用基本建设投资控制施工图设计编制的要求；施工组织设计的编制等。

3. 施工图设计

施工图设计的主要内容是根据批准的初步设计，绘制出正确、完整和尽可能详细的建筑、安装图纸，包括建设项目各部分工程的详图和零部件结构明细表以及验收标准、方法、施工图预算等。上列项目在施工图设计阶段的主要工作为补充修正初步设计采购用的设备及部件技术规格书和数据表。在采购过程中，某些设备及部件的技术规格有变更时，在施工图设计中应对原来的计算、流程图，管道和仪表图，总布置图，管道透视图，系统逻辑图，设备表、电气单线图等做出相应的修改，以符合实际采购要求。应特别注意订购设备及部件的接口工作，如与管道、电缆等的接口，土建和安装之间的接口等，均须明确落实，保证设计的一致性和完整性。施工图设计的深度应能满足以下要求：设备材料的安排；非标准设备的制作；施工预算的编制；土建施工的设备安装要求。

四、设计阶段的造价控制咨询

在设计阶段，设计单位应根据业主（建设单位）的设计任务委托书的要求和设计合同的规定，努力将概算控制在委托设计的投资内。设计阶段一般又分为 3 或 4 个设计的小阶段，按控制建设工程造价方面分为：

1）方案阶段。应根据方案图纸和说明书，做出含有各专业的详尽的建筑工程造价估算文件。

2）初步设计阶段。应根据初步设计图纸（含有作业图纸）和说明书及概算定额（扩大预算定额或综合预算定额）编制初步设计总概算；概算一经批准，即为控制拟建项目工程造价的最高限额。

3）技术设计阶段（扩大初步设计阶段）。应根据技术设计的图纸和说明书及概算定额（扩大预算定额或综合预算定额）编制初步设计修正总概算。这一阶段往往是针对技术比较复杂、工程比较大的项目而设立的。

4）施工图设计阶段。应根据施工图纸和说明书及预算定额编制施工图预算，用以核实施工图阶段造价是否超过批准的初步设计概算。以施工图预算为基础进行招标、投标的工程，其以经济合同形式确定的承包合同价、结算工程价款的主要依据是中标的施工图预算。

在设计阶段推行限额设计，对于缩短工程建设工期、有效控制工程造价、提高经济效益起着重要作用。限额设计是指按照限定的投资额进行工程设计，确定相应的建设规模和建设标准，确保施工图阶段工程投资不突破概算投资额。也就是说，既要按批准的设计任务书及投资估算控制初步设计及概算，又要按照批准的初步设计总概算控制施工图设计及预算，在保证工程功能的前提下，按各专业分配的造价限额进行设计，严格控制技术设计和施工图设计的不合理变更，保证概算、预算起到层层控制的作用，保证总投资限额不被突破，从而为业主筹措资金、控制投资提供较为准确的依据。

设计阶段工程项目造价控制的基本思想是：以预控为主，促使设计在满足功能及质量要求的前提下，不超过计划投资，并尽可能节约投资。为此，就应以初步设计前所匡算的项目计划投资为目标，使初步设计完成后的概算不超过匡算的项目计划投资；技术设计完成后的修正概算不超过概算；施工图设计完成后的预算不超过修正概算。所以在设计的过程中，要进行设计跟踪，及时对设计图纸及工程内容进行估价，及时对设计项目投资与计划投资进行比较。如发现设计投资超过计划投资，则促使修正设计，以保证投资不超过限额。此外，应进行设计方案的技术经济比较，以寻求投资上节约的可能性。

设计阶段的造价控制工作主要包括以下方面。

1）协助业主编写项目实施的投资计划或投资规划，明确投资目标。

2）帮助及促使设计者对各设计方案进行技术经济分析及节约挖潜研究，降低工程造价。

3）对主要设备的选型进行必要的技术经济分析。

4）协助业主进行设备询价，审查设备采购合同价和有关费用支付的合同条款。

5）根据业主的总投资目标，审查并控制各项设计的概算金额。

由于选择的设计方案存在差异，导致的工程造价结果也会有所不同。通过调查显示，在其他环节一致的状况下，假设设计方案具备较强的技术性和经济性，将会有效减少工程造价。在落实工程项目时，往往结合设计方案来落实，因此，工程进度质量以及造价等内容，在某种程度上将会受到设计质量的影响。在工程结束之后，是否可以获取良好的经济效益，也会受到初期设计方案的影响。所以，在设计环节中，工程造价咨询企业应该给予高度关注。在进行工程设计时，项目企业应该合理选择设计方案，并且由工程造价咨询企业提供相应的针对性建议，结合设计方案，对造价加以预测，之后对其进行比较探究，给工程企业选择设计方案提供依据。在明确设计方案之后，随着设计的逐渐深入，工程企业需要对项目造价有所认识，也就是根据设计方案，对工程完毕后资金投放情况进行确定，为成本管理工作的落实奠定基础。一般状况下，在落实完设计工作之后，需要选择承包企业。对于招标情况，工程造价咨询企业可以给客户提供合理的招标方案，制定招标报表。有需要的话，可以给工程企业提供招标标底以及招标报价对比等咨询服务。

五、设计任务书的编制

1. 编制依据

1）土地挂牌文件、选址意见书或土地合同；

2）建设用地规划许可证；

3）项目设计基础资料；

4）上阶段政府报建的批文；

5）项目成本管理指导书；

6）勘察文件；

7）环境评估报告；

8）交通评估报告；

9）能源评估报告；

10）物业管理设计要点。

2. 编制内容

设计任务书一般由全过程工程咨询单位与投资人充分沟通后编制。

设计任务书是投资人对工程项目设计提出的要求，是工程设计的主要依据。进行可行性研究的工程项目，可以用批准的可行性研究报告代替设计任务书。设计任务书可分为方案设计任务书、初步设计任务书、施工图设计任务书和专业设计任务书等。

根据可行性研究报告的内容，经过研究并选定方案之后编制的设计任务书，要对拟建项目的投资规模、工程内容、经济技术指标、质量要求、建设进度等做出规定。设计任务书的主要内容见表 4-1。

表 4-1　　设计任务书编制要点

内　容	内容要点
项目名称及地点	项目名称、建设地点
项目设计相关文号	批准设计项目的文号、协议书文号及其有关内容
项目依据及目的	项目建设的依据和目的
项目类型及装修要求	建筑造型及建筑室内外装修方面要求
项目建设的规模及生产纲要（生产大纲、产品方案）	对市场需求情况的预测
	对国内外同行业的生产能力估计
	市场销售量预测、价格分析、产品竞争能力分析、国外市场需求情况的预测、进入国际市场的前景分析
	项目建设的规模、产品方案及发展方向的技术经济比较与分析
资源、原材料、燃料动力、供水、运输、协作配套、公用设施的落实情况	所需资源、原材料、辅助材料、燃料动力的种类、数量、来源及供应的可能性和条件
	所需公用设施的数量、供应方式和供应条件
	资源的综合利用和“三废”治理的要求
建设条件和征地情况	建设用地的范围地形、场地内原有建筑物、构筑物、要求保留的树木及文物古迹的拆除和保留情况等
	场地周围道路及建筑等环境情况
	交通运输，供水、供电、供气的现状及发展趋势
生产技术、生产工艺、主要设备选型、建设标准及相应的技术指标	
项目的构成及工程量估算	项目的主要单项工程、辅助工程及协作配套工程的构成
	项目布置方案和工程量的估算
环境保护相关方案	环境保护、城乡规划、抗震、防洪、文物保护等方面的要求和相应的措施方案
项目培训计划	组织机构、劳动定员和人员培训设想
工期及进度	建设工期与实施进度
投资估算、资金筹措和财务分析	主体工程和辅助配套工程所需投资（利用外资项目或引进技术项目应包括外汇款项）
	生产流动资金的估算
	资金来源、筹措方式、偿还方式、偿还年限
经济效益和社会效益	项目要达到的各项微观和宏观经济指标
	分析项目的社会效益

续表

内　容	内容要点
附件	可行性分析和论证资料
	项目建议书批准文件
	征地和外部协作配套条件的意向性协议
	环保部门关于“三废”治理措施的审核意见
	劳动部门关于劳动保护措施的审核意见
	消防部门关于消防措施的审核意见

六、方案设计

项目方案设计阶段是设计真正开始的阶段。建筑设计方案应满足投资人的需求和编制初步设计文件的需要，同时需向当地规划部门报审。

1. 编制依据

1）与工程设计有关的依据性文件，如选址及环境评价报告、用地红线图、项目的可行性研究报告、政府有关主管部门对立项报告的批文、初步设计任务书或协议书等。

2）设计所执行的主要法规和所采用的主要标准。

3）设计基础资料，如气象、地形地貌、水文地质、抗震设防烈度、区域位置等。

4）政府有关主管部门对项目设计的要求，如对总平面布置、环境协调、建筑风格等方面的要求。当城市规划等部门对建筑高度有限制时，应说明建筑、构筑物的控制高度（包括最高和最低高度限值）。

5）工程规模（如总建筑面积、总投资、容纳人数等）、项目设计规模等级和设计标准（包括结构的设计使用年限、建筑防火类别、耐火等级、装修标准等）。

2. 编制内容

（1）方案设计说明书

1）设计依据、设计要求及主要技术经济指标；

2）总平面设计说明；

3）建筑设计说明；

4）结构设计说明；

5）建筑电气设计说明；

6）给水排水设计说明；

7）供暖通风与空气调节设计说明；

8）热能动力设计说明；

9）投资估算文件。

（2）初步设计图纸

1）总平面设计图纸；

2）建筑设计图纸，含平面图、立面图和平面图等；

3）热能动力设计图纸（当项目为城市区域供热或区域燃气调压站时提供）。

（3）交付成果

在项目方案设计阶段，全过程工程咨询单位交付的主要设计成果文件如图 4-2 所示，具体内容详见现行的《建筑工程设计文件编制深度规定》。

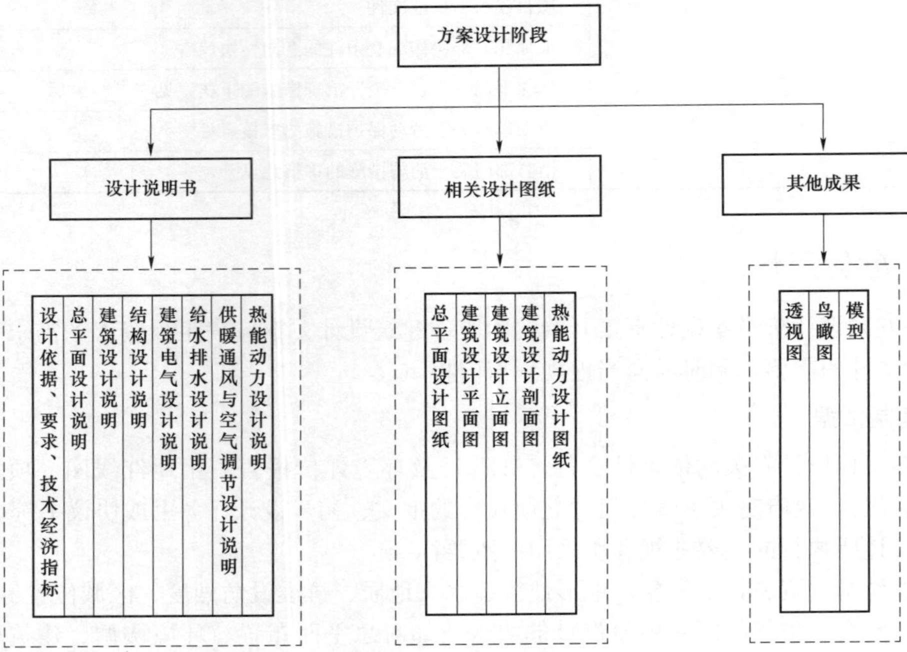

图 4-2　项目方案设计阶段主要成果文件

3. 方案设计审查

（1）审查内容

在方案设计阶段，全过程工程咨询单位应组织专家委员对方案设计进行审查，以确定投标的方案是否切实满足招标人要求，审查内容主要有以下几点：

1）是否响应招标要求，是否符合国家规范、标准、技术规程等的要求；

2）是否符合美观、实用及便于实施的原则；

3）总平面的布置是否合理；

4）景观设计是否合理；

5）平面、立面、剖面设计情况；

6）结构设计是否合理，可实施；

7）公建配套设施是否合理、齐全；

8）新材料、新技术的运用；

9）设计指标复核；

10）设计成果提交的承诺。

（2）优化方案的审查

方案设计完成后，全过程工程咨询单位应组织行业专家，针对方案的不足，结合拟建项目情况，对方案提出修改建议，并编制形成正式文件。在规定的时间内督促专业咨询工程师（设计）提出最优方案，直到满足投资人要求。

4. 编制程序

方案设计编审流程图，如图 4-3 所示。

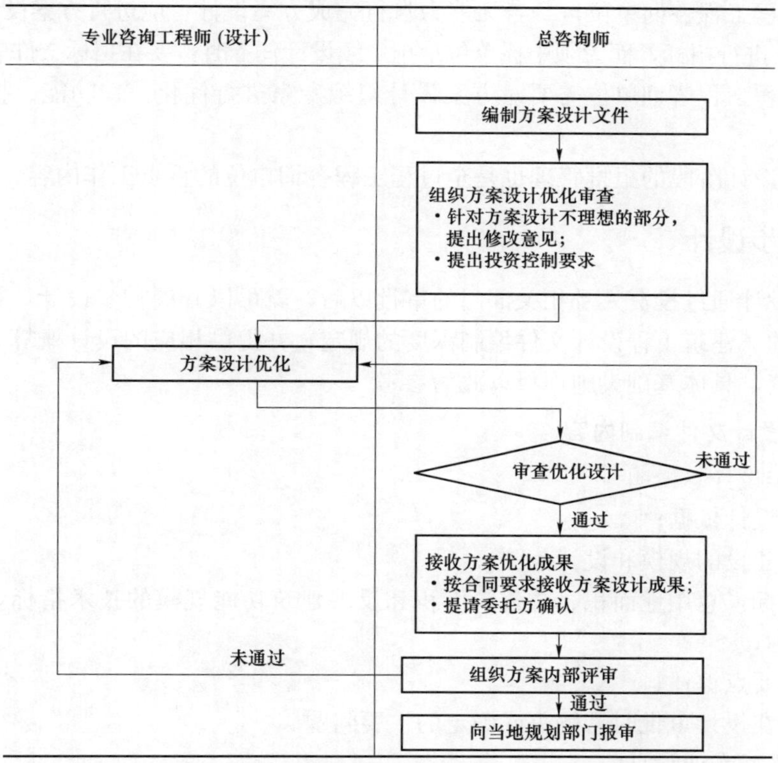

图 4-3　全过程工程咨询单位编审方案设计流程图

5. 方案设计报审

全过程工程咨询单位应将内部审查并调整完毕的方案向当地规划部门报审。为了防止因审批时间过长而耽误整个项目进度的情况出现，在方案报审的过程中，全过程工程咨询单位应本着为投资人着想的服务理念，协助专业咨询工程师（设计）做好方案报审的准备工作，尽量确保方案会审顺利进行。对于报审前全过程工程咨询单位的准备工作，主要包括以下内容：

1）报审前复查设计方案图纸，检查是否符合规范要求，图纸是否具有专业咨询工程师（设计）图签、出图章、设计资质证书编号及各专业设计人员的签名。

2）检查报审的图纸文件是否齐全，不全的应要求专业咨询工程师（设计）补送有关图纸、文件，审批时间从补齐之日算起。

3）在取得《建筑工程设计方案审核意见单》后，立即协助投资人申请《建筑工程规划许可证》，为后期工作做好准备。

4）若设计方案经审核需做较大修改，全过程工程咨询单位应再次及时组织送审设计文件。完成建筑方案的报批审查后，方可进入初步设计阶段。

6. 注意事项

1）方案设计要以满足最终投资人的需求为重点，对建筑的整体方案需要进行设计、评选和优选。

2）全过程工程咨询单位自身若无能力自行完成方案设计，应进行方案设计招标，如果只对方案设计进行招标，而无须中标单位承担后续设计任务时，要在招标文件中进行说明。

3）全过程工程咨询单位需要对方案设计组织专家进行优化，在功能、投资等方面提出合理化建议。

4）方案设计阶段的报批管理也是全过程工程咨询单位的重点工作内容，应引起重视。

七、初步设计

在方案设计通过投资人及相关部门的审批以后，就可以开展初步设计，初步设计文件应满足现行的《建筑工程设计文件编制深度的规定》并提供相应的设计概算，以便投资人有效控制投资，具体基础设施项目以此为参考。

1. 初步设计文件编制内容

（1）初步设计总说明

1）工程设计依据；

2）工程建设的规模和设计范围；

3）总指标：总用地面积、总建筑面积和反映建筑功能规模的技术指标，其他有关的技术经济指标；

4）设计要点综述；

5）提请在设计审批时需解决或确定的主要问题。

（2）总平面专业设计

1）设计说明书。

①设计依据及基础资料；

②场地概述；

③总平面布置；

④竖向设计；

⑤交通组织；

⑥主要技术经济指标表；

⑦室外工程主要材料。

2）设计图纸。

①区域位置图（根据需要绘制）；

②总平面图；

③竖向布置图；

④根据项目实际情况可增加绘制交通、日照、土方图等，也可图纸合并。

（3）建筑专业设计

1）设计说明书。

①设计依据；

②设计概述；

③多子项工程中的简单子项应做综合说明；

④对需分期建设的工程，说明分期建设内容和对续建、扩建的设想及相关措施；

⑤幕墙工程和金属、玻璃和膜结构等特殊屋面工程及其他需要专项设计、制作的工程内容的必要说明；

⑥需提请审批时解决的问题或确定的事项以及其他需要说明的问题；

⑦建筑节能设计说明；

⑧当项目按绿色建筑要求建设时，应有绿色建筑设计说明；

⑨当项目按装配式建筑要求建设时，应有装配式建筑设计和内装专项说明。

2）设计图纸：

①平面图；

②立面图；

③剖面图；

④根据需要绘制局部的平面放大图或节点详图；

⑤对于贴邻的原有建筑，应绘出其局部的平、立、剖面；

⑥当项目按绿色建筑要求建设时，以上有关图纸应表示相关绿色建筑设计技术的内容；

⑦当项目按装配式建筑要求建设时，设计图纸应表示采用装配式建筑设计技术的内容。

（4）结构专业设计

1）设计说明书：

①工程概况；

②设计依据；

③建筑分类等级；

④主要荷载（作用）取值；

⑤上部及地下室结构设计；

⑥地基基础设计；

⑦结构分析；

⑧主要结构材料说明；

⑨其他需要说明的内容；

⑩当项目按绿色建筑要求建设时，应有绿色建筑设计说明；

⑪当项目按装配式建筑要求建设时，应增加装配式建筑说明。

2）设计图纸：

①基础平面图及主要基础构件的截面尺寸；

②主要楼层结构平面布置图；

③结构主要或关键性节点、支座示意图；

④伸缩缝、沉降缝、防震缝、施工后浇带的位置和宽度。

3）建筑结构工程超限设计可行性论证报告。

4）计算书，应包括荷载作用统计、结构整体计算、基础计算等必要的内容。

(5) 建筑电气专业设计

1) 设计说明书:

①设计依据;

②设计范围;

③变、配、发电系统;

④配电系统;

⑤照明系统;

⑥电气节能及环保措施;

⑦绿色建筑电气设计;

⑧装配式建筑电气设计;

⑨防雷设计;

⑩接地及安全措施;

⑪气消防设计;

⑫智能化设计;

⑬机房工程设计;

⑭需提请在设计审批时解决或确定的主要问题。

2) 设计图纸:

①电气总平面图;

②变、配电系统;

③配电系统;

④防雷系统、接地系统;

⑤电气消防;

⑥智能化系统。

3) 主要电气设备表,注明主要电气设备的名称、型号、规格、单位、数量。

4) 计算书:

①用电设备负荷计算;

②变压器、柴油发电机选型计算;

③典型回路电压损失计算;

④系统短路电流计算;

⑤防雷类别的选取或计算;

⑥典型场所照度值和照明功率密度值计算;

⑦因条件不具备不能进行计算的内容,应在初步设计中说明,并应在施工图设计时补算。

(6) 给水排水专业设计

1) 设计说明书:

①设计依据;

②工程概况;

③设计范围;

④建筑小区(室外)给水设计;

⑤建筑小区（室外）排水设计；

⑥建筑室内给水设计；

⑦建筑室内排水设计；

⑧中水系统；

⑨节水、节能减排措施；

⑩对有隔振及防噪声要求的建筑物、构筑物，说明给排水设施所采取的技术措施；

⑪对特殊地区（地震、湿陷性或胀缩性土、冻土地区、软弱地基）的给水排水设施，说明所采取的相应技术措施；

⑫对分期建设的项目，应说明前期、近期和远期结合的设计原则和依据性资料；

⑬当项目按绿色建筑要求建设时，说明绿色建筑设计目标，采用的主要绿色建筑技术和措施；

⑭当项目按装配式建筑要求建设时，说明装配式建筑给排水设计目标，采用的主要装配式建筑技术和措施；

⑮各专篇（项）中给排水专业应阐述的问题；

⑯给排水专业需专项（二次）设计的系统及设计要求；

⑰存在的问题：需提请在设计审批时解决或确定的主要问题；

⑱施工图设计阶段需要提供的技术资料等。

2）设计图纸（对于简单工程项目初步设计阶段可不出图）：

①建筑小区（室外）应绘制给水排水总平面图；

②建筑室内给水排水平面图和系统原理图。

3）设备及主要材料表。

4）计算书：

①各类生活、生产、消防等系统用水量和生活、生产排水量，园区、屋面雨水排水量，生活热水的设计小时耗热量等计算；

②中水水量平衡计算；

③有关的水力计算及热力计算；

④主要设备选型和构筑物尺寸计算。

（7）供暖通风与空气调节专业设计

1）设计说明：

①设计依据；

②设计范围；

③设计计算参数；

④供暖设计说明；

⑤空调设计说明；

⑥通风设计说明；

⑦防排烟设计说明；

⑧空调通风系统的防火、防爆措施说明；

⑨节能设计说明；

⑩当项目按绿色建筑要求建设时，说明绿色建筑设计目标，采用的主要绿色建筑技术

和措施；

⑪当项目按装配式建筑要求建设时，说明装配式建筑设计目标，采用的主要装配式建筑技术和措施；

⑫废气排放处理和降噪、减振等环保措施；

⑬需提请在设计审批时解决或确定的主要问题。

2）设备表。

3）设计图纸：

①供暖通风与空气调节初步设计图纸；

②系统流程图；

③供暖平面图；

④通风、空调、防排烟平面图；

⑤冷热源机房平面图。

（8）热能动力专业设计

1）设计说明书：

①设计依据；

②设计范围；

③锅炉房设计说明；

④其他动力站房设计说明；

⑤室内管道设计说明；

⑥室外管网设计说明；

⑦节能、环保、消防、安全措施说明等；

⑧当项目设计为绿色建筑时，说明绿色建筑设计目标，采用的主要绿色建筑技术和措施；

⑨需提请设计审批时解决或确定的主要问题。

2）设计图纸：

①热力系统图；

②锅炉房平面图；

③其他动力站房平面布置图及系统原理图；

④室内外动力管道平面走向图。

3）主要设备表。

4）计算书。对于负荷、水电和燃料消耗量、主要管道管径、主要设备选择等，应做初步计算。

（9）交付成果

在项目初步设计阶段，全过程工程咨询单位交付的主要设计成果文件，在设计深度上应符合已审定的方案设计内容，能据以确定土地征用范围、准备主要设备及材料，能据以进行施工图设计和施工准备，并作为审批确定项目投资的依据。初步设计成果文件如图 4-4 所示，具体内容详见现行的《建筑工程设计文件编制深度规定》。

2. 初步设计审查与优化

（1）审查与优化依据

全过程工程咨询单位初步设计审查应以下列文件为依据：

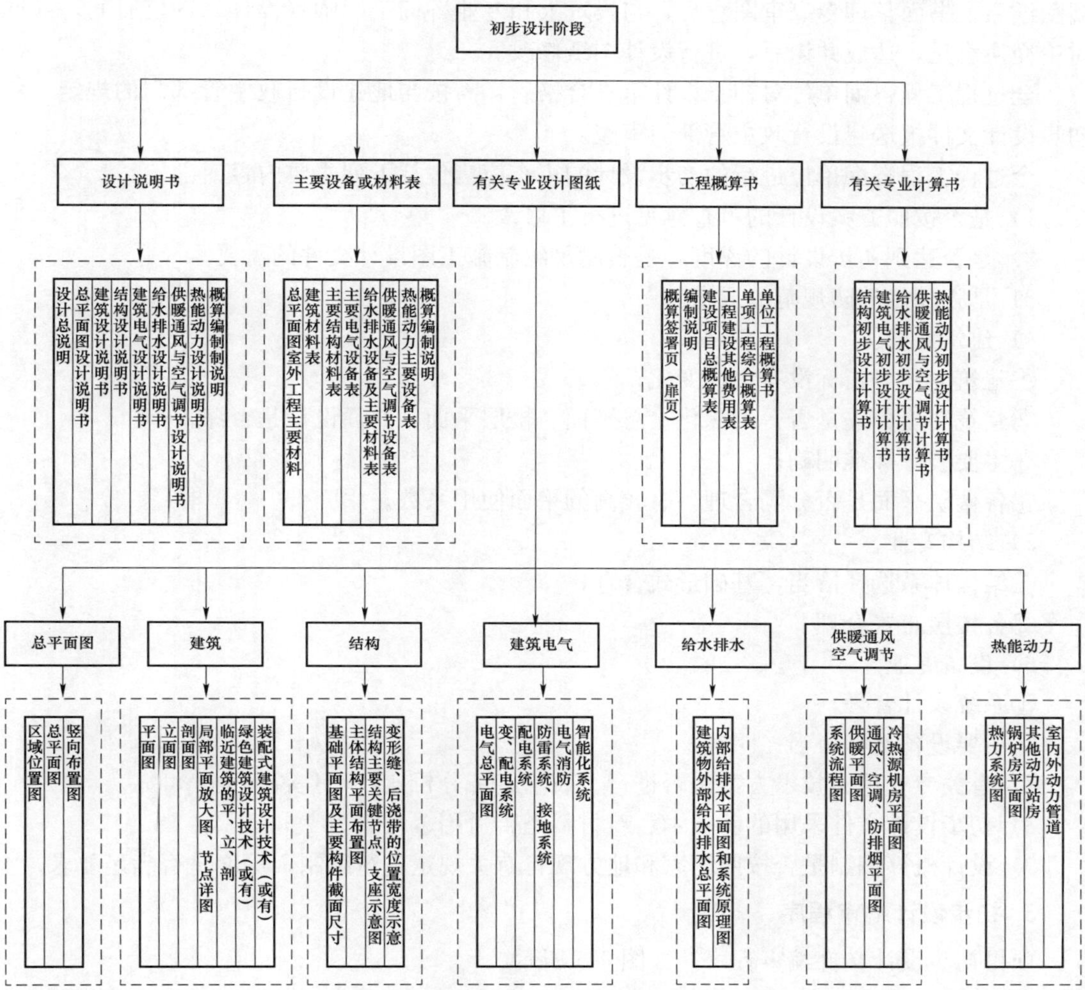

图 4-4 项目初步设计阶段主要成果文件

1）国家政策、法规；

2）各专业执行的设计规范、标准及现行国家及项目所在地的有关标准、规程；

3）政府有关主管部门的批文、可行性研究报告、立项书、方案文件等的文号或名称；

4）批准的方案设计；

5）规划、用地、环保、卫生、绿化、消防、人防、抗震等要求和依据资料；

6）投资人提供的有关使用要求或生产工艺等资料；

7）建设场地的自然条件和施工条件；

8）有关的合同、协议、设计任务书等；

9）其他的有关资料。

（2）审查与优化内容

当初步设计图纸出来后，全过程工程咨询单位需组织各专业专家逐张审查图纸，重点审查选材是否经济、做法是否合理、节点是否详细、图纸有无错缺碰漏等问题。在认真审阅图纸后，书面整理专家审图意见，与投资人和专业咨询工程师（设计）约定时间，共同讨论交换意见，达成共识后，进行设计图纸修改。

全过程工程咨询单位对初步设计审查合格后，需按当地建设行政主管部门的规定，将初步设计文件报送建设行政主管部门审查。

全过程工程咨询单位进行的初步设计的审查应当包括下列主要内容。

1）是否按照方案设计的审查意见进行了修改。

2）是否达到初步设计的深度，是否满足编制施工图设计文件的需要。

3）是否满足消防规范的要求。

4）建筑专业。

①建筑面积等指标没有大的变化；

②建筑功能分隔是否得到深化，总平面、楼层平面、立面设计是否深入；

③主要装修标准明确；

④各楼层平面是否分隔合理，有较高的平面使用系数。

5）结构专业。

①结构体系选择恰当，基础形式合理；

②各楼层布置合理。

6）设备专业。

①系统设计合理；

②主要设备选型得当、明确。

7）有关专业重大技术方案是否进行了技术经济分析比较，是否安全、可靠。

8）初步设计文件采用的新技术、新材料是否适用、可靠。

9）设计概算编制是否按照国家和地方现行有关规定进行编制，深度是否满足要求。

3. 初步设计编审程序

项目初步设计文件编审程序，如图 4-5 所示。

4. 注意事项

1）初步设计深度不够是目前建设项目初步设计存在的一个普遍问题。因此，初步设计管理也要注重对设计人员经验和业务水平等方面加强对专业咨询工程师（设计）的管理。

2）注重初步设计不能与可行性研究报告偏离，其深度要达到或超过可行性研究报告。

3）全过程工程咨询单位需要按国家《建筑工程设计文件编制深度规定》的要求及合同要求，严格审查初步设计文件的内容是否齐全，设计文件的份数是否满足合同约定。

八、施工图设计

施工图设计阶段主要是通过图纸把设计者的意图和全部设计结果表达出来，主要以图纸的形式提交设计文件成果，使整个设计方案得以实施。施工图设计，一是用于指导施工，二是用作工程预算编制的依据。施工图设计应满足现行的《建筑工程设计文件编制深度的规定》。

1. 施工图设计文件编制内容

施工图设计文件包括合同要求所涉及的所有专业的设计图纸（含图纸目录、说明和必

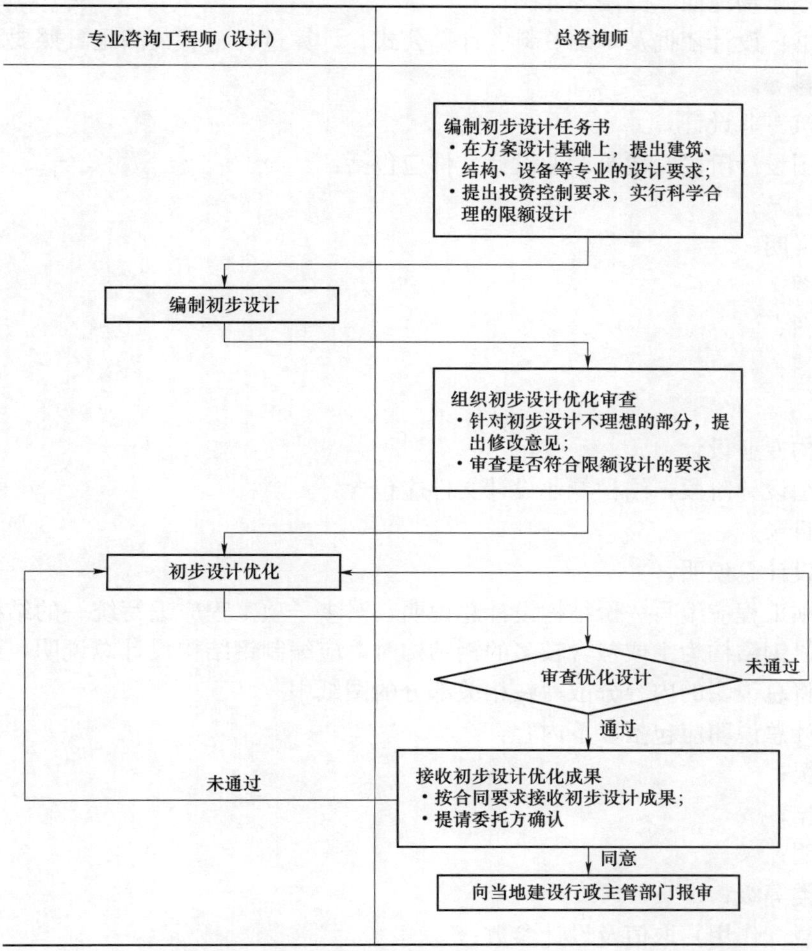

图 4-5　项目初步设计文件编审程序

要的设备、材料表等）以及图纸总封面；对于涉及建筑节能设计的专业，其设计说明应有建筑节能设计的专项内容；涉及装配式建筑设计的专业，其设计说明及图纸应有装配式建筑专项设计内容。

（1）总平面专业设计

在施工图设计阶段，总平面专业设计文件应包括：

①图纸目录；

②设计说明；

③总平面图；

④竖向布置图；

⑤土石方图；

⑥管道综合图；

⑦绿化及建筑小品布置图；

⑧详图：道路横断面、路面结构、挡土墙、护坡、排水沟、池壁、广场、运动场地、

活动场地、停车场地面、围墙等详图；

⑨计算书：设计依据及基础资料、计算公式、计算过程、有关满足日照要求的分析资料及成果资料等。

（2）建筑专业设计

在施工图设计阶段，建筑专业设计文件应包括：

①图纸目录；

②设计说明；

③平面图；

④立面图；

⑤剖面图；

⑥详图。

（3）结构专业设计

在施工图设计阶段，结构专业设计文件应包含：

①图纸目录。

②结构设计总说明。

每一单项工程应编写一份结构设计总说明，对多子项工程应编写统一的结构设计总说明。当工程以钢结构为主或包含较多的钢结构时，应编制钢结构设计总说明。当工程较简单时，亦可将总说明的内容分散写在相关部分的图纸中。

结构设计总说明应包括以下内容：

工程概况；

设计依据；

图纸说明；

建筑分类等级；

主要荷载（作用）取值及设计参数；

设计计算程序；

主要结构材料；

基础及地下室工程；

钢筋混凝土工程；

钢结构工程；

砌体工程；

检测（观测）要求；

施工需特别注意的问题；

有基坑时应对基坑设计提出技术要求；

当项目按绿色建筑要求建设时，应有绿色建筑设计说明；

当项目按装配式结构要求建设时，应有装配式结构设计专项说明。

③基础平面图。

④基础详图。

⑤结构平面图。

⑥钢筋混凝土构件详图。

⑦混凝土结构节点构造详图。

⑧其他图纸：楼梯图、预埋件、特种结构和构筑物等。

⑨钢结构设计施工图。

钢结构设计施工图的内容和深度应能满足进行钢结构制作详图设计的要求。钢结构设计施工图应包括以下内容：

钢结构设计总说明；

基础平面图及详图；

结构平面（包括各层楼面、屋面）布置图；

构件与节点详图。

⑩计算书。

（4）建筑电气专业设计

在施工图设计阶段，建筑电气专业设计文件图纸部分应包括图纸目录、设计说明、设计图、主要设备表，电气计算部分出计算书。

①图纸目录；

②设计说明；

③图例符号（应包括设备选型、规格及安装等信息）；

④电气总平面图（仅有单体设计时，可无此项内容）；

⑤变、配电站设计图：高、低压配电系统图（一次线路图）、平、剖面图、继电保护及信号原理图、配电干线系统图、相应图纸说明等；

⑥配电、照明设计图：配电箱（或控制箱）系统图、配电平面图、照明平面图等，图中表达不清楚的，可随图做相应说明；

⑦建筑设备控制原理图：建筑电气设备控制原理图、建筑设备监控系统及系统集成设计图等；

⑧防雷、接地及安全设计图；

⑨电气消防：电气火灾监控系统、消防设备电源监控系统、防火门监控系统、火灾自动报警系统、消防应急广播等；

⑩智能化各系统设计：智能化各系统及其子系统的系统框图、智能化各系统及其子系统的干线桥架走向平面图、智能化各系统及其子系统竖井布置分布图；

⑪主要电气设备表：注明主要电气设备的名称、型号、规格、单位、数量；

⑫计算书：施工图设计阶段的计算书，计算内容同初设要求；

⑬当采用装配式建筑技术设计时，应明确装配式建筑设计电气专项内容。

（5）给水排水专业设计

在施工图设计阶段，建筑给水排水专业设计文件应包括图纸目录、施工图设计说明、设计图纸、设备及主要材料表、计算书。

①图纸目录；

②设计总说明和图例；

③建筑小区（室外）给水排水总平面图；

④室外排水管道高程表或纵断面图；

⑤自备水源取水工程，应按照现行的《市政公用工程设计文件编制深度规定》要求，

另行专项设计；

⑥雨水控制与利用及各净化建筑物、构筑物平、剖面及详图；

⑦水泵房平面、剖面图；

⑧水塔（箱）、水池配管及详图；

⑨循环水构筑物的平面、剖面及系统图；

⑩污水处理；

⑪建筑室内给水排水图纸：平面图、系统图、局部放大图等；

⑫设备及主要材料表；

⑬计算书：根据初步设计审批意见进行施工图阶段设计计算；

⑭当采用装配式建筑技术设计时，应明确装配式建筑设计给排水专项内容。

（6）供暖通风与空气调节专业设计

在施工图设计阶段，供暖通风与空气调节专业设计文件应包括图纸目录、设计与施工说明、设备表、设计图纸、计算书。

①图纸目录；

②设计说明和施工说明；

③设备表，施工图阶段性能参数栏应注明详细的技术数据；

④平面图；

⑤通风、空调、制冷机房平面图和剖面图；

⑥系统图、立管或竖风道图；

⑦通风、空调剖面图和详图；

⑧室外管网设计深度要求；

⑨计算书；

⑩当采用装配式建筑技术设计时，应明确装配式建筑设计暖通空调专项内容。

（7）热能动力专业设计

在施工图设计阶段，热能动力专业设计文件应包括图纸目录、设计说明和施工说明、设备及主要材料表、设计图纸、计算书。

①图纸目录；

②设计说明、施工说明与运行控制说明；

③锅炉房图；

④其他动力站房图；

⑤室内管道图；

⑥室外管网图；

⑦设备及主要材料表：应列出设备及主要材料的名称、性能参数、单位和数量、备用情况等，对锅炉设备应注明锅炉效率；

⑧计算书。

（8）交付成果

在项目施工图设计阶段，全过程工程咨询单位根据批准的初步设计进行编制和交付的设计成果文件，须能满足施工招标、施工安装、材料设备订货、非标设备制作、加工及编制施工图预算的要求。施工图设计成果文件如图 4-6 所示，具体内容详见现行的《建筑工程设计文件编制深度规定》。

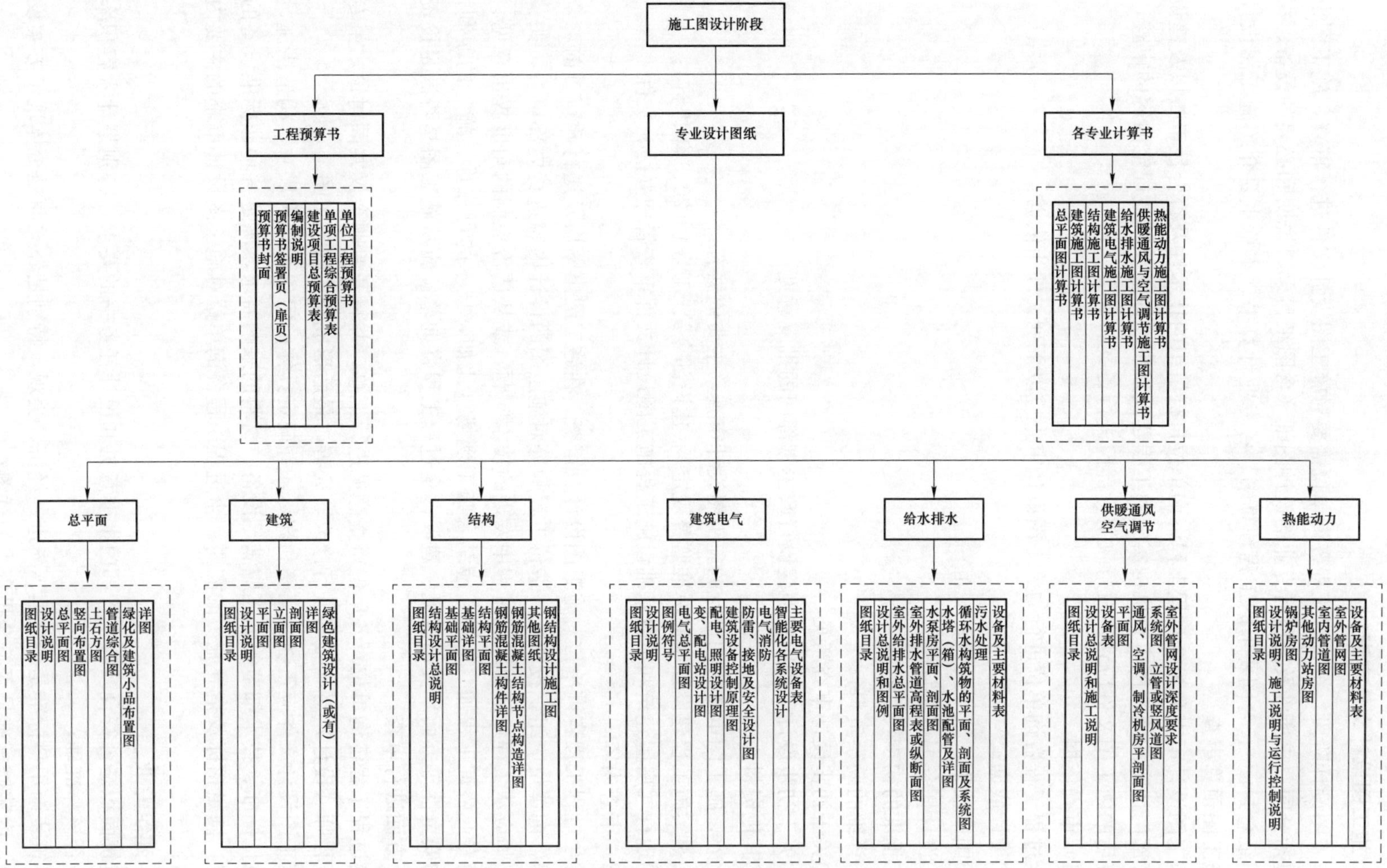

图 4-6　项目施工图设计阶段主要成果文件

2. 施工图设计文件审查

施工图设计阶段，全过程工程咨询单位需要对施工图设计文件进行审查，施工图设计文件包括合同要求所涉及的所有专业的设计图纸（含图纸目录、说明和必要的设备、材料表及图纸总封面）、合同要求的工程预算书、各专业计算书。本章主要介绍施工图设计审查和施工图预算审查。

施工图设计审查分为全过程工程咨询单位自行组织的技术性及符合性审查以及建设行政主管部门认定的施工图审查机构实施的工程建设强制性标准及其他规定内容的审查，完成审查后的施工图文件应到建设行政主管部门进行备案。

（1）审查依据

全过程工程咨询单位进行的施工图设计审查应以下列文件为依据：

①设计依据；

②国家政策、法规及设计规范；

③设计任务书或协议书；

④批准的初步设计；

⑤详细的勘察资料；

⑥关于初步设计审查意见；

⑦关于初步设计工程所在地建设行政主管部门的批复意见；

⑧其他资料。

此外，施工图审查机构进行的施工图设计审查，主要依据有：

①《实施工程建设强制性标准监督规定》（建设部令第 81 号）（2015 年修订）；

②现行《房屋建筑和市政基础设施工程施工图设计文件审查管理办法》文件。

（2）审查内容

①全过程工程咨询单位对施工图设计及审查。在施工图出图后及送行政审查前，全过程工程咨询单位应组织投资人、造价工程师等对施工图的设计内容进行内部审查，如：造价工程师应从工程量清单编制过程中发现的技术问题，或从造价控制的角度提出意见、建议；而专业咨询工程师（监理）应结合施工现场（比如，技术的可靠性、施工的便利性、施工的安全性等方面）提出意见、建议；全过程工程咨询单位应从施工图是否满足投资人需求等方面进行审查。

全过程工程咨询单位对各单位审查意见进行汇总，并召开专题会议共同讨论，由专业咨询工程师（设计）对施工图进行修改、完善，最后形成正式的施工图。

施工图设计文件应正确、完整和详尽，并确定具体的定位和结构尺寸、构造措施，材料、质量标准、技术细节等，还应满足设备、材料的采购需求，满足各种非标准设备的制作需求，满足招标及指导施工的需要。全过程工程咨询单位对施工图设计审查的主要内容应包括：

a. 建筑专业。

建筑面积是否符合政府主管部门批准意见和设计任务书的要求，特别是计入容积率的面积是否核算准确；

建筑装饰用料标准是否合理、先进、经济、美观，特别是外立面是否体现了方案设计的特色，内装修标准是否符合投资人的意图；

总平面设计是否充分考虑了交通组织、园林景观，竖向设计是否合理；

立面、剖面、详图是否表达清楚；

门窗表是否能与平面图对应，其统计数量有无差错，分隔形式是否合理；

消防设计是否符合消防规范，包括防火分区是否超过规定面积，防火分隔是否达到耐火时限，消防疏散通道是否具有足够宽度和数量，消防电梯设置是否符合要求；

地下室防水、屋面防水、外墙防渗水、卫生间防水、门窗防水等重要位置渗漏的处理是否合理；

楼地面做法是否满足投资人要求。

b. 结构专业。

结构设计总说明内容是否准确全面，结构构造要求是否交代清楚；

基础设计是否符合初步设计确定的技术方案；

主体结构中的结构布置选型是否符合初步设计及其审查意见，楼层结构平面梁、板、墙、柱的标注是否全面，配筋是否合理；

结构设计是否满足施工要求；

基坑开挖及基坑围护方案的推荐是否合理；

钢筋含量、节点处理等问题是否合理；

土建与各专业的矛盾问题是否解决。

c. 设备专业。

系统是否按照初步设计的审查意见进行布置；

与建筑结构专业是否矛盾；

消防工程设计是否满足消防规范的要求，包括火灾报警系统、防排烟系统、消火栓系统、喷淋系统以及疏散广播系统等；

给水管供水量及管道走向、管径是否满足最不利点供水压力需要，是否满足美观需要；

排水管的走向及布置是否合理；

管材及器具选择是否符合规范及投资人要求；

水、电、煤、消防等设备、管线安装位置设计是否合理、美观且与土建图纸不相矛盾；

煤气工程是否满足煤气公司的审图要求；

室内电器布置是否合理、规范，强、弱电室内外接口是否满足电话局、供电局及设计要求；

用电设计容量和供电方式是否符合供电局规定要求。

完成内部审查后，应及时送至相关的施工图审查机构审查，并取得施工图审查合格书。

②施工图审查机构对施工图设计的审查。

施工图审查机构对施工图设计的审查内容主要包括：

a. 是否符合工程建设强制性标准；

b. 地基基础和主体结构的安全性；

c. 是否符合民用建筑节能强制性标准，对执行绿色建筑标准的项目，还应当审查是否符合绿色建筑标准；

d. 勘察设计企业和注册执业人员以及相关人员是否按规定在施工图上加盖相应的图章和签字；

e. 法律、法规、规章规定必须审查的其他内容。

（3）多审合一

多审合一联合审查制度，就是将建设工程涉及人防和消防等设计内容，统一交由具备资格的施工图审查机构进行技术审查，最终实现审查过程中“一套标准、一家机构、一套图纸、一个成果、一体监督。”一套标准，审查机构严格按照统一的审查标准进行审查；一家机构，施工图设计文件交由选定的一家审查机构进行审查；一套图纸，审查机构审查通过的一套图纸交付施工，避免“多套图”现象，保障了工程建设的质量；一个成果，以施工图审查机构出具的一份成果文件办理人防、消防等相关建设手续；一体监督，建设、人防、消防等部门联合开展监督检查工作，保障施工图审查质量。

以往，为办理工程建设手续，建设单位需要将施工图“送到图审机构进行施工图审查、送到消防部门办理消防审核、送到人防图审机构进行人防审查”，环节多、时间长，办事人员需要“多头跑”。同时，由于各部门对工程建设标准理解不同、审查尺度把握不同，常常出现“一幢相同的楼，多套不同的图纸”，严重影响施工、监理、验收等工作正常推进，甚至为建设工程质量安全埋下隐患。

多图合一审批制使得建设单位不再需要“多头跑”“多头审”，从前的“一对多”的流程，变为“一对一”，审查效率大大提升。根据《实施办法》，通过多审合一，在不包含受理时间和施工图修改时间的前提下，技术审查时限压缩短，相关部门亦压缩审批时限，单位办事更快了。

此审批流程改革，将极大发挥“重监管”的作用——人防办、公安消防支队等相关职能部门从繁重的技术审查工作中脱身，就能将更多力量放在加强监管上面。在此基础上，建设局会同相关职能部门建立联合监督检查制度，联合开展监督检查，由以往的“多头管”转变为“联合管”，既方便了参建单位，也加强了监督检查的力量和力度。

北京市多审合一细则如下：

1）精简审批前置条件。在社会投资的房屋建筑工程中，可由建设单位自主决定发包方式，不再强制要求进行招投标。取消建设单位办理资金保函或资金到位证明。各类审批的前置条件和申报材料按照依法、规范、必要的原则，能减则减，不得设置“兜底条款”。相关部门核发的审批文件由办理部门向其他行政机关推送，实现信息共享，不再要求建设单位反复提交。

2）推进建设项目行政审批与互联网深度融合。以“互联网＋”政务服务为抓手，依托北京市投资项目在线审批监管平台，大力推进建设项目行政审批电子化。从施工图纸审查和办理施工许可证入手，逐步扩大网上审批的覆盖率，推进电子签章技术在建设项目行政审批业务中的应用，实现对项目审批和建设全过程监管。

3）优化完善技术评估环节。优化完善技术评估环节是推行区域规划管理。在街区层面控制性详细规划编制过程中，同步开展节能评价、环境影响评价、水影响评价、交通影响评价、地震安全性评价、文物考古调查勘探等评价工作，各专项成果和评审结论纳入控制性详细规划的编制成果。已批复街区层面控制性详细规划的区域，不涉及重大规划调整的，一律不再重复开展上述评估审查工作。二是具体建设项目涉及节能评估、环境影响评价、水影响评价、交通影响评价等评价工作的，通过“多规合一”协同平台，在签订土地出让合同前由市规划国土委统筹各相关部门同步开展，按照规定完成相关审查评价并在项目建设期间通过平台加强事中事后监管。

4）构建施工图联合审查的工作机制。由市规划国土委牵头，将现有的施工图建筑审查、消防审查、人防审查等集中交由综合审查机构统一开展专业技术审查，各部门结果互认，联审之外再无审查。

5）建立全市统一的项目竣工联合验收机制。由市住房城乡建设委牵头，将建设工程竣工验收由原多个管理部门各自独立实施的专项竣工验收模式，转变为“统一平台、信息共享、集中验收、限时办结、统一确认”的“五位一体”验收模式，联验之外再无核验。

6）简化不动产登记办理程序。

实现不动产登记、房屋交易、税收征管“一窗办理”，简化手续，减少重复收件。积极构建“互联网＋不动产登记”体系，推行不动产登记网上办理，对可通过政府信息共享获取的要件，不再要求申请人提供。不动产登记办理时限压缩到 1 至 5 个工作日。对可以公开查询的土地及不动产登记信息，推行线上申请查询机制，提高获取土地和不动产相关信息便利程度。

7）提高市政公用服务效率和水平。在供水、供电、燃气、热力、排水、通信等市政公用基础设施接入环节推行“一站式”窗口服务，并联办理。供水、供电、燃气、热力、排水、通信等市政公用服务企业入驻政务服务大厅，公开办事流程，明确办理时间，为建设单位提供便利。市政公用基础设施接入报装由竣工后提前到施工许可证核发后办理。市政公用基础设施接入条件在工程施工阶段完成，建设工程竣工后直接办理验收和接入。

第三节　工程项目勘察设计咨询案例——某剧院项目设计咨询

1. 项目概况

项目名称：某省大剧院。

建设单位：省文化厅、省社会公益项目建设管理中心。

建设内容与规模：总建筑面积 73 000m^2，包括 1600 座歌剧厅、1200 座音乐厅、600 座小剧场及地下停车场、人防工程、地面广场等相关配套设施和设备。

投资规模：批复项目估算总投资 11 亿元。

目标定位：国内一流水平的文化演出场所。

2. 设计任务书编制工作路径

咨询团队根据建设单位对大剧院功能的基本需求和城市规划对本项目的约束条件，分析了用地环境的总体状况，重点研究了国内外歌剧院、音乐厅的经验数据，针对建筑声学、舞台工艺等领域进行了专项咨询研究，结合观演建筑领域设计专家的意见，综合提出本项目方案设计任务书。

3. 本项目设计任务书成果摘要

经过咨询研究分析，形成本项目设计任务书成果摘要如表 4-2 所示。该设计任务书成果亦同时成为本项目招标文件技术部分的核心内容。

表 4-2　　某省大剧院项目设计任务书成果摘要

任务书模块	内容摘要
项目概况	项目背景；设计周期；建设地点；建设内容及规模；投资估算及资金筹措
基础条件	选址范围和面积；气候条件；地貌与工程地质；水资源条件；交通条件；其他
规划设计条件	用地性质和面积；规划原则；建设控制；停车率；用地退界；日照要求；市政管线
设计理念	建设目标；核心设计理念；设计原则
功能空间的分配及要求	（1）功能定位：综合性大型甲级剧院 （2）运营要求 （3）主要功能面积分配：按功能分区分为歌剧厅、音乐厅、小剧场、公共剧务用房、文化配套用房、管理及保障用房、其他用房七类分区，合计建筑面积约 73 000m^2 （4）歌剧厅：建筑面积 16 800m^2，包含前厅和休息厅、观众厅、舞台、后台演出用房、演出技术用房、道具装卸区等 （5）音乐厅：建筑面积 8400m^2，包含前厅及休息厅、演奏厅、后台演出用房、演出技术用房、管风琴机房等 （6）小剧场：建筑面积 4800m^2，包含前厅。休息厅、观众厅、舞台、后台演出用房、演出技术用房、道具装卸区等 （7）公共剧务用房：建筑面积 6600m^2，包含排练厅、琴房、声部排练室、票务中心、技术用房与库房等 （8）文化服务用房：建筑面积 8500m^2，用于宣传、展示、销售当地特色文化产品、演出文化衍生品等 （9）管理及保障用房：建筑面积 5500m^2，包含行政管理用房、行政服务用房、物业管理用房等 （10）其他用房：建筑面积 22400m^2，含专业设备用房及地下车库
建筑设计要求	（1）设计依据 （2）城市设计要求 （3）总体设计要求：建筑类型及等级、总平面布置、交通流线 （4）建筑设计要求：边界控制、高度控制、建筑风格、出入口与交通流线组织、无障碍设计、装饰设计、标识设计、安全设计及防火设计、节能环保设计
建筑声学设计	（1）观众厅形体要求 （2）混响时间和背景噪声：背景噪声允许值、室内声学要求 （3）建筑隔声 （4）噪声与震动控制
舞台工艺设计	（1）歌剧厅：舞台要求、舞台台口、舞台机械系统、舞台灯光系统、舞台音频系统、舞台视频系统 （2）音乐厅：舞台要求、舞台机械、舞台灯光、舞台音响 （3）小剧场：舞台要求、舞台机械、舞台灯光、舞台音响、放映系统
其他设计要求	（1）安全设计：交通流线、消防安全、安检技术、地下室安全 （2）消防设计：消防设计等级、总平面消防设计、平面消防设计、消防设备设计 （3）绿色建筑设计：设计依据、设计原则、设计要求 （4）结构设计：设计标准、设计原则、荷载取值、抗震要求、结构设计要求 （5）给排水设计：给水系统、排水系统、热水及饮水供应、消防系统 （6）暖通设计：空调系统、冷热源及动力、防排烟系统、室外空气计算参数、室内设计参数 （7）强电设计：设计标准、供配电系统、消防及保安系统供电 （8）弱电设计：设计标准、智能化子系统设计 景观设计、室内设计、人防设计等这里不再罗列

续表

任务书模块	内容摘要
设计文件内容及深度要求	总则；提交文件的规格数量；设计说明书主要内容；设计图纸主要内容；表现图主要内容；建筑设计模型规格；电子文件；封装要求和提交时间

4. 项目点评

由于剧场剧院类项目功能复杂，专业性极强，同时受舞台工艺等特殊要求的限制，设计任务书的编制者除应具有一定的建筑学专业背景外，还应了解观演建筑运行使用的基本要求。对于剧场剧院类项目的设计工作，聘请专业咨询团队共同讨论编制设计任务书，将有助于从专业角度辅助声学设计、舞台工艺等专项设计要求的明确，提高设计任务书的质量和准确性，保障项目外形与内涵兼备，为后续项目设计乃至建设工作的开展奠定良好基础。同时，咨询方的介入将更好地联系建设方和使用方，使建设者在项目谋划建设初期就关注剧场后期的运营问题，从而提出更为精确合理的剧场定位和设施设备配置等要求，共同努力建造“理想的剧场”。

第五章　基础设施工程招标采购咨询

第一节　工程项目招标采购代理

工程招标代理是指工程招标代理机构接受招标人的委托，从事工程的勘察、设计、施工、监理以及与工程建设有关的重要设备（进口机电设备除外）、材料采购招标的代理业务。工程招标代理工作包括：与招标人签订招标代理合同，拟定招标方案，提出招标申请，发布招标公告或发出投标邀请书，编制、发售资格预审文件，审查投标申请人资格，编制并发售招标文件，编制标的或投标控制价，踏勘现场与答疑，组织开标，组织评标定标与发出中标通知书，招标投标资料汇总与书面报告，协助招标人签订合同、合同备案等。

一、采购代理依据

（1）法律法规

①相关法律法规、政策文件、标准规范等。

②《中华人民共和国标准施工招标文件》（2007 年版）。

③《建设工程招标控制价编审规程》（CECA/GC 6—2011）。

④《建设项目全过程造价咨询规程》（CECA/GC 4—2017）。

⑤《中华人民共和国招标投标法》（2017 年修订）。

⑥《中华人民共和国招标投标法实施条例》（2017 年修订）。

⑦《建设工程造价咨询成果文件质量标准》（CECA/GC 7—2012）。

（2）建设项目工程资料

①项目可行性研究报告、投资人需求书、相关利益者需求分析、不同深度的勘察设计文件（含技术要求）、决策和设计阶段造价文件等。

②投资人资金使用计划和供应情况，项目工期计划等。

③项目建设场地供应情况和周边基础设施的配套情况。

④潜在投标人技术、管理能力、信用情况等。

⑤材料设备市场供应能力。

⑥合同范本。

⑦招标策划书。

二、采购代理内容

全过程工程咨询单位对项目进行招标策划并编制完招标文件后，需要通过一系列招标活动完成对中标人的招标。

（1）招标公告

按现行有关规定，招标公告的基本内容包括：

①招标条件，包括招标项目的名称、项目审批、核准或备案机关名称及批准文件编号，招标人的名称，项目资金来源和出资比例，阐明该项目已具备招标条件，招标方式为公开招标。

②招标项目的建设地点、规模、计划工期、招标范围、标段划分等。

③对投标人的资质等级与资格要求。申请人应具备的资质等级、类似业绩、安全生产许可证、质量认证体系，以及对财务、人员、设备、信誉等方面的要求。

④招标文件或资格预审文件获取的时间、地点、方式，招标文件的售价，图纸押金等。

⑤投标文件递交的截止时间、地点。

⑥公告发布的媒体。

依法必须招标项目的招标公告应当在国家指定的媒体发布，对于不属于必须招标的项目，招标人可以自由选择招标公告的发布媒介。

⑦联系方式，包括招标人和招标代理机构的联系人、地址、邮编、电话、传真、电子邮箱、开户银行和账号。

⑧其他。

对有关部委结合行业的具体特点进行了一些特殊规定，见表 5-1。

表 5-1　不同类型项目招标公告内容（包括但不限于）

类型	招标公告内容
工程建设项目勘察设计招标投标	①工程概况； ②招标方式、招标类型、招标内容及范围； ③投标人承担设计任务范围； ④对投标人资质、经验及业绩的要求； ⑤购买招标文件的时间、地点； ⑥招标文件工本费收费标准； ⑦投标截止时间、开标时间及地点； ⑧联系人及联系方式等
工程建设项目施工招标投标	①招标人的名称和地址； ②招标项目的内容、范围、规模、资金来源； ③招标项目的实施地点和工期； ④获取招标文件或资格预审文件的地点和时间； ⑤对招标文件或资格预审文件收取的费用； ⑥对投标人的资格等级要求； ⑦投标截止时间、开标时间及地点
工程建设项目货物招标投标	①投标人的名称和地址； ②招标货物的名称、数量、技术规格、资金来源； ③交货的地点和时间； ④获取招标文件或资格预审文件的地点和时间； ⑤对招标文件或资格预审文件收取的费用； ⑥提交资格预审申请或投标文件的地点和截止日期； ⑦对投标人的资格要求

此外，招标人采用邀请招标方式的，应当向 3 个以上具备承担招标项目能力、资信良好的特定法人或其他组织发出投标邀请书。投标邀请书的内容和招标公告的内容基本一致，但无须说明发布公告的媒介，需增加要求潜在投标人确认是否收到了投标邀请书的内容。

公开招标的项目，招标人采用资格预审办法对潜在投标人进行资格审查的，应当发布资格预审公告、编制资格预审文件。资格预审公告的基本内容和招标公告的内容基本一致，只需增加资格预审方法，表明是采用合格制还是有限数量制；资格预审结束后，向投标人发送资格预审合格通知书的同时发送投标邀请书。

（2）资格审查

为了保证潜在投标人能够公平地获取投标竞争的机会，确保投标人满足招标项目的资格包括条件，同时避免招标人和投标人不必要的资源浪费，招标人应当对投标人资格进行审查。资格审查分为资格预审和资格后审两种。

①资格预审。资格预审是指招标人采用公开招标方式，在投标前按照有关规定程序和要求公布资格预审公告和资格预审文件，对获取资格预审文件并递交资格预审申请文件的潜在投标人进行资格审查。一般适用于潜在投标人较多或者大型、技术复杂的工程项目。

a. 资格预审主要审查潜在投标人或者投标人是否符合下列条件：

具有独立订立合同的权利；

具有履行合同的能力，包括专业、技术资格和能力，资金、设备和其他物质设施状况，管理能力，经验、信誉和相应的从业人员；

没有处于被责令停业，投标资格被取消，财产被接管、冻结、破产状态；

在最近 3 年内没有骗取中标和严重违约及重大工程质量问题；

法律、行政法规规定的其他资格条件等；

资格审查时，招标人不得以不合理的条件限制、排斥潜在投标人或投标人，不得对潜在投标人或者投标人实行歧视待遇。任何单位和个人不得以行政手段或其他不合理方式限制投标人的数量。

b. 资格预审的程序。

编制资格预审文件；

发布资格预审公告；

出售资格预审文件；

对资格预审文件的澄清、修改；

潜在投标人编制并递交资格预审申请文件；

组建资格审查委员会；

资格审查委员会对资格预审申请文件进行评审并编写资格评审报告；

招标人审核资格评审报告，确定资格预审合格申请人；

向通过资格预审的申请人发出投标邀请书（代资格预审合格通知书），并向未通过资格预审的申请人发出资格预审结果的书面通知。

c. 资格预审文件。资格预审文件是告知申请人资格预审条件、标准和方法，并对申请人的经营资格、履约能力进行评审，确定合格中标人的依据。资格预审文件编制程序如图 5-1 所示。

②资格后审。资格后审是指在开标后，在评标过程中对投标申请人进行的资格审查。采用资格后审的，对投标人资格要求的审查内容、评审方法和标准与资格预审基本相同，评审工作由招标人依法组建的评标委员会负责。招标人应当在招标文件中载明对投标人资格要求的条件、标准和方法。

经过资格预审的，一般不再进行资格后审，但招标文件另有规定的除外。

（3）招标文件编制

招标文件是招标人向潜在投标人发出的要约邀请文件，是告知投标人招标项目内容、范围、数量与招标要求、投标资格要求、招标投标程序、投标文件编制与递交要求、评标标准和方法、合同条款与技术标准等招标投标活动主体必须掌握的信息和遵守的依据，对招标投标各方均具有法律约束力。

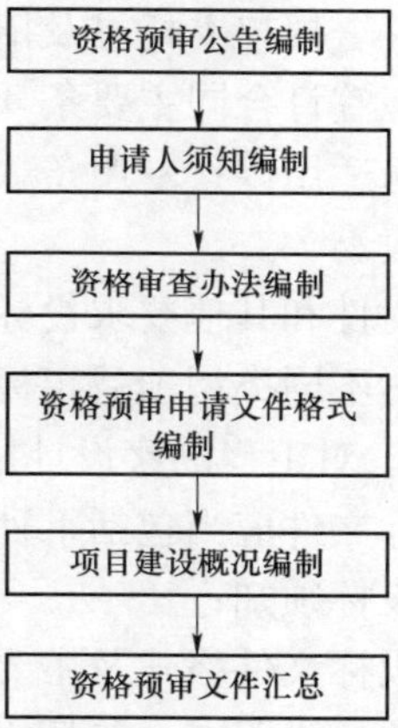

图 5-1　资格预审文件编制程序

①编制招标文件应遵循的原则和要求。招标文件的编制必须遵守国家有关招标投标的法律、法规和部门规章的规定，应遵循下列原则和要求：

a. 招标文件必须遵循公开、公平、公正的原则，不得以不合理的条件限制或者排斥潜在投标人，不得对潜在投标人实行歧视待遇。

b. 招标文件必须遵循诚实信用的原则，招标人向投标人提供的工程项目情况，特别是工程项目的审批、资金来源和落实等情况，都要确保真实和可靠。

c. 招标文件介绍的工程项目情况和提出的要求，必须与资格预审文件的内容相一致。

d. 招标文件的内容要能清楚地反映工程项目的规模、性质、商务和技术要求等内容，设计图纸应与技术规范或技术要求相一致，使招标文件系统、完整、准确。

e. 招标文件规定的各项技术标准应符合国家强制性标准。

f. 招标文件不得要求或者标明特定的专利、商标、名称、设计、原产地或材料、构配件等生产供应者，以及含有倾向或者排斥投标申请人的其他内容。如果必须引用某一生产供应者的技术标准才能准确或清楚地说明拟招标项目的技术标准时，则应当在参照后面加上“或相当于”的字样。

g. 招标人应当在招标文件中规定实质性要求和条件，并用醒目的方式标明。

②招标文件的内容。

a. 按现行有关规定，招标文件的基本内容包括：

招标公告或投标邀请书。采用资格预审的形式时，投标邀请书可代资格预审通过通知书，是用来邀请资格预审合格的投标人投标的；在邀请招标时，不发布招标公告，是用投标邀请书直接邀请潜在投标人参加投标。

投标人须知，包括工程概况，招标范围，资格审查条件，工程资金来源或者落实情况，标段划分，工期要求，质量标准，现场踏勘和投标预备会，投标文件编制、提交、修改、撤回的要求，投标报价要求，投标有效期，开标的时间和地点等。

评标标准和评标方法，包括选择评标方法、确定评审因素和标准以及确定评标程序。

技术条款（含技术标准、规格、使用要求以及图纸等）。

投标文件格式，包括投标函、投标函附录投标担保书、投标担保银行保函格式、投标文件签署授权委托书及招标文件要求投标人提交的其他投标资格格式。

拟签订合同主要条款及合同格式，一般分为通用条款和专用条款两部分。通用条款具有普遍适用性；专用条款是针对某一特定工程项目合同的具体规定，是对通用条款的补充和修改。

附件和其他要求投标人提供的材料。

对不同类型项目招标文件的内容，有关部委结合行业的具体特点作出一些特殊规定。

b. 对工程勘察设计招标文件，《工程建设项目勘察设计招标投标办法》规定，勘察设计招标文件应当包括下列内容：

投标须知；

投标文件格式及主要合同条款；

项目说明书，包括资金来源情况；

勘察设计范围，对勘察设计进度、阶段和深度的要求；

勘察设计基础资料；

勘察设计费用支付方式，对未中标人是否给予补偿及补偿标准；

投标报价要求及投标有效期；

对投标人资格审查的标准；

评标标准和方法。

c. 对工程项目施工招标文件，《工程建设项目施工招标投标办法》规定，招标人根据施工招标项目的特点和需要编制招标文件。招标文件一般包括下列内容：

投标邀请书；

投标人须知；

合同主要条款；

投标文件格式；

采用工程量清单招标的，应当提供工程量清单；

技术条款；

设计图纸；

评标标准和方法；

投标辅助材料；

招标人应当在招标文件中规定实质性要求和条件，并用醒目的方式标明。

d. 对工程项目货物招标文件，《工程建设项目货物招标投标办法》规定，一般包括下列内容：

投标邀请书；

投标人须知；

投标文件格式；

技术规格、参数及其他要求；

评标标准和方法；

合同主要条款。

招标人应当在招标文件中规定实质性要求和条件，说明不满足其中任何一项实质性要求和条件的投标将被拒绝，并用醒目的方式标明；没有标明的要求和条件在评标时不得作为实质性要求和条件。对于非实质性要求和条件，应规定允许偏差的最大范围、最高项数，以及对这些偏差进行调整的方法。

国家对招标货物的技术、标准、质量等有特殊要求的，招标人应当在招标文件中提出相应特殊要求，并将其作为实质性要求和条件。

③招标文件的发放。招标代理机构应当以书面的形式通知选定的符合资质条件的投标申请人领取招标文件，书面通知中应包括获取招标文件的时间、地点和方式。

④编制招标文件中需要注意事项（需增加内容）：

a. 招标文件评分细则中专家打分不能存在空档，量化具体评分分值，如下错误案例：招标文件的评分细则中规定：工程质量保证措施全面、具体、可行性等，评标专家可据实给出一般：1～3 分；良：4～6 分；优：7～9 分等。

b. 投标文件的内容及格式应与其他章节相对应，不得提出违反法律法规或不合理的其他要求。

c. 招标文件中答疑时间、投标截止时间等节点时间满足相关法律法规要求。

d.《合同条款》《投标人须知》《工程量清单》等每个环节是否符合相关规定。

e. 必要时，可通过图纸查看招标文件描述的工程概况（规模）、类似业绩要求的规模是否与图纸一致。

（4）现场踏勘与答疑

①现场踏勘。招标人组织现场踏勘和招标文件答疑会，应该特别注意的是不得向任何单位和个人透露参加现场踏勘和出席交底答疑会的投标人的情况。签到应采取分别签到记录。

②答疑或投标预备会。投标人对有需要解释的问题，以书面形式在招标文件或招标人规定的时间内向招标人提出。招标人对有必要解释说明的问题以补充招标文件的形式发放给投标人。

（5）组织评标委员会

招标人或招标代理机构根据招标建筑工程项目特点和需要组建评标委员会，一般工程项目按照当地有关规定执行。大型公共建筑工程或具有一定社会影响的建筑工程，以及技术特别复杂、专业性要求特别高的建筑工程等情况，经主管部门批准，招标人可以从设计类资深专家库中直接确定，必要时可以邀请外地或境外资深专家参加评标。评标委员会成员名单在中标人确定前应当保密。

（6）接受投标有关文件

在投标过程中，全过程工程咨询单位主要的工作内容是接收中标人提交的投标文件和投标保证金等，并审核投标文件和投标保证金是否符合招标文件和有关法律法规的规定。

（7）开标

①开标应当在招标文件确定的提交投标文件截止时间的同一时间公开进行，开标地点应当为招标文件中预先确定的地点。

②开标时，由中标人或者其推选的代表检查投标文件的密封情况，也可以由投资人委托的公证机构检查并公证；经确认无误后，由工作人员当众拆封，宣读中标人名称、投标价格和投标文件的其他主要内容。

（8）清标

在全过程工程咨询服务中，针对项目的需要，专业咨询工程师（招标代理）在开标后、评标前对投标报价进行分析，编制清标报告成果文件。清标报告应包括清标报告封面、清标报告的签署页、清标报告编制说明、清标报告正文及相关附件。及时检查评标报告内容是否完整和符合有关规定，然后提交总咨询师和投资人复核确认。

清标报告正文宜阐述清标的内容、清标的范围、清标的方法、清标的结果和主要问题等。一般应主要包括：

①算术性错误的复核与整理，不平衡报价的分析与整理，错项、漏项、多项的核查与整理。

②综合单价、取费标准合理性分析和整理。

③投标报价的合理性和全面性分析与整理，投标文件中含义不明确、对同一问题表述不一致、明显的文字错误的核查与整理等。

④投标文件和招标文件是否吻合；招标文件是否存在歧义问题，是否需要组织澄清等问题。

（9）评标

①投资人或其委托的全过程工程咨询单位应依法组建评标委员会，与中标人有利害关系的人不得进入相关项目的评标委员会。

②评标委员会可以要求中标人对投标文件中含义不明确的内容做必要的澄清或者说明，但是澄清或者说明不得超出投标文件的范围或者改变投标文件的实质性内容（如有时）。

③评标委员会应当按照招标文件确定的评标标准和方法，对投标文件进行评审和比较，设有标底的，应当参考标底。评标委员会完成评标后，应当向投资人提出书面评标报告，并推荐合格的中标候选人。

（10）定标（发中标通知书）

①根据评标委员会提出的书面评标报告和推荐的中标候选人确定中标人。投资人也可以授权评标委员会直接确定中标人。

②中标人确定后，投资人应当向中标人发出中标通知书，并同时将中标结果通知所有未中标的投标人。

③中标通知书对投资人和中标人具有法律效力。中标通知书发出后，投资人改变中标结果的，或者中标人放弃中标项目的，应当依法承担法律责任。

全过程咨询机构到相关行政监督部门将定标结果进行备案（或按项目所在地规定）并公示中标候选人。

（11）签订合同

根据招投标法，投资人和中标人应当自中标通知书发出之日起三十日内，按照招标文件和中标人的投标文件订立书面合同。全过程工程咨询单位应协助投资人进行合同澄清、签订合同等工作，同时根据投资人的需求和项目需要，可协助投资人进行合同谈判、细化合同条款等内容。投资人和中标人不得再行订立背离合同实质性内容的其他协议。

三、采购代理程序

全过程工程咨询单位须严格执行有关法律法规和政策规定的程序和内容，规范严谨组织项目招标采购过程管理。

四、采购代理注意事项

1）全过程工程咨询单位、投资人、中标人和相关利益方应依法做好廉洁管理工作，确保项目招标投标工作公正、公平开展。

2）招标文件、资格预审文件的发售、澄清、修改的时限，或者确定的提交资格预审申请文件、投标文件的时限需符合招标投标法律法规规定。不得擅自更改招标文件规定的投标截止时间和递交地点。

3）超过采购代理规定的应收取投标保证金、履约保证金，不按照规定的应直接退还投标保证金及银行同期存款利息。

4）投资人应按规定时限发出中标通知书，中标通知书发出后无正当理由不得改变中标结果。

5）投资人应按规定时限与中标人订立合同；不得在订立合同时向中标人提出附加条件。

6）投资人和中标人应按照招标文件和中标人的投标文件订立合同，合同的主要条款与招标文件、中标人的投标文件的内容应一致，投资人、中标人不得订立背离合同实质性内容的协议。

第二节　招标采购投资控制

招标采购阶段投资管控作为建设项目全过程投资管控的重要组成部分，是工程投资事前控制的主要手段，不仅为施工阶段和工程竣工结算阶段的投资管控奠定了基础，而且对于提升建设项目投资管理水平和投资控制效果具有十分重要的意义。

招标采购阶段，是确定合同价款的一个重要阶段，它通过施工图实际算量，已经比较接近工程的实际造价和对建筑成品已经能初步体现，对后期工程竣工结算有着直接的影响。

一、工程量清单编制与审核

（1）依据

①现行《建设工程工程量清单计价规范》（以下简称“清单规范”）；

②《建设项目全过程造价咨询规程》（CECA/GC 4—2017）；

③国家或省级、行业建设主管部门颁发的计价定额和办法；

④建设工程设计文件；

⑤与建设项目有关的标准、规范、技术资料；

⑥招标文件及其补充通知、答疑纪要；

⑦施工现场实际情况、地勘水文资料、工程特点及常规施工方案；

⑧其他相关资料。

（2）内容

1）分部分项工程量清单编制。分部分项工程量清单是指表示拟建工程分项实体工程项目名称和相应数量的明细清单，应该包括项目编码、项目名称、项目特征、计量单位和工程量五个部分。具体编制要件和要点见表 5-2。

表 5-2 分部分项工程量清单编制

要件	编制要点	备注
项目编码	12 位阿拉伯数字表示，1～9 位按《清单规范》附录的规定设置，10～12 位应根据拟建工程的工程量清单项目名称设置	不得有重码
项目名称	施工图纸中有体现的，规范中有列项则直接列项，计算工程量；施工图纸有体现，规范中没有相应列项，项目特征和工程内容都没提示，则补项，在编制说明中注明	根据《清单规范》结合工程实际确定
项目特征描述	根据项目情况介绍	根据项目情况介绍
计量单位	以“吨”为单位，保留三位小数，第四位小数四舍五入；以“立方米”“米”“千克”保留两位小数，第三位四舍五入；以“个”“项”“樘”“套”等为单位的，应取整数	有两个或两个以上计量单位的，应结合拟建工程项目选择其中一个确定
工程量计算	按《清单规范》附录 A－F 中规定的工程量计算规则计算。另外对于补充工程量计算规则必须符合下述原则；第一具有可算性，第二计算结果具有唯一性	工程量计算要准确

补充项目为附录中未包括的项目，有补充项目时，编制人应作补充，并报省级或行业工程造价管理机构备案，省级或行业工程造价管理机构应汇总报住房城乡建设部标准定额研究所。

2）措施项目清单编制。措施项目清单是未完成工程项目施工，发生于该工程施工前、施工过程中技术、生活、文明、安全等方面的非实体工程实体项目清单。编制时需考虑多方面的因素，除工程本身，还涉及气象、水文、环境、安全等因素。措施项目清单应根据拟建工程的实际情况列项，若清单计价规范中存在未列项目，可根据实际情况进行补充。

①措施项目清单的编制依据：

a. 拟建工程的施工组织设计；

b. 拟建工程的施工技术方案；

c. 与拟建工程相关的工程施工规范和工程验收规范；

d. 招标文件；

e. 设计文件。

②措施项目清单的确定要按照以下要求：

a. 参考拟建工程的施工组织设计，以确定环境保护、安全文明施工、二次搬运等项目；

b. 参考施工技术方案，以确定夜间施工、混凝土模板与支架、施工排水、施工降水、垂直运输机械、大型机械设备进出场及安拆、脚手架等项目；

c. 参考相关施工规范与工程验收规范，以及技术方案没有表述但是为了实现施工规范和验收规范要求而必须发生的技术措施；

d. 确定设计文件中一些不足以写进技术方案的，但是要通过一定的技术措施才能实现的内容；

e. 确定招标文件中提出的某些必须通过一定的技术措施才能实现的要求。

3）其他项目清单编制。其他项目清单是指除分部分项工程量清单、措施项目清单所包含的内容以外，因招标人的特殊要求而发生的与拟建工程有关的其他费用项目和相应数量的清单。其影响因素包括工程建设标准的高低、工程的复杂程度、工程的工期长短、工程的组成内容、发包人对工程管理要求等。其他项目清单的内容包括暂列金额、暂估价、计日工和总承包服务费，未包含项目需要补充。

①暂列金额指招标人在工程量清单中暂定并包括在合同价款中的一笔款项。用于施工合同签订时尚未确定或者不可预见的所需材料、设备、服务的采购，施工中可能发生的工程量变更、合同约定调整因素出现时的工程价款调整以及发生的索赔、现场签证等费用。

暂估价是指招标人在工程量清单中提供的用于支付必然发生但暂时不能确定价格的材料的单价以及专业工程的金额。

②在工程实施中，暂列金额、暂估价所包含的工作范围和图纸、标准深化固定后，按照工程专业、设备、材料类别等分类汇总的金额，达到法定招标范围标准的，应由招标人同中标人联合招标，确定承包人和承包价格。

③在工程实施中，暂列金额、暂估价所包含的工作范围和图纸、标准深化固定后，按照工程专业、设备、材料类别等分类汇总的金额，未达到法定招标范围标准但适用政府采购规定的，应按照政府采购规定确定承包人和承包价格。

④在工程实施中，暂列金额、暂估价所包含的工作范围和图纸、标准深化固定后，按照工程专业、设备、材料类别等分类汇总的金额，未达到法定招标范围标准也不适用政府采购规定，承包人有法定的承包资格的，由承包人承包，承包人无法定的承包资格但有法定的分包权的，由承包人分包，招标人同承包人结算的价格按招投标文件相关规定确定。

⑤在工程实施中，暂列金额、暂估价所包含的工作范围和图纸、标准深化固定后，按照工程专业、设备、材料类别等分类汇总的金额，未达到法定招标范围标准也不适用政府采购规定，承包人既无法定的承包资格又无法定的分包权的，由招标人另行发包。

⑥在工程实施中，暂列金额、暂估价所包含的工作范围由其他承包人承包的，纳入项目总承包人的管理和协调范围，由其他承包人向项目总承包人承担质量、安全、文明施工、工期责任，项目总承包人向招标人承担责任。

4）规费、税金项目清单编制。规费项目清单应包括工程排污费、社会保障费（养老保险、失业保险、医疗保险）、住房公积金、危险作业意外伤害保险费。税金项目清单包括营业税、城市建设维护税、教育费附加。

（3）程序

1）工程量清单编制流程。依据《建设工程工程量清单计价规范》（GB 50500—2013）和《建设项目全过程造价咨询规程》（CECA/GC 4—2017）实施手册，建设项目工程量清单编制流程图如图 5-2 所示。

2）工程量清单审核程序。工程量清单的审核可以分为对封面及相关盖章的审核、工程量清单总说明的审核、分部分项工程量清单的审核、措施项目清单的审核、其他项目清单的审核、规费税金项目清单的审核及补充工程量清单项目的审核。

工程量清单审核流程如图 5-3 所示。

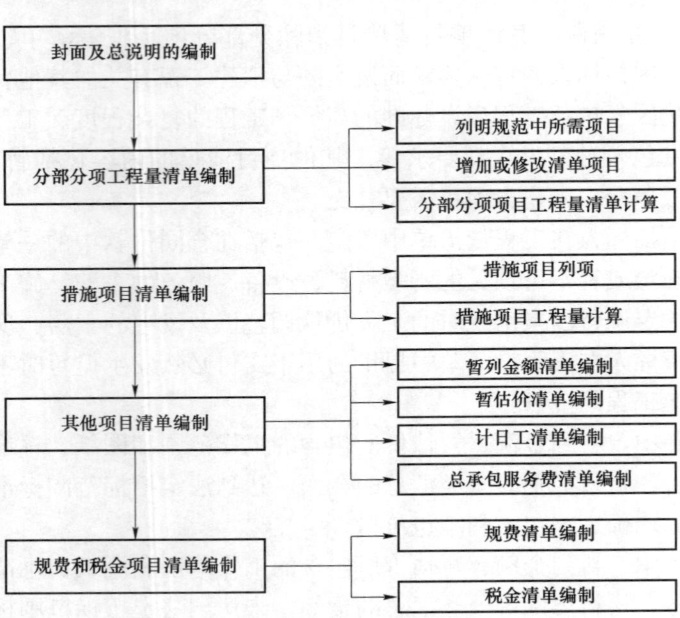

图 5-2　工程量清单编制程序图

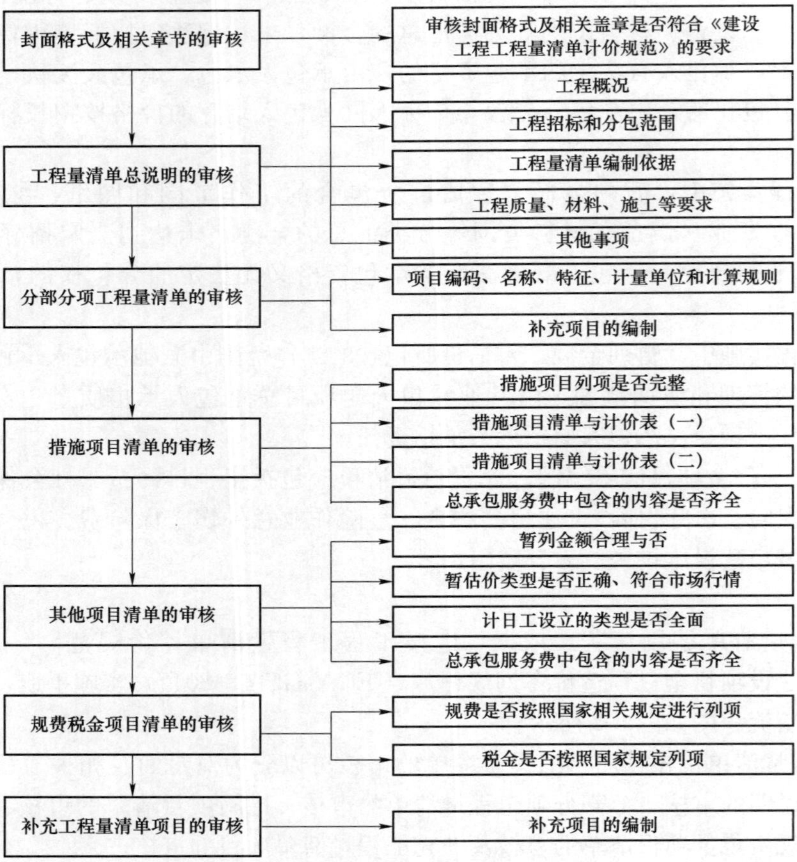

图 5-3　工程量清单审核程序图

（4）注意事项

在编制工程量清单时，应当做好以下工作。

①充分理解招标文件的招标范围，协助投资人完善设计文件。

②认真查看现场，措施项目应该与施工现场条件和项目特点相吻合。

③工程量清单应表达清晰，满足投标报价要求。

④在工程量清单中应明确相关问题的处理及与造价有关的条件的设置，如暂估价；工程一切险和第三方责任险的投保方、投保基数及费率及其他保险费用；特殊费用的说明；各类设备的提供、维护等的费用是否包括在工程量清单的单价与总额中；暂列金额的使用条件及不可预见费的计算基础和费率。

⑤工程量清单的编制人员要结合项目的目的要求、设计原则、设计标准、质量标准、工程项目内外条件，及相关资料和信息全面兼顾进行，不能仅仅依靠施工图进行编制，还应分析研究施工组织设计、施工方案，只有这样才可以避免由于图纸设计与实际要求不吻合造成的设计变更。

二、招标控制价编制与审核

（1）依据

①现行《建设工程工程量清单计价规范》《建设项目全过程造价咨询规程》；

②国家或省级、行业建设主管部门颁发的计价依据和办法；

③经过批准和会审的全部建设工程设计文件及相关资料，包括施工图纸等；

④与建设项目有关的标准、规范、技术资料；

⑤招标文件及其补充通知、答疑纪要；

⑥施工现场情况、工程特点及常规施工方案；

⑦批准的初步设计概算或修正概算文件；

⑧工程造价管理机构发布的工程造价信息及市场价格；

⑨招标控制价编制委托代理合同；

⑩其他相关资料。

对于实际工程项目编制招标控制价的依据采用编制前期准备工作中所收集的相关资料和文件作为依据。

（2）内容

招标控制价计价的内容应该根据《建设工程工程量清单计价规范》（GB 50500—2013）的具体要求来编制，具体如图 5-4 所示。

（3）程序

①招标控制价编制程序。招标控制价编制工作的基本程序包括编制前准备、收集编制资料、编制招标控制价价格、整理招标控制价文件相关资料、形成招标控制价编制成果文件。具体如图 5-5 所示。

②招标控制价审核程序。招标控制价审核工作的基本流程包括审核前准备，审核招标控制价文件，形成招标控制价审核成果文件，具体如图 5-6 所示。

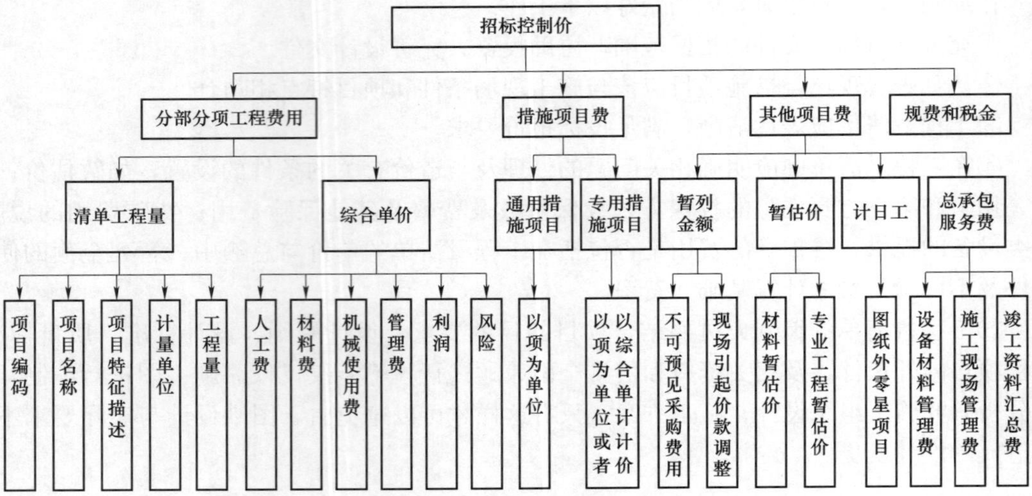

图 5-4　招标控制价组成内容

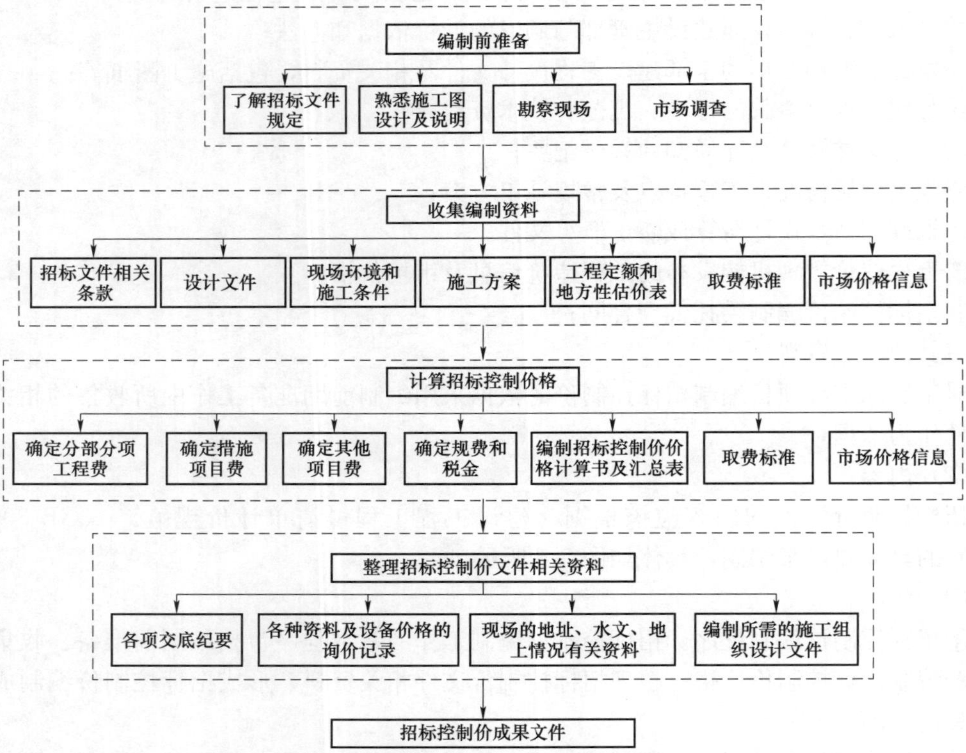

图 5-5　招标控制价编制程序

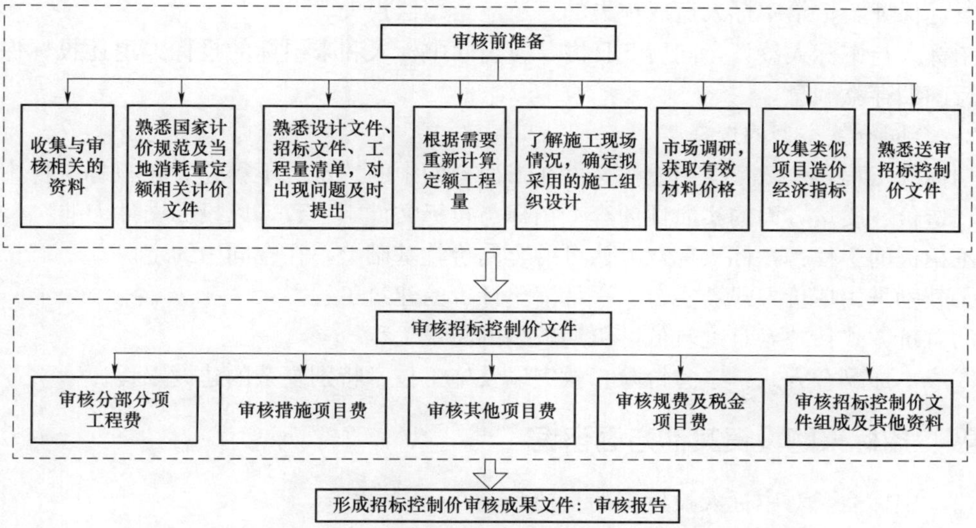

图 5-6 招标控制价审核程序

（4）注意事项

①编制招标控制价应与招标文件（含工程量清单和图纸）相吻合，并结合施工现场情况确定，确保招标控制价的编制内容符合现场的实际情况，以免造成招标控制价与实际情况脱离。

②招标控制价确定既要符合相关规定，也要有可靠的信息来源，又要与市场情况相吻合。

③措施项目费用的计取范围、标准必须符合规定，并与拟定的合适的施工组织设计和施工方案相对应。

④在编制招标控制价时，要有对招标文件进行进一步审议的思路，对存在的问题及时反馈处理，避免合同履行时的纠纷或争议等问题。

三、合同价款的约定

（1）签约合同价与中标价的关系

①签约合同价是指合同双方签订合同时在协议书中列明的合同价格；

②对于以单价合同形式招标的项目，工程量清单中各种价格的合计即为合同价；

③签约合同价就是中标价，因为中标价是指评标时经过算术修正的，并在中标通知书中申明招标人接受的投标价格。

（2）合同价款约定的规定和内容

1）合同签订的时间及规定。招标人和中标人应当在投标有效期内自中标通知书发出之日起 30 天内按招标文件和投标文件订立合同。

①中标人违约。中标人无正当理由拒签合同的，招标人取消其中标资格，其投标保证金不予退还；给招标人造成的损失超过投标保证金数额的，中标人还应当对超过部分予以赔偿。

②招标人违约。发出中标通知书后，招标人无正当理由拒签合同的，招标人向中标人

退还投标保证金；给中标人造成损失的，还应当赔偿损失。

招标人与中标人签订合同后5日内，应当向中标人和未中标的投标人退还投标保证金及银行同期存款利息。

2）合同价款类型的选择。

招标的工程：价款依据招投标文件在书面合同中的约定。不得违背招投标文件中关于工期、造价、质量方面的实质性内容。招标与投标文件不一致，以投标文件为准。

不招标的工程：招标投标双方认可的合同价款基础上，在合同中约定。

①鼓励采用单价方式：实行工程量清单计价的建筑工程。

②总价方式：技术难度较低，工期较短的建设工程。

③成本加酬金方式：紧急抢险、救灾以及施工技术特别复杂的建设工程。

四、招标采购投资其他方面咨询

（1）中标后，对中标人投标书的复核

评标结果出来，当初步确定中标人后，需要对中标人投标书进行复核或进行清标工作。

（2）清标

1）清标的定义和目的：所谓清标就是通过采用核对、比较、筛选等方法，对投标文件进行的基础性的数据分析和整理工作。

其目的是找出投标文件中可能存在疑义或者显著异常的数据，为初步评审以及详细评审中的质疑工作提供基础。技术标和商务标都有进行清标的必要，但一般清标主要是针对商务标（投标报价）部分。

清标也是国际上通行的做法，在现有建设工程招标投标法律法规的框架体系内，清标属于评标工作的范畴。

清标的实质是通过清标专家对投标文件客观、专业、负责地进行核查和分析，找出问题、剖析原因，给出专业意见，供评标专家和投资人参考，以提高评标质量，并为后续的工程项目管理提供指引。

2）清标工作组的组成。清标应该由清标工作组完成，也可以由招标人依法组建的评标委员会进行，招标人也可以另行组建清标工作组负责清标。清标工作组应该由招标人选派或者邀请熟悉招标工程项目情况和招标投标程序、专业水平和职业素质较高的专业人员组成，招标人也可以委托工程招标代理单位、工程造价咨询单位或者监理单位组织具备相应条件的人员组成清标工作组。清标工作组人员的具体数量应该视工作量的大小确定，一般建议应该在3人以上。

3）清标工作的原则。清标工作是评标工作的基础性工作。清标工作是仅对各投标文件的商务标投标状况作出客观性比较，不能改变各投标文件的实质性内容。清标工作应当客观、准确、力求全面，不得营私舞弊、歪曲事实。

清标小组的任何人员均不得行使依法应当由评标委员会成员行使的评审、评判等权力。

清标工作组同样应当遵守法律、法规、规章等关于评标工作原则、评标保密和回避等国家相关的关于评标委员会的评标的法律规定。

4）清标工作的主要内容。

①算术性错误的复核与整理；

②不平衡报价的分析与整理；

③错项、漏项、多项的核查与整理；

④综合单价、取费标准合理性分析与整理；

⑤投标报价的合理性和全面性分析与整理；

⑥形成书面的清标情况报告。

5）清标的重点有以下几项：

①对照招标文件，查看投标人的投标文件是否完全响应招标文件。

②对工程量大的单价和单价过高于或过低于清标均价的项目要重点查。

③对措施费用单价包干的项目单价，要对照施工方案的可行性进行审查。

④对工程总价、各项目单价及要素价格的合理性进行分析、测算。

⑤对投标人所采用的报价技巧，要辩证地分析判断其合理性。

⑥在清标过程中要发现清单不严谨的表现所在，妥善处理。

6）清标报告的内容。清标报告是评标委员会进行评审的主要依据，它的准确与否将可能直接影响评标委员会的评审结果和最终的中标结果，因此，清标报告至关重要，一般应包括如下内容：

①招标工程项目的范围、内容、规模等情况；

②对投标价格进行换算的依据和换算结果；

③投标文件算术计算错误的修正方法、修正标准和建议的修正结果；

④在列出的所有偏差中，建议作为重大偏差的情形和相关依据；

⑤在列出的所有偏差中，建议作为细微偏差的情形和进行相应补正所依据的方法、标准；

⑥列出投标价格过高或者过低的清单项目的序号、项目编码、项目名称、项目特征、工程内容、与招标文件规定的标准之间存在的偏差幅度和产生偏差的技术、经济等方面原因的摘录；

⑦投标文件中存在的含义不明确、对同类问题表述不一致或者有明显文字错误的情形；

⑧其他在清标过程中发现的，要提请评标委员会讨论、决定的投标文件中的问题。

（3）审核评标方法和评分标准

①审核拟采用的评标方法：在《标准施工招标文件》中给出了经评审的最低投标价法和综合评估法，审核项目的评标方法是否适合项目的特点。

②审核评分标准：在招标文件的“评标办法前附表”中，招标代理机构对各项评分因素均制定了评分标准，并确定了施工组织设计、项目管理机构、投标报价、其他评分因素的权重，还确定了评标基准价的计算方法。对上述评分标准进行审核时应掌握下列原则：

a. 施工组织设计评分标准要强调投标人对工程项目特点、重点、难点的把握，以及施工组织和施工方案的针对性、科学性和可行性。

b. 项目管理机构评分标准要强调项目经理和技术负责人的任职资格学历和实实在在的业绩，应要求附证明材料；强调项目管理机构人员的到位承诺；应增加对项目经理、技术负责人等主要成员面试的评分。

c. 投标报价的权重要适当，对技术不复杂，规模不太大或对投标人均比较了解，且对各投标人均较信任情况下，权重宜加大；反之，权重不宜过大。

d. 其他评分因素可增加对各投标单位考察的结果、施工单位及项目经理的信用评分（市场与现场管理联动）等项内容，使评标不只是评委对投标文件的评审，应综合投标人的实际素质、能力、业绩和信用程度。

（4）确定中标人

投标人对清标存在问题给予书面答复澄清承诺函，最终经评标委员会提出的书面评标报告和推荐的中标候选人确定中标人。

全过程咨询机构到相关行政监督部门将定标结果进行备案（或按项目所在地规定）并公示中标候选人。

（5）合同洽谈及签订

全过程工程咨询单位应协助投资人进行合同澄清、洽谈、细化合同条款等工作，投资人和中标人应当自中标通知书发出之日起三十日内，按照招标文件和中标人的投标文件订立书面合同。

第三节　发承包招标（以工程总承包为例）

《国务院办公厅关于促进建筑业持续健康发展的意见》（国办发〔2017〕19号）明确提出：“完善工程建设组织模式，加快推行工程总承包。”工程总承包（英文简称EPC）是指从事工程总承包的单位按照与投资人签订的合同，对工程项目的设计、采购、施工等实行全过程或者若干阶段承包，并对工程的质量、安全、工期和造价等全面负责的工程建设组织实施方式。

工程总承包模式是国际上常用的工程项目的承发包模式之一，它从根本上解决了传统承发包模式下设计和施工不协调而造成的弊端，由承包人承担工程项目的勘察、设计、采购、施工、试运行等全过程的工作，从而保证项目建设过程的流畅性和协作性，然而，它对投资人的要求也更加严格，要求投资人必须提出明确的建设需求和建设目标，项目具备相应的发包条件。本节简要阐述在工程总承包模式下，全过程工程咨询单位如何开展发承包阶段咨询服务工作。

一、工程总承包模式发承包介入分析

由于中国特定的市场环境，在项目实施初期，无法完全确定投资人和产权人之间的关系，建设产品需要在实施阶段不断完善、逐渐明晰，导致EPC模式施行条件不充分，再加上缺乏经验积累和完整的法律法规体系，EPC模式实施缺乏有效的指引。当前，国家大力推行EPC模式，本书通过分析研究该模式的原理，结合国内EPC的实施情况，认为有必要对招标发起的时间、招标条件，投资人和承包人所需要承担的风险等进行正确引导，以便更好地发挥EPC模式的积极作用。

EPC模式与DBB模式的发承包流程、要点基本相同，但发承包条件、内容和风险分担有区别。

在EPC模式下，投资人必须提出明确的建设需求和建设目标。因此，发承包最早的介入时间应该在项目决策完成后，最好介入时间在初步设计文件获审批后，最晚不晚于施工图设计完成。即建设项目的全过程工程咨询服务的发承包阶段可以前移至决策阶段之后和施工图设计完成之前。

合理确定EPC模式招标的介入时间，明确发承包条件是项目采用工程总承包模式的重要准备工作，是确保EPC项目成功实施的关键因素。

1. 介入时间分析

根据《住房城乡建设部关于进一步推进工程总承包发展的若干意见》（建市〔2016〕93号）（简称“93号文”）的规定，投资人可以根据项目的特点，在可行性研究、方案设计或者初步设计完成后，按照确定的建设规模、建设标准、投资限额、工程质量和进度要求等进行工程总承包项目发包。全过程工程咨询单位为EPC项目提供发承包咨询服务，介入时间节点可参照如图5-7所示，并根据拟建项目的时间情况选定具体时点，以保证发承包双方准备充分招投标流程的顺利实施。

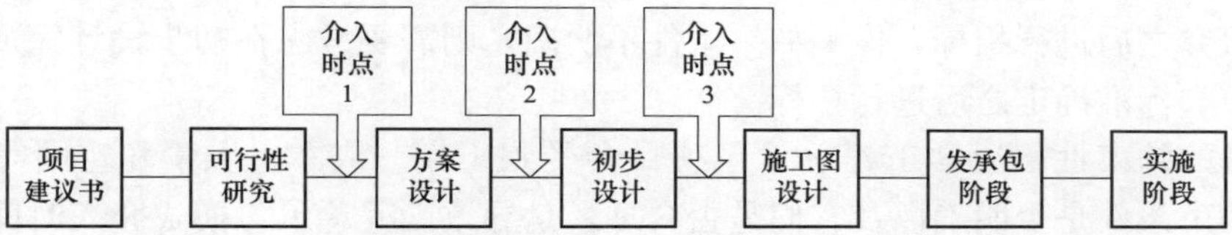

图5-7　工程总承包招标介入时间嵌入图

各省、自治区、直辖市政府行政主管部门出台的关于工程总承包模式招标的介入时点不完全相同，有的省、自治区、直辖市是两个介入时间，有的省、自治区、直辖市则是三个介入时间，也有个别模式只有一个介入时间，但与“93号文”规定的时间节点基本一致。不同的介入时间对应的招标条件不同，全过程咨询机构对招标管理的工作内容也不同。

2. 介入时间选择的影响要素分析

工程总承包项目在招标过程中选择的介入时间可能不同，而且不同的介入时间所对应的项目准备工作也不一样。一方面表现在工程项目的基本建设程序上，另一方面表现在项目自身的要求上。根据各地和各行业的项目实施经验，项目所属行业规范成熟度、项目自身特点、投资人控制能力和承包人管理能力是影响工程总承包模式介入时点的重要因素。全过程工程咨询单位应根据项目的自身情况，科学有效地选定项目发承包的时间节点，一方面保证咨询工作顺利开展，确保EPC项目顺利实施，另一方面为投资人提高项目效益。

（1）行业规范成熟度对工程总承包模式介入时间的影响

各地实施工程总承包的相关管理办法中，大致可分为两大介入时点，即项目可行性研究（估算）完成或初步设计（概算）完成。该类原则的设定来源于生产类（工业）项目采用工程总承包模式的情形。

工业建筑和民用建筑工程居住建筑中，由于设备类型相对固定、建筑结构形式类似、功能需求明确、技术方法相对成熟，投资人仅需提供准确的功能需求，便可设置出稳定的造价指标，由此，方案设计、初步设计图纸与施工图纸的变化不大，在工程总承包人与投资人的可控范围之内，介入时点的选择可相对前移到时点1。

土木工程（包括道路、轨道交通、城市道路、桥涵、隧道、水工、矿山、架线与管沟、其他土木工程）的建设目标、功能需求非常明确，技术方法相对成熟，而潜在承包人的经验如果能主动用到项目的实施阶段，将更有利于项目节约、高效实施，品质提升，因此，介入时点的选择可相对前移到时点2。

除居住建筑外的民用建筑，建设功能复杂多样；使用需求千差万别；投资人和产权人角色可能不一致，存在项目建成后才确定产权人的情况；导致产品标准化程度不高，个性化特征明显，规范程度相对有限，即使信任水平再高，也存在风险难以把控，标准难以统一的情况，因此，介入时点的选择应在初步设计之后完成，即时点3。

（2）项目自身特点对工程总承包模式介入时点的影响

根据项目所属行业的不同，项目的属性也有所不同，导致工程总承包模式招标的介入时点也会不同。

①项目目标的明确性：投资人对于项目目标的明确程度不同，导致招标会在不同的时点进行。如果投资人在前期决策阶段对于项目的目标、规模、标准都很明确，就可以选择在可行性研究之后进行招标，但是如果条件不明确，则需要考虑在初步设计完成后，项目的建设规模和标准确定之后进行招标。

②项目的约束性：通常工程总承包项目会受到工期、成本、质量和空间等条件的约束。这些约束条件是否明确以及它们是否合理，是导致工程总承包模式介入时间不同的重要原因。一旦在可行性研究阶段项目的约束条件明确且合理，根据类似项目的历史资料，投资人可以选择在可行性研究之后进行招标。但是如果项目的约束条件模糊或者约束条件苛刻，投资人则需要通过完成初步设计来明确和落实项目约束条件的可行性，来保证项目在此约束条件下能够顺利完成，吸引总承包进行投标。

③项目的风险性和管理复杂性：如果项目参照类似已完工程，能够明确未来可能发生的风险，会降低未来投资人和承包人进行项目管理的复杂性，因此可以选择在可行性研究之后的招标介入时点。如果项目未来不确定性很强且风险不可控，则对发承包双方的管理能力要求很高，因此，投资人完成项目的初步设计后进行招标以满足双方对于未来风险预估和项目可控的要求。

（3）投资人控制能力对工程总承包模式介入时点的影响

作为工程项目的重要一方，投资人对于本项目的要求以及项目特点的了解是工程总承包项目前期决策和准备的重要工作。如果投资人在项目的决策阶段和可行性研究阶段，对项目的功能要求和建筑实体有明确的规划，就可以选择提早进行总承包人的招标，将明确的投资人要求写进招标文件中，以保证承包人能够在考虑项目需求结合自身能力的基础上进行投标。

（4）承包人管理能力对工程总承包模式介入时点的影响

工程总承包人是工程总承包项目的重要执行者，在行业内总承包人的能力和信誉是投资人选择招标介入时点的一个重要因素，总承包人不仅要使项目能够满足投资人的要求，更要保证工程可以成功实施。以公路工程为例，该行业内的工程总承包人都有着丰富的公路工程经验，对于公路工程的实施和管理有着很强的控制能力，因此投资人在选择何时进行招标时，可以根据承包人的信誉和业绩来选择更有能力和更有经验的承包人来帮助自己完成线路优化，并结合承包人积累的历史数据完成设计、管理和施工，力求保证项目的成功完成。

二、工程总承包模式发承包条件

工程总承包项目建设的前期准备工作是投资人为投资计划从设想到顺利实现逐步创造条件的工作，是工程项目投资决策逐步深入、完善和具体化的工作，是全过程工程咨询单位协助投资人通过招标方式选择总承包的前置条件。前期准备工作包括城市规划、项目建议书、可行性研究和设计任务书、场地进入条件等，这是中国工程项目基本建设的必要程序。

结合我国国情，工程总承包项目的招标可以发生在不同的介入时间（包括介入时间1、2、3），但对所有工程项目，必须完成如下前期准备工作，包括城市规划，项目建议书和可行性研究报告，具备场地进入条件，其他前期准备工作结合不同招标介入时点再做确定。

所有条件必须满足相关规定：可行性研究报告的编制需要满足《投资项目可行性研究指南（试行版）》对可行性研究报告的编制深度要求；设计文件需要满足《建筑工程设计文件编制深度规定》（2016版）的要求；场地必须保证产权明晰没有纠纷，同时明确土地拆迁、安置、补偿的相关协议书，而投资人应是实际的土地拆迁、安置、补偿责任主体。

（1）工程总承包项目招标的前期准备是必须完成的基本建设程序

截至2017年底，住房城乡建设部以及有关省、自治区、直辖市主管部门陆续制定了一系列关于推进工程总承包的政策文件。经梳理和归纳，按照国家及本省、自治区、直辖市有关规定的政策文件对工程总承包项目招标条件的规定是明确的，包括：项目建议书已完成审批、核准或者备案手续，建设资金来源已经落实，可行性研究报告及投资估算已取得国家有关部门批复、核准或备案文件等；可在实际实施过程中，存在后置审批情况，建议进一步规范实施行为，有效发挥EPC模式的积极作用。

（2）工程总承包项目招标的前期准备是项目自身必须具备的条件

各地方的招标条件中除了对工程总承包项目不同招标介入时间下的必要流程进行了规定，同时部分省、自治区、直辖市也对工程总承包项目自身的条件进行了规定，包括细化建设规模、细化建设标准、划分工作责任等。本书对于工程总承包项目不同介入时点下项目前期准备工作的研究，不仅包括项目的基本建设程序，也包括项目的自身条件，为工程总承包模式下，投资人做好招标的前置条件提供了标准和规范，保证在不同介入时点下工程总承包项目招标过程的顺利进行。

全过程工程咨询单位应积极发挥专业作用，在工程总承包项目前协助投资人做好前期工作，深入研究工程项目建设方案，在可行性研究、方案设计或者初步设计完成后，在项目承发包范围、建设规模、建设标准、功能需求、投资限额、工程质量和进度要求确定后，进行工程总承包项目发承包。若项目建设范围、建设规模、建设标准、功能需求不明确等，前期条件不充分的，不宜采用工程总承包方式和开展工程总承包发包工作。

三、工程总承包模式发承包招标文件编制

全过程工程咨询单位接受投资人的委托，根据投资人的要求和项目前期资料，科学合

理地开展工程总承包项目发承包咨询工作，招标过程可参考本章第二节的内容，但由于工程总承包项目自身的特殊性，全过程工程咨询单位的总咨询师、专业咨询工程师（招标代理、造价等）在开展发承包咨询服务时应重点做好以下几方面的工作：

（1）发包方式选择

工程总承包项目可以依法采用招标（公开招标、邀请招标）或者直接发包的方式选择工程总承包人。工程总承包项目范围内的设计、采购或者施工中有任意一项属于依法必须招标的，应当采用招标的方式选择工程总承包单位。

（2）招标文件编制

工程总承包项目由于其发标前具备的准备条件，与传统的项目发承包模式所具备的条件不同，全过程工程咨询单位在编制招标文件时，应重点关注下列内容：

①发包前完成的水文、地勘、地形等勘察和地质资料的整理供承包人参考，收集工程可行性研究报告、方案设计文件或者初步设计文件等基础资料，确保其完整性和准确性；

②招标的内容及范围，主要包括设计、采购和施工的内容及范围、规模、标准、功能、质量、安全、工期、验收等量化指标；

③投资人与中标人的责任和权利，主要包括工作范围、风险划分、项目目标、价格形式及调整、计量支付、变更程序及变更价款的确定、索赔程序、违约责任、工程保险、不可抗力处理条款、投资人指定分包内容等；

④要求利用采用建筑信息模型或者装配式技术等新技术的，在招标文件中应当有明确要求和费用的分担。

（3）评标办法

工程总承包项目评标一般采用综合评估法，评审的主要因素包括承包人企业信用、工程总承包报价、项目管理组织方案、设计方案、设备采购方案、施工组织设计或者施工计划、工程质量安全专项方案、工程业绩、项目经理资格条件等。全过程工程咨询单位应结合拟建项目情况，针对上述主要评审因素进行认真研究，科学制订项目的评标办法和细则。

（4）合同计价方式

工程总承包项目宜采用固定总价合同。全过程工程咨询单位应依据住房城乡建设主管部门制定的计价规则，为投资人拟订合法科学的计价方式和条款，并协助投资人和总承包人在合同中约定具体的工程总承包计价方式和计价方法。

依法必须招标的工程项目，合同固定价格应当在充分竞争的基础上合理确定。除合同约定的变更调整部分外，合同固定价格一般不予调整。

（5）风险分担

全过程工程咨询单位应协助投资人加强风险管理，在招标文件、合同中约定合理的风险分担方法。投资人承担的主要风险一般包括：

①投资人提出的建设范围、建设规模、建设标准、功能需求、工期或者质量要求的调整；

②主要工程材料价格和招标时基价相比，波动幅度超过合同约定幅度的部分；

③因国家法律法规政策变化引起的合同价格的变化；

④难以预见的地质自然灾害、不可预知的地下溶洞、采空区或者障碍物、有毒气体等

重大地质变化，其损失和处置费由投资人承担；因工程总承包单位施工组织、措施不当等造成的上述问题，其损失和处置费由工程总承包单位承担；

⑤其他不可抗力所造成的工程费用的增加。

除上述投资人承担的风险外，其他风险可以在合同中约定由工程总承包人承担。

四、电子招投标模式

国家发展和改革委员会、住房城乡建设部等八部委颁布的《电子招标投标办法》对电子招标投标进行了定义：电子招标投标活动是指以数据电文形式，依托电子招标投标系统完成的全部或者部分招标投标交易、公共服务和行政监督活动。

根据《电子招标投标办法》中规定，电子招标投标活动是指以数据电文形式，依托电子招标投标系统完成的全部或者部分招标投标交易、公共服务和行政监督活动。对其进行分析可知，电子招标投标活动，一是招标投标文本、程序采用数据电文形式；二是依托构成的电子招标投标网络系统；三是具有完成交易、信息服务和在线监督三项职能的综合交易平台。交易平台是以数据电文形式完成招标投标交易活动的信息平台；公共服务平台是满足交易平台之间信息交换、资源共享需要，并为市场主体、行政监督部门和社会公众提供信息服务的信息平台；行政监督平台是行政监督部门和监察机关在线监督电子招标投标活动的信息平台。

在招标投标涉及的三大平台中，交易平台是招标投标相对人招标采购的交易市场，体现了相对人的私有权利，其组建运营应当依靠市场在竞争中发展，政府的作用是提供维持公平市场秩序的保障，权力不应当干预交易平台的建立、运行和竞争，不能指定运营商或进行地区保护等；服务平台是为社会提供公共信息服务的平台，属于公益性质，可以由政府或协会、招标投标交易场所等部门以公益为目的按专业或行业建立、运营；在线监督平台属于行政权力维持和保证市场秩序的渠道，监督平台由政府行政监督部门和监察部门依照法定分工组建和维持其运行并开展监督活动。三大平台所展现的功能涵盖工程项目招标投标的不同方面，功能相互补充，全方位互联互通，共同促进电子招标投标系统的全面发展。

电子招标投标市场发展的最终目标，是在全国范围内建立起交易平台、公共服务平台、行政监督平台三大平台，以及分类清晰、功能互补、互联互通的电子招标投标系统，最终实现所有招标项目全过程电子化。电子招投标的推广提升了对招标投标市场的管理机制，基于企业内部网络和外部互联网，建立一个多方、多部门、多层级协同工作的物资采购网上招投标平台，全面实现网上招投标建立物资供应商信用及准入控制机制，对中标人进行跟踪监管和闭环管理，促进物资供应商重视诚信，重视竞争，促进中标人不断提高履约质量。

1. 电子招标模式

电子招标投标的发展对于我国的招标投标市场建设至关重要，电子招标系统模式是整个电子招标投标活动应用的基础，从我国电子招标投标市场的发展历程来看，在招标投标市场运行的电子招标应用模式主要有离线评标模式和全过程在线模式两种，在这两种电子招标应用模式中，大部分的电子招标投标系统都包含了在线发布招标公告、出售标书、在线答疑和在线开标功能，部分公司在先前简单开标模式的基础上进一步研发，实现了电子招标系统离线评标功能，随着我国信息化技术的快速发展，成熟的 IT 网络环境及高度标准化的业务流程使得部分公司实现了全过程的在线开标评标功能，为电子招标投标市场的逐步完善起到重要作用。电子招标模式主要有以下两种：

（1）离线评标模式

离线评标模式是在简单开标模式的基础上发展起来的。通过对我国电子招标投标市场相关信息技术与网络环境的进一步建设，优化各个阶段的操作流程，离线评标模式基本上能够将招标投标信息电子化和招标投标服务在线化的功能覆盖到招标投标的各个环节，因此离线评标模式比简单的开标模式在操作功能上和信息安全功能上优势更明显，能够处理很多关于招标投标活动出现的复杂情况，同时也避免了很多招标投标的电子信息安全问题。离线评标模式的评标过程是在与互联网隔离的环境下进行的，将该功能模块分割出来主要是考虑评标过程的安全问题而采用的一种过渡方案，该电子招标模式随着市场成熟度的发展而发展的，在整个社会和相关企业的信用环境和网络安全环境、网络安全保障技术成熟了之后可以采用全过程的在线电子评标模式。离线评标模式的具体功能展示如图 5-8 所示。

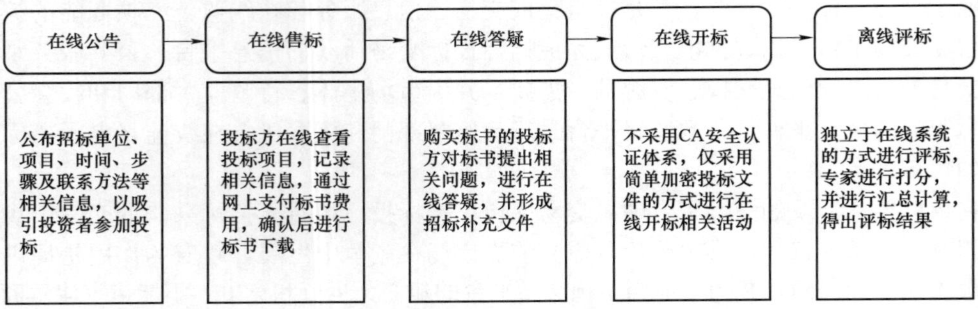

图 5-8　离线评标模式流程

（2）全过程在线模式

全过程在线的电子招标投标模式是将招标投标相关活动网络化的最优模式，电子招标投标的所有活动均在线进行，统一的网络环境使得招标方、投标方、评标专家以及相关招标投标代理机构之间的联系更为方便快捷，是一个完整而统一的电子招标应用系统。在整个的电子招标投标模式的应用过程中，整体的网络环境和统一的操作流程使得电子招标投标活动变得更加便捷和流畅，有效地节省了复杂的招标投标活动所带来的时间成本和经济成本，而整体的网络数据库存储，使得电子招标投标有迹可循，相关的电子招标投标活动依据和档案查找方便，电子化、网络化的电子招标投标信息以及相关信息的储存为招标投标的存档带来了极大的方便，也便捷了政府相关部门对招标投标活动的监督与管理，有效促进了我国电子招标投标市场整体的发展。全过程的在线化加快了招标投标参与方之间的信息共享与信息流动，提高了招标投标的工作效率，全过程在线模式的具体功能展示如图 5-9 所示。

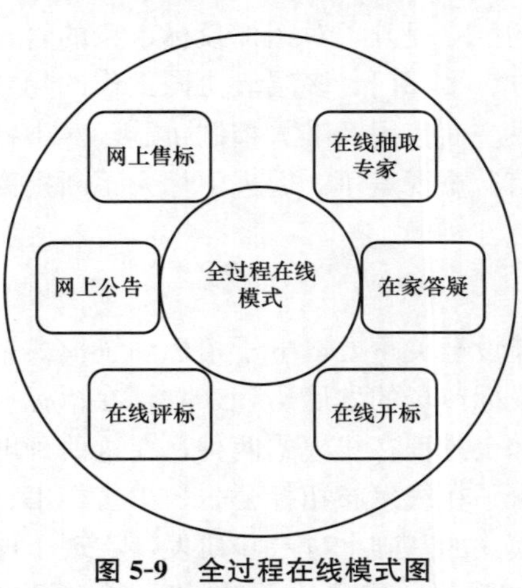

图 5-9　全过程在线模式图

我国的电子招标采购工作已经有了一定的应用基础。在一些国际招标领域，以及一些企业单位，电子招标采购工作已经开始。中国采购与招标网已经实现了标书网上下载、评标专家网上抽取、开标过程网上公示等功能。据了解，在大多数行业的电子招标应用过程中，投标、开标、评标等环节的电子化程度还普遍偏低。电子招投标作为一种新型的招标模式，已经引起了国家相关部门的高度重视。

相比传统招标模式，电子招标的优势主要在于：提高招标投标的效率、以网络为载体减少监管机构压力、便于数据存取和获得、减少废标率、建立招投标市场诚信等，总之，招标投标电子化，有利于我国加快建设资源节约型、环境友好型社会。

2. 电子招投标与传统招投标风险的差异性分析

（1）风险来源分析

对工程项目的传统招标投标方式进行风险分析，发现风险来源主要集中在两个方面，一个是招标投标的过程风险，另一个是招标投标的外部环境风险，传统招标方式包括招标准备阶段、招标阶段、评标阶段和招标程序。风险源于整个招标过程中涉及的招标方式、招标文件和招标风险的准备，资格预审风险和评估方法风险，合同管理风险和重新招标风险。传统招标模式的外部环境风险包括保险管理、市场风险和法律风险。根据电子招标模型分析发现，电子招标不仅包括招标投标的过程风险和招标投标的外部环境风险，还包括电子招标信息技术风险。电子投标模式是依靠先进的电子信息技术和综合网络环境进行电子投标平台招标、评标、电子投标信息传输、数据存储、网络运行安全等一系列活动。它是保障电子招标模式应用的基础，也是电子信息技术风险的主要来源。除电子信息技术风险外，网络运行监督风险，政府权力和干预风险是电子竞价模式的风险来源。这表明电子招标模式的风险来源比传统招标模式更为广泛和复杂。

（2）风险影响分析

不同性质类型的风险对传统招标和电子招标有不同的影响。招标风险分为内部流程风险和外部环境风险。内部风险是影响招投标活动的主要因素。它对招标和招标活动产生了更大的影响，风险造成的后果更为严重。外部风险是影响招标活动的次要因素，对招标投标活动的影响有一定的局限性。在传统模式下，招标过程中的大部分风险都是部分风险，在风险发生时不会影响整个项目招标投标的完成。电子招标模式风险的发生，特别是电子信息技术风险的发生，不仅会导致项目招标投标活动的失败，而且会对整个电子招标行业产生一系列不利影响。由于电子投标的所有信息都是基于电子信息网络和数据库存模型，一旦电子投标信息和企业相关信息泄露，将对整个招标和招标市场产生巨大影响，影响整个招标投标市场的发展。因此，应根据不同类型风险的特点制定风险应对策略，全过程工程咨询单位坚决控制整体风险的发生，避免或减少当地风险带来的损失。

第四节　某基础设施项目招标文件范例

一、招标文件

1. 招标条件

本次项目业主为×××文旅建设有限公司，建设资金来自自筹，项目出资比例为

100%，项目已具备招标条件，现对×××文化旅游 PPP 项目全过程咨询服务进行公开招标。

2. 招标范围

2.1 招标范围：×××文化旅游 PPP 项目；

2.2 招标内容：PPP 全过程咨询服务。

3. 投标人资格要求

3.1 投标人具有独立法人资格，注册资本金不低于人民币 500 万或等值外币，具有独立签订合同的能力，招标内容在其营业执照的经营范围内，需提供营业执照复印件并加盖公章。

3.2 投标人具有建设行政主管部门颁发的工程造价咨询甲级资质，并在人员、业绩等方面具备相应的能力。

3.3 投标人具有健全的财务管理制度，提供上一年度财务审计报告复印件并加盖公章。

3.4 投标人未处于被责令停业、投标资格被取消或者财产被接管、冻结和破产状态；提供承诺书原件。

3.5 投标人没有因骗取中标或者严重违约以及发生重大工程质量、安全生产事故等问题，被有关部门暂停投标资格并在暂停期内的；提供承诺书原件。

3.6 投标文件中的重要内容没有失实或者弄虚作假；提供承诺书原件。

3.7 投标人应无下列行为：（提供承诺书原件）

3.7.1 有违反法律、法规行为，依法被取消投标资格且期限未满的。

3.7.2 因招投标活动中有违法违规和不良行为，被有关招投标行政监督部门公示且公示期限未满的。

3.8 本项目不接受联合体投标。

4. 招标文件发售信息

4.1 凡有意参加投标者，请于 2019 年 01 月 08 日至 2019 年 01 月 14 日 17 时（北京时间，下同），登录中招联合招标采购平台报名并下载文件。下载者应充分考虑平台注册、信息检查、资料上传、购标确认、费用支付所需时间，下载者必须在前述时间段内完成支付，否则将无法保证获取电子招标文件。

4.2 招标文件每套售价 400 元，平台下载费 50 元，邮购费顺丰到付，售后不退。

4.3 中招联合招标采购平台（以下简称平台）网址为：http://www.365trade.com.cn/。下载者首次登录平台前，须前往平台免费注册，平台将对下载者注册信息与其提供扫描件信息进行一致性检查。注册为一次性工作，以后若有需要可变更及完善相关信息；注册成功后，可以及时参与平台上所有发布的采购项目；同一单位不同的经办人可各自建立不同账户。

4.4 下载者须通过平台填写“购标申请”，并上传要求提供的资料，否则购买操作无法完成：

4.4.1 投标人上传“投标人资格要求”中要求的所有资料的复印件并加盖公章；

4.4.2 未按上述要求操作的报名不予通过。

4.5 下载者选择“需要邮购纸质标书”的，需支付邮购费，采购代理机构将在文件下载后的 1 个工作日内寄送。

4.6下载者需要发票的，须通过平台“发票管理”模块进行操作。招标文件费用及邮购费发票由采购代理机构出具；下载者选择出具增值税普通发票的，可在支付后3日内登录前述模块下载增值税电子普通发票；选择出具增值税专用发票的，可在开标时在开标现场领取；平台下载费发票由中招联合信息股份有限公司（以下简称平台公司）自动出具增值税电子普通发票，下载者可在支付后3日内登录前述模块下载。非因采购代理机构或平台公司原因，发票一经开具不予退换。

4.7平台网站首页“帮助中心”提供操作手册，下载者可以下载并根据操作手册提示进行注册、登录、购买支付、发票开具领取等操作。平台咨询电话为：400－×××－××××，服务时间为工作日上午9时至12时，下午1时30分到5时。平台会通过短信提醒下载者进行注册、支付、下载等操作。

4.8联合体投标（如允许）的，联合体各方应当指定牵头人，并授权其以自身名义在平台办理注册、购买文件、缴纳保证金等手续，其在平台的办理行为，对联合体各方均具有约束力。

5. 投标文件接收信息

投标文件接收开始时间：2019年01月29日下午13:30（北京时间）

投标文件接收截止时间：2019年01月29日下午14:00（北京时间）

投标文件接收地点：××省设备成套有限公司开标厅1600室

6. 开标有关信息

开标时间：2019年01月29日下午14:00（北京时间）

开标地点：××省设备成套有限公司开标厅1600室

7. 投标保证金交纳办法

作为投标文件的一部分，投标人应提供人民币贰万元整投标保证金；投标保证金有效期应当与投标有效期一致。

投标保证金的形式：电汇

投标保证金收款账户名称、收款开户行、收款账号：下载者下载招标文件后，进入中招联合招标采购平台“缴纳保证金”模块，填写相关信息后自动生成“投标保证金”账户信息，按此账户信息电汇投标保证金（该账号为虚拟账号，只针对本投标人本项目有效，对于其他投标人、其他项目均无效）。

采购代理机构委托平台公司和平安银行股份有限公司北京分行办理投标保证金收、退、转及对账、结算等相关业务。

8. 本次招标联系事项

××省设备成套有限公司

联系人：李工、刘工

电话：××××××

地址：××市××路110号20楼1115室

邮政编码：××××××

电子邮箱：

×××文旅建设有限公司

联系人：游工

二、投标人须知

投标人须知见表 5-3。

表 5-3　投标人须知

序号	名　称	编列内容
1	招标代理机构	名称：××省设备成套有限公司 地址：××市××路 110 号 20 楼 1115 室 联系人：李工 电话：略
2	项目名称	×××文化旅游 PPP 项目全过程咨询服务
3	建设地点	××市××区
4	资金来源	自筹
5	出资比例	100%
6	资金落实情况	已落实
7	服务时间	满足招标人需求
8	质量及验收标准	详见合同约定
9	投标人资质条件、能力和信誉	详见招标公告内容
10	是否接受联合体投标	接受
11	踏勘现场	无要求
12	投标预备会	不召开
13	分包	不允许
14	构成招标文件的其他材料	无
15	投标截止时间	2019 年 01 月 29 日下午 14:00
16	构成投标文件的其他材料	无要求
17	投标有效期	90 天（日历日）
18	投标保证金	详见招标公告要求
19	是否允许递交备选投标方案	不允许
20	签字或盖章要求	无特殊要求
21	投标文件份数	纸质正本 1 份副本 4 份，电子文本 1 份。
22	封套上写明	投标人名称： 投标人的地址： 招标人名称：×××文化旅游 PPP 项目全过程咨询服务 066019730105 投标文件在 2019 年 01 月 29 日 14 时 00 分前不得开启
23	递交投标文件地点	××市××路 110 号 20 楼 1115 室
24	是否退还投标文件	否
25	开标时间和地点	开标时间：2019 年 01 月 29 日 14 时 00 分 开标地点：××市××路 110 号 20 楼 1115 室
26	确定中标人	授权评标委员会直接确定中标人

续表

序号	名　称	编列内容
27	履约保证金	/
28	招标代理服务费	以中标价为计算基数，按《招标代理服务收费管理暂行办法》（计价格〔2002〕1980号）招标收费基准费率的70%计取
29	投标报价要求	符合第六章投标文件格式要求

1. 总则

1.1 项目概况

1.1.1 根据《中华人民共和国招标投标法》等有关法律、法规和规章的规定，本招标项目已具备招标条件，现对本标段服务进行招标。

1.1.2 本招标项目招标人：见投标人须知前附表。

1.1.3 本标段招标代理机构：见投标人须知前附表。

1.1.4 本招标项目名称：见投标人须知前附表。

1.1.5 本标段服务地点：见投标人须知前附表。

1.2 资金来源和落实情况

1.2.1 本招标项目的资金来源：见投标人须知前附表。

1.2.2 本招标项目的出资比例：见投标人须知前附表。

1.2.3 本招标项目的资金落实情况：见投标人须知前附表。

1.3 招标范围、服务期和质量要求

1.3.1 本次招标范围：详见第四章“项目需求”。

1.3.2 本次招标的服务期：见投标人须知前附表。

1.3.3 本次招标的质量及验收标准：详见第四章“项目需求”。

1.4 投标人资格要求

1.4.1 投标人应具备承担本标段服务的资质条件、能力和信誉：同招标公告要求。

1.5 费用承担

投标人准备和参加投标活动发生的费用自理。

1.6 保密

参与招标投标活动的各方应对招标文件和投标文件中的商业和技术等秘密保密，违者应对由此造成的后果承担法律责任。

1.7 语言文字

除专用术语外，与招标投标有关的语言均使用中文。必要时专用术语应附有中文注释。

1.8 计量单位

所有计量均采用中华人民共和国法定计量单位。

2. 招标文件

2.1 招标文件组成

本招标文件共六章，内容如下：

第一章　招标公告
第二章　投标人须知
第三章　评标办法
第四章　项目需求
第五章　合同条款
第六章　投标文件格式

投标人应认真阅读招标文件中所有的事项、格式、条款和技术规格等。投标人没有按照招标文件要求提交全部资料，或者投标没有对招标文件在各方面都作出实质性响应是投标人的风险，并可能导致其投标被拒绝。

根据本文件第 2.2 款和第 2.3 款对招标文件所作的澄清、修改，构成招标文件的组成部分。

2.2 招标文件的澄清

2.2.1 投标人应仔细阅读和检查招标文件的全部内容。如发现缺页或附件不全，应及时向招标人提出，以便补齐。如有疑问，应在投标人须知前附表规定的时间前以书面形式(包括信函、电报、传真等可以有形地表现所载内容的形式，下同)，要求招标人对招标文件予以澄清。

2.2.2 招标文件的澄清将在投标人须知前附表规定的投标截止时间 10 天前以书面形式发给所有购买招标文件的投标人，但不指明澄清问题的来源。如果澄清发出的时间距投标截止时间不足 10 天，相应延长投标截止时间。

2.2.3 投标人在收到澄清后，应在投标人须知前附表规定的时间内以书面形式通知招标人，确认已收到该澄清。

2.3 招标文件的修改

2.3.1 在投标截止时间 15 天前，招标人可以书面形式修改招标文件，并通知所有已购买招标文件的投标人。如果修改招标文件的时间距投标截止时间不足 15 天，相应延长投标截止时间。

2.3.2 投标人收到修改内容后，应在投标人须知前附表规定的时间内以书面形式通知招标人，确认已收到该修改。

3. 投标文件

3.1 投标文件组成

3.1.1 投标人编写的投标文件应包括下列部分：内容及格式详见第六章“投标文件格式”。

3.2 投标报价

3.2.1 投标人在填写投标一览表及分项价格、明细价格时，币制要统一；数字、文字清晰，无涂改。

3.2.2 招标人对每一项投标服务仅接受一个价格。

3.2.3 投标人在投标截止时间前修改投标书中的投标总报价及分项报价，其修改须符合本章第 4.3 款的有关要求。

3.3 投标有效期

3.3.1 在投标人须知前附表规定的投标有效期内，投标人不得要求撤销或修改其投标文件。

3.3.2 出现特殊情况需要延长投标有效期的，招标人以书面形式通知所有投标人延长投标有效期。投标人同意延长的，但不得要求或被允许修改或撤销其投标文件；投标人拒绝延长的，其投标失效。

3.4 投标保证金

3.4.1 详见招标公告内容

3.5 资格审查资料

按招标公告“三 投标人资格条件”中的要求提供资料。

3.6 备选投标方案

除投标人须知前附表另有规定外，投标人不得递交备选投标方案。

3.7 投标文件的编制

3.7.1 投标文件应按第六章“投标文件格式”进行编写，如有必要，可以增加附页，作为投标文件的组成部分。其中，投标函附录在满足招标文件实质性要求的基础上，可以提出比招标文件要求更有利于招标人的承诺。

3.7.2 投标文件应当对招标文件有关服务期、投标有效期、质量要求、技术标准和要求、招标范围等实质性内容作出响应。

3.7.3 纸质投标文件应用不褪色的材料书写或打印，并由投标人的法定代表人或其委托代理人签字或盖单位章。委托代理人签字的，投标文件应附法定代表人签署的授权委托书。投标文件应尽量避免涂改、行间插字或删除。如果出现上述情况，改动之处应加盖单位章或由投标人的法定代表人或其授权的代理人签字确认。所有纸质投标文件须用公章加盖骑缝章。

3.7.4 投标文件纸质正本一份，纸质副本及电子文本份数见投标人须知前附表。正本和副本的封面上应清楚地标记“正本”或“副本”的字样。当副本和正本不一致时，以正本为准。

3.7.5 投标文件的正本与副本应分别装订成册，并编制目录，具体装订要求见投标人须知前附表规定。

4. 投标

4.1 投标文件的密封和标记

4.1.1 投标文件的纸质正本、纸质副本、电子文本应分开密封，加贴封条，并在封套的封口处加盖投标人单位章，分别递交。

4.1.2 投标文件的封套上应清楚地标记“正本”或“副本”或“电子文本”字样，封套上应写明的其他内容见投标人须知前附表。

4.1.3 未按本章第 4.1.1 项或第 4.1.2 项要求密封和加写标记的投标文件，招标人不予受理。

4.2 投标文件的递交

4.2.1 投标人应在本章投标人须知前附表规定的投标截止时间前递交投标文件。

4.2.2 投标人递交投标文件的地点：见投标人须知前附表。

4.2.3 除投标人须知前附表另有规定外，投标人所递交的投标文件不予退还。

4.2.4 招标人收到投标文件后，向投标人出具签收凭证。

4.2.5 逾期送达的或者未送达指定地点的投标文件，招标人不予受理。

4.3 投标文件的修改与撤回

4.3.1 在本章投标人须知前附表规定的投标截止时间前，投标人可以修改或撤回已递交的投标文件，但应以书面形式通知招标人。

4.3.2 投标人修改或撤回已递交投标文件的书面通知应按照本章第 3.7.3 项的要求签字或盖章。招标人收到书面通知后，向投标人出具签收凭证。

4.3.3 修改的内容为投标文件的组成部分。修改的投标文件应按照本章第 3 条、第 4 条规定进行编制、密封、标记和递交，并标明“修改”字样。

5. 开标

5.1 开标时间和地点

招标人在本章投标人须知前附表规定的投标截止时间（开标时间）和投标人须知前附表规定的地点公开开标，并邀请所有投标人的法定代表人或其委托代理人准时参加。

法定代表人或者授权代表须携带有效身份证件以便核查身份，投标人法定代表人或者授权代表未出席开标会的，视为其认同开标结果。

5.2 开标程序

主持人按下列程序进行开标：

（1）宣布开标纪律；

（2）公布在投标截止时间前递交投标文件的投标人名称，并点名确认投标人是否派人到场；

（3）宣布开标人、唱标人、记录人、监标人等有关人员姓名；

（4）投标人授权代表互相检查投标文件的密封情况；

（5）按照投标人须知前附表的规定确定并宣布投标文件开标顺序；

（6）招标文件设有最高限价的，应宣布最高限价；

（7）按照宣布的开标顺序当众开标，公布投标人名称、标段名称的情况、投标报价、服务期及其他内容，并记录在案；

（8）投标人代表、招标人代表、监标人、记录人等有关人员在开标记录上签字确认；

（9）开标结束。

6. 评标

6.1 评标委员会

6.1.1 评标由招标人依法组建的评标委员会负责。评标委员会由招标人或其委托的招标代理机构熟悉相关业务的代表，以及有关技术、经济等方面的专家组成。评标委员会成员人数以及技术、经济等方面专家的确定方式见投标人须知前附表。

6.1.2 评标委员会成员有下列情形之一的，应当回避：

（1）招标人或投标人的主要负责人的近亲属；

（2）项目主管部门或者行政监督部门的人员：

（3）与投标人有经济利益关系，可能影响对投标公正评审的；

（4）曾因在招标、评标以及其他与招标投标有关活动中从事违法行为而受过行政处罚或刑事处罚的。

6.2 评标原则

评标活动遵循公平、公正、科学和择优的原则。

6.3 评标

评标委员会按照本文件“评标办法”规定的方法、评审因素、标准和程序对投标文件进行评审。本文件“评标办法”没有规定的方法、评审因素和标准，不作为评标依据。

7. 合同授予

7.1 定标方式

除投标人须知前附表规定评标委员会直接确定中标人外，招标人依据评标委员会推荐的中标候选人根据相关规定确定中标人，评标委员会推荐中标候选人的人数见投标人须知前附表。

7.2 中标通知

在本文件投标人须知前附表规定的投标有效期内，招标人以书面形式向中标人发出中标通知书，同时将中标结果通知未中标的投标人。

7.3 履约保证金

7.3.1 本次合同不收取履约保证金。

7.4 签订合同

7.4.1 招标人和中标人应当自中标通知书发出之日起 30 天内，根据招标文件和中标人的投标文件订立书面合同。中标人无正当理由拒签合同的，招标人取消其中标资格；

7.4.2 发出中标通知书后，招标人无正当理由拒签合同的，给中标人造成损失的，应当赔偿损失。

8. 重新招标和不再招标

8.1 重新招标

有下列情形之一的，招标人将重新招标：

(1) 投标截止时间止，投标人少于 3 个的；

(2) 经评标委员会评审后否决所有投标的。

8.2 不再招标

重新招标后投标人仍少于 3 个或者所有投标被否决的，属于必须审批或核准的工程建设项目，经原审批或核准部门批准后不再进行招标。

9. 纪律和监督

9.1 对招标人的纪律要求

招标人不得泄露招标投标活动中应当保密的情况和资料，不得与投标人串通损害国家利益、社会公共利益或者他人合法权益。

9.2 对投标人的纪律要求

投标人不得相互串通投标或者与招标人串通投标，不得向招标人或者评标委员会成员行贿谋取中标，不得以他人名义投标或者以其他方式弄虚作假骗取中标；投标人不得以任何方式干扰、影响评标工作。

9.3 对评标委员会成员的纪律要求

评标委员会成员不得收受他人的财物或者其他好处，不得向他人透漏对投标文件的评审和比较、中标候选人的推荐情况以及评标有关的其他情况。在评标活动中，评标委员会成员不得擅离职守，影响评标程序正常进行，不得使用第三章“评标办法”没有规定的评审因素和标准进行评标。

9.4 对与评标活动有关的工作人员的纪律要求

与评标活动有关的工作人员不得收受他人的财物或者其他好处，不得向他人透露对投标文件的评审和比较、中标候选人的推荐情况以及评标有关的其他情况。在评标活动中，与评标活动有关的工作人员不得擅离职守，影响评标程序正常进行。

三、评标办法（综合评估法）

评标办法见表 5-4。

表 5-4　　评标办法

条款号		评审因素	评审标准
1.1.1	形式评审标准	投标人名称	与营业执照一致
		投标文件签字盖章	符合本文件“投标人须知”第 3.7.3 项规定
		报价唯一	只能有一个有效报价
1.1.2	资格评审标准	投标人资格要求	详见招标公告要求
1.1.3	响应性评审标准	项目名称	符合本文件“投标人须知”规定
		质量要求及验收标准	符合本文件“投标人须知”规定
		投标有效期	符合本文件“投标人须知”规定
		项目需求	符合本文件“项目需求”规定
		技术标准和要求	符合本文件“项目需求”规定
		权利义务	符合本文件“合同条款”规定
		招标人不能接受的条件	招标文件规定的废标条款和招标人不予接受的条款
条款号		评分因素	评分标准
2.2.1	评分	评标分值构成：总分100分	价格部分 30 分 商务部分 42 分 技术部分 28 分
2.2.2		价格部分	
2.2.2.1	价格	PPP 项目合同咨询价格（15）	以进入详细评审的各投标人投标报价的最低价作为基准价，投标报价等于基准价得满分 15 分，每高于基准价 1%扣 0.2 分，最多扣 15 分
		建设全过程咨询服务价格（15）	以进入详细评审的各投标人投标报价的最低价作为基准价，投标报价等于基准价得满分 15 分，每高于基准价 1%扣 0.2 分，最多扣 15 分
2.2.3		商务部分	
2.2.3.1	人员配备	项目组负责人（18）	1. 项目负责人出版过 PPP 相关著作的，每本得 3 分，最高得 9 分，需要提供 ISBN 号。 2. 项目负责人入选财政部或国家发展改革委 PPP 专家库的得 5 分，提供相关网络截图。 3. 项目负责人拥有相关领域的发明专利（须为专利权人），每个 4 分，最高 4 分

续表

条款号		评审因素	评审标准
2.2.3.1	人员配备	项目组其他成员（10）	1. 项目组其他成员（不含项目负责人）中每具有一个同时拥有高级经济师和注册造价师的得 2 分，最高得 6 分，提供相关证明。 2. 项目组其他成员（不含项目负责人）中每具有一个律师的得 1 分，最高得 1 分，律师可以外聘，提供相关证明。 3. 项目组其他成员（不含项目负责人）中每具有一个注册造价师的得 0.5 分，最高得 3 分，提供相关证明。 注：以上三项分开计分，同一个人只计一次分，高级经济师须为国家有关部门颁发的有效证书。
2.2.3.2	企业信用信誉	信用评价等级（2）	投标人具备省级（含直辖市）以上相关造价管理协会颁发的信用评价等级证书，评价结果为 AAA 的得 2 分，其余不得分
		质量管理体系（2）	投标人具备有效的质量管理体系认证证书的得 2 分，其余不得分
2.2.3.3	业绩	造价业绩（5）	投标人每具备一个投资额 5000 万以上的全过程造价咨询业绩得 1 分，最高得 5 分。需要提供相关证明资料
		PPP 业绩（5）	投标人每具备一个 PPP 项目咨询业绩得 1 分，最高得 5 分。需要提供相关证明资料
2.2.4		技术部分	
2.2.4.1	服务方案	服务方案内容（7）	服务方案内容全面响应招标文件、内容齐全，难点、要点阐述明确且恰当，重点突出的得 4～7 分； 服务方案内容响应性不强，内容有缺失，难点、要点阐述不明确，套用其他项目模板的得 0～3 分
		质量控制措施（6）	服务方案中质量控制措施和手段合理且可靠、有完善的工作管理制度的得 4～6 分； 质量控制措施和手段针对性不强、有工作管理制度、但不完善的得 2～3 分； 质量控制措施和手段泛泛而谈、无针对性、无工作管理制度的得 0～1 分
		进度控制措施（5）	服务方案中进度控制措施和手段合理且可靠的得 3～5 分； 进度控制措施和手段针对性不强、不完善的得 1～2 分； 进度控制措施和手段泛泛而谈、无针对性的得 0 分
		服务承诺（5）	服务承诺合理，完善的得 3～5 分； 服务承诺较合理，较完善的得 1～2 分； 服务承诺不合理，不完善的得 0 分
		培训方案（5）	能提供合理，完善的 PPP 和造价培训方案的得 3～5 分； 能提供较合理，较完善的 PPP 和造价培训方案的得 1～2 分； 不能提供 PPP 和造价培训方案的得 0 分

1. 评标方法

本次评标采用综合评估法。评标委员会对满足招标文件实质性要求的投标文件，按照本章第 2.2 款规定的评分标准进行打分，并按得分由高到低顺序推荐中标候选人。综合评分相等时，以投标报价低的优先。

2. 评审标准

2.1 初步评审标准

2.1.1 形式评审标准：见评标办法前附表。

2.1.2 资格评审标准：未进行资格预审的，评审标准按资格审查前附表进行。已进行资格预审的评审标准按资格预审文件规定的办法进行。

承诺书正本提供原件，由法定代表人或授权代表签字，副本可以为原件的复印件加盖投标人公章；其他证书、合同、授权等资料正本提供复印件加盖投标人公章，副本可为正本的复印件；

2.1.3 响应性评审标准：见评标办法前附表。

2.2 分值构成与评分标准

见评分表。

3. 评标程序

3.1 初步评审

3.1.1 未对投标人进行资格预审的，评标委员会可以要求投标人提交第二章“投标人须知”规定的有关证明。评标委员会依据本章第 1.1 款规定的标准对投标文件进行初步评审。有一项不符合评审标准的，作无效标处理。已对投标人进行资格预审的，评标委员会依据本章第 1.1.1 项、第 1.1.2 项、第 1.1.3 项规定的标准对投标文件进行初步评审。有一项不符合评审标准的，作无效标处理。当投标人资格预审申请文件的内容发生重大变化时，评标委员会依据本次招标的资格预审文件规定的标准对更新的资料进行评审，对不符合资格预审规定的资格条件的应作无效标处理。

3.1.2 投标人有以下情形之一的，其投标作无效标处理：

（1）不同投标人的投标文件中出现相同错漏之处，且没有合理解释的；

（2）不同投标人的投标文件中出现投标报价异常一致或规律性变化的；

（3）不同投标人的投标文件中项目管理人员出现同一人的；

（4）不同投标人的投标文件中法定代表人签署人、授权代表人签署人、项目经理签署人为同一人或同一单位人员的；

（5）不同投标人的投标文件相互混装的；

（6）不同投标人聘请同一个人、同一单位或在同一单位的注册人员为其提供投标咨询服务的，但招标文件规定采用专有技术的除外；

（7）不同投标人的投标文件由同一单位或同一人编制的；

（8）不同投标人的投标文件由同一台电脑编制或同一台附属设备打印，或投标报价用同一个预算编制软件密码锁制作或出自同一电子文档的；

（9）同一个人或几个利害关系人分别携带两个以上（含两个）投标人的企业资料领取招标资料、参与资格审查，或代表两个以上（含两个）投标人参加招标答疑会、开标会的；

(10) 评标委员会认定的其他串通投标情形的；

(11) 投标人弄虚作假虚假应标的；

(12) 法律、法规、规章及规范性文件规定的其他应当无效标的情形。

3.1.3 投标报价有算术错误的，评标委员会按以下原则对投标报价进行修正，修正的价格经投标人书面确认后具有约束力。投标人不接受修正价格的，其投标作无效标处理。

(1) 投标函与汇总表不一致的，以投标函为准；

(2) 总价金额与依据单价计算出的结果不一致的，以单价金额为准修正总价，但单价金额小数点有明显错误的除外；

(3) 投标文件中的大写金额与小写金额不一致的，以大写金额为准。

3.2 详细评审

3.2.1 评标委员会按本文件第 2.2 款规定的量化因素和分值进行打分，并计算出综合评估得分。

(1) 按本文件第 2.2.2 目规定的评审因素和分值计算出得分 A；

(2) 按本文件第 2.2.3 目规定的评审因素和分值计算出得分 B；

(3) 按本文件第 2.2.4 目规定的评审因素和分值计算出得分 C；

3.2.2 评分分值计算保留小数点后两位，小数点后第三位“四舍五入”。

3.2.3 投标人得分＝A＋B＋C。

3.2.4 评标委员会发现投标人的报价明显低于其他投标报价，或者在设有标底时明显低于标底，使得其投标报价可能低于其个别成本的，应当要求该投标人做出书面说明并提供相应的证明材料。投标人不能合理说明或者不能提供相应证明材料的，由评标委员会认定该投标人以低于成本报价竞标，其投标作无效标处理。

3.3 投标文件的澄清和补正

3.3.1 在评标过程中，评标委员会可以书面形式要求投标人对所提交投标文件中不明确的内容进行书面澄清或说明，或者对细微偏差进行补正。评标委员会不接受投标人主动提出的澄清、说明或补正。

3.3.2 澄清、说明和补正不得改变投标文件的实质性内容（算术性错误修正的除外）。投标人的书面澄清、说明和补正属于投标文件的组成部分。

3.3.3 评标委员会对投标人提交的澄清、说明或补正有疑问的，可以要求投标人进一步澄清、说明或补正，直至满足评标委员会的要求。

3.4 评标结果

3.4.1 除本文件“投标人须知”前附表授权直接确定中标人外，评标委员会按照得分从高到低的顺序推荐中标候选人。

3.4.2 评标委员会完成评标后，应当向招标人提交书面评标报告。

四、项目需求

（一）服务内容如下

1. PPP 项目合同咨询

梳理既有项目资料、PPP 合同等文件，协助项目公司对项目推进存在的问题进行梳理，协助项目公司完成财务测算，在合法、合规、合理框架下，根据已中标社会资本——中国建筑第二工程局有限公司与PPP实施机构——××科技创业特别社区管理委员会于2017年8月签订的《××市上秦淮文化旅游PPP项目合同》，完成项目公司——××文旅建设有限公司与PPP实施机构——××科技创业特别社区管理委员会重新签署PPP项目合同或者承接协议工作。

2. 建设全过程咨询服务

以签订的PPP项目合同为核心为项目公司进行整体项目的合约规划，招投标计划管理。

建立项目公司的成本管理制度、流程，并对相关执行人员进行体系的培训。

参与项目全过程的造价管理，参与各子项目的限额设计，协助项目公司完成对各子项目的估算、概算进行确定。为项目公司全部投资行为合法、合规，过程管理资料上报的真实、有效提供咨询服务。

以PPP项目合同总投资金额为最高限额，编制《SPV公司项目总投资控制计划》。

设计阶段造价管理：完成限额设计、设计方案的评价与优化、概预算文件审查等工作。

发承包阶段造价管理：以PPP项目合同约定为核心，按照国家法律法规要求，协助项目公司与总承包方进行EPC总包及分包合同洽谈及签订。

建设施工阶段造价管理：完成编制资金使用计划，进行施工成本管理，负责工程变更与索赔，工程费用动态监控，工程费用的动态监控，工程价款结算及其审查的各项工作。

指导、配合项目单位应对政府对PPP项目的中期评估、绩效考核工作。

项目建设期结束时，针对项目运营期的运营体系规划，包括管理体系、组织架构、制度流程等。

（二）咨询服务周期

自双方签订的合同生效之日起，至××文化旅游PPP项目工程竣工验收合格满六个月之日止。

五、拟签订合同的主要条款

甲方（全称）：

乙方（全称）：

根据《中华人民共和国合同法》《中华人民共和国建筑法》及有关法律规定，遵循平等、自愿、公平和诚实信用的原则，双方就××文化旅游PPP项目全过程咨询服务及有关事项协商一致，共同达成如下协议：

（一）工程概况

（1）工程名称：××文化旅游PPP项目。

（2）工程地点：××市××区。

（二）服务内容如下

1. PPP项目合同咨询

梳理项目资料、PPP合同等文件，协助项目公司对项目推进存在的问题进行梳理，协助项目公司完成财务测算，在合法、合规、合理框架下，根据已中标社会资本－中国建筑第二工程局有限公司与PPP实施机构－××科技创业特别社区管理委员会于2017年8月签订的《××市×××文化旅游PPP项目合同》，完成项目公司－××文旅建设有限公司与PPP实施机构－××科技创业特别社区管理委员会重新签署PPP项目合同或者承接协议工作。

2. 建设全过程咨询服务

以签订的PPP项目合同为核心进行项目公司整体项目的合约规划，招投标计划管理。

建立项目公司的成本管理制度、流程，并对相关执行人员进行体系的培训。

参与项目全过程的造价管理，参与各子项目的限额设计，协助项目公司完成对各子项目的估算、概算。为项目公司全部投资行为合法、合规，过程管理资料上报的真实、有效提供咨询服务。

以PPP项目合同总投资金额为最高限额，编制《SPV公司项目总投资控制计划》。

设计阶段造价管理：完成限额设计、设计方案的评价与优化、概预算文件审查等工作。

发承包阶段造价管理：以PPP项目合同约定为核心，按照国家法律法规要求，协助项目公司与总承包方进行EPC总包及分包合同洽谈及签订。

建设施工阶段造价管理：完成编制资金使用计划、进行施工成本管理、负责工程变更与索赔，工程费用动态监控，工程价款结算及其审查的各项工作。

指导、配合项目单位应对政府对PPP项目的中期评估、绩效的考核工作。

项目建设期结束时，针对项目运营期的运营体系进行规划，包括管理体系、组织架构、制度流程等。

（三）咨询服务周期

自双方签订的合同生效之日起，至××文化旅游PPP项目工程竣工验收合格满六个月之日止。

（四）咨询服务成果

提供人员安排情况，项目负责人：　　　　　　其他成员：

完成PPP项目合同咨询和建设全过程咨询服务的相关工作，按甲方的工作任务单完成工作，进行文字或报告反馈。

（五）合同价格及付款方式

（1）合同价格形式：总价合同。

（2）签约合同价为：

人民币（大写）　　　　　　　　　　（￥　　　　　　元）。

（3）费用：包含咨询管理服务、住宿、办公、保险、利润、税金等；同时包含由乙方负责组织的评审和研讨时发生的专家费、交通费、会务费、考察调研等一切费用。

（4）付款方式：

PPP项目合同咨询：本合同签订三个工作日内，支付该项咨询费用的40%，PPP项目合同咨询完成时，以政府与社会资本签订补充合同或政府与SPV签订PPP合同时间节点后三个工作日内，支付该项咨询费用的60%；

建设全过程咨询服务：本合同签订三个工作日内，首付款为年服务费的25%，以后每三个月支付年服务费的25%，直至咨询服务结束。

注：甲方以电汇、转账支票、汇票、保理等方式支付货款，使用票据、保理等方式产生的贴息及办理相关手续费用由乙方承担；每次付款前，乙方须提供等额的增值税专用发票。

（六）项目联系人

（1）双方确定，在本合同有效期内，甲方指定______________为甲方项目联系人，乙方指定______________为乙方项目联系人。

（2）项目联系人承担以下责任：保持联系，确保工作顺利完成。一方变更项目联系人的，应当及时以书面形式通知另一方。未及时通知并影响本合同履行或造成损失的，应承担相应的责任。

（七）技术资料保密

（1）未经甲方同意，乙方不得将本技术服务合同所涉及的有关资料信息向无关第三方外传泄露。

（2）乙方涉密人员的范围：参与本技术服务的乙方工作人员。

（八）违约责任

（1）乙方对因甲方及施工总包方原因造成的质量问题、逾期以及专业承包方违反合同约定的质量违约和工期违约，不承担违约责任，但乙方未尽到咨询管理义务的除外。（因不可抗力导致本合同不能全部或部分履行，乙方不承担责任）。

（2）乙方故意或因过失而造成了甲方的损失，应当向甲方支付相关违约金、赔偿金及其他费用，甲方有权从本合同约定的各期咨询管理服务费中直接扣除，具体金额以甲方损失为准，甲方保留进一步追究乙方相关责任的权利。

（九）签订地点

本合同在____________________________________签订。

（十）补充协议

合同未尽事宜，合同当事人另行签订补充协议，补充协议是合同的组成部分。

（十一）争议

甲乙双方因履行本合同发生争议，双方尽量友好协商解决，协商不成的，向甲方所在地人民法院提起诉讼。

（十二）合同生效

本合同自双方签字盖章之日起生效。

（十三）合同份数

本合同正本一式____份、副本一式____份，均具有同等法律效力，甲方执正本____份、副本____份，乙方执正本____份、副本____份。

甲方：（盖章）　　　　　　　　　　乙方：（盖章）

法定代表人或其委托代理人： （签字）	法定代表人或其委托代理人： （签字）
组织机构代码：	组织机构代码：
纳税人识别码：	纳税人识别码：
地　　址：	地　　址：
邮政编码：	邮政编码：
法定代表人：	法定代表人：
委托代理人：	委托代理人：
电　　话：	电　　话：
传　　真：	传　　真：
电子信箱：	电子信箱：
开户银行：	开户银行：
账　　号：	账　　号：
时　　间：　　年　　月　　日	时　　间：　　年　　月　　日

第六章　基础设施工程合同管理咨询

第一节　工程项目合同评审、谈判与签约

合同评审是指在签订正式合同前对施工合同的审查，包括招投标阶段对招标文件中的合同文本进行审查以及合同正式签订前对形成合同草稿的审查。合同审查的一般内容包括对合同进行结构分析，检查合同内容的完整性及一致性，分析评价合同风险。

施工合同审查方法是结合施工合同示范文本，以及具体工程项目背景和实际情况，对比分析拟定施工合同条款，重点审查施工合同与示范文本之间的偏差，具体如下。

一、工作内容

指承包人所承担的工作范围。如，施工承包人应完成的工作一般包括施工、材料和设备的供应、工程量的确定、质量要求等，应审查这些内容是否与招标投标文件内容一致，工作内容的范围是否清楚，责任是否明确，合同描述是否清晰。

二、合同当事人的权利和义务

由于施工合同的复杂性，合同当事人应仔细、全面审查施工合同，重点分析各当事人及参与者的权利义务，为防止以后发生纠纷。

三、价款

价款是施工合同双方关注的焦点，是合同的核心条款。合同价款包括单价、总价、工资、加班费和其他各项费用，以及付款方式和付款条件等。在审查价格时，主要分析计价方式及可能的风险、合同履行期间商品价格可能波动风险、价款支付风险等。

四、工期

工期也是施工合同的关键条款。工期条款直接影响合同价格结算及违约罚款等。施工合同工期审查重点要坚持科学合理的态度，合理确定合同工期。审查时还应注意工期延误责任的划分，如投资人、承包人、不可抗力、其他原因等造成的工期延长。

五、质量

工程质量标准直接影响价格、实施进度以及工程验收等，有关质量条款的审查重点是技术规范、质量标准、中间验收和竣工验收标准等。

六、违约责任

违约责任是施工合同的必备条款。通过违约责任条款明确不履行合同的责任。如合同未能按期完工或工程质量不符合要求，不按期付款等的责任。

七、合同谈判与签约

1. 谈判的目的

从承包人的角度看，其谈判的目的是协商和确定施工合同的合理价格，调整完善施工合同条款，修改不合理的合同条款，以最大化收益。

投资人通过谈判分析投标者报价的构成，审核投标价格组成的合理性和价格风险，并进一步了解和审查投标者的施工技术措施是否合理，以及负责项目实施的班子力量是否足够雄厚，能否保证工程的质量和进度。通过谈判还可以更好地听取中标人的建议和要求，吸收其合理建议，最后保证项目的顺利完工。

通常需要谈判的内容非常多，而且双方均以维护自身利益为核心进行谈判，更增加了谈判的难度和复杂性。由于受项目的特点，不同的谈判的客观条件等因素影响，在谈判内容上通常是有所侧重，需谈判小组认真仔细地研究，具体谋划。

2. 施工合同的签订

在正式签订施工合同前，合同双方当事人应该制定规范的合同管理制度和审批流程，并严格按照制度流程办事。为了降低施工合同风险，在施工合同签订过程中应坚持以下原则：

（1）未经审查的合同不签；

（2）不合法的合同不签；

（3）低于成本价的合同不签；

（4）有失公平的合同不签；

（5）不符合招标程序或手续不全的合同不签；

（6）承包人资质不符合要求的合同不签。

第二节　工程项目施工过程合同管理

一、合同管理

1. 合同实施控制

工程项目的实施过程实质上是与项目相关的各个合同的履行过程。要确保项目正常、按计划、高效率的实施，必须正确地执行各个合同。为此，在项目施工现场需全过程工程咨询单位负责各个合同的协调与控制。

（1）依据

在建设项目施工阶段，全过程工程咨询单位对合同控制的依据根据如下：

1）合同协议书；

2）中标通知书；

3）投标书及附件；

4）施工合同专用条款；

5）施工合同通用条款；

6）标准、规范及现有有关技术文件；

7）图纸；

8）工程量清单；

9）招标文件及相关文件；

10）施工项目合同管理制度；

11）其他相关文件。

（2）内容

全过程工程咨询单位或其发包的造价部门应协助投资人采用适当的管理方式，建立健全的合同管理体系以实施全面合同管理，确保建设项目有序进行。全面合同管理应做到：

1）建立标准合同管理程序；

2）明确合同相关各方的工作职责、权限和工作流程；

3）明确合同工期、造价、质量、安全等事项的管理流程与时限等。

合同实施控制主要包括合同交底、合同跟踪、合同实施诊断、合同调整以及补充协议的管理。

1）合同交底。在合同实施前，全过程工程咨询单位应进行合同交底。合同交底应包括合同的主要内容、合同实施的主要风险、合同签订过程中的特殊问题、合同实施计划和合同实施责任分配等内容。

2）合同跟踪。在工程项目实施过程中，由于实际情况千变万化，导致合同实施与预定目标（计划和设计）的偏离。如果不采取措施，这种偏差常常由小到大，逐渐积累，最终会导致合同无法按约定完成。这就需要对工程项目合同实施的情况进行跟踪，以便提早发现偏差，采取措施纠偏。主要内容包括：

①跟踪具体的合同事件。对照合同事件的具体内容，分析该事件实际完成情况。

②注意各工程标段或分包商的工程和工作。一个工程标段或分包商可能承担许多专业相同、工艺相近的分项工程或许多合同事件，所以必须对其实施的总情况进行检查分析。

③总承包人必须对各分包合同的实施进行有效的控制，这是总承包人合同管理的重要任务之一。全过程工程咨询单位应督促监理单位加强总包方对分包合同的督促，以达到如下目的。

一是控制分包商的工作，严格监督他们按分包合同完成工程责任。分包合同是总承包人履职的一部分，如果分包商完不成他的合同责任，则总包就不能顺利完成总包合同责任。

二是对分包商的工程和工作，总承包人负有协调和管理的责任，并承担由此造成的损失，所以分包商的工程和工作必须纳入总承包工程的计划和控制中，防止因对分包商工程管理失误而影响全局。

④为一切索赔和反索赔做准备。全过程工程咨询单位与总包、总包和分包之间利益是不一致的，双方之间常常会有尖锐的利益争执，在合同实施中，双方都在进行合同管理，

都在寻找向对方索赔的机会，所以双方都有索赔和反索赔的任务。

⑤在合同跟踪过程中，全过程工程咨询单位的主要工作是对重点事件及关键工作进行监督和跟踪。如：

一是及时提醒委托方提供各种工程实施条件，如及时发布图纸，提供场地，及时下达指令、做出答复，及时支付工程款等，这常常是承包人推卸责任的托词，所以应特别重视。

二是要求设计部门按照合同规定的进度提交质量合格的设计资料，并应保护其知识产权，不得向第三人泄露、转让。

三是督促监理单位与施工单位必须正确、及时地履行合同责任，与监理单位和施工单位多沟通，尽量做到使监理单位和承包人积极主动地做好工作，如提前催要图纸、材料，对工作事先通知等。

四是出现问题时及时与委托方沟通。

五是及时收集各种工程资料，对各种活动、双方的交流做出记录。

六是对有恶意的承包人提前防范，并及时采取措施。

3）合同实施诊断。合同实施诊断是在合同实施跟踪的基础上进行的，是指对合同实施偏差情况的分析。合同实施偏差的分析，主要是评价合同实施情况及其偏差，预测偏差的影响及发展的趋势，并分析偏差产生的原因，以便对该偏差采取调整措施。合同实施诊断的主要内容如下。

①合同执行差异的原因分析。通过对不同监督和跟踪对象的计划和实际的对比分析，不仅可以得到差异，而且可以探索引起这个差异的原因。原因分析可以采用鱼刺图，因果关系分析图（表），成本量差、价差分析等方法定性或定量地进行。

②合同差异责任分析。即这些原因由谁引起，该由谁承担责任，这常常是索赔的理由。一般只要原因分析详细，有根有据，则责任自然清楚。责任分析必须以合同为依据，按合同规定落实双方的责任。

③合同实施趋向预测。分别考虑不采取调控措施和采取调控措施以及采取不同的调控措施情况下，合同的最终执行结果如下。

a. 最终的工程状况：包括总工期的延误，总成本的超支，质量标准，所能达到的生产能力（或功能要求）等。

b. 承包人将承担什么样的后果，如被罚款，被清算，甚至被起诉，对承包人资信、企业形象、经营战略造成的影响等。

c. 最终工程经济效益（利润）水平。

4）采取调整措施。经过合同诊断之后，应当按照合同约定调整合同价款的因素主要有以下几类：

①法律法规变化；②工程变更；③项目特征不符；④工程量清单缺项；⑤工程量偏差；⑥计日工；⑦物价变化；⑧暂估价；⑨不可抗力；⑩提前竣工（赶工补偿）；⑪误期赔偿；⑫索赔；⑬现场签证；⑭暂列金额；⑮发承包双方约定的其他调整事项。

通过合同诊断，根据合同实施偏差分析的结果，督促承包人应采取相应的调整措施。主要有以下几类。

一是组织措施，例如增加人员投入，重新计划或调整计划，派遣得力的管理人员。

二是技术措施，例如变更技术方案，采用新的更高效率的施工方案。

三是经济措施，例如增加投入，对工作人员进行经济激励等。

四是合同措施，例如进行合同变更，签订新的附加协议、备忘录，通过索赔解决费用超支问题等。

5）补充协议的管理。项目建设期间拟与各单位签订的各种补充合同、协议的，应在合同、协议签订前，按照备案、审核程序，将拟签订合同、协议交监理公司，对其合法性和合理性以及与施工合同有关条款的一致性进行审核。

在收集整理监理单位意见的基础上，出具审核意见上报委托方，委托方应及时进行审核，并将审核意见反馈至全过程工程咨询单位。全过程工程咨询单位在一定时间内将修改结果以书面形式向委托方报告。各种补充合同、协议经上述程序修改完后方可签署，签署完成的合同、协议应及时归档，并做好合同文件签发记录。

2. 程序

通过合同跟踪、收集、整理能反映工程实施状况的各种资料和实际数据，如各种质量报告、实际进度报表、各种成本和费用开支报表及其分析报告。将其与项目目标进行对比分析可以发现差异。根据差异情况确定纠偏措施，制订下一阶段工作计划。合同控制流程如图 6-1 所示。

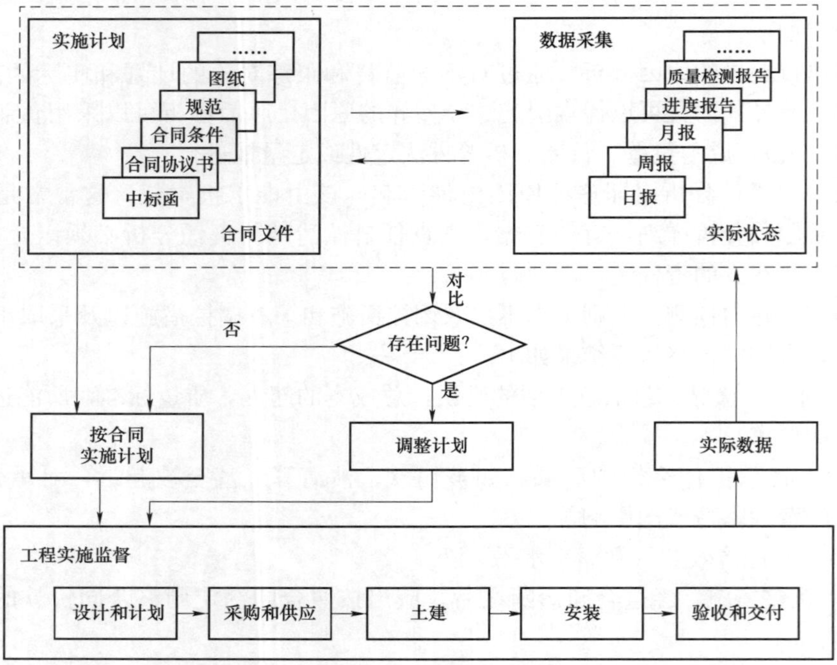

图 6-1　合同控制流程

1）建立合同支付台账，对合同进行跟踪管理。

2）主持合同争议的协调，配合合同争议的仲裁或诉讼。

3）采用统一指挥，分散管理的方式。由全过程工程咨询单位负责并牵头、现场管理工程师、合同管理人员参与的管理模式。由全过程工程咨询单位组织制定合同管理制度；

对于各类合同，现场管理工程师应跟踪合同执行情况，并及时向合同管理人员反映有关情况的变化，合同管理人员采集信息后应及时集成信息，最终向施工单位报告，以便做出是否按合同执行的判断，报委托方审批后做出是否继续执行合同或修改合同内容，签订补充协议的决定。

4）明确合同管理中各种工作的流程，如图 6-2 所示。

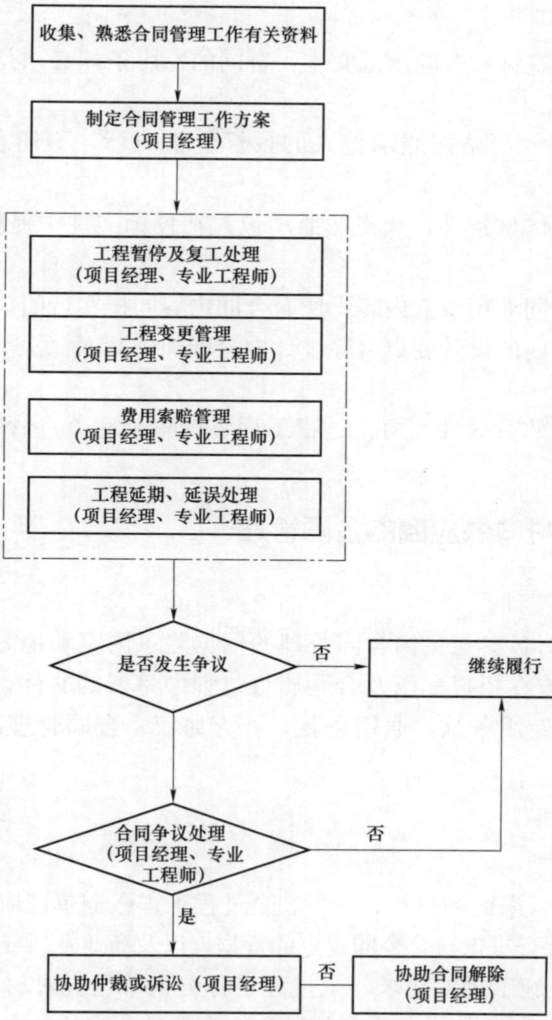

图 6-2　施工阶段合同管理的流程图

5）动态跟踪合同内容的执行。根据合同实施中各种反馈的信息形成总控信息，比较合同规定的质量要求与实际的工程质量、比较合同进度与工程实际进度、比较合同计划投资与实际支出等，并将有关偏差的信息反馈到全过程工程咨询单位，并向委托方汇报，及时调整和采取措施进行控制。

6）根据合同和工程建设实际情况提供月度资金需求报告。

7）报请委托方批准月支付进度，并根据进度表对费用支出进行控制。

8）审查各项合同的预算、进度付款和结算，报委托方批准支付。

9）确认由于变更引起的影响工程正常进度的承包人工程量的增减，并就其有效性向委托方提出建议。

10）要求承包人必须提供风险转移措施，包括合同履约保证金、担保和保险等手段，保证能够消除不可抗力外的干扰因素对工程目标所产生的影响。

11）合同实施完成后，需填写工程合同竣工确认流程表。

3. 注意事项

1）合同文本采用国家签订的合同示范文本，合同的专用条款必须是双方协商一致的，不应提出单方面的不合理要求。

2）合同价格实行闭口，严格按照承包人的投标价格执行，不任意压价或增加附带条件。

3）不接受任何标后的优惠条件，严格按照承包人在投标文件中提出的竞争措施和优惠条件执行。

4）必须明确所有的合同专用条款内容，所有合同内容同样实行闭口。

5）明确所有工程范围内的设计变更（除设计内容增加外），避免承包人提出索赔（包括费用索赔和进度索赔）。

6）为了确保合同管理的有效性，由全过程工程咨询单位应负责管理合同事宜，并对各类合同指定专人管理。

二、对施工单位与材料供应商的合同管理

1. 依据

全过程工程咨询单位对各参与主体合同管理的依据除了国家和地方相关的法律法规、政策性文件外，主要是双方在招投标以及合同履行过程中签署的文件，包括中标通知书、双方签订的合同协议书、专用条款、通用条款、补充协议、合同管理制度、总包管理制度等。

2. 内容

（1）采购合同管理

1）协助配合投资人检验采购的材料、设备。全过程工程咨询单位应对材料、设备供应商提供的货物进行检验，保证提供符合合同规定的货物，以及商业发票或相应的电子单证。

2）保证供应进度满足施工进度要求。全过程工程咨询单位应对材料、设备供应商的供应时间进行监督，防止因材料、设备不到位导致的施工进度拖延、窝工等情况。

3）甲供材料、设备采购合同管理。全过程工程咨询单位中应注意对甲供材料、设备供应合同的管理，在梳理合同结构时，首先需要明确甲供材料、设备范围，并根据总进度要求，及时完成甲供材料、设备的招标、供应工作，不能因甲供材料、设备供应的滞后影响施工进度。

（2）施工合同管理

项目施工合同管理包括全过程工程咨询单位协助投资人对总承包人的管理以及总承包人对分包商的管理两层意义。全过程工程咨询单位对施工合同的管理主要指协助配合投资人对总承包人的管理；对分包商的管理一般是通过总承包人实施管理，总分包管理职责划

分应在合同体系策划时就提前界定。分包商不仅指总承包人按合同约定自行选择的分包商，也指投资人（或委托方）通过招投标等方式选择的分包商。

（3）全过程工程咨询单位对一般分包合同的管理

项目中主要存在两类承包人，一类是总承包人，一类是分包商，全过程工程咨询单位通过监理单位主要对总承包人的质量、进度、投资等进行管理，任何分包商的管理均应纳入总包管理中，包括进度的统一、质量的检查、投资的管理、安全文明施工管理、现场协调等方面，对此，应要求总包商完成相应的分包管理制度。

一般分包商是指与总承包人签订合同的施工单位。全过程工程咨询单位不是该分包合同的当事人，对分包合同权利义务如何约定也不参与意见，与分包商没有任何合同关系，但作为工程项目的管理方和施工合同的当事人，对分包合同的管理主要表现为对分包工程的批准。

3. 程序

全过程工程咨询单位对总包合同的管理主要体现在对总承包人和指定分包商的管理程序上：

（1）明确总承包人的义务

投资人与全过程工程咨询单位应监督总承包人按照合同约定的承包人义务完成工作，并督促承包人在产生变更、索赔等事件时，及时、合格地完成施工工作。

（2）监督承包人工作的履行情况

全过程工程咨询单位应对承包人施工情况进行监督，保证其按照合同约定的质量、工期、成本等要求完成工作内容，并及时对变更、索赔等事件进行审核和处理。

（3）总承包人对指定分包的管理

全过程工程咨询单位应协助配合投资人要求承包人需指定专人对分包商的施工进行监督、管理和协调，承担如同主合同履行过程中监督的职责。承包人的管理工作主要通过发布一系列指示来实现。接到监理就分包工程发布的指示后，应将其要求列入自己的管理工作内容，并及时以书面确认的形式转发给分包商令其遵守执行，也可以根据现场的实际情况自主的发布有关的协调、管理指令。

全过程工程咨询单位应要求分包商参加工地会议，加强分包商对工程情况的了解，提高其实施工程计划的主动性和自觉性。

4. 注意事项

1）分包合同对总承包合同有依附性，因此，总承包合同修改，分包合同也应做相应的修改。

2）分包合同保持了与总承包合同在内容上、程序上的相容性和一致性，分包合同在管理程序的时间定义上应比施工合同更为严格。

3）分包商不仅应掌握分包合同，而且还应了解总承包合同中与分包合同工程范围相关的内容。

三、施工过程合同争议处理

1. 依据

1）当事人双方认定的各相关专业工程设计图纸、设计变更、现场签证、技术联系单、图纸会审记录。

2）当事人双方签订的施工合同、各种补充协议。

3）当事人双方认定的主要材料、设备采购发票、加工订货合同及甲供材料的清单。

4）工程预（结）算书。

5）招投标项目要提供中标通知书及有关的招投标文件。

6）经委托方批准的施工组织设计、年度形象进度记录。

7）当事人双方认定的其他有关资料。

8）合同执行过程中的其他有效文件。

2. 内容

由于诸多不确定因素的影响，在合同执行过程中难免会出现合同争议问题。合同争议，又称合同纠纷，合同常见的纠纷及处理方法见表 6-1。

表 6-1　合同常见纠纷及处理方法

合同纠纷种类	合同纠纷的成因	相应的防范措施
合同主体纠纷	（1）投资人存在主体资格问题 （2）承包人无资质或资质不够 （3）因联合体承包导致的纠纷 （4）因“挂靠”问题产生的纠纷 （5）因无权（表见）代理导致的纠纷	（1）加强对投资人主体资格的审查 （2）加强对承包人资质和相关人员资格的审查 （3）联合体承包应合法、规范、自愿 （4）避免“挂靠” （5）加强对授权委托书和合同专用章的管理
合同工程款纠纷	（1）建筑市场竞争过分激烈 （2）合同存在缺陷 （3）工程量计算不正确及工程量增减 （4）单价和总价不匹配 （5）因工程变更导致的纠纷 （6）因施工索赔导致的纠纷 （7）因价格调整导致的纠纷 （8）工程款恶意拖欠	（1）加强风险预防和管理能力 （2）签订权责利清晰的书面合同 （3）加强工程量的计算和审核，避免合同缺项 （4）避免总价和分项工程单价之和的不符 （5）加强工程变更管理 （6）科学规范地进行施工索赔 （7）正确约定调价原则，签订和处理调价条款 （8）利用法律手段保护自身合法利益
施工合同质量及保修纠纷	（1）违反建设程序进行项目建设 （2）不合理压价和缩短工期 （3）设计施工中提出违反质量和安全标准的不合理要求 （4）将工程肢解发包或发包给无资质单位 （5）施工图设计文件未经审查 （6）使用不合格的建筑材料、构配件和设备 （7）未按设计图纸、技术规范施工以及施工中偷工减料 （8）不履行质量保修责任 （9）监理制度不严格，监理不规范、不到位	（1）严格按照建设程序进行项目建设 （2）对造价和工期的要求应符合客观规律 （3）遵守法律、法规和工程质量、安全标准要求 （4）合理划分标段，不能随意肢解发包工程 （5）施工图设计文件必须按规定进行审查 （6）加强对建筑材料、构配件和设备的管理 （7）应当按设计图纸和技术规范等要求进行施工 （8）完善质量保修责任制度 （9）严格监理制度，加强质量监督管理

续表

合同纠纷种类	合同纠纷的成因	相应的防范措施
合同工期纠纷	（1）合同工期约定不合理 （2）工程进度计划有缺陷 （3）施工现场不具备施工条件 （4）工程变更频繁和工程量增减 （5）不可抗力影响 （6）征地、拆迁遗留问题及周围相邻关系影响工期	（1）合同工期约定应符合客观规律 （2）加强进度计划管理 （3）施工现场应具备通水、电、气等施工条件 （4）加强工程变更管理 （5）避免、减少和控制不可抗力的不利影响 （6）加强外部关系的协调和处理
合同分包与转包纠纷	（1）因资质问题导致的纠纷 （2）因承包范围不清产生的纠纷 （3）因转包导致的纠纷 （4）因对分包管理不严产生的纠纷 （5）因配合和协调问题产生的纠纷 （6）因违约和罚款问题产生的纠纷	（1）加强对分包商资质的审查和管理 （2）明确分包范围和履约范围 （3）严格禁止转包 （4）加强对分包的管理 （5）加强有关各方的配合和协调 （6）避免违约和罚款
合同变更和解除纠纷	（1）合同存在缺陷 （2）工程本身存在不可预见性 （3）设计与施工存在脱节 （4）“三边工程”导致大量变更 （5）因口头变更导致纠纷 （6）单方解除合同	（1）避免合同缺陷 （2）做好工程的预见性和计划性 （3）避免设计和施工的脱节 （4）避免“三边工程” （5）规范变更管理，变口头为书面指令 （6）规范解除合同的约定
施工合同竣工验收纠纷	（1）因验收标准、范围和程序等问题导致的纠纷 （2）隐蔽工程验收产生的纠纷 （3）未经竣工验收而提前使用导致的纠纷	（1）明确验收标准、范围和程序 （2）严格按规范和合同约定对隐蔽工程进行验收，注意验收当事各方签字确认 （3）避免工程未经竣工验收而提前使用
施工合同审计和审价纠纷	（1）有关各方对审计监督权的认识偏差 （2）审计机关的独立性得不到保证 （3）因工程造价的技术性问题导致的纠纷 （4）因审计范围、时间、结果和责任承担而产生的纠纷	（1）正确认识审计监督权 （2）确保审计机关的独立性 （3）确保审计的科学和合理 （4）规范审计工作

3. 程序

（1）造价或监理工程师对合同价款争议的暂定

1）若投资人和承包人之间就工程质量、进度、价款支付与扣除、工期延期、索赔、价款调整等发生任何法律上、经济上或技术上的争议，首先应根据已签约合同的规定，提交合同约定职责范围内的总监理工程师或造价工程师解决，并抄送另一方。总监理工程师或造价工程师在收到此提交件后 14 天内应将暂定结果通知投资人和承包人。发承包双方对暂定结果认可的，应以书面形式予以确认，暂定结果成为最终决定。

2）发承包双方在收到总监理工程师或造价工程师的暂定结果通知之后的 14 天内，未对暂定结果予以确认也未提出不同意见的，视为发承包双方已认可该暂定结果。

3）发承包双方或一方不同意暂定结果的，应以书面形式向总监理工程师或造价工程师提出，说明自己认为正确的结果，同时抄送另一方，此时该暂定结果成为争议。在暂定结果不实质影响发承包双方当事人履约的前提下，发承包双方应实施该结果，直到其按照发承包双方认可的争议解决办法被改变为止。

（2）管理机构的解释或认定

1）合同价款争议发生后，发承包双方可就工程计价依据的争议以书面形式提请工程造价管理机构对争议以书面文件进行解释或认定。

2）工程造价管理机构应在收到申请的 10 个工作日内就发承包双方提请的争议问题进行解释或认定。

3）发承包双方或一方在收到工程造价管理机构书面解释或认定后仍可按照合同约定的争议解决方式提请仲裁或诉讼。除工程造价管理机构的上级管理部门作出了不同的解释或认定，或在仲裁裁决或法院判决中不予采信的外，第（2）条规定的工程造价管理机构作出的书面解释或认定是最终结果，对发承包双方均有约束力。

全过程工程咨询单位在处理建设工程施工合同争议时应进行下列工作。

①了解合同争议情况。

②及时与合同争议双方进行协商。

③提出处理方案后，由总监理工程师进行协调。

④当双方未能达成一致时，总监理工程师应独立、公平地提出处理合同争议的意见。

在建设工程施工合同争议处理过程中，对未达到建设工程施工合同约定的暂停履行合同条件的，项目监理机构应要求建设工程施工合同双方继续履行合同。

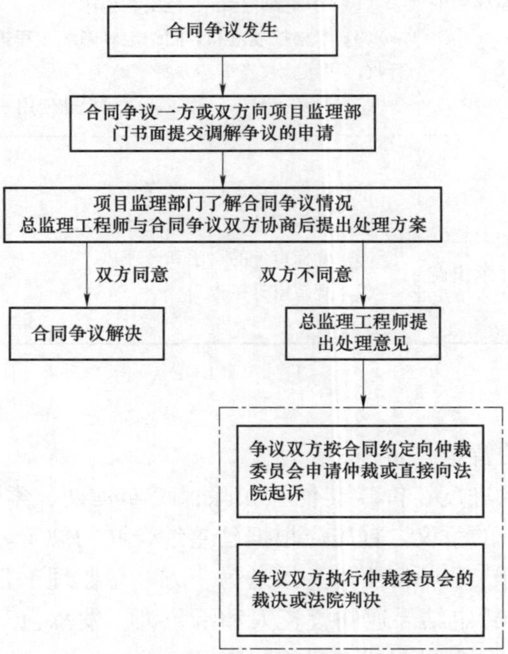

图 6-3　合同争议处理的程序图

在建设工程施工合同争议的仲裁或诉讼过程中，项目监理机构应按仲裁机关或法院要求提供与争议有关的证据。

合同争议有四种解决途径：协议和解、调解、仲裁及诉讼。当合同争议产生以后。合同法提倡当事人首先采用的和解或调解的方式，这两种方式省时省力不伤和气，若和解和调解的方式都无法解决争议则采用仲裁或诉讼的方式。争议处理的程序如图 6-3 所示。

（1）协议和解

1）合同价款争议发生后，发承包双方任何时候都可以进行协商。协商达成一致的，双方应签订书面和解协议，和解协议对发承包双方均有约束力。

2）如果协商不能达成一致协议，投资人或承包人都可以按合同约定的其他方式解决争议。

（2）调解

1）发承包双方应在合同中约定或在合同签订后共同约定争议调解人，负责双方在合同履行过程中发生争议的调解。

2）合同履行期间，发承包双方可以协议调换或终止任何调解人，但投资人或承包人都不能单独采取行动。除非双方另有协议，在最终结清支付证书生效后，调解人的任期即终止。

3）如果发承包双方发生了争议，任何一方可以将该争议以书面形式提交调解人，并将副本抄送另一方，委托调解人调解。

4）发承包双方应按照调解人提出的要求，给调解人提供所需要的资料、现场进入权及相应的设施。调解人应被视为不是在进行仲裁人的工作。

5）调解人应在收到调解委托后28天内，或由调解人建议并经发承包双方认可的其他期限内，提出调解书，发承包双方接受调解书的，经双方签字后作为合同的补充文件，对发承包双方具有约束力，双方都应立即遵照执行。

6）如果发承包任一方对调解人的调解书有异议，应在收到调解书后28天内，向另一方发出异议通知，并说明争议的事项和理由。但除非并直到调解书在协商和解或仲裁裁决、诉讼判决中作出修改，或合同已经解除，承包人应继续按照合同实施工程。

7）如果调解人已就争议事项向发承包双方提交了调解书，而任一方在收到调解书后28天内，均未发出表示异议的通知，则调解书对发承包双方均具有约束力。

（3）仲裁、诉讼

1）如果发承包双方的协商和解或调解均未达成一致意见，其中的一方已就此争议事项根据合同约定的仲裁协议申请仲裁，应同时通知另一方。

2）仲裁可在竣工之前或之后进行，但投资人、承包人、调解人各自的义务不得因在工程实施期间进行仲裁而有所改变。如果仲裁是在仲裁机构要求停止施工的情况下进行，承包人应对合同工程采取保护措施，由此增加的费用由败诉方承担。

3）上述有关的暂定或和解协议或调解书已经有约束力的情况下，如果发承包中一方未能遵守暂定或和解协议或调解书，则另一方可在不损害他可能具有的任何其他权利的情况下，将未能遵守暂定或不执行和解协议或调解书达成的事项提交仲裁。

4）投资人、承包人在履行合同时发生争议，双方不愿和解、调解或者和解、调解不成，又没有达成仲裁协议的，可依法向人民法院提起诉讼。

4. 注意事项

1）合同争议产生后，合同双方当事人应当做到有利有理有节，尽量争取和解或调解。

2）通过仲裁、诉讼的方式解决工程合同争议的，应当特别注意有关仲裁时效与诉讼时效，及时主张权利。

3）合同当事人应全面搜集证据，确保客观充分。

4）当合同当事人遇到情况复杂、难以准确判断的争议时，应尽早聘请专业律师，尽早介入争议处理。

四、合同解除处理

1. 依据

1）现行法律、法规。

2）达到合同解除的事实及证据。

3）解除合同的法定条件、解除合同的法定要件、解除合同的法定情形。

2. 内容

因投资人原因导致施工合同解除时，全过程工程咨询单位或其发包的监理单位应按施工合同约定与投资人和施工单位按下列款项协商确定施工单位应得款项，并应签发工程款支付证书。

1）施工单位按施工合同约定已完成的工作应得款项。

2）施工单位按批准的采购计划订购工程材料、构配件、设备的款项。

3）施工单位撤离施工设备至原基地或其他目的地的合理费用。

4）施工单位人员的合理遣返费用。

5）施工单位合理的利润补偿。

6）施工合同约定的投资人应支付的违约金。

因施工单位原因导致施工合同解除时，项目监理单位应按施工合同约定，从下列款项中确定施工单位应得款项或偿还投资人的款项，并应与投资人和施工协商后，书面提交施工单位应得款项或偿还投资人款项的证明：

1）施工单位已按施工合同约定实际完成的工作应得款项和已给付的款项。

2）施工单位已提供的材料、构配件、设备和临时工程等的价值。

3）对已完工程进行检查和验收、移交工程资料、修复已完工程质量缺陷等所需的费用。

4）施工合同约定的施工单位应支付的违约金。

因非投资人、施工单位原因导致施工合同解除时，项目监理单位应按施工合同约定处理合同解除后的有关事宜。

五、合同风险管理与防范

1. 依据

1）合同各方当事人签订的合同、补充协议等。

2）风险防范的管理制度及措施。

3）以往实施的类似项目。

4）风险分担的基本原则：即由最有控制力的一方承担风险。

2. 内容

（1）合同风险类型

建设项目的合同风险，按照来源可分为设计风险、施工风险、环境风险、经济风险、财务风险、自然风险、政策风险、合同风险、市场风险等，如图 6-4 所示。这些风险中，有的是因无法控制、无法回避的客观情况导致的即客观性风险，包括自然风险、政策风险和环境风险等，有的则主要是由人的主观原因造成。建设项目合同风险，是建设项目各类合同从签订到履行过程中所面临的各种风险，其中既有客观原因带来的风险，也有人为因素造成的风险。

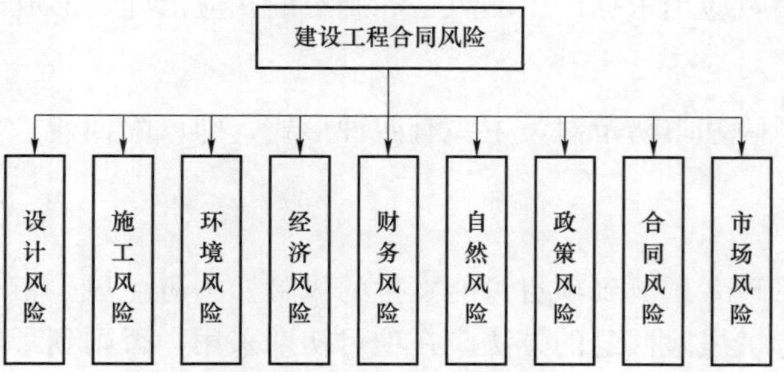

图 6-4　建设项目合同风险类型

（2）合同的风险型条款

无论何种合同形式，一般都有明确规定合同双方应承担的风险条款。常见条款如下。

1）工程变更的补偿范围和补偿条件。

2）合同价格的调整条件。

3）对合同条件中赋予的投资人（或工程师）的认可权和检查权必须有一定的限制和条件。

4）按照合同条款进行工期、费用索赔的机制。

5）其他形式的风险条款。

3. 程序

建设项目合同风险管理是对建设项目合同存在的风险因素进行识别、度量和评价，并且制定、选择和实施风险处理方案，从而达到风险管理目的的过程。建设项目合同风险管理全过程分为两个主要阶段：风险分析阶段和风险控制阶段。风险分析阶段主要包括风险识别与风险评价两大内容，而风险控制阶段则是在风险分析的基础上，对风险因素制订控制计划，并对控制机制本身进行监督以确保其成功。风险分析阶段和风险控制阶段是一个连续不断的循环过程，贯穿于整个项目运行的全过程。其整个流程如图 6-5 所示。

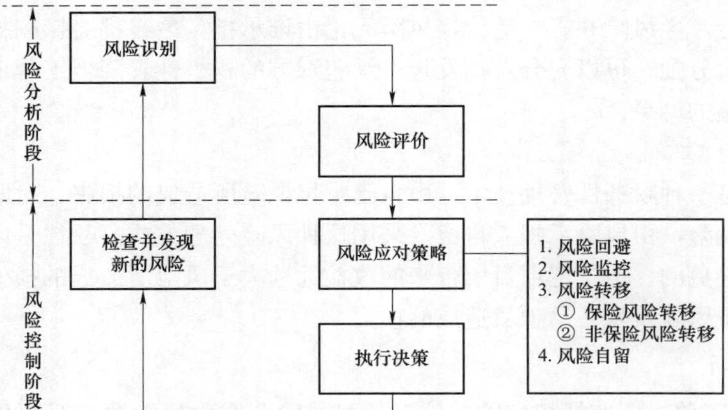

图 6-5　建设项目合同风险管理流程图

项目实施完成后，应当根据产生的风险和制定的相应措施，形成风险管理表。

4. 方法

建设项目合同风险基本防范对策主要有四种形式，即风险回避、风险控制、风险转移和风险自留。

（1）风险回避

风险回避是指管理者预测到项目可能发生的风险，为避免风险带来的损失，主动放弃项目或改变项目目标。风险回避的方法应在项目初期采用，否则到了项目施工阶段时再采用会给项目造成不可估量的损失。风险回避能使项目避免可能发生的风险，但项目也失去了从风险中获利的可能性。

（2）风险监控

风险监控是在项目实施过程中对风险进行监测和实施控制措施的工作。风险监控工作有两方面内容：a. 实施风险监控计划中预定规避措施对项目风险进行有效的控制，妥善处理风险事件造成的不利后果；b. 监测项目变量的变化，及时做出反馈与调整。当项目变量发生的变化超出原先预计或出现未预料的风险事件，必须重新进行风险识别和风险评估，并制定规避措施。

采用此对策时，可以对项目建设全过程风险进行分析和识别，并制定相应的控制措施，形成项目风险管理表。

（3）风险转移

风险转移是指将风险有意识地转给项目其他参与者或项目以外的第三方，这是风险管理中经常采用的方法。愿意接受风险的人或组织往往是有专业技术特长和专业经验，能降低风险发生的概率、减少风险造成的损失。风险转移主要有两种方式：保险风险转移和非保险风险转移。

保险风险转移是指通过购买保险的方法将风险转移给保险公司。非保险风险转移是指通过签订合作或分包协议的方式将风险转移出去。通过合同条款的约定，在投资人与承包人之间进行分配。一般投资人在风险分配中处于主宰地位。任何工程建设中都存在着不确定因素，因此会产生风险并影响造价，风险无论由谁承担，最终都会影响投资人的投资效益，合理的风险分配，可以充分发挥发包、承包双方的积极性，降低工程成本，提高投资效益，达到双赢的结果。

（4）风险自留

风险自留是一种财务性管理技术，由自己承担风险所造成的损失，对既不能转移又不能分散的工程风险，由风险承担人自留。采用这种风险处理方式，往往是因为风险是实施特定项目无法避免的。但特定项目所带来的收益远远大于风险所造成的损失；或处理风险的成本远远大于风险发生后给项目造成的损失。

5. 注意事项

1）工程开工前，应监督相应的单位对项目风险和重大风险源进行评估，制定相应的防范措施和应急预案，并经审核。

2）在项目实施过程中，要不断收集和分析各种信息和动态，捕捉风险的前奏信号，以便更好地准备和采取有效的风险对策，以抵抗可能发生的风险，并且把相关的情况及时向保险人反映。

3）在风险发生后，应尽力保证工程的顺利实施，迅速恢复生产，按原计划保证完成预定的目标，防止工程中断和成本超支。

4）全过程工程咨询单位应定期以书面形式向委托方上报风险管理情况专项报告。

第三节　工程项目合同管理咨询案例

某文化旅游 PPP 项目
全过程咨询服务合同

合同编号：

委托人（甲方）：　××文旅建设有限公司

受托人（乙方）：　××造价师事务所有限公司

签订地点：××市

签订时间：××××年××月××日

××文旅建设有限公司（以下简称甲方）委托××造价师事务所有限公司（以下简称乙方）作为××文化旅游 PPP 项目全过程咨询服务机构。

甲乙双方经过平等协商，在真实、充分地表达各自意愿的基础上，根据《中华人民共和国合同法》等相关法律法规规定，就乙方为甲方提供咨询服务签订××文化旅游 PPP 项目全过程咨询服务合同（以下简称本合同）。

一、工程概况

1.1 工程名称：××文化旅游 PPP 项目。

1.2 工程地点：××市××区。

1.3 项目概况：根据本项目 PPP 实施方案及 PPP 项目合同，本项目总投资约为人民币 50.17 亿元。本项目内容包括基础设施、园林景观、华谊小镇（一期）、未来网络论坛永久会址和科普宣教、服务配套及游客接待中心等（后期根据 PPP 项目整改的落地情况，本项目内容可能会有调整）。

二、委托服务内容

2.1 PPP 项目合同咨询：

梳理项目资料、PPP 合同等文件，协助项目公司对项目推进存在的问题进行梳理，协助项目公司完成财务测算，在合法、合规、合理框架下，根据已中标社会资本-某建筑工程局有限公司与 PPP 实施机构-××科技创业特别社区管理委员会（现为××科技城管理委员会）于 2017 年 8 月签订的《××文化旅游 PPP 项目合同》，完成项目公司-××文旅建设有限公司与 PPP 实施机构-××科技创业特别社区管理委员会（现为未来科技城管理委员会）重新签署 PPP 项目合同或者承继协议工作。

2.2 建设全过程咨询服务：

以签订的 PPP 项目合同为核心进行项目公司整体项目的合约规划，招投标计划管理。

建立项目公司的成本管理制度、流程，并对相关执行人员进行体系的培训。

参与项目全过程的造价管理，参与各子项目的限额设计，协助项目公司完成对各子项目的估算、概算进行确定。为项目公司全部投资行为合法、合规，过程管理资料上报的真实、有效提供咨询服务。

以 PPP 项目合同总投资金额为最高限额，编制《SPV 公司项目总投资控制计划》。

设计阶段造价管理：完成限额设计、设计方案的评价与优化、概预算文件审查等工作。

发承包阶段造价管理：以 PPP 项目合同约定为核心，按照国家法律法规要求，协助项目公司与总承包方进行 EPC 总包及分包合同洽谈及签订。

建设施工阶段造价管理：完成编制资金使用计划、进行施工成本管理、负责工程变更与索赔，工程费用的动态监控，工程价款结算及其审查的各项工作。

指导、配合项目单位应对政府对 PPP 项目的中期评估、绩效考核工作。

项目建设期结束时，针对项目运营期的运营体系规划，包括管理体系、组织架构、制度流程等。

三、咨询服务周期

自双方签订的合同生效之日起，至××文化旅游 PPP 项目工程竣工验收合格满六个月之日止。

四、咨询服务成果

4.1 主要人员安排：

××，本项目总负责人，国家发展改革委 PPP 专家；

××，本项目成本经理，高级工程师，一级建造师；

××，财政部 PPP 专家，具备丰富的 PPP 项目实操经验；

××，PPP 财务测算师，工程师。

4.2 后台技术支持：

公司总工办，PPP 专业人才，公司专家库，根据项目随时在线支持或现场支持。

4.3 项目组主要成员（根据现场专业需要，及时调配与安排）：

××，注册造价工程师、注册监理工程师、高级工程师；

××，注册造价工程师、高级工程师；

××，注册造价工程师、高级经济师；

××，注册造价工程师、高级经济师；

××，高级工程师，注册造价工程师，安装专业；

××，工程师，注册造价工程师，土建专业；

××，工程师，注册造价工程师，安装专业；

××，高级工程师，注册造价工程师，安装专业；

××，工程师，注册造价工程师，土建专业；

××，工程师，安装专业；

××，工程师，土建专业。

4.4 咨询成果任务的下达及表现形式

完成 PPP 项目合同咨询和建设全过程咨询服务相关工作。PPP 项目合同咨询的咨询成果为项目公司-××文旅建设有限公司与 PPP 实施机构-××科技创业特别社区管理委员会（现为××科技城管理委员会）重新签署《PPP 项目合同》或者《承继协议》。PPP 建设全过程咨询服务的咨询成果包括《SPV 公司项目总投资控制计划》、针对项目运营期的运营体系规划，包括管理体系、组织架构、制度流程等，其余的咨询成果皆体现为咨询服务过程，记录在乙方向甲方上报的咨询服务工作周报中。

工作下达及反馈形式：按甲方下达的工作任务单完成工作，并根据甲方要求进行文字或报告反馈。每周报送工作周报。

五、合同价格及付款方式

5.1 合同价格：

PPP 咨询合同为总价合同，咨询服务费为人民币 40 万元，大写肆拾万元整。

建设全过程咨询服务合同为单价合同，甲方向乙方按年付费，服务费标准为人民币

231 万元/年。

5.2 费用包含：咨询管理服务、住宿、办公、保险、利润、税金等；同时包含由乙方负责组织的评审和研讨时发生的专家费、交通费、会务费。

5.3 付款方式：

PPP 项目合同咨询：本合同签订三个工作日内，支付该项咨询费用的 40%，PPP 项目合同咨询完成时，以政府与社会资本签订补充合同或政府与 SPV 签订 PPP 合同时间节点后三个工作日内，支付该项咨询费用的 60%；

建设全过程咨询服务：本服务的开始时间为合同签订生效后，本合同签订三个工作日内，首付款为年服务费的 25%，以后每三个月支付年服务费的 25%。

六、双方的分工、责任和义务

6.1 乙方进行咨询服务的工作内容

在整个咨询服务周期中，乙方根据甲方委托的服务内容，提供咨询服务，确保服务过程符合有关法律、法规的要求，切实维护甲方权益。

乙方应将本项目列为重点项目，保证安排稳定、合格的项目团队，勤勉、尽职地为甲方提供咨询服务。

乙方应积极与甲方进行有效沟通，保证咨询服务的高质量和高效率，咨询成果以文本形式进行提交，并对每周工作形成工作周报上报甲方。

乙方应按甲方的合理要求，按照项目实施进度，尽快推动实施咨询服务。

6.2 甲方应当向乙方提供的协作事项

鉴于 PPP 项目的特殊性，甲方对此应有充分的认识，为保证咨询服务工作的顺利进行，甲方应负责与相关部门的协调。

鉴于甲方已同意委托乙方作为本项目的咨询服务机构，并信任乙方的咨询服务能力，甲方将在咨询服务周期内，依照双方共同商定的实施工作计划，在咨询服务的以下各阶段、各方面给予乙方积极有效的配合。

PPP 合同咨询：

甲方将提供对于本项目整改的意见及诉求，对乙方完成的财务测算进行确认。

甲方将积极沟通政府并请示政府及相关部门，对 PPP 整改的方案进行审议。

PPP 建设全过程造价咨询：

甲方对乙方在该阶段的工作，按照乙方要求及时向乙方提供本项目的相关信息和资料。

对乙方的咨询意见予以及时确认。

6.3 项目咨询服务工作进度要求

乙方根据甲方下达的工作任务单来进行工作。

对于 PPP 合同咨询，甲乙双方根据项目实际情况制定并确认项目实施工作计划，项目实施工作计划是甲乙双方依照执行的依据，如无不可抗力影响，双方应按照实施工作计划约定的服务周期完成阶段工作。

对于 PPP 建设全过程咨询和 PPP 运营咨询，乙方的工作进度应与整体项目的建设进度保持一致。

对于短期的某一节点的延迟，双方应努力配合解决，经甲方书面同意后乙方应争取在后续环节加以弥补，未经甲方书面同意或经同意后仍不能及时弥补的，乙方应承担违约责任；如因甲方不能对咨询服务成果及时进行确认或甲方内部决策时间较长等原因导致某一节点的延迟，乙方不承担违约责任。

6.4 咨询服务工作验收标准及方法

根据本合同上述条款，乙方咨询服务成果的验收体现在甲方对乙方各环节工作成果的书面确认。

七、技术资料保密

涉密人员范围：双方项目组成员。

泄密责任：一方违约泄密，除需赔偿对方因被侵害而受到的实际损失外，还应承担对方因调查该项侵害行为及维护自身合法权益所支付的费用。

八、联系人

双方确定，在本合同有效期内甲方指定________为甲方项目联系人，乙方指定________为乙方项目联系人。

项目联系人承担以下责任：保持联系，确保工作顺利完成。一方变更项目联系人的，应当及时以书面形式通知另一方。未及时通知并影响本合同履行或造成损失的，应承担相应的责任。

九、不可抗力

9.1 不可抗力是指：在合同执行过程中，如果出现水灾、火灾、地震、战争、政府禁令或其他不可预料的事件且当事方不能控制、无法避免、无法克服的事件。

9.2 由于不可抗力事件的发生，直接影响本合同的履行或者不能按约定的条件履行时，受影响的合同方，应及时通知另一方，并在 15 天内提供事件详情及本合同不能履行的理由的书面证明，按其对履行本合同影响的程度，由双方协商修改本合同或部分免除履行本合同的责任。

十、违约责任

10.1 任何一方严重违反本咨询服务合同规定的义务，经另一方书面通知 10 日后，违约方仍不及时按合同履行义务，守约方有权终止本合同，并有权要求违约方赔偿因此遭受的损失。

10.2 除法律规定或本合同约定的情况以及不可归责于一方的情况外，任何一方未经双方签订书面解除、中止、终止或变更协议的，均无权单方变更、中止、终止或解除本咨询服务合同。如遇到项目无法落地，甲乙双方协商补偿金额。

10.3 如果本合同由于非乙方原因而终止，则甲方应按照乙方已经实际完成的工作量支付咨询服务费。

十一、合同的解除

11.1 双方协商一致，可以解除合同。

11.2 由于乙方自身原因，延误了工作进度，甲方催告后乙方未能合理响应的，催告后每延误一天，乙方应承担相关咨询服务费千分之三的违约金。延误超过 15 天或因此造成甲方项目工作进度严重迟延，甲方有权单方解除合同，拒付剩余合同款项，且有权要求乙方按合同约定向甲方支付违约金，并赔偿因此给甲方造成的损失。

11.3 乙方提供的工作成果不符合甲方合理要求，甲方提出后拒不修改或修改后仍未达到甲方要求，甲方有权单方解除合同，拒付剩余合同款项，且有权要求乙方向甲方支付违约金，并赔偿因此给甲方造成的损失。

11.4 乙方提供咨询服务满一年后，甲方随时有权选择终止本合同 2.2 条约定的建设全过程咨询服务，且不承担任何违约责任。但甲方选择终止本合同 2.2 条约定的建设全过程咨询服务的，需提前 7 日通知乙方，并根据乙方实际提供咨询服务的期限结算咨询服务费。

十二、其他咨询

12.1 本合同的订立、解释、履行及争议解决，均适用中华人民共和国法律。

12.2 就本合同未尽部分，双方将依据国家有关的法律法规，友好协商解决，并签订书面补充协议、备忘录、附件等。补充协议、备忘录、附件等与本合同不一致的，以补充协议为准。

12.3 在乙方未收到足额咨询服务费之前，乙方享有咨询服务工作成果的所有权和知识产权，甲方享有咨询服务工作成功的知情权和使用权。乙方收到全部咨询服务费后，乙方提交的本合同工作成果的知识产权则归属甲方，且乙方保证上述知识产权没有侵害任何第三方的权益，否则因此造成甲方的所有经济损失，乙方应承担赔偿责任。

12.4 凡因执行本合同所发生的或者与本合同有关的一切争议，首先应争取各方之间友好协商解决，如果在 30 日内未能协商解决，争议双方可向甲方所在地人民法院提起诉讼。

12.5 本合同壹式捌份，甲乙双方各持肆份，具有同等法律效力。本合同由双方代表签字并盖章之日（生效日）起生效，本合同的权利义务履行完毕后即自动失效。

甲方：（盖章）	乙方：（盖章）
法定代表人或其委托代理人： （签字）	法定代表人或其委托代理人： （签字）
地　　址：	地　　址：
邮政编码：	邮政编码：
法定代表人：	法定代表人：
委托代理人：	委托代理人：
电　　话：	电　　话：
传　　真：	传　　真：
电子信箱：	电子信箱：
开户银行：	开户银行：
账　　号：	账　　号：
时　　间：　年　月　日	时　　间：　年　月　日

第七章　基础设施工程施工阶段管理咨询

工程项目实施阶段的主要任务是通过施工，设备材料的采购、安装、调试，生产准备和工程验收，在预定的进度、质量、造价范围内，将设计要求和蓝图高效率地变成项目实体。咨询公司在此阶段内受到不同服务对象的委托，承担不同的咨询任务，主要包括采购合同的管理、土木工程合同的管理（施工监理）、施工管理、生产准备和工程验收的监理服务。咨询公司可根据其服务内容的不同，承担不同的咨询任务。

第一节　工程项目施工成本管理

全过程工程咨询单位在施工阶段的成本管理主要体现在资金使用计划的管理、工程计量与工程价款的支付管理、工程变更及现场签证的管理、索赔费用的管理。其中，工程计量及工程价款的支付管理包括工程计量与工程价款支付中对工程计量与工程价款的审核；工程变更及现场签证的管理包括工程变更管理、现场工程签证管理。

本阶段全过程工程咨询单位负责项目成本管理的决策，确定项目成本控制的重点难点，确定项目投资控制目标，并对项目的专业造价工程师的工作进行过程和结果的考核。

一、施工成本管理的依据

1）《建设工程项目管理规范》（GB/T 50326—2017）。

2）《建设项目全过程造价咨询规程》（CECA/GC 4—2017）。

3）建设项目可行性研究报告。

4）设计概算。

5）施工图预算。

6）施工合同。

7）施工组织设计（施工进度计划等）。

二、施工成本管理的内容

1）编制资金使用计划，确定、分解投资控制目标。对工程项目造价目标进行风险分析，并制订防范性对策。

2）进行工程计量。

3）复核工程付款账单，签发付款证书。

4）在施工过程中进行投资跟踪控制，定期进行投资实际支出值与计划目标值的比较，发现偏差，分析产生偏差的原因，采取纠偏措施。

5）协商确定工程变更的价款，审核竣工结算。

6）对工程施工过程中的投资支出做好分析与预测，经常或定期向投资人提交项目投资控制及其存在问题的报告。

三、施工成本管理的程序

施工项目成本管理的一般程序如图 7-1 所示。

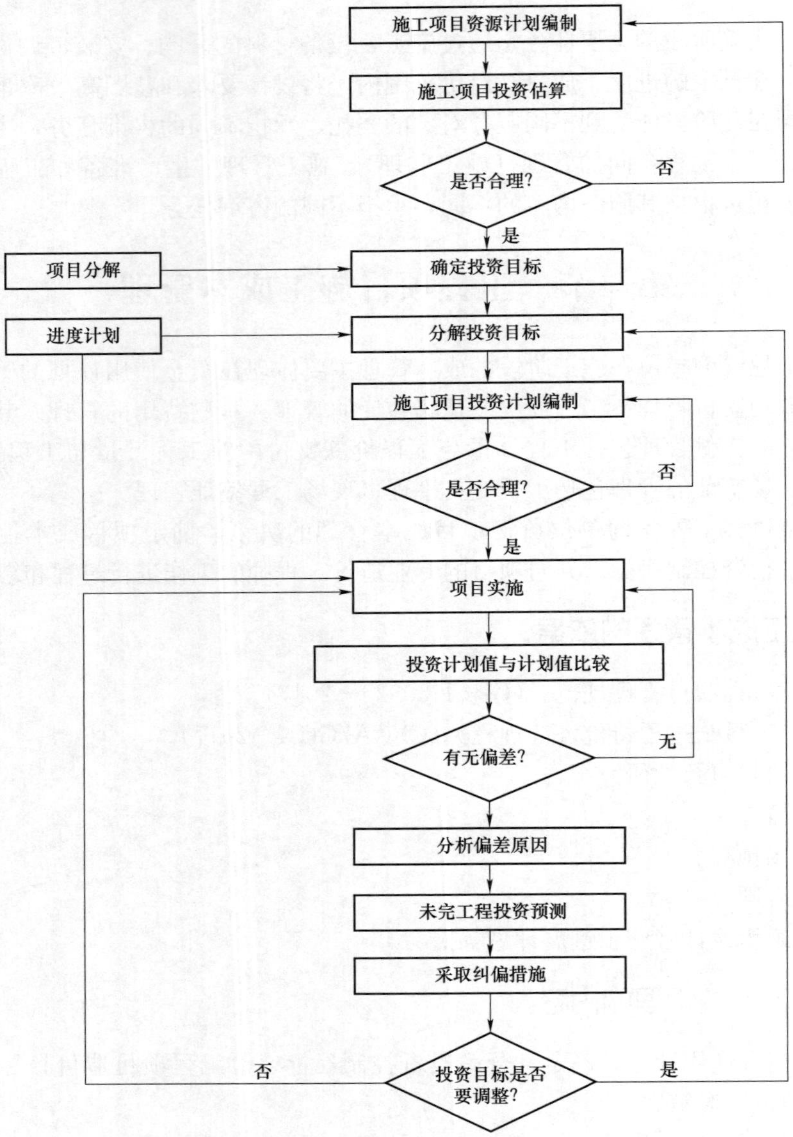

图 7-1　施工项目成本管理的一般程序

四、工程项目成本管理的方法

要有效地控制工程项目的投资，应从组织、管理、经济和技术等方面采取措施，尤其是将技术措施与经济措施相结合，是管理工程项目投资最有效的手段（见图 7-2）。

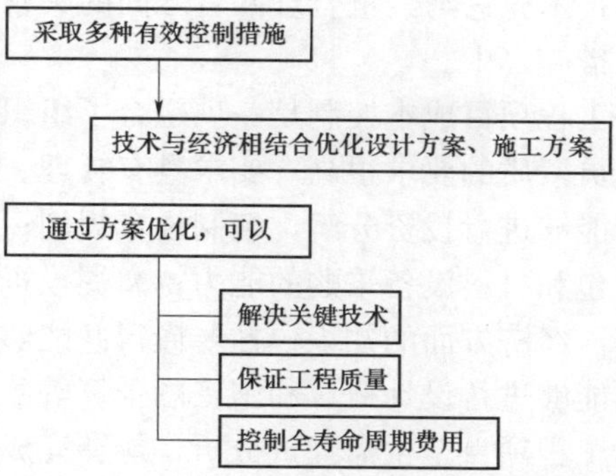

图 7-2 工程项目成本控制的有效手段

1. 设置成本控制目标的计划值

没有目标，就没有控制，也不能进行控制。工程项目成本目标的计划值，有其自身的特点，即投资控制目标的计划值需要分阶段设置，且投资控制的计划值和实际值是相对而言的。

控制是为实现目标服务的，一个系统若没有目标，就不需要也无法进行控制。成本控制目标的设置应是严肃的，应合理且有科学的依据。但是，工程项目的建设过程是一个周期长、综合复杂的过程，投资控制目标的计划值并不是一成不变的，在不同的建设阶段投资控制的计划值可能不同。因此，投资控制目标的计划值需按建设阶段分阶段设置，随着工程项目建设的不断深入，投资控制目标的计划值也逐步具体和深化。

由于在一定时间内具有的经验和知识是有限的，不但常常受到环境和技术条件的限制，而且也受工程项目建设过程的发展及其表现程度的限制，因而不可能在工程项目的伊始，就能设置一个非常详细和一成不变的投资控制目标计划值。因为在此时，通常只是对拟建的工程项目有一个概括性的描述和了解，因而也就只能据此设置一个大致的、比较粗略的投资控制目标的计划值，这就是投资估算。随着工程项目建设的不断深化，即工程项目从建设概念到详细设计等的完成，投资控制目标的计划值也将一步步地不断清晰和准确，这就是与各建设阶段对应的设计概算、施工图预算、工程承包合同价格以及资金使用计划等。

因此，工程项目成本控制目标的计划值应随着工程项目实施过程的不断深入而分阶段设置。方案设计和初步设计阶段的投资控制计划值，是工程项目的投资估算；在技术设计和施工图设计阶段，工程项目投资控制目标的计划值是设计概算；施工图预算或工程承包合同价格则应是工程施工阶段投资控制目标的计划值。同时可见，某一投资值相对前一阶段而言是实际值，相对后一阶段来说又是目标计划值，即投资目标的计划值是相对的。在各建设阶段形成的投资控制目标的计划值相互联系、相互补充又相互制约，前者控制后者，即前一阶段目标控制的结果，就成为后一阶段投资控制目标的计划值，每一阶段投资控制的结果就成为更加准确的投资的策划文件，从投资估算、设计概算、施工图预算到工程承包合同价格，共同构成工程项目投资控制的目标计划系统。

2. 采取多种有效控制措施

成本控制虽然是与费用打交道，表面上看是单纯的经济问题，其实不然。工程项目的投资与技术有着密切的关系，工程项目的功能和使用要求、土地使用、建设标准、设计方案的优劣、结构体系的选择和材料设备的选用等，无不涉及工程项目的投资问题。因此，在工程建设过程中把技术与经济有机结合，要通过技术比较、经济分析和效果评价，正确处理技术先进与经济合理两者之间的关系，把工程项目投资控制的观念渗透到各项设计和技术措施之中。

工程项目成本控制是一项融合了组织、管理、经济和技术的综合性工作，它对投资控制人员素质的要求很高，要求具有管理、经济和技术等多个方面的知识。管理方面的知识包括能够进行投资分解，编制投资规划；具有组织设计方案竞赛的能力；具有组织工程招标发包和材料设备采购的能力；掌握投资动态控制和主动控制等的方法；能够进行合同管理等。经济方面的知识包括要懂得并能够充分利用数据；能够进行工程项目投资费用的划分；能够进行设计概算和施工图预算等的编制与审核，能够对工程付款进行复核；能进行建设工程项目全生命经济分析；能够完成技术经济分析、比较和论证等工作。技术方面的知识包括具备土木工程、机电设施设备和工程施工等的技术知识，如建筑、结构、施工、工艺、材料和设备等方面的知识。当然，这些知识不可能集中在一个人身上，投资控制人员首先要了解和掌握这些知识，同时还需要与各专业人员配合，在相关专门人员的协助下做好投资控制的工作。

3. 立足全生命周期的管理

工程项目成本控制，主要是对建设阶段发生的一次性成本进行控制。但是，成本控制不能只着眼于建设期间产生的费用，更需要从建设工程项目全生命周期内产生费用的角度审视投资控制的问题。投资控制不仅仅是对工程项目建设直接投资的控制，只考虑一次投资的节约，还需要从项目建成以后使用和运行过程中可能发生的相关费用考虑，进行项目全生命的经济分析，权衡工程项目在整个生命周期内功能和费用的关系（见图 7-3）。

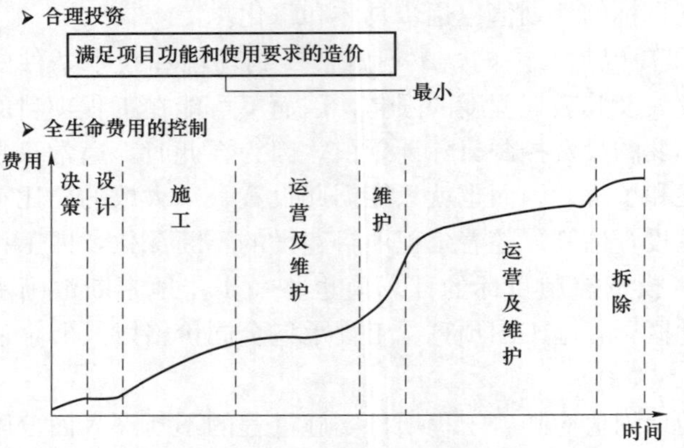

图 7-3　立足全生命周期的投资控制

例如，一些工程项目使用过程中的能源费用、清洁费用和维修保养费用等往往是一笔巨大的费用开支。如果在建设时，略增加一些投资以提高或改进相关的标准和设计，则可以大大减少这些费用的发生，成为节约型的工程项目。

因此，工程项目成本控制并不是单纯地追求成本越小越好，而是应将工程项目的功能要求放在第一位，是在满足工程项目的质量、功能和使用要求的前提下，通过控制的措施，使工程项目投资越小越好。也就是说，在工程项目的建设过程中需追求合理投资，该花的钱就应该花，只要值得，能够使工程项目全生命周期内的使用和管理最为经济和节约。为此，在进行投资控制时，应根据工程项目的特点和业主的要求，对项目建设运营和使用的客观条件进行综合分析和研究，使得项目全生命费用最为合理。

五、工程施工成本控制要点

以施工图预算和工程承包合同价格等为控制目标，通过工程计量、工程变更控制和工程索赔管理等方法，严格确定施工阶段实际发生的工程费用，合理进行工程结算，控制工程实际费用的支出。

施工阶段的投资控制主要是事中投资控制，其目的是进行工程风险预测，并采取相应的防范性对策，尽量减少施工企业提出索赔的可能。分析合同的构成因素，明确工程费用最易突破的部分和环节，把计划投资额作为工程项目投资控制的目标值，再把项目建设过程中的实际支出与目标值进行比较，从而明确投资控制工作的重点。

这个阶段的重点是围绕目标成本展开各项工作，其主要工作是编制施工图预算或工程量清单，进行各专业工程的招投标。在这个阶段通过招投标管理和合同管理、现场签证、变更管理等手段，把投资控制在目标成本范围内。

1. 招投标管理、合同管理

1）招投标管理是施工阶段投资控制的关键，招投标工作包括招标文件的编写、工程量清单的编制、招标、投标、回标分析、澄清至最终的合同签订。

2）在整个项目施工阶段的投资需要先划分界面，进行合同分判，对分解的总、分包工程分别进行招标，因此，在招标阶段需保证招标清单的准确性、工作内容描述的完整性、招标文件的严谨性等多方面把关，对施工单位的投标文件进行商务及技术标的回标分析，可分析出投标单位的价格合理性，对不平衡报价在合同签订前进行纠正。通过招投标可以选择合理低价的施工单位，确保定标价格控制在目标成本以内。

3）通过对项目的总、分包工程招标、定标后，将签订合同，通过总、分包合同的实施，来完成整个项目的施工，签订的合同需登录合同台账。

2. 现场签证、设计变更管理

台账能够真实记录工程的实施过程，能够保证现场投资控制工作整体性、连续性。现场签证、设计变更是总、分包工程在实施时经常会发生的，设计变更主要是由于施工图纸中存在错漏碰缺、设计标准变化、设计优化等原因造成的，由设计单位发出设计变更；现场签证主要是发生在施工现场非正常施工图范围内的施工，如拆改、返工等；对现场签证和设计变更的管理是施工阶段的主要投资控制工作，现场签证和设计变更在实施前需进行预估，给业主提供判断是否进行设计变更并给现场签证提供预判，实施后根据实际发生情况进行审核。

3. 动态成本

总、分包工程签订合同后需要根据签订的合同金额进行目标成本的修订，再根据实施过程中发生的签证变更金额进行阶段性的成本调整，即形成了各阶段的动态成本；通过动态成本的管理可以随时了解成本的变化，如超出成本的工程进行预警，采取设计优化或根据业主需要调整动态成本。

4. 工程进度款管理

建设项目施工阶段是建设资金投放量最大的阶段，资金投放具有持续时间长、工作量大等特点，合理控制资金投放对于维护项目建设各方的合法利益，提高工程项目建设效益具有重要意义。工程进度款审核是根据合同规定的付款条款，对总、分包工程，甲供料等实施的工程进度的审核，工程进度款的支付直接影响整个工程的资金使用计划，根据资金使用计划、合同条款和施工进度对工程进度款进行控制。配合进度控制要求，供业主合理安排建设资金，正确处理投资与工期、质量三者之间的关系，达到既节约投资，又控制项目工期与质量的目的（见图 7-4 和表 7-1）。

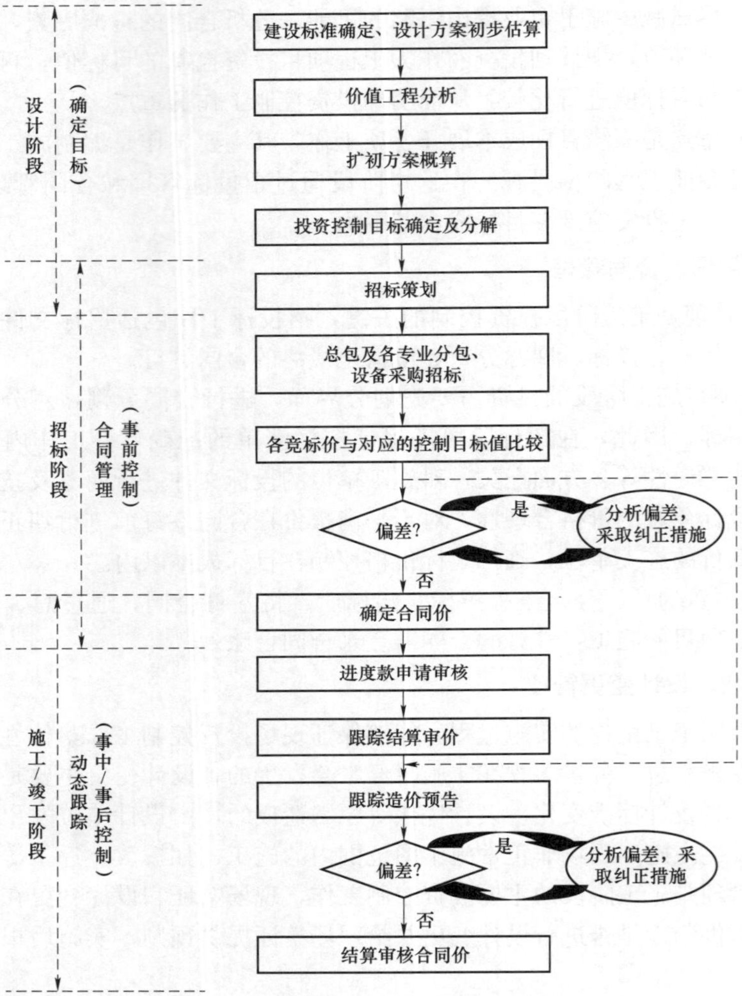

图 7-4　项目投资控制流程图

表 7-1　常用合同台账样板示意

序号	成本项目	合同编号	合同名称	乙方单位	合同金额	签订时间	备注
	前期费用						
1.			设计费				
2.			勘察费				
	建安工程费（总分包）						
1.			总承包				
2.			消防工程				
	配套工程						

续表

序号	成本项目	合同编号	合同名称	乙方单位	合同金额	签订时间	备注
1.			供电工程				
2.			供水工程				
	室内装饰及环保						
1.			室内精装修工程				
2.			景观工程				
	零星工程						

第二节 工程项目施工进度管理

全过程工程咨询单位在施工过程中的进度管理主要包括项目进度计划的编制、项目进度计划的实施、项目进度计划的检查、项目进度计划的调整。其中，项目进度计划的编制包含里程碑计划和主要参建单位作业的形象进度，采取的主要手段有横道图法、关键路线法及计划评审技术等方法；项目进度计划的检查是指在进度计划执行中，检查、跟踪实际进度是否按照计划进度执行项目进度计划的调整，以便找出检查影响进度偏差的原因，依据进度目标和合同要求对进度计划进行调整。

一、施工进度管理的依据

1）施工合同所约定的工期目标；

2）施工总进度计划；

3）施工现场进度统计表情况。

二、施工进度管理的内容

工程项目进度管理是指建设项目在实施过程中，全过程工程咨询单位对各个阶段的进展程度和项目最终完成的期限所进行的管理，从而确保工程项目在满足时间约束的条件下实现项目的总体目标。

三、施工进度管理的程序

1）编制建设项目总控制计划；

2）实施施工总进度计划；

3）建设项目进度调整；

4）编制项目进度报告书。

四、工程项目进度管理的重点

1. 任务承接阶段的进度管理

承接任务阶段的主要工作内容包括投标、中标、签订合同。在此阶段，承包方对进度的控制有相当的难度，通常只能响应标书对进度的要求，但也有一定的灵活性，可以在合同生效的条款上（例如在预付款支付的条款、保函开立的条款、现场交付的条款以及当地政府主管部门的大量协调工作的条款等方面）为承包方尽可能地争取工期。

2. 项目准备阶段的进度管理

签订合同后，承包商应全面展开项目的准备工作，收集项目的原始资料，了解项目的现场情况，调查项目当地的物资、技术、施工力量，研究和掌握项目的特点及项目实施的进度要求，摸清项目实施的客观条件，合理部署力量，从技术上、组织上、人力、物力等各方面为项目实施创造必要的条件。认真仔细地做好准备工作，对加快实施速度、保证项目质量与安全、合理使用材料、增加项目效益等方面起着重要的作用。

项目准备阶段往往周期长、衔接工作量很大、工作很杂，也常常在不知不觉中延误项目的实施进度，必须引起足够的重视。项目准备阶段要特别注意以下两点。

1）要在组织上尽快建立一个懂技术、会管理、团结和谐、精明强悍的管理团队，这往往是决定项目实施成败的最关键因素之一。特别是在进度控制上最好配备有计划管理经验、懂工程网络计划的计划人员。

2）要调查研究收集资料。收集研究与项目实施有关的资料，可使准备工作有的放矢，避免盲目性。主要收集地形、地貌、工程地质、水文地质及气象条件等自然条件的资料和现场供水、供电、道路交通能力，地方建筑材料的生产供应能力及建筑劳务市场的发育程度，当地民风民俗、生活供应保障能力等技术经济条件。所有这些基础资料对项目的实施方案、承发包方式、施工组织实际等有至关重要的影响。

3. 设计阶段的进度管理

设计工作对项目的进度控制起着决定性的作用。本来它既可以算作项目准备阶段的工作，也可以算作招投标阶段的工作，在此单独讲述，是因为在项目实施过程中能否加快进度，保证质量和节约成本，在很大程度上取决于设计工作的进度和设计质量的优劣。设计阶段的进度控制主要注意以下两方面。

1）设计本身的进度控制。设计工作是一个漫长的、系统的、复杂的工作。涉及资料的收集、平面的布置、数据的计算、系统的设计、图纸的审批以及由初步设计到施工图设计的设计过程，设计本身也有一定的周期，但往往图纸的提交对项目的实施进度有决定性的影响，所以要重视设计工作的进度，从设计工作内部采取包括激励措施、与设计单位保持良好的关系、承包商全力配合设计院的工作来促进设计进度。从设计工作外部，可以改变某些方式，比如把仅仅需要提交业主批准的图纸单独出图，而把不需要提交批准的图纸按正常的方式进行设计。这样即使业主不批准而修改设计也可以减少大量的设计工作，从而节约设计时间。

2）设计对项目实施的进度控制。现代的工程项目都具有建设规模大、技术含量高、建设工期紧、实施难度大及承包风险大等特点。在工程项目的实施过程中，特别是在设计中大量地使用新技术、新设备和新工艺，可以达到有效节约成本和缩短施工工期的效果。因此在设计中要鼓励设计单位（最好是在设计合同中设立一笔奖金）更多地使用新技术、新设备和新工艺，在设计中还要运用价值工程，进行多方案设计、多方案比选。从结构上、工艺上、系统上进行优化，同时综合平衡成本、进度、质量和安全的最佳结合点，可以为项目的实施创造最佳的进度控制途径。

4. 招标阶段的进度管理

招标工作是项目实施过程中重要的工作之一，在国内外都有相关的法律法规要求对项目进行招投标。在我国普遍采用经过评审的合理低价中标原则。其中特别强调是经过评审的合理低价，包括对投标单位的资质、信誉、业绩、技术力量、人员配置、机具设备状况和财务状况等多方面的评价，不仅仅考虑价格因素，还要综合考虑进度快速、质量优良、最好有过良好合作关系的单位中标，这样可以为项目顺利、快捷地实施打下良好基础。况且，项目管理的理念是与项目建设参与方共赢，一味地压低价格或其他苛刻的合作条件会使参与方在质量上、进度上甚至在安全上打折扣，最终可能影响招标人的总体利益，非常不利于项目进度的控制。

5. 施工阶段的进度管理

项目的施工阶段，先要做好施工组织，尤其要做好施工组织设计，对施工活动进行全面的计划安排。根据项目的特点，施工单位要先编制施工组织总设计，然后根据批准后的施工组织总设计，编制单位工程施工组织设计。施工组织设计一般应明确施工方案、施工的技术组织措施，施工准备工作计划、施工平面布置、施工进度计划、施工生产要素供给计划、落实执行施工项目计划的责任人和组织方式。

有了施工组织设计，施工单位应按照施工组织设计精心施工，这一阶段是施工管理的重点，要针对具体的施工活动，为落实施工组织设计的统一安排而进行的协调、检查、监督、控制等指挥调度工作。一方面，应从施工现场的全局出发，加强各个单位、各部门的配合与协作，协调解决各方面问题，使施工活动顺利开展；另一方面，应加强技术、材料、质量、安全、进度等各项经济核算与管理工作，严格执行各项技术、质量检验制度。

在项目的施工过程中，要正确处理好合同分包，要对严重影响施工进度的分包商，采取合同手段保证进度，特别是要保留对严重滞后的关键工作回收的权利，以实现突击；对关键的单位工程要找专业的分包队伍，或许能节约成本、缩短进度。

6. 竣工验收阶段的进度控制

竣工验收阶段是项目实施的最后阶段，在竣工验收之前，施工单位要内部做好预验收，检查各分部、分项工程的施工质量，尽快全面地消除项目的缺陷，整理各项交工验收的技术经济资料，把自身的工作做扎实，努力缩短交工验收时间。

五、工程项目进度管理的措施

1. 工程项目进度控制的组织措施

1）组织是目标能否实现的决定性因素。为实现项目的进度目标，应充分重视健全项目管理的组织体系。

2）在项目组织结构中应有专门的工作部门和符合进度控制岗位资格的专人负责进度控制工作，在项目管理组织设计的任务分工表和管理职能分工表中应明示和落实进度控制人员的职责。

3）应编制项目进度控制的工作流程。

4）进度控制的主要工作环节包括进度目标的分析和论证、编制进度计划、定期跟踪进度计划的执行情况、采取纠偏措施，以及调整进度计划。

2. 工程项目进度控制的管理措施

1）工程项目进度控制的管理措施涉及管理的思想、管理的方法、管理的手段、承发包模式、合同管理和风险管理等。在理顺组织的前提下，科学和严谨的管理显得十分重要。

2）采用网络计划的方法编制进度计划必须很严谨地分析和考虑工作之间的逻辑关系，通过网络计算可发现关键工作和关键线路，也可知道非关键工作可使用的时差，网络计划的方法有利于实现进度控制的科学化。

3）承发包模式的选择直接关系到项目实施的组织和协调。为了实现进度目标，应选择合理的合同结构，以免过多的合同交界面而影响工程的进展。工程物资的采购模式对进度也有直接的影响，对此应作比较分析。

4）为实现进度目标，不但应进行进度控制，还应注意分析影响项目进度的风险，并在分析的基础上采取风险管理措施，以减少进度失控的风险量。

5）重视信息技术（包括相应的软件、局域网、互联网以及数据处理设备）在进度控制中的应用。虽然信息技术对进度控制而言只是一种管理手段，但它的应用有利于提高进度信息处理的效率，有利于提高进度信息的透明度，有利于促进进度信息的交流和项目各参与方的协同工作。

3. 建设项目进度控制的经济措施

1）建设项目进度控制的经济措施涉及资金需求计划、资金供应的条件和经济激励措施等。

2）为确保进度目标的实现，应编制与进度计划相适应的资源需求计划（资源进度计划），包括资金需求计划和其他资源（人力和物力资源）需求计划，以反映工程实施的各时段所需要的资源。通过资源需求的分析，可发现所编制的进度计划实现的可能性。若资源条件不具备，则应调整进度计划。资金需求计划也是项目融资的重要依据。

3）资金供应条件包括可能的资金总供应量、资金来源（自有资金和外来资金）以及资金供应的时间。

4）在工程项目预算中应考虑加快项目进度所需要的资金，其中包括为实现进度目标将要采取的经济激励措施的费用。

4. 工程项目进度控制的技术措施

1）工程项目进度控制的技术措施涉及对实现进度目标有利的设计技术和施工技术的选用。

2）不同的设计理念、设计技术路线、设计方案会对工程进度产生不同的影响，在设计工作的前期，特别是在设计方案评审和选用时，应对设计技术与工程项目进度的关系作分析比较。在工程项目进度受阻时，应分析是否存在设计技术的影响因素，为实现进度目标是否有设计变更的可能性。

3）施工方案对工程项目进度有直接的影响。在施工方案选用的决策过程中，不仅应分析技术的先进性和经济的合理性，还应考虑其对进度的影响。在工程进度受阻时，应分析是否存在施工技术的影响因素，为实现进度目标是否有改变施工技术、施工方法和施工机械的可能性。

六、工程项目进度管理方法

1. 确定进度计划编制、审批管理流程

在工程项目全过程中，确定各项计划的编制、审批管理流程，有利于高效、稳步地实施各项计划，降低工程项目进度被延误的可能性。

图 7-5、图 7-6 为某集团有限责任公司下基建设备处的投资计划编制、审定流程和采购计划的编制、审定流程，供读者在工程项目进度管理实际操作时参考。

2. 使用进度计划编制软件

国外有很多用于进度计划编制的商品软件。自 20 世纪 70 年代末 80 年代初，我国也开始研制进度计划编制的软件，这些软件都是在网络计划原理的基础上编制的。应用这些软件可以实现计算机辅助工程项目进度计划的编制和调整，以确定网络计划的时间参数。计算机辅助工程项目网络计划编制的意义：

1）解决网络计划计算量大，而手工计算难以承担的困难；

2）确保网络计划计算的准确性；

3）有利于网络计划及时调整；

4）有利于编制资源需求计划等。

进度管理是一个动态编制和调整计划的过程，初始的进度计划和在项目实施过程中不断调整的计划，以及与进度管理有关的信息应尽可能对项目各参与方透明，以便各方为实现项目的进度目标协同工作。为使业主方各工作部门和项目各参与方便捷地获取进度信息，可利用项目专用网站作为基于网络的信息处理平台辅助进度控制。图 7-7 表示了从项目专用网站可获取的各种进度信息。

图 7-8 为某一工程项目进度管理软件的示意图，通过管控进度维护、进度填报、施工日记、施工签报和质量控制等，以实时在线的方式统一将各项目现场的进度数据保存到企业总部的服务器，方便管理人员准确了解项目进展，也能为后续的工程项目各流程提供依据。

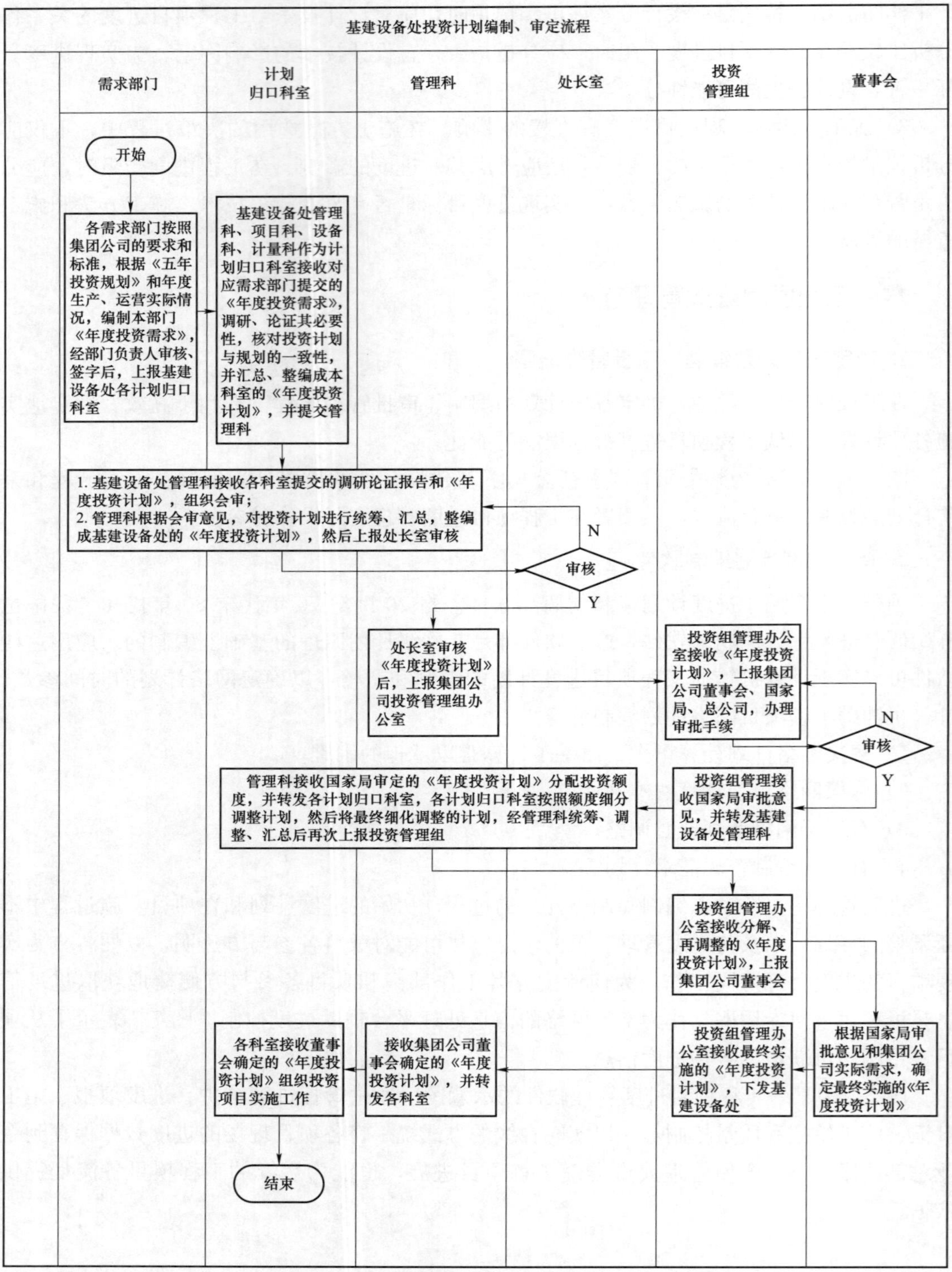

图 7-5 基建设备处投资计划编制、审批流程（范例）

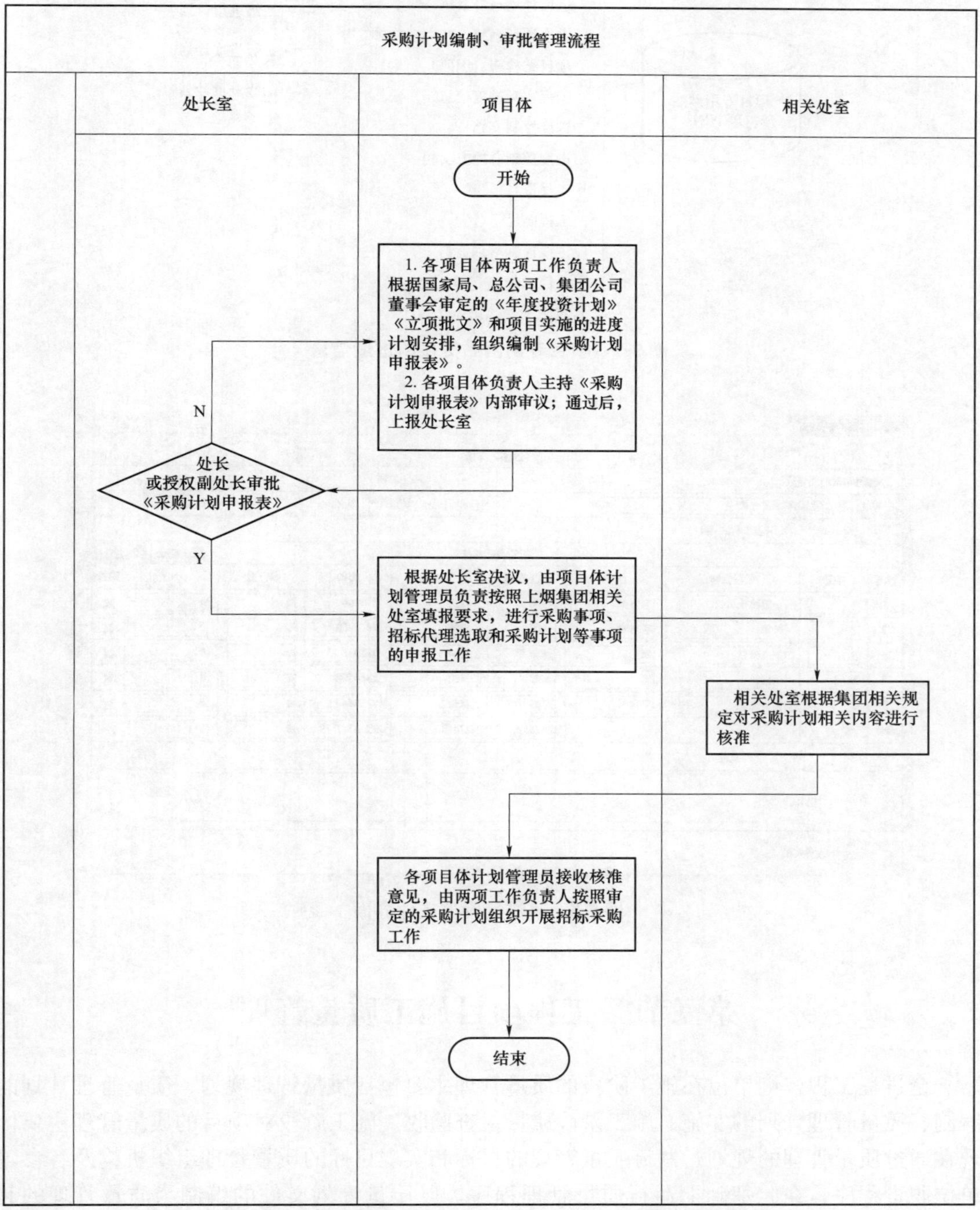

图 7-6　基建设备处投资计划编制、审批流程（范例）

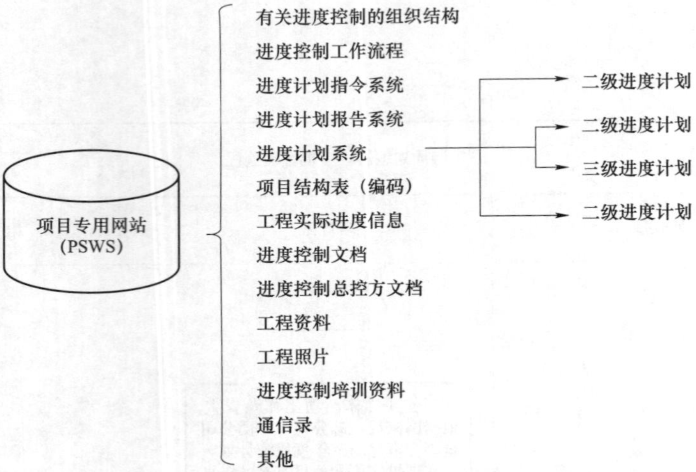

图 7-7　项目专用网站提供的进度信息

序号	编号	项目名称	单位	工程量	综合单价	合价	完工量	小计	删除
1	1	小区路面	平方米	1800	120	216000	0	0	✕
2	2	外墙	平方米	18000	265	4770000	0	0	✕
3	3	水电安装	米	2878.5	284.5	818933.25	0	0	✕
4	5	消防	米	2600	890	2314000	0	0	✕
5	6	园林绿化	平方米	2789	450.5	1256444.5	0	0	✕
合计	-	-	-	28067.5	2010	9375377.75	0	0	-

图 7-8　某进度管理软件界面

第三节　工程项目施工质量管理

全过程工程咨询单位在施工阶段的质量管理主要包括质量管理规划、质量管理计划的编制、质量管理计划的实施、施工阶段质量检查验收。施工阶段对项目的质量管理主要体现在通过质量管理的规划，制订质量管理的目标和实现目标的质量管理组织机构及各参建单位职责程序，在此基础上运行质量管理程序，以质量计划文件的编制为质量管理的起点，通过施工阶段质量计划的实施，控制施工阶段的质量目标，将工程质量从始至终的预控与从下到上的过程控制结合，按照预控、实施、检查、处置、验收、再检查、再验收的循环方式进行施工阶段质量管理，实现质量计划目标。

一、项目质量管理的依据

1）国家及地方相关法律、法规性文件，如《全国人民代表大会常务委员会关于修改〈中华人民共和国建筑法〉的决定》（2011）。

2）《建设工程质量管理条例》（国务院令第 279 号）及建设工程的强制性标准。

3）《建筑工程施工质量验收统一标准》（GB 50300—2013）。

4）《建设工程质量检测管理办法》（建设部令 141 号）。

5）《建筑工程质量监督条例（试行）》。

6）《质量管理体系基础和术语》（GB/T 19000—2016）。

7）工程咨询、勘察、设计、监理和施工、发承包等相关发包合同文件。

8）质量管理计划。

9）投资人的功能要求报告及设计任务书。

10）地质勘查文件、设计施工图纸及设计要求。

11）施工组织设计及专项施工方案措施。

12）其他影响质量的因素等。

二、项目质量管理的内容

建设项目的质量管理是指通过以较低的投资在预定的时间内建设完成致力于满足工程项目质量要求，包括质量管理的规划、质量管理计划的编制、质量管理计划的实施、施工阶段质量检查验收。

三、项目质量管理的程序

1）督促项目监理机构履行国家法律法规，履行监理合同所约定的职责。

2）督促项目监理机构严格控制进场原材料、构配件和设备等的质量，检查施工质量，参加阶段性成果（分部工程、隐蔽工程）的检查验收。

3）协助投资人进行采购管理，参与有关工程材料、设备等供货单位的考察，并作出评价。

4）协助投资人参与工程质量事故的调查和处理。

四、项目质量管理的目标

根据项目管理学中项目是一个过程的定义，那么工程项目质量控制的重点在于过程质量控制。工程项目的过程质量控制是指为达到工程项目质量要求而采取相应的作业技术和活动，从而为工程建设增值（见图 7-9）。

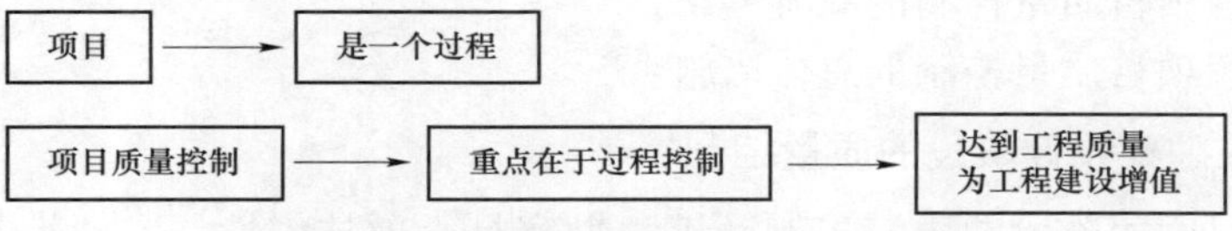

图 7-9　工程项目质量控制的重点及意义

建设单位的项目管理贯穿工程项目全生命周期的各个阶段，明确工程项目质量控制的目标是基础。工程项目质量目标系统应从建设地点和建筑形式、结构、功能及使用者满意程度等多方面进行系统定义。建设单位工程项目质量控制的目标如图 7-10 所示。

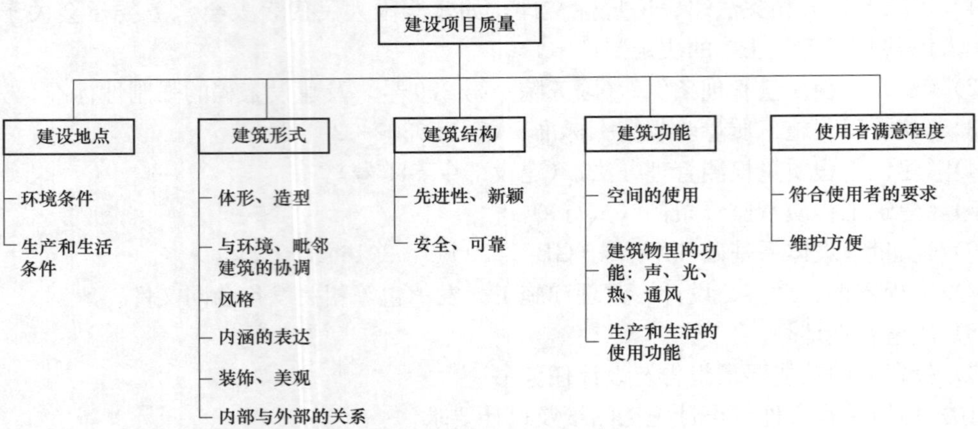

图 7-10　工程项目质量目标系统

五、项目质量管理的重点

一般建设工程项目的质量控制主要分为六个方面，如图 7-11 所示。

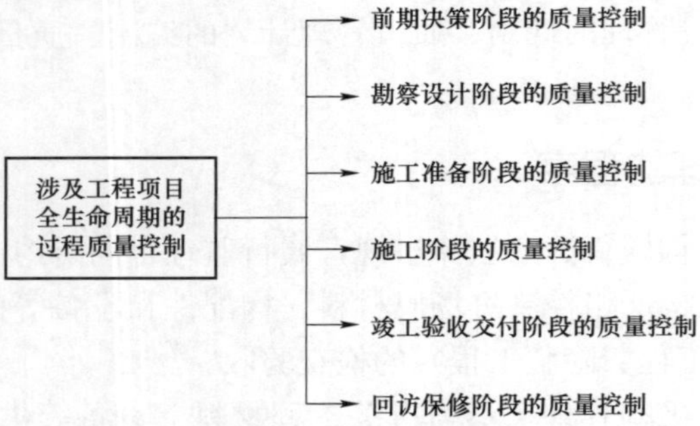

图 7-11　项目全生命周期的质量控制

1. 工程项目前期决策阶段的质量控制

项目前期决策阶段质量控制的好坏直接影响到项目在后期实施运营阶段的工程质量。在工程项目的建设前期阶段，质量控制应该包括以下四个内容：

1）明确工程项目的质量目标；

2）做好工程项目质量管理的全局规划；

3）建立工程项目质量控制的系统网络；

4）制定工程项目质量控制的总体措施。

2. 工程项目勘察设计阶段的质量控制

1）工程项目勘察阶段的质量控制。工程勘察是一项技术性、专业性较强的工作，工程勘察质量控制的基本方法是按照质量控制的基本原理对工程勘察的质量影响因素进行检查和过程控制。

勘察设计阶段质量控制的要点如图 7-12 所示。

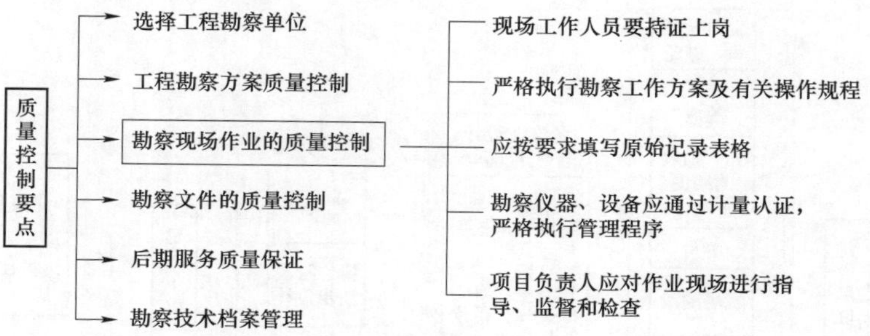

图 7-12　工程勘察质量控制的要点

2）工程项目设计阶段的质量控制。工程项目设计阶段的质量控制包括工程项目设计准备阶段、设计阶段的质量控制。通常，工程项目采用初步设计、技术设计和施工图设计的三阶段设计。因此，设计阶段的质量控制分三阶段的质量控制流程，包括初步设计阶段项目质量控制工作流程、技术设计阶段项目质量控制工作流程和施工图设计阶段项目质量控制工作流程。图 7-13～图 7-16 为普通工程项目常用的设计阶段质量控制工作流程。

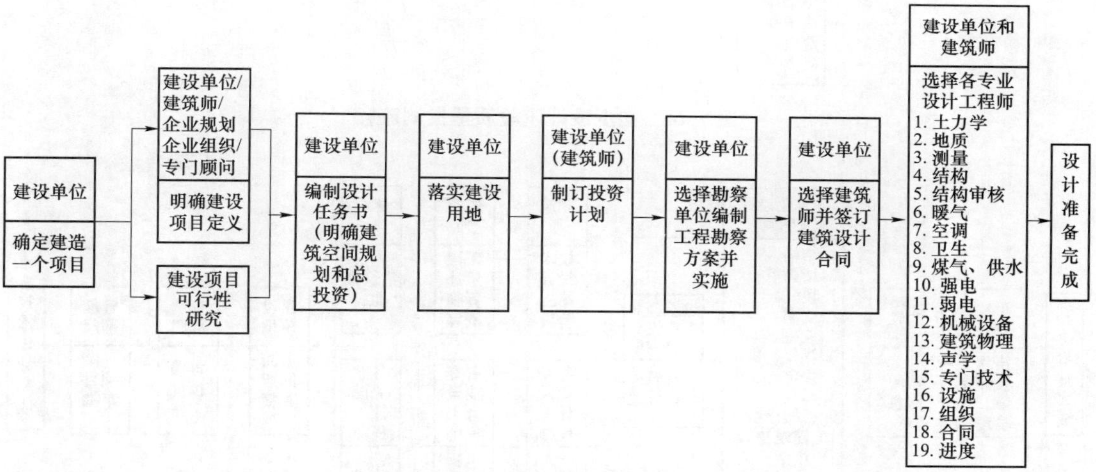

图 7-13　设计准备阶段质量控制流程

3. 工程项目施工准备阶段的质量控制

施工准备阶段的质量控制内容与措施，包括图纸学习与会审、编制施工组织设计、组织技术交底、控制物资采购、严格选择分包单位五个部分。

1）图纸学习与会审。图纸会审由建设单位或监理单位主持，设计单位、施工单位参加，并写出会审纪要。图纸审查必须抓住关键，特别注意构造和结构的审查，必须形成图纸审查与修改文件，并作为档案保存。

2）编制施工组织设计。施工组织设计中对质量控制起主要作用的是施工方案，主要包括施工程序的安排、施工段的划分、主要项目的施工方法、施工机械的选择，以及保证质量、安全施工、冬季和雨期施工、污染防治等方面的预控方法和针对性的技术组织措施。

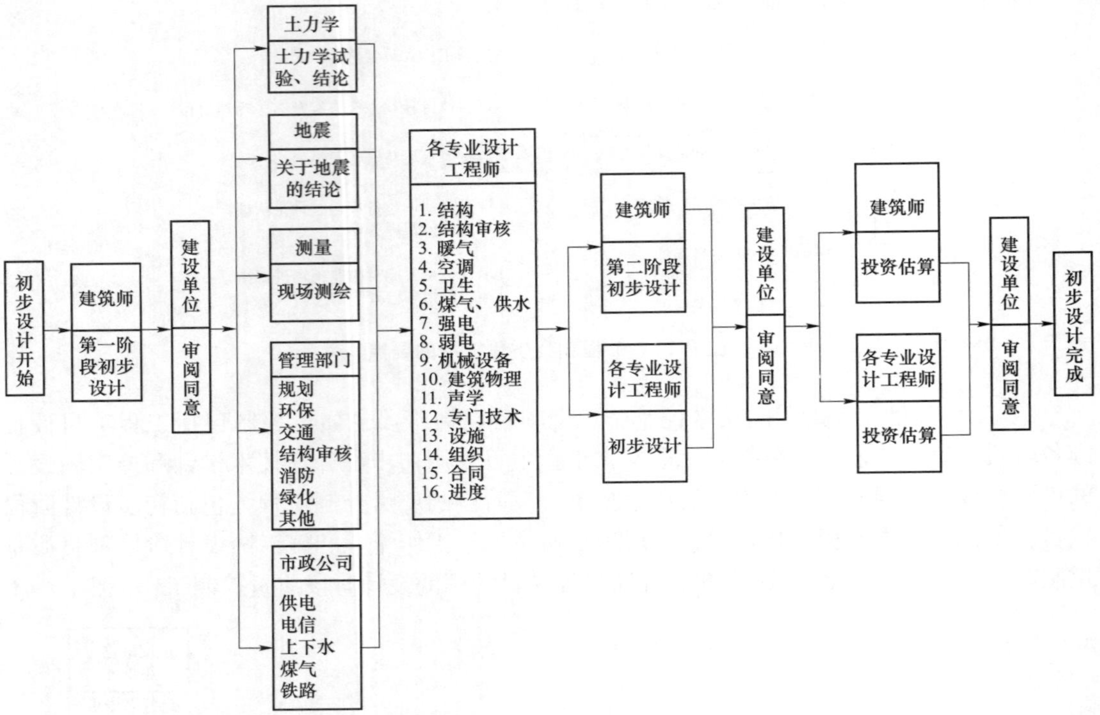

图 7-14　初步设计阶段质量控制流程

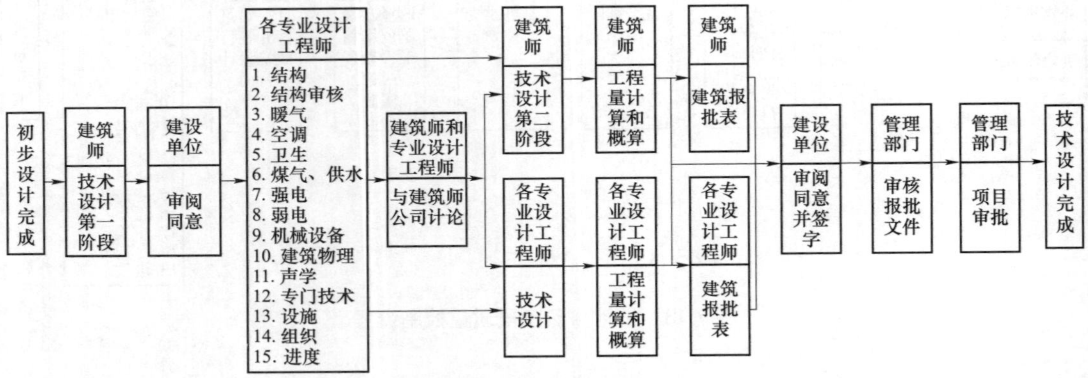

图 7-15　技术设计阶段质量控制流程

3）组织技术交底。技术交底是一项经常性的技术工作，可分级分阶段进行。技术交底应以设计图纸、施工组织设计、质量验收标准、施工验收规范、操作规程和工艺卡为依据，编制交底文件，必要时可用图表、实样、小样、现场示范操作等形式进行，并做好书面交底记录。

4）控制物资采购。施工中所需的物资包括建筑材料、建筑构配件和设备等。如果生产、供应单位提供的物资不符合质量要求，施工企业在采购前和施工中又没有有效的质量控制手段，往往会埋下工程隐患，甚至酿成质量事故。因此，采购前应按先评价后选择的原则，由熟悉物资技术标准和管理要求的人员，对拟选择的供方进行技术、管理、质量检

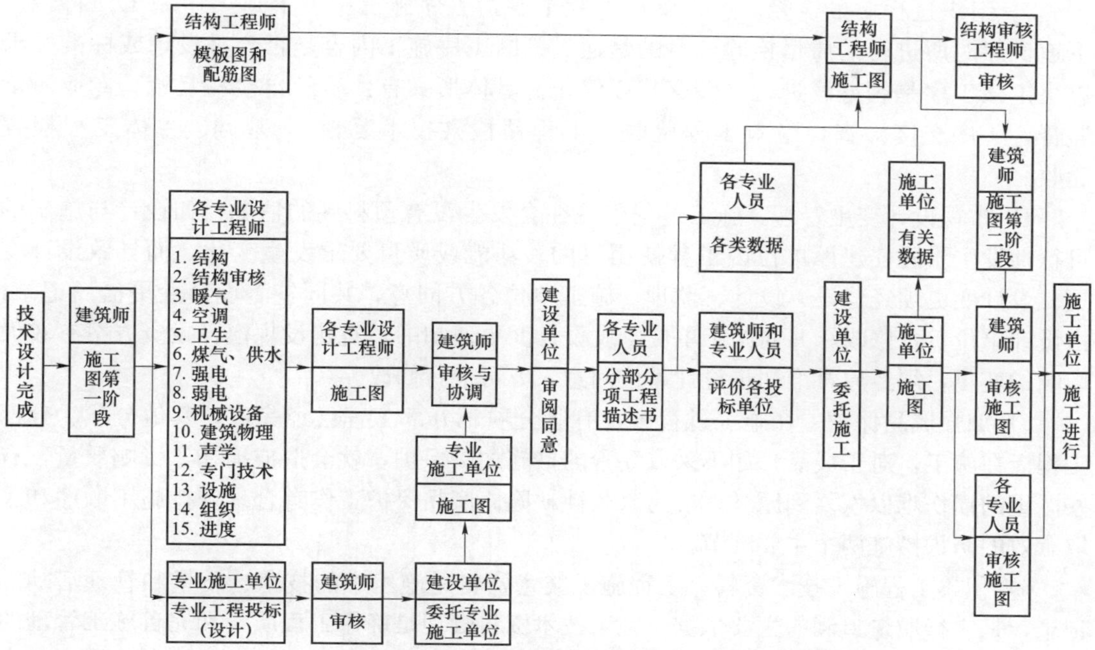

图 7-16　施工图设计阶段质量控制流程

测、工序质量控制和售后服务等质量保证能力的调查，信誉以及产品质量的实际检验评价，各供方之间的综合比较，最后做出综合评价，再选择合格的供方建立供求关系。

5）严格选择分包单位。工程总承包商或主承包商将总包的工程项目按专业性质或工程范围（区域）分包给若干个分包商来完成，是一种普遍采用的经营方式。为了确保分包工程的质量、工期和现场管理能满足总合同的要求，总承包商应由主管部门和人员对拟选择的分包商，包括建设单位指定的分包商，通过审查资格文件，考察已完工程和施工工程质量等方法，从技术及管理实务、特殊及主体工程人员资格、机械设备能力及施工经验，认真进行综合评价，决定是否可作为合作伙伴。

4. 工程项目施工阶段的质量控制

工程项目施工阶段的质量控制工作主要包括材料、构件、制品和设备质量的检查，以及施工质量监督和中间验收等工作。

具体来说，施工阶段质量控制主要包括以下六个方面。

1）严格进行材料、构配件试验和施工试验。对进入现场的物料，包括甲方供应的物料以及施工过程中的半成品，必须按规范、标准和设计的要求，根据对质量的影响程度和使用部位的重要程度，在使用前对涉及结构安全的应由建设单位或监理单位现场见证取样，送有法定资格的单位检测，判断其质量的可靠性。

2）实施工序质量监控。工序质量监控的对象是影响工序质量的因素，特别是主导因素，其核心是管因素、管过程，而不单纯是管结果。工序质量监控重点内容包括：设置工序质量控制点，严格遵守工艺规程，控制工序活动条件的质量，及时查工序活动效果的质量。

3）组织过程质量检验。过程质量检验主要指工序施工中或上道工序完工即将转入下道工序时所进行的质量检验，目的是通过判断工序施工内容是否合乎设计或标准要求以决定该工序是否继续进行（转交）或停止。具体形式有：质量自检和互检，专业质量监督，工序交接检查，隐蔽工程验收，工程预检（技术复核），基础、主体工程检查验收。

4）重视设计变更管理。施工过程中往往会发生没有预料到的情况，如设计与施工的可行性发生矛盾；建设单位因工程使用目的、功能或质量要求发生变化，而导致设计变更。设计变更须经建设、设计、监理、施工单位各方同意，共同签署设计变更洽商记录，由设计单位负责修改，并向施工单位签发设计变更通知书。对建设规模、投资方案有较大影响的变更，须经原批准初步设计单位同意，方可进行修改。

5）加强成品保护。在施工过程中，有些分项、分部工程已经完成，其他分项、分部工程尚在施工，对于成品，如不采取妥善的措施加以保护，就会造成损伤，影响质量，有些严重的损伤难以恢复到原样，成为永久性缺陷。产品保护工作有合理安排施工顺序和采取有效的防护措施两个主要环节。

6）积累工程施工技术资料。工程施工技术资料是施工中的技术、质量和管理活动的记录，是实行质量追溯的主要依据。施工技术资料管理是确保工程质量和完善施工管理的一项重要工作，施工企业必须按各专业质量检验评定标准的规定和各地的实施细则，全面、科学、准确、及时地记录施工及试（检）验资料，按规定积累、计算、整理、归档，手续必须完备，并不得有伪造、涂改、后补等现象。

5. 工程项目竣工验收交付阶段的质量控制

1）坚持竣工标准。由于建设工程项目门类很多，性能、条件和要求各异，因此土建工程、安装工程、人防工程、管道工程、桥梁工程、电气工程及铁路建筑安装工程等都有相应的竣工标准。凡达不到竣工标准的工程，一般不能算竣工，也不能报请竣工质量核定和竣工验收。

2）做好竣工预检。竣工预检是承包单位内部的自我检验，目的是为正式验收做好准备。竣工预检可根据工程重要程度和性质，按竣工验收标准，分层次进行。通常先由项目部组织自检，对缺漏或不符合要求的部位和项目，确定整改措施，指定专人负责整改。在项目部整改复查完毕后，报请企业上级单位进行复检，通过复检，解决全部遗留问题，由勘察、设计、施工、监理等单位分别签署质量合格文件，向建设单位发送竣工验收报告，出具工程保修书。

3）整理工程竣工验收资料。工程竣工验收资料是使用、维修、扩建和改建的指导文件和重要依据，工程项目交接时，承包单位应将成套的工程技术资料分类整理、编目、建档后移交给建设单位。

6. 工程项目回访保修期的质量控制

工程项目在竣工验收交付使用后，施工单位应按照规定在保修期限和保修范围内（见表 7-2），主动对工程进行回访，听取建设单位或用户对工程质量的意见，对施工单位施工过程中的质量问题，负责维修，如属设计等原因造成的质量问题，在征得建设单位和设计单位认可后，协助修补。

表 7-2　　工程项目回访保修质量控制要求

回访的方式	保修的期限	保修的实施
季节性回访 技术性回访 保修期满前回访	基础设施工程、房屋建筑的地基基础工程和主体结构工程，为设计文件规定的该工程的合理使用年限。 屋面防水工程、有防水要求的卫生间、房间和外墙面的防渗漏，为5年。 供热与供冷系统，为2个供暖期、供冷期。 电气管线、给水排水管道、设备安装和装修工程，为2年	保修范围：由于施工的责任，对各类建筑工程及建筑工程的各个部位，都应实行保修。 检查和修理：在保修期内，对建筑产品出现的问题应及时检查并修理

六、项目质量管理方法

如果想要客观地反映实际施工过程中的情况和问题，就必须进行细致的调查，然后得到相关的数据资料。数据是信息的载体，在对工程项目质量进行分析的过程中必须要以数据为基础进行综合判断，一切用数据来说话。在数据的处理过程中，可以使用直方图、排列图、控制图、散布图等图形来展示分析结果。在图上能更加直观地看出工程的质量问题，从而采取适当的措施。

1. 质量控制的直方图法

直方图又称质量分布图、矩形图、频数分布直方图。它是对从一个母体收集的一组数据用相等的组距分成若干组，画出以组距为宽度、以分组区内数据出现的频数为高度的一系列直方柱，按组界值（区间）的顺序把这些直方柱排列在直角坐标系里。这样得到的图形就是直方图。

直方图法是通过频数分布分析研究数据的集中程度和波动范围的统计方法。通过它可以了解工序是否正常、能力是否满足，并可推断母体的不合格率。同时，又可确切地算出数据的平均值和标准偏差5。其优点是：计算、绘图方便、易掌握，而且能够直观、确切地反映出质量分布规律。其缺点是：不能反映时间变化及数据之间和数据群之间的变化。要求收集的数据较多，一般要50个以上，否则难以体现其规律。

常见的直方图有标准型、锯齿型、缓坡型、孤岛型、双峰型、陡壁型等（见图 7-17）。

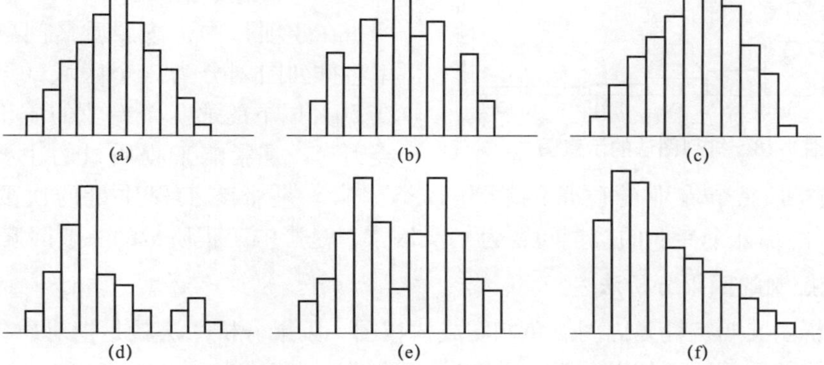

图 7-17　直方图的常见类型

（a）标准型；（b）锯齿型；（c）缓坡型；（d）孤岛型；（e）双峰型；（f）陡壁型

2. 质量控制的排列图法

排列图法又称巴雷特图法，也叫主次因素分析图法。它是分析影响工程（产品）质量主要因素的一种有效方法。排列图是由一个横坐标，两个纵坐标，若干个矩形和一条曲线组成，图中左边纵坐标表示频数，即影响调查对象质量的因素重复发生或出现次数（或件数、个数、点数）；横坐标表示影响质量的各种因素，按出现的次数从多至少、从左到右排列；右边的纵坐标表示频率，即各因素的频数占总频数的百分比；矩形表示影响质量因素的项目或特性，其高度表示该因素频数的高低，曲线表示各因素依次累计的频率，也称为巴雷特曲线。

该方法认为80%的质量问题源于20%的起因，20%的质量问题源于80%的起因，即所谓80/20法。因此我们要确定并解决那些导致大多数质量问题的关键的少数起因，而不是致力于解决那些导致少数问题的大多数起因（不重要的多数）。当已经解决了那些关键的少数起因，就可以把注意力集中放到解决剩余部分中最重要的起因，不过它们的影响是递减的。

（1）收集工序质量数据

例如，将建设项目按专业类别分为土建、电气、工艺、焊接、防腐五个专业，分别由不同的专业工程师负责质量监控工作，总工程师负责全面的质量管理工作。专项工程师对于一般工序巡检到位、重点工序平检到位、关键工序旁站到位，发现工序质量问题，及时下发通知单，要求施工单位按期整改，符合要求后方可继续施工。总工程师定期收集工程师下发的通知单，把施工过程中出现的问题按专业类别分类汇总。

（2）绘制排列图

建立直角坐标系、横坐标平均划分为5个单位长度，每个单位长度代表1个专业的质量问题，左侧纵坐标为每个专业质量问题出现的频数，右侧纵坐标为从左到右各个专业质量问题出现的累计频数百分比，用矩形的长度表示各个专业质量问题出现的频数，在表示每个专业质量问题频数的矩形右边框位置标定累计频数坐标，连接各点坐标获得累计频数百分比曲线，如图7-18所示。

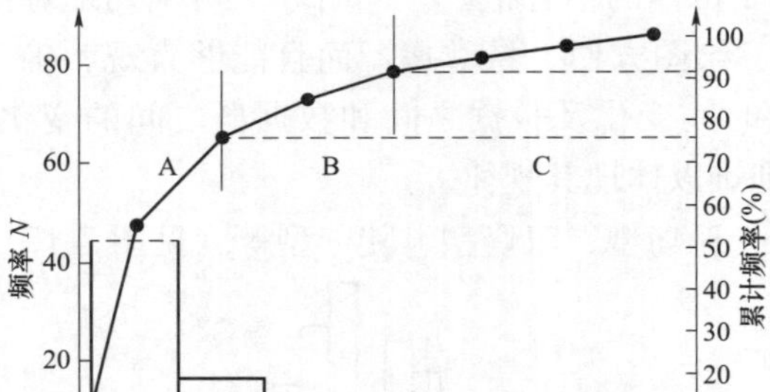

图7-18　排列图法的示意图

（3）质量数据分析

在建项目中，按照质量问题出现的频率将排列图划分为三个区域（见图7-18）：在80%以下的那几个专业的质量问题为A类因素，是影响工程质量的主要因素；在80%～90%的那几个专业的质量问题为B类因素，是影响工程质量的次要因素；在90%～100%的那几个专业的质量问题为C类因素，是影响工程质量的一般因素。

3. 质量控制的因果分析法

因果分析图又叫特性要因图、鱼刺图或树枝图。因果分析图法就是把对质量（结果或特性）有影响的重要因素加以分类，并在同一个图上用箭线表示出来的方法（见图7-19）。通过整理、归纳、分析、查找原因，将因果关系搞清楚，然后采取措施解决问题，使质量控制工作系统化、条理化。它主要包括特性和要因两个方面。所谓特性是指工程施工中经常出现的质量问题。所谓要因是指在质量问题分析中对质量有影响的主要原因。

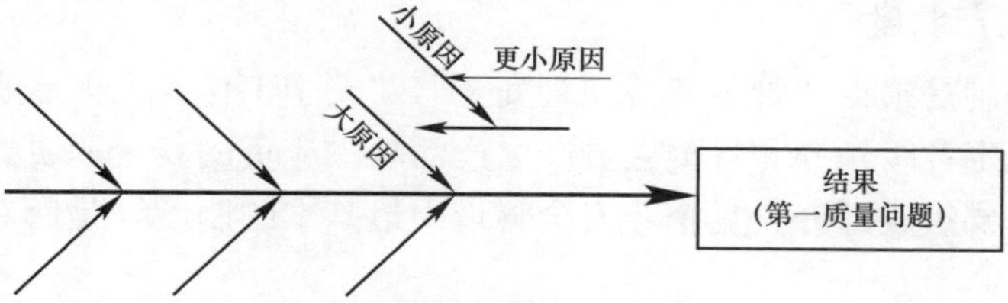

图 7-19　因果分析法的示意图

在工程实践中，任何一种质量问题的产生往往是多种原因造成的。这些原因有大有小，把这些原因依照大小次序分别用主干、大枝、中枝和小枝箭线图形表示出来，便可一目了然、系统地观察出产生质量问题的原因。运用因果分析图可以帮助我们制定对策、措施，解决工程质量上存在的问题，从而达到控制质量的目的。

第四节　工程项目施工职业健康安全及环境管理

全过程工程咨询单位的职业健康安全及环境管理主要包括职业健康安全管理和项目环境管理。职业健康安全和环境方针是该单位在安全、环境、健康方面总的指导思想，是实施和改进单位职业健康安全和环境管理的推动力，是单位生产经营方针的重要组成部分。它必须体现在单位各级管理的目标和计划之中，起到保持和改进职业健康安全和环境绩效的作用。职业健康安全和环境方针是依据单位性质和规模，职业健康安全和环境初始评审结果，法律、法规和其他要求的符合性分析，职业健康安全和环境状况等制定的。它集中体现了单位对遵守法律、法规的承诺，体现了对持续改进、事故预防、污染预防和保护员工健康安全的承诺。这种承诺是全过程工程咨询单位向社会公开声明，向相关方的保证，致力追求安全、健康、环保绩效，旨在体现全过程工程咨询单位的良好形象，更好地为投资人提供优质服务。

一、安全管理的目标

目标是一切管理活动的中心和方向，它决定了组织最终目的执行时的行为导向、考核时的具体标准、纠正偏差时的依据。对日常的安全管理工作具有组织、激励、计划和控制作用。因此，在组织内部依据组织的具体情况设定目标是管理工作的重要方法和内容。

例如，对于某项目制订如下安全管理目标：

1）事故因工负伤年平均频率小于等于0.5‰；

2）杜绝人身伤亡、火灾、设备、交通管线、食物中毒等重大事故；

3）污水、粉尘、噪声、有害气体、固体废弃物排放受控，无相关方重大投诉事件；

4）重大职业危害、环境事故为零；

5）国家局、总公司、集团公司安保部门提出的其他目标。

二、安全管理的基本内容

1. 建立安全生产制度

安全生产责任制是根据“管生产必须管安全”，“安全工作、人人有责”的原则，以制度的形式，明确规定各级领导和各类人员在生产活动中应负的安全职责。它是施工企业岗位责任制的一个重要组成部分，是企业安全管理中最基本的制度，是所有安全规章制度的核心。

安全生产制度的制定，必须符合国家和地区的有关政策、法规、条例和规程，并结合施工项目的特点，明确各级各类人员安全生产责任制度，要求全体人员必须认真贯彻执行。

2. 贯彻安全技术管理

编制施工组织设计时，必须结合工程实际，编制切实可行的安全技术措施，要求全体人员必须认真贯彻执行。执行过程中发现问题，应及时采取妥善的安全防护措施。要不断积累安全技术措施在执行过程中的技术资料，进行研究分析，总结提高，以利于以后工程的借鉴。

3. 坚持安全教育和安全技术培训

组织全体人员认真学习国家、地方和本企业的安全生产责任制、安全技术规程、安全操作规程和劳动保护条例等。新工人进入岗位之前要进行安全纪律教育，特种专业作业人员要进行专业安全技术培训，考核合格后方能上岗。要使全体职工经常保持高度的安全生产意识，牢固树立“安全第一”的思想。

4. 组织安全检查

为了确保安全生产，必须严格安全督察，建立健全安全督察制度。安全检查员要经常查看现场，及时排除施工中的不安全因素，纠正违章作业，监督安全技术措施的执行，不断改善劳动条件，防止工伤事故的发生。

5. 进行事故处理

人身伤亡和各种安全事故发生后，应立即进行调查，了解事故产生的原因、过程和后果，提出鉴定意见。在总结经验教训的基础上，有针对性地制定事故再次发生的可靠措施。

1）建筑工程施工中伤亡事故的类别主要分为六种，见表 7-3。

表 7-3　建筑工程施工中伤亡事故的六种主要类别

类别	具体内容
高处坠落	操作者在高度基准面 2m 以上作业时造成的坠落
物体打击	施工人员在操作过程中受到各种材料、机械零部件以及各种崩块、碎片、滚石和器具飞击，材具反弹，锤击等对人体造成的伤害，不包括因爆炸引起的物体打击。在一个垂直平面的上下交叉作业，最易发生打击事故
触电	施工现场触电事故主要是设备、机械、工具等漏电、电线老化破皮，违章使用电气用具，对在施工现场周围的外电线路不采取防护措施所造成

续表

类别	具体内容
机械伤害	施工现场使用的木工机械和电平刨、圆盘锯等，钢筋加工机械如拉直机、弯曲机等，以及电焊机、搅拌机、各种气瓶及手持电动工具等在使用中，因缺少防护和保险装置，易对操作者造成伤害
坍塌	在土方开挖或深基础施工中，造成土石方坍塌；拆除工程、在建工程及临时设施等部分或整体坍塌
火灾爆炸	施工现场乱扔烟头、焊接与切割动火及用水用电，使用易燃易爆材料等不慎造成火灾、爆炸

2）施工伤亡事故处理。

①突发性安全事故的应急措施。项目承包方应立即启动突发性安全事故应急救援预案，总包和分包单位应根据预案的组织分工立即投入工作中去。抢救伤员，排除险情，采取措施制止事故蔓延扩大；保护事故现场，建立警戒线，撤离无关人员；妥善保管物证，待事故结案后解除现场保护。

②安全事故报告。事故发生后，现场有关人员应立即向本单位负责人及事故发生地负有安全生产监管职责的有关部门报告。事故报告应当及时、准确、完整，不得迟报、漏报、谎报或瞒报。

事故报告应当包括下列内容：

事故发生单位概况；

事故发生的时间、地点以及现场情况；

事故的简要经过；

事故已经造成或者可能造成的伤亡人数（包括下落不明的人数）和初步估计的直接经济损失；

已经采取的措施；

其他应当报告的情况。

③事故调查。事故发生的项目部应积极配合事故调查组的调查、取证，为调查组提供一切便利。若发现有违规现象，除对责任者视其情节给予通报批评和罚款外，责任者还必须承担由此产生的一切后果。

④事故处理。事故责任项目部应根据事故调查报告中提出的事故纠正与预防措施建议，编制详细的纠正与预防措施，将事故详情、原因及责任人处理等编印成事故通报，组织全体职员学习，从中吸取教训，防止事故的再次发生。

处理施工伤亡事故应遵循“四不放过”原则，其具体内容是：

原因不清不放过；

责任人未受处理不放过；

群众未受教育不放过；

防患措施未落实不放过。

三、安全管理的重点

1. 各阶段安全管理的主要工作

施工现场安全管理是项目安全管理的重点，对施工现场的人、机、环境系统的可靠性，必须进行经常性的检查、分析和调整。施工现场安全管理的主要工作随着施工的推进不断变换，工程施工准备阶段、基础施工阶段、结构施工阶段和装修阶段安全管理的主要工作如图 7-20 所示。

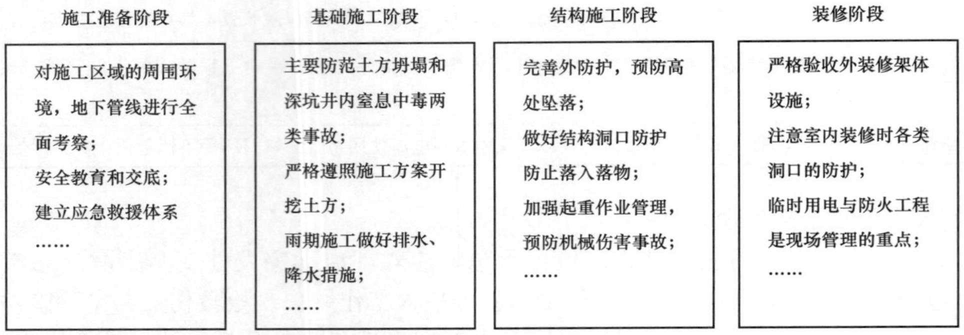

图 7-20　施工现场安全管理的主要工作

2. 冬季及雨期施工时安全管理的主要工作

1）在大风大雪之后，尽快组织清扫作业面和脚手架。检查是否有安全隐患，防滑措施是否落实。

2）参加冬季施工的人员衣着要灵便。

3）在冬季施工中现场蒸汽锅炉要选用安全装置齐全的合格锅炉。

4）冬季室内取暖要防止煤气中毒。

5）雨期到来之前，组织电气人员认真检查现场的所有电器设备。

6）雨期来临之前，做好塔式起重机、外用电梯、钢管脚手架、钢管井字架、龙门架等高大设施的防雷保护。

7）在雨期中，应尽可能避开开挖土方管沟等作业，尽可能在雨期施工之前做好地下工程施工和基础回填。

8）雨期要认真做好现场的排水，发现基础下沉要及时加固。雨后要检查脚手架、井字架、塔式起重机等设备的基础，发现下沉要及时处理。

3. 制定施工现场安全生产事故应急救援预案

施工单位要根据建设工程施工的特点、范围，对施工现场各个施工阶段中易发生重大事故的部位、环节进行监控，制定施工现场生产安全事故应急救援预案，并根据应急救援预案建立应急救援组织或配备应急救援人员，配备必要的应急救援器材、设备，并定期组织演练、评估和完善事故应急救援。

四、安全管理的措施

工程项目的安全管理主要通过以下五种方式实施（见图 7-21）。

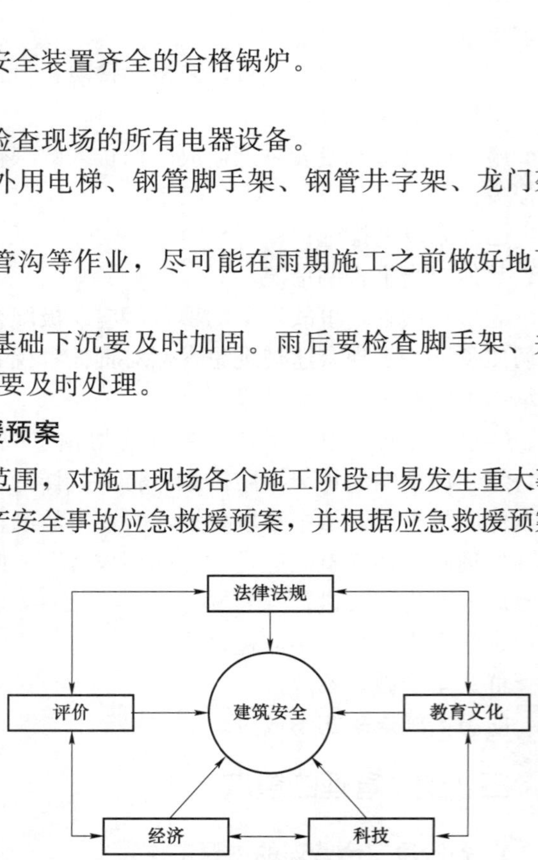

图 7-21　建筑安全管理手段

1. 安全管理的法律措施

为实现保障安全的职能，国家选择了

作为强制力的法律法规手段，将法律法规视为实现安全职能的利器。

安全管理法律法规是指国家关于改善劳动条件，实现安全生产，为保护劳动者在生产过程中的安全与健康而制定的法律、法规、规章和规范性文件的总和，是生产实践中的经验总结和对自然规律的认识和运用，是以国家强制力保证实施的一种行为规范。

建设工程安全管理法律法规体系，是指国家为改善劳动条件，实现建设工程安全生产，保护劳动者在施工生产过程中的安全和健康而制定的各种法律、法规、规章和规范性文件的总和，是必须执行的法律法规。

建设工程安全技术规范是强制性的标准，是建设工程安全生产法规体系组成部分。我国安全法律法规的立法体系如图 7-22 所示。

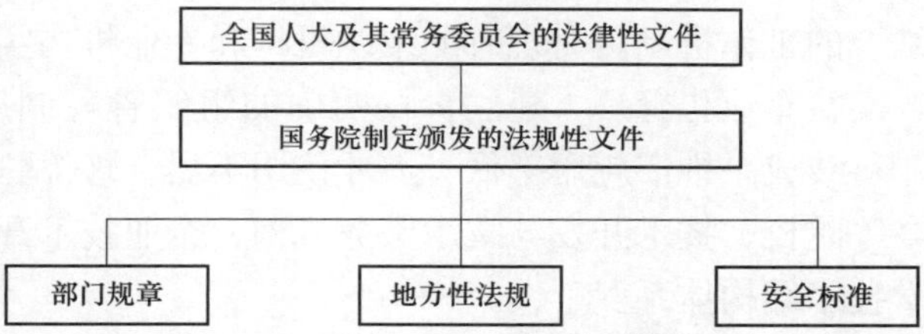

图 7-22　我国安全法律法规的立法体系

建设工程法律是指由全国人民代表大会及其常务委员会通过的规范工程建设活动的法律规范，由国家主席签署主席令予以公布，如《中华人民共和国建筑法》《中华人民共和国安全生产法》《中华人民共和国劳动法》等。

建设工程行政法规是由国务院根据宪法和法律制定的规范工程建设活动的各项法规，由总理签署国务院令予以公布，如《建设工程安全生产管理条例》《建设工程质量管理条例》《安全生产许可证条例》等。

建设工程部门规章是指建设部按照国务院规定的职权范围，独立或与国务院有关部门联合根据法律和国务院的行政法规、决定、命令，制定的规范工程建设活动的各项规章，属于建设部制定的由部长签署建设部令予以公布，如《建筑安全生产监督管理规定》《建设工程施工现场管理规定》《建设施工企业安全生产许可证管理规定》《工程监理企业资质管理规定》等。

法律、法规规章的效力是：法律的效力高于行政法规，行政法规的效力高于部门规章。

法律法规规定了建设工程安全生产管理制度体系，如图 7-23 所示。

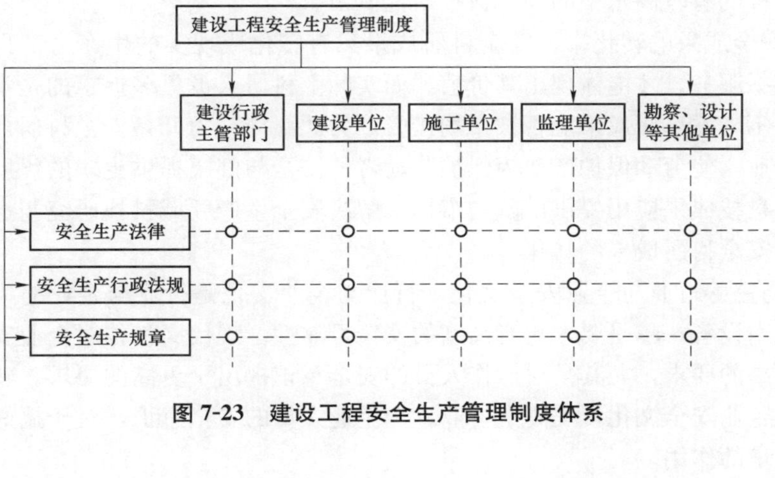

图 7-23　建设工程安全生产管理制度体系

2. 安全管理的技术措施

建筑工程安全生产工作的开展离不开科学技术，并且必然得到科学技术的推动和引导。加强建筑安全科技研究与应用是一项具有社会效益和经济效益的事情，是改善建筑安全生产管理的有效途径之一。

现代安全技术的含义已经远远超过了原来所界定的范围，不仅包括技术措施，还包括组织措施；不仅包括硬件技术，还包括软件；不仅包括安全，还包括卫生。现代建筑工程安全管理技术发挥科技手段的措施有：

1）建立合理的安全科技体制。尽快建立适应社会主义市场经济体制要求的，面向社会、面向企业、面向安全生产的新型安全科技体制，逐步形成研究、开发、应用、推广紧密结合的工作机制。对现有的组织机构和专业机构实行优化组合。加快科研机构的改革步伐，实行企业化管理，建立责权明确的组织管理制度。从体制上解决机构重叠、专业分散、科技成果推广应用率低、人才使用不尽合理等弊端，逐步形成包括独立科研机构、重点高等院校、技术开发与技术服务机构、企业技术开发机构、民营科技企业等组成的安全科学技术结构体系。

2）加大安全科研投入。安全科技要进步，必须有必要的资金支持。在国家不可能全额拨款的情况下，需要多方式、多渠道地筹集资金。除争取经常性费用的不断增加外，还应通过申报国家级重点科技项目，争取增加国家补助经费；有计划地组织国家贷款的科技开发项目；筹资建立安全科研基金；把科研成果推向市场，形成科研与开发的良性循环；坚持谁投资谁受益的原则，积极争取国内外的有识之士和有实力的单位对安全科研工作的资金投入；培育和推进安全科研技术市场化的发展，鼓励社会资金的投入；通过相关制度措施，确保企业的安全投入落实到位。

3）培育高水平的科技研究队伍。提高安全科技水平的关键在于人才。目前，由于各方面的原因，安全科技人才流失较为严重。要改变这一状况，必须加快培养和引进人才，一方面要充分发挥现有科技人员的作用，加快中青年学术和技术带头人的培养，大胆使用中青年科技人员，让其在研究开发第一线担当重任；另一方面要从国内外引进安全科技人才，特别是引进有专长、年富力强的学术带头人，造就出一支专业化、年轻化、具有创新意识和奉献精神的有较高水平的安全科技研究队伍。

4）提高安全成果的转化率。安全科研成果只有转化成现实的生产力，只有为企业提高安全管理水平服务，才能体现出其价值。而实际上科研人员更多追求的是学术地位与学术影响力，并不考虑科研成果能否被市场接受。为此，应努力开拓安全科研产品市场，发展劳动保护产业，使劳动保护产业为保护劳动者的安全与健康提供更多的优质产品和技术手段，同时为科技成果应用提供广阔的市场，解决安全生产领域科技研究与经济发展脱节的问题，促进安全科研成果的转化。

5）建立与完善行业与企业安全文化。行业与企业文化是行业与企业的灵魂。越是科技含量高的技术设备，越是要求具有高度的安全可靠性。现代高科技对企业安全生产管理工作提出了更高的要求，尤其是对操作人员的安全意识提出了更高的要求。建立与完善建筑行业与建筑企业安全文化，提高全行业、全企业人员的安全意识，对于搞好安全管理无疑起着不可估量的作用。

3. 安全管理的教育措施

1）现在建筑工程安全管理教育文化。安全文化是有关行业、组织和个人对安全的认识与态度的集合。

建筑工程安全管理教育文化是指建筑行业、建筑企业对建筑安全的认识与态度的集合。体现在以下几个方面：

①强有力的领导和对高标准的建筑安全与健康的明显承诺。

②全行业、全企业的安全意识。

③当安全事故发生后，整个企业、行业具有一种吸取经验的态度，从而整体提高。

2）现代建筑工程社会安全文化。安全生产方针是国家对全国安全生产工作的总要求，是指导全国安全生产工作的总思想。安全生产又是构建和谐社会的重要组成部分，没有安全就没有和谐。而我们要搞好安全生产，必须在法制的前提下，必须在全社会关注、参与的前提下。目前我国全社会的安全活动有全国安全生产月活动、全国安康杯竞赛活动等，社会安全文化的内容是丰富多彩的，其作用如下：

①倡导以人为本的安全理念，宣传普及安全生产法律和安全知识，提高全民安全意识和安全文化素质。

②坚持面向基层、面向群众的方针，促进安全文化的繁荣。

③可以扶持、引导和发展安全文化产业，推动安全文化建设的社会化和产业化。

④发挥大众传媒的作用，加强舆论阵地建设，造成全社会关爱生命、安全的舆论氛围。

3）建筑行业安全文化。行业安全文化是指整个行业对于安全和健康的价值观、期望、行为模式和准则，形成整个行业的安全氛围。建筑行业安全文化的手段如下：

①建设系统安全生产月活动。建设系统安全生产月活动是社会安全文化——全国安全生产月活动在建设领域的延伸，是社会安全文化在建设领域的体现。

②全国建筑安全生产检查。

③创建安全生产文明工地活动。

4）建筑企业安全文化。企业文化是指一个企业全体成员的企业目标及日常运作的共同信念。企业安全文化是企业文化的一个分支，是企业文化在安全方面的体现。建筑企业安全文化的途径有：

①从企业员工心理出发，结合工作与环境建立组织文化（见图 7-24）。

②广泛开展安全生产的宣传教育，使全体员工真正认识到安全生产的重要性和必要性，懂得安全生产和文明施工的科学知识，牢固树立安全第一的思想，自觉地遵守各项安全生产法律法规和规章制度。

③把安全知识、安全技能、设备性能、操作规程、安全法规等作为安全教育的主要内容。

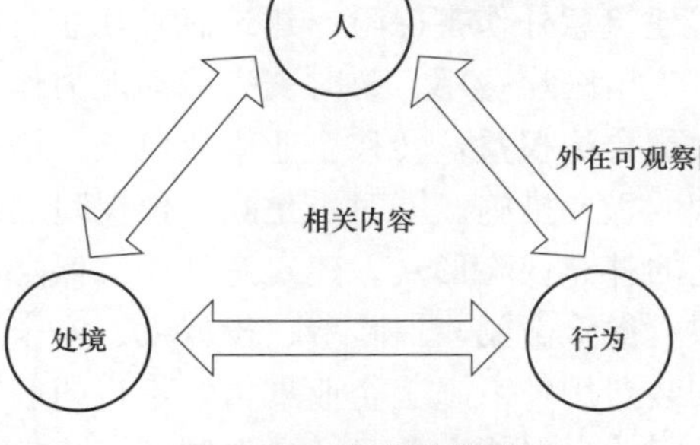

图 7-24　组织文化模型

④建立经常性的安全教育考核制度，考核成绩要记入员工档案。

4. 安全管理的经济措施

经济措施就是各类责任主体通过各类保险为自己编制一个安全网，维护自身利益，同时运用经济杠杆使信誉好、建筑产品质量高的企业获得较高的经济效益、对违章行为进行惩罚。

经济措施有工伤保险、建筑意外伤害保险、经济惩罚制度，提取安全费用制度等。

1）建筑职业意外伤害保险制度。我国建筑职业意外伤害保险制度体系是以工伤保险制度为基础，工伤保险和建筑意外伤害保险相结合的制度，同时积极探索意外伤害保险行业自保或企业自保模式，其基本框架如图 7-25 所示。

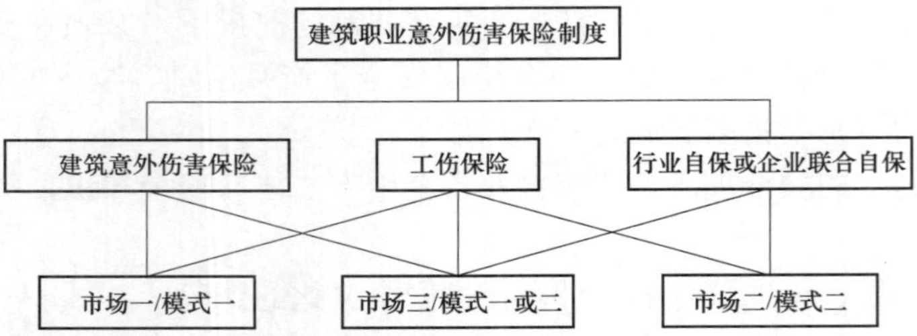

图 7-25　建筑职业意外伤害保险制度体系框架

在此框架下，建筑职业意外伤害保险市场将有三种类型。市场一是工伤保险制度与建筑意外伤害保险并存的市场，是目前我国建筑职业意外伤害保险制度所处的市场类型。市场二是工伤保险制度与行业自保或企业联合自保制度并存的市场。市场三是工伤保险制度、建筑意外伤害保险制度与行业自保或企业联合自保制度并存的市场。市场二、市场三目前处在试行阶段。

①工伤保险制度。工伤保险制度是指国家和社会为生产、工作中遭受事故伤害和患职业性疾病的劳动者及亲属提供医疗救治、生活保障、经济补偿、医疗和职业康复等物质帮助的一种社会保障制度。具有强制性、社会性、互济性、保障性、福利性，其作用如下：保障职工的切身利益；工伤保险制度直接干预事故预防工作，工伤保险基金可以增加工伤事故预防的支出；费率机制刺激企业改善劳动条件；工伤保险机构对安全生产具有监察作用。

②建筑意外伤害保险。建筑意外伤害保险制度是以被保险人因意外伤害而造成伤残、死亡、支出医疗费用、暂时丧失劳动能力作为赔付条件的人身保险业务。它是保护建筑业从业人员合法权益，转移企业事故风险，增强企业预防和控制事故的能力，是促进企业安全生产的重要措施。同时也是除工伤保险之外，专门针对建筑施工现场人员的工作危险性而建立的补充保险形式。建筑意外伤害保险制度规定了建筑意外伤害保险的保险范围、保险期限、保险金额、保险费、投保人、安全服务等。其中投保人为施工企业，保险费列入建筑安装费用，由施工企业支付，不得向职工摊派。

③行业自保或企业联合自保制度。建筑意外伤害保险企业自保或企业联合自保制度是根据建筑行业高风险特点，在行业内部由企业自筹基金，进行事故预防，自行补偿事故损

失，互保险的非营利性保险制度。

行业自保或企业联合自保制度具有自愿性和非营利性，保险基金属于自保基金。行业自保或企业联合自保制度发展的三个阶段如图 7-26 所示。

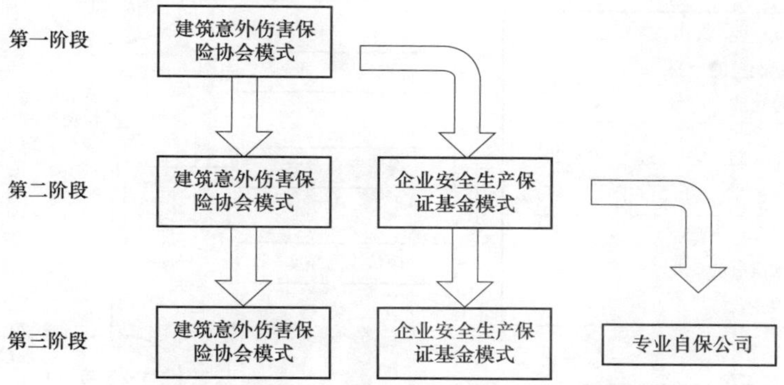

图 7-26　建筑职业意外伤害保险制度体系框架

2）经济惩罚制度。经济惩罚制度从严格上来说是属于行政处罚的范畴，但经济惩罚的后果则是造成企业实际利益的损失，从这个意义上来说，这是一种惩罚性的经济措施。经济惩罚主要是通过法律法规的规定，对有关违章的行为进行处罚。针对处罚的行为对象，可以分为对潜在违章行为的处罚、对违章行为的处罚和对违章行为产生后果（即事故）的处罚。同时，经济惩罚制度还采取了连带制、复利制的方式，即惩罚连带相关人员，罚款额度随惩罚次数增加而增加等。作为一种具有行政处罚特征的经济措施，经济惩罚制度和一般的经济措施相比，虽然有一定的被动性，但其震慑力大，往往对建筑施工企业的声誉带来负面的影响。

3）科学合理地确定安全投入。安全投入是指一国或一行业或一企业用于与安全生产有关的费用总和。安全总投入包括安全措施经费投入、劳动保护用品投入、职业病预付费用投入等方面。其中，安全措施经费投入又包括安全技术、工业卫生、辅助设施、宣传教育投入等。科学合理地确定安全投入是搞好安全管理的重要经济措施。

4）提取安全费用制度。强制提取安全费用，保证安全生产所需资金，是弥补安全生产投入不足的措施之一。安全费用的提取，根据地区特点，由企业自行安排使用，专款专用。

5）提高企业生产安全事故伤亡赔偿标准。企业生产安全事故赔偿是指企业发生生产安全责任事故后，事故受害者除应得到工伤社会保险赔偿外，事故单位还应按照伤亡者的伤亡程度给予受害者亡者家属的一次性补偿。提高企业生产安全事故伤亡赔偿标准，是强化安全生产工作的另一措施。

6）安全生产风险抵押金制度。安全生产风险抵押金制度是预防企业发生生产安全事故预先提取的，用于企业发生重特大事故后的抢险救灾和善后处理的专项资金制度。安全生产风险抵押金由企业自行负担，在自有资金中支付，它的收缴、管理、使用和相关业务的开展由各级人民政府指定的机构负责。建筑工程安全管理经济手段的关系如图 7-27 所示。

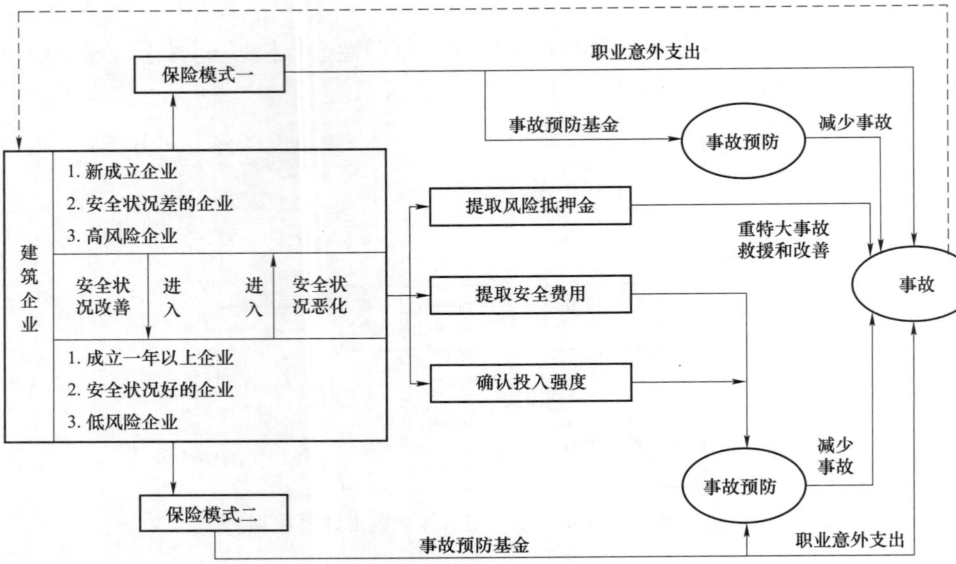

图 7-27　建筑工程安全管理经济手段之间的关系

5. 安全管理的评价措施

为加强施工企业安全生产的监督管理，科学地评价施工企业的安全生产条件、安全生产业绩及相应的安全生产能力，实现施工企业安全生产评价工作的规范化和制度化，促进施工企业安全生产管理水平的提升，对施工企业进行安全生产评价。

安全评价有安全预评价、安全验收评价、安全现状评价和专项安全专项评价，覆盖了工程项目的生命期，已经取得了初步成效。实践证明，安全评价不仅能有效地提高企业和生产设备的安全程度，而且可以为各级安全生产监督部门的决策和监督检查提供强有力的技术支持。

第五节　工程项目变更、洽商、签证及索赔

一、工程项目变更

1. 变更简介

工程变更是指在信息系统工程建设项目的实施过程中，由于项目环境或者其他的各种原因对项目的部分或项目的全部功能、性能、架构、技术、指标、集成方法、项目进度等方面做出的改变。

FIDIC 的定义：

工程变更指设计文件或技术规范修改而引起的合同变更。它在特点上具有一定的强制性，且以监理工程师签发的工程变更令为存在的充要条件。

工程变更是全过程索赔的关键环节之一。变更价款是承包人获得额外收入的主要来源，往往可以占到合同价格的 10%～25%。而且相对于经济索赔，工程变更是容易为发包

人接受的方式。工程变更是工程合同特有的约定。设计图纸不完备、发包人改变想法以及施工条件不可预料等决定了工程施工具有不确定性特点。为了提高应对不确定事件的效率，工程合同赋予发包人单方面变更的权利，同时赋予了承包人请求按照合同约定的估价方法增减合同价款、顺延工期的权利。

工程变更可分为设计变更、施工方案变更、新增附加工作、删除工作等四类，其中，设计变更是主要类型，施工方案变更是难点。

2. 工程变更对项目的影响

合同成立以后客观情况发生了当事人在订立合同时无法预见的、非不可抗力造成的不属于商业风险的重大变化，继续履行合同对于一方当事人明显不公平或者不能实现合同目的，当事人请求人民法院变更或者解决合同的，人民法院应当根据公平原则，并结合案件的实际情况确定是否变更或者解除。如何在建筑施工合同中合理运用，对于整个建筑市场的发展也有着极其重要的意义。

工程变更对项目造价水平具有重要的影响。一定数量的工程变更可能对工程项目总的建造成本会产生负面的影响，一般来说，工程变更的数量越多，成本增加越多，对工程造价影响巨大。

项目变更会发生在项目实施过程中的任一阶段，在项目在生命周期里，项目的变更发生得越早，项目已形成的价值越小，已消耗的资源越少，后续计划灵活性越大，相应的损失就会越小。在项目设计阶段，一个子系统设计或部分设计中的变更只要求其他相关系统的重新设计；而设计完成后的设计变更将会对项目范围、成本和进度都带来很大的影响；在建设或安装阶段，变更发生得越晚，变更的破坏性越大，对项目造价的影响会越来越大，直接影响着项目投资，若处理不好，投资控制就很难圆满完成。

如果工程合同外费用所占比例较高，包含在大多数合同中的正常的变更价款大约是合同价的10%，这类合同的运行情况相当不错，此时，业主能迅速按进度支付款项，双方都能满意协商。然而，当变更价款超过合同价的大约15%时，变更的效应将基于承包商的管理技能和每一个不同项目的独特条件开始影响变更工程和未变更工程的进度和成本费用。但是，当变更总量超过合同价的大约20%时，无论是变更工程还是未发生变更的工程都会经受变更的潜在影响，在持续的变更环境中，变更工程和未变更工程的成本估价将变得非常困难。统计学分析结果表明，设计变更和施工措施变更是建设项目工程变更的主要形式，是控制的重要对象。比如，在市政工程中，以样本加权算术平均值统计的设计变更和施工措施变更所占比例分别为32.08%和67.92%。施工变更尤其对市政工程造价将产生较大的影响。

3. 工程变更的基本要求

1）合同变更要经过有关专家（监理工程师、设计工程师、现场工程师等）的科学论证和合同双方的协商，在合同变更具有合理性、可行性，而且由此引起的进度和费用变化得到确认和落实的情况下方可实行。

2）合同变更应以监理工程师、发包人和承包商共同签署的合同变更书面指令为准，并以此作为结算工程款的凭据。情况紧急时，监理工程师的口头通知也可接受，但必须在48h内，追补合同变更书。承包商对合同变更若有不同意见可在7～10天内书面提出，但若发包人决定继续执行的指令，承包商应继续执行。

3）合同双方都必须遵守合同变更程序，依法进行，任何一方都不得单方面擅自更改合同条款。

4）合同变更的次数应尽量少，变更的时间应尽量提前，并在事件发生后的一定时限内提出，以避免或减少给工程项目建设带来的影响和损失。

5）合同变更所造成的损失，除依法可以免除的责任外，如由于设计错误，设计所依据的条件与实际不符，图与说明不一致，施工图有遗漏或错误等，应由责任方负责赔偿。

4. 工程变更产生的原因

变更产生的原因有以下几方面：

1）因为设计人员、工程师、承包商事先没能很好地理解发包人的意图，或设计错误而导致图纸修改。

2）发包人有新的意图，发包人修改项目总计划，削减预算等。

3）因为产生新的技术和知识，有必要改变原设计、实施方案或实施计划。

4）合同双方当事人由于倒闭或其他原因转让合同，造成合同当事人的变化。

5）因为工程环境的变化，预定的工程条件不准确，而必须改变原设计、实施方案或实施计划，或由于发包人指令及发包人责任的原因造成承包商施工方案的变更。

6）政府部门对工程有新的要求，例如国家计划变化、环境保护要求、城市规划变动等。

7）因为合同实施出现问题，必须调整合同目标或修改合同条款。

5. 工程变更的程序

建筑工程项目合同变更的程序为：提出合同变更→批准合同变更→发出及执行合同变更指令，具体内容如下。

1）提出合同变更。合同变更的提出有3种情况，分别是：

①发包人提出合同变更。发包人可通过工程师提出合同变更。但如发包人提出的合同变更内容超出合同限定的范围，则其提出的变更属于新增工程，要另签合同，除非承包方同意作为变更。

②承包商提出合同变更。承包商提出合同变更，通常是由于工程遇到不能预见的地质条件或地下障碍。例如原设计的某大厦基础为钻孔灌注桩，承包商根据开工后钻探的地质条件和施工经验，认为改成沉井基础较好。也有可能是承包商为了节约工程成本或加快工程施工进度，提出合同变更。

③工程师提出合同变更。工程师往往根据工地现场的工程进展的具体情况，认为确有必要时，可提出合同变更。工程施工过程中，因设计考虑不周，或施工时环境发生变化，工程师本着节约工程成本、加快工程进度和保证工程质量的原则，可提出合同变更。只要提出的合同变更在原合同规定的范围内，一般是切实可行的。若超出原合同，新增了很多工程内容和项目，则属于不合理的合同变更请求，工程师应和承包商协商后酌情处理。

2）批准合同变更。如果是由承包商提出的合同变更，应交与工程师审查并批准。如果是由发包人提出的合同变更，为便于工程的统一管理，通常由工程师代为发出变更单。

工程师有发出合同变更通知的权力，是工程施工合同明确约定的。当然该权力也可约定为发包人所有，发包人通过书面授权的方式使工程师拥有该权力。但如果合同对工程师提出合同变更的权力作了具体限制，工程师发出超出其权限范围的合同变更指令，应附上发包人的书面批准文件，否则承包商可拒绝执行。在紧急情况下，不应限制工程师向承包商发布其认为必要的变更指示。

合同变更审批的基本原则为：

①考虑合同变更对工程进展是否有利。

②考虑合同变更可以节约工程成本。

③保证变更项目符合本工程的技术标准。

④考虑合同变更要兼顾发包人、承包商或工程项目之外其他第三方的利益，不能因合同变更而损害任何一方的正当权益。

⑤当工程受阻，例如遇到特殊风险、人为阻碍、合同一方当事人违约等就得变更工程。

3）发出及执行合同变更指令。为了避免耽误工作，工程师在和承包商就变更价格达成一致意见之前，须先行发布变更指令，通常分两个阶段发布变更指令：第一阶段是在没有规定价格和费率的情况下指令承包商继续工作；第二阶段是在通过进一步的协商之后，发布确定变更工程费率和价格的指令。

合同变更指令的发出形式有：

①书面形式。即要求工程师签发书面变更通知令。当工程师书面通知承包商工程变更时，承包商才能执行变更的工程。

②口头形式。工程师先发出口头指令要求合同变更，事后再补签一份书面的合同变更指令。如果工程师口头指令后忘了补书面指令，承包商（须 7 天内）可以书面形式证实此项指令，交与工程师签字，工程师如果在 14 天之内没有提出反对意见，应视为认可。

6. 工程项目变更惯例

1）合同变更必须用书面形式或以一定的规格写明。对于要取消的任何一项分部工程，合同变更应在该部分工程还未施工之前进行，以免造成人力、物力、财力的浪费，也避免造成发包人多支付工程款项。

2）根据通常的工程惯例，除非工程师明显超越合同赋予的权限，承包商应该无条件地执行其合同变更的指令。如果工程师根据合同约定发布了进行合同变更的书面指令，那么不论承包商对此是否有异议，不论合同变更的价款是否已经确定，也不论监理方或发包人答应给予付款的金额是否令承包商满意，承包商都应无条件地执行此种指令。若承包商有意见，只能是一边进行变更工作，一边根据合同规定寻求索赔或仲裁解决。在争议处理期间，承包商有义务继续进行正常的工程施工和有争议的变更工程施工，否则可能会构成承包商违约。

7. 变更注意事项

1）对变更条款进行认真的合同分析。

①对工程变更条款的合同分析应特别注意：工程变更不能超过合同规定的工程范围，如果超过这个范围，承包商有权不执行变更或坚持事先商定价格后再进行变更。发包人和工程师的认可权必须限制。发包人常常通过工程师对材料、设计、施工工艺的认可权提高

材料的质量标准、设计质量标准、施工质量标准。如果合同条文规定比较含糊或不详细，很容易产生争执。但是，如果这种认可权超过合同明确规定的范围和标准，承包商应争取发包人或工程师的书面确认，进而提出工期和费用索赔。

②承包商与发包人、总（分）包之间的任何书面信件、报告、指令等都应经合同管理人员进行技术和法律方面的审查，这样才能保证任何变更都在控制中，不会出现合同纠纷。

2）促使工程师将工程变更提前发生。

①在实际工作中，变更决策时间过长和变更程序太慢均会造成很大的损失。通常有两种现象：施工停止，承包商等待变更指令或变更会谈决议；变更指令不能迅速作出，而现场继续施工，从而造成更大的返工损失。因此，变更程序应尽量快捷，承包商也应尽早发现可能导致工程变更的种种迹象，尽可能促使工程师提前做出工程变更。

②施工中发现图纸错误或其他问题，需进行变更，首先通知工程师，经工程师同意或通过变更程序后再进行变更。否则，承包商可能不仅得不到应有的补偿，而且会带来麻烦。

3）正确判定工程师发出的变更指令。对已收到的变更指令，特别是对重大的变更指令或在图纸上作出的修改意见，应予以核实。对超出工程师权限范围的变更，应要求工程师出具发包人的书面批准文件。对涉及双方责、权、利关系的重大变更，必须有发包人的书面指令、认可或双方签署的变更协议。

4）迅速、全面落实变更指令。变更指令作出后，承包商应迅速、全面、系统地落实变更指令。承包商应全面修改相关的各种文件，例如有关图纸、规范、施工计划、采购计划等，使它们反映和兼容最新的变更。承包商应在相关的各工程小组和分包商的工作中落实变更指令，并提出相应的措施，对新出现的问题作解释和对策，同时又要协调好各方面工作。

5）注意收集收据资料。工程变更是索赔机会，应在合同规定的索赔有效期内完成对它的索赔处理。在合同变更过程中应记录、收集、整理所涉及的各种文件，如图纸、各种计划、技术说明、规范和发包人或工程师的变更指令，以作为进一步分析的依据和索赔的证据。

在工程变更中，应特别注意因变更造成返工、停工、窝工、修改计划等引起的损失，注意这方面证据的收集。在变更谈判中应对此进行商谈，保留索赔权。在实际工程中，人们常常会忽视这些损失证据的收集，而最后提出索赔报告时往往因举证和验证困难而被对方否决。

二、现场洽商、签证

1. 现场签证简介

现场签证是指发承包双方现场代表（或其委托人）就施工过程中涉及的责任事件所作的签认证明。

现场签证是从合同价到结算价，全过程索赔中形成的重要文件。但在工程合同国内示范文本及国际标准合同中，却根本没有提及签证。

现场签证是承发包双方确认工程相关事项的证明文件。签证并不一定是补充协议。狭义的签证才是补充协议。狭义签证指在施工及结算过程中，发包人与承包人根据合同约定就价款增减、费用支付、损失赔偿、工期顺延等事宜达成的补充协议。但该两签证概念均与工程合同脱节，广义签证是在施工过程中工程师依合同约定核定承包人提出的工程事项申请或者发出工程指令的单方法律行为。

现场签证主体很多，依据其授权情况不同，工程签证可分为有权签证、无权签证。

2. 工程签证的洽商方

工程签证是双方协商一致的结果，是双方法律行为。工程签证的法律后果是基于双方意思表示的内容而发生。工程签证涉及的利益已经确定或者在履行后确定，可直接或者与签证对应的履行资料一起作为工程进度款支付与工程结算的凭据。其构成要件是：

1）签证主体必须为施工单位与建设单位双方当事人，只有一方当事人签字不是签证，签证是一种互证。

2）双方当事人必须对行使签证权利的人员进行必要的授权，缺乏授权的人员签署的签证单往往不能发生签证的效力。如工程承包合同授权监理师有签证权，这时，随便一个建设单位的代表签证反而并不产生法律效力。

3）签证的内容必须涉及工期顺延和（或）费用的变化等内容。比如，施工单位承诺让利的范围内事项（同样可能有所谓“签证”）是不能计价的。因施工单位失误引起的返工或增加补救内容（同样有所谓验收“签证”），这些都是不能给予经济结算的，不是真正意义上的签证。

4）签证双方必须就涉及工期顺延和（或）费用的变化等内容协商一致，通常表述为双方一致同意、建设单位同意、建设单位批准等。

3. 签证的类别

从不同的角度进行分析，可以将工程签证进行不同的分类，如图 7-28 所示。

- 按项目控制目标
  - 工期签证
  - 费用签证
  - 工期＋费用签证
- 按签证表现形式
  - 设计修改变更通知单
  - 现场经济签证
  - 工程联系单
  - 其他形式
- 按合同约定角度
  - 变更合同约定签证单
  - 补充合同约定签证单
  - 澄清合同约定签证单
- 按签证事项是否发生或履行完毕
  - 签证事项已发生或已完成签证
  - 签证事项未发生或未完成签证
- 按建设单位签证人员主观意愿
  - 正常签证
  - 过失签证
  - 恶意签证
- 按签证的时间
  - 施工阶段签证
  - 施工完成后的补办签证

图 7-28　现场签证的分类

工程工期（进度）签证是指在工程实施过程中因主要分部分项工程的实际施工进度、工程主要材料、设备进退场时间及建设单位原因造成的延期开工、暂停开工、工期延误的签证；在建筑工程结算中，同一工程在不同时期完成的工作量，其材料价差和人工费的调整等不同。不少工程因没有办理工程进度签证或没有如实办理而在结算时发生双方扯皮的情况。

从签证的表现形式来分，施工过程中发生的签证主要有三类：设计修改变更通知单、现场经济签证和工程联系单。这三类签证的内容、主体（出具人）和客体（使用人）都不一样，其所起的作用和目的也不一样，而在结算时的重要程度（可信度）更不一样。一般不允许直接签出金额（这是审价人员最讨厌的），因为金额是由他们或监理工程师或造价工程师按照签证或洽商去计算得来的，如果都签的是金额，还要他们干什么？此外，这三类签证所能够或可以涉及的内容也有要求。

4. 现场签证的原因

现场签证的原因一般包括：

1）适用于施工合同范围以外零星工程的确认；

2）在工程施工过程中发生变更后需要现场确认的工程量；

3）非承包人原因导致的人工、设备窝工及有关损失；

4）符合施工合同规定的非承包人原因引起的工程量或费用增减；

5）确认修改施工方案引起的工程量或费用增减；

6）工程变更导致的工程施工措施费增减等。

5. 现场签证的程序

承包人应发包人要求完成合同以外的零星工作或非承包人责任事件发生时，承包人应按合同约定及时向发包人提出现场签证。当合同对现场签证未作具体约定时，按照《建设工程价款结算暂行办法》的规定处理：

1）承包人应在接受发包人要求的 7 天内向发包人提出签证，发包人签证后施工。若没有相应的计日工单价，签证中还应包括用工数量和单价、机械台班数量和单价、使用材料品种及数量和单价等。若发包人未签证同意，承包人施工后发生争议的，责任由承包人自负。

2）发包人应在收到承包人的签证报告 48 小时内给予确认或提出修改意见，否则视为该签证报告已经认可。

3）发承包双方确认的现场签证费用与工程进度款同期支付。

6. 现场签证惯例

1）现场签证必须具备建设单位驻工地代表（至少 2 人以上）和施工单位驻工地代表双方签字，对于签证价款较大或大宗材料单价，应加盖公章。双方工地代表均为合同委派或书面委派。

2）凡预算定额或间接费定额、有关文件有规定的项目，不得另行签证。若把握不了，可向工程造价中介机构咨询，或委托其参与解决。

3）现场签证内容、数量、项目、原因、部位、日期等要明确，价款的结算方式、单价的确定应明确商定。

4）现场签证要及时签办，不应拖延过后补签。对于一些重大的现场变化，还应及时拍照或录像，以保存第一手原始资料。

5）现场签证要一式多份，各方至少保存1份原件（最好按档案要求的份数），避免自行修改，结算时无对证。

6）现场签证应编号归档。在送审时，统一由送审单位加盖“送审资料”章，以证明此签证单是由送审单位提交给审核单位的，避免在审核过程中，各方根据自己的需要自行补交签证单。

7）分清直接费和独立费。在施工过程中，经常会出现一些无法计算工程量或某些特殊的项目，往往以双方商定的具体金额来签证解决，这是允许的，但只能作为独立费。而有些施工单位往往在签证单最后写上一句：“……列入直接费。”建设单位代表又不理解直接费与独立费的不同（前者可以参加取费，后者只能收取税金），于是签字，结算时双方发生争议，给工程结算审核造成许多人为的不必要困难。

7. 现场签证注意事项

1）不了解定额费用的组成。有些现场签证人员业务素质差，一些不应办的签证却盲目地办了。

2）不应列入直接费而签证列入。直接费是指施工过程中耗费的构成工程实体和有助于工程形成的各项费用，包括人工费、材料费、施工机械使用费等。目前它是建筑工程中收取其他费用的基数，如管理费、利润等，而这些费用系数的取定是根据编制定额时的材料、人工、机械单价综合测定的。既然同类工程的其他费用比例已相对固定，工程直接费就不应该因材料、人工、机械单价变动而发生升降，同样也应相对固定。有些签证把建筑工程的材料按市场价签证列入直接费，这是不允许的。

3）未经设计人员同意而签证提高用料要求，造成不必要的浪费。

4）同一工程内容签证重复。此类签证尤其在修改或挖运土方的工程中较为多见。

5）现场签证日期与实际不符。当遇到问题时，双方只是口头商定而不及时签证，事后才突击补办签证，这就忽视了一点，即任何预算定额、材料指导价、人工费调整、机械费调整等都是有时间限制的。有些施工单位任意把完成工程量的时间往后推，在签证日期上做文章，尽可能争取得到更多的不合理利润。

6）在现场签证工作中存在不正之风。如施工单位施予“恩惠”，高估冒算，巧立名目，弄虚作假，建设单位现场代表有好处就办事，没好处就放着不办，或故意刁难，以致出现行贿受贿现象。

三、工程索赔

1. 工程索赔简介

“索赔”一词在朗文词典中是这样被定义的：作为合法的所有者，根据自己的权利向某组织正式提出的有关某一资格、财产、金钱等方面的要求；而在牛津词典中则是这样被定义的：要求承认其所有权或某种权利，或根据保险合约所要求的赔款，如因损失、损坏等。

索赔是社会科学和自然科学融为一体的边缘科学，也可说是一门“艺术”。它涉及商贸、财会、法律、公共关系和工程技术、工程管理等诸多专业学科，存在于社会的方方面面，如建设工程造价索赔。建设工程造价索赔是指施工单位在履行合同过程中，根据合同、法律及惯例，对因建设单位的过错造成损失，要求给予补偿的行为。索赔不是惩罚，而是一种合法的权益主张行为。随着世界经济的全球化和中国加入 WTO，施工单位“低中标、勤签证、高结算、高索赔”的国际惯例将逐步盛行。索赔与反索赔是市场经济中不依人的意志为转移的客观规律。

在项目建设中，索赔是指在建设合同的实施过程中，合同一方因对方不履行或未能正确履行合同所规定的义务，或未能保证承诺的合同条件实现而受到损失后，向对方提出的赔偿要求。索赔是相互的、双向的。承包人可以向发包人索赔，发包人也可以向承包人索赔。

工程索赔是工程合同承发包双方中的任何一方因未能获得按合同约定支付各种费用、顺延工期、赔偿损失的书面确认，在约定期限内向对方提出赔偿请求的一种权利，是单方的权利主张。

2. 索赔的特点

1）索赔是要求给予补偿（工期或费用）的一种权利主张。

2）索赔是双向的。在工程施工合同履行过程中，索赔是因非自身原因导致的，要求索赔一方没有过错，不仅承包商可以向业主索赔，业主也可以向承包商索赔。

3）索赔的依据是法律法规、合同文件及工程建设惯例，但首要依据是具有双方真实意思表示的合同文件。

4）索赔是一种未经确认的单方行为，对对方未产生约束力，这种索赔要求必须通过协商、谈判、调解或仲裁、诉讼进行确认方能实现。

5）索赔必须有切实有效的证据。

6）超出合同约定范围的经济损失或者工期延迟已经成为既成事实。合同的实际履行过程中，合同一方受到了经济损失或权利损害则产生索赔权。经济损失是由于合同的另一方原因造成的合同外支出；而权利损害则是指虽然没有直接产生经济上的损失，但造成了另一方权利上的伤害，如延期交付施工图、未按合同规定期限支付工程款等造成承包商损失或损害等，均可产生索赔权。

3. 索赔的依据

（1）索赔的法律依据

①全国人大及其常委会制定的法律和法规，如《建筑法》《合同法》等；国务院颁布的行政法规，《建设工程质量管理条例》等；建设部、工商行政管理局、财政部等发布的部门规章，《建设工程施工合同示范文本》《建设工程价款结算暂行办法》等；地方人大、政府制定的地方性法规，主要指《×××省（市）建筑市场管理办法》《××省（市）建设工程结算管理工作的意见》等。

②建筑市场、招标办、城建委执行的工程合同文件，主要指合同示范文本。

③招标文件、投标文件、中标通知书；工程定额、预算说明。

④技术规范、标准等。

（2）事实依据

①建设单位有关资料，如资质、资信、概算、投资等。

②施工日志，如施工现场记录、监理现场意见等。

③往来信件，如有关工程建设过程中的传真、专递、信函、通知等。

④气象资料，如冬雨期施工记录、天气变化情况反映等。

⑤施工备忘录，如建设单位、监理对现场有关问题的口头或电话指示、随笔记载、双方对专题问题的确认意见等。

⑥会议纪要，如建设单位、监理、施工单位签字的会议记录。

⑦视听资料，如工程照片、录像等。

⑧工程进度计划资料，如进度计划、材料调拨单，月度产值统计表等。

⑨工程技术资料，如图纸、技术交底、技术核定单、设计变更、隐蔽工程验收记录、开工报告、竣工报告等；财务报表资料，如预付款支票、进度款清单、用工计时卡、机械使用台账、收款收据、施工预算、会计账簿、财务报表等。

4. 索赔的基本要求

1）合同工期。承包合同中都有工期约定和工程拖延的罚款条款。如果工程拖延是由承包商管理不善造成的，则他必须承担责任，接受合同规定的处罚。

2）而对非因承包商自身原因或应承担的风险而引起的工期拖延，承包商可以通过索赔，向业主要求延长合同工期，并且在这个范围内可免去承包商的合同处罚。

3）费用。由于非因承包商责任造成的工程成本增加，使承包商增加额外支出，蒙受经济损失，承包商可以根据合同规定提出费用索赔要求。如果业主认可了该要求，业主应向其追加支付这笔费用以补偿损失。

5. 工程索赔产生的原因

土木工程建设施工的特点是工期长、规模大、生产过程复杂、参与的单位多、工程环境复杂，市场因素及社会因素不断变化，这些特点对建设计划、设计、施工等产生扰动，以致工程项目的实际工期和造价与计划不一致，从而影响到合同各方的利益。因此，在土木工程建设过程中，索赔经常发生。分析其原因，可以归纳为以下几个方面。

（1）合同缺陷

由于在工程开始建设前所签订的建设工程承包合同是基于历史经验和对未来情况的预测分析，而工程本身和工程环境又有许多的不确定性，合同不可能对所有的问题都作出预见，会出现一些考虑不周的条款、缺陷和不足，如合同措辞不当、说明不清楚、二义性、构成合同文件的各部分文件规定不一致等，从而导致合同履行过程中其中一方合同当事人的利益受到损害而向另一方提出索赔。

（2）合同理解不同

由于合同双方的立场和角度不同，工程经验不同，尤其在国际承包工程中，由于合同双方来自不同的国家，使用不同的语言，采用不同的工程习惯，以及不同的法律体系，使得合同双方对合同的理解产生差异，从而造成工程实施行为的失调而引起索赔。

（3）工程变更

在施工过程中，当工程师发现设计、质量标准或施工顺序等方面的问题，或业主有新的要求时，通常会进行工程变更，指示增加新工作，暂停施工或加速施工，改变材料或工程质量等，这些变更指令往往导致工程费用增加或工期延长。所有这些情况，都迫使承包人提出索赔要求，以弥补自己所不应承担的经济损失。

（4）风险分担

土木工程建设市场是买方市场，虽然施工的风险相对于施工合同的双方均存在，但是由于业主始终占据强势地位，所以业主和承包商承担的合同风险并不均等，承包商承担着较大的风险，一旦失误，可能遭受重大的经济损失。承包商可以通过施工索赔，弥补风险引起的损失。

（5）违约行为

合同规定了合同当事人双方权利、义务和责任，由于合同当事人双方中的一方违约，造成合同另一方的损失，则受损失一方可以向违约方要求赔偿，即索赔。如业主未按规定时限向承包商支付工程款，工程师未按规定时间提供施工图等，承包商有权就此等业主方原因而引起的施工费用增加或工期延长向业主提出索赔。反之，如果出现承包商未按合同约定的质量或工期交付工程等情况，则业主可以向承包商索赔。

（6）工程拖期

由于受到气候、水文地质等自然条件和业主拖交施工图纸等原因的影响，工程施工经常不能按原计划进行，从而使工程竣工时间拖延。如果拖延的责任应由业主承担，则承包商有权就工期和费用的损失提出索赔。如果拖延的责任在承包商一方，则业主有权向承包商提出索赔，即由承包商承担误期损害赔偿费。

（7）工程师的指令

工程师是受业主委托来进行工程建设监理的，其在工程中的作用是监督所有工作都按合同规定进行，督促承包商和业主完全、合理地履行合同，保证合同顺利实施。为了保证合同工程达到既定目标，工程师可以发布各种必要的现场指令。工程师指令通常表现为工程师指令承包商加速施工、进行某项工作、更换某些材料、采取某种措施或停工等。相应地，因这种指令（包括指令错误）造成的成本增加和（或）工期延期，责任不在承包商从而导致承包商提出索赔要求。

（8）工程参与单位多，关系复杂

由于工程项目建设的参与单位多，除了承包商与业主之外，可能还有其他的承包商、分包商、材料设备供应商及设计单位等。在工程施工过程中，任何一个单位的工作出现失误，都可能产生一系列的连锁反应，造成其他方面的损失，从而引起索赔。

（9）施工条件变化

施工现场条件的变化对工程施工工期和造价的影响很大。不利的自然条件及障碍，常常导致涉及变更、工期延长或成本大幅度增加。

根据业主在招标文件中所提供的材料，以及承包人在招标前的现场勘察，任何人都不可能完全准确地对所有的情况作出事前预料，即使是那些经验丰富的承包人也不例外，如土质与勘探资料不同，发现未预见到的地下水，地质断层，熔岩孔洞，图纸上未标明的管线，古墓或其他文物，按工程师指令进行特殊处理，或采取加固地基的措施，或采用新的开挖方案等都会对合同价格和合同工期产生影响，必然会引起施工索赔。

（10）工程建设施工的特点

由于工程技术结构复杂、投资多、露天作业、施工工期长、材料设备需求量大、涉及的单位和环节多、受环境因素影响大，在工程建设施工中出现的任何工程变化（如设计变更）或者工程环境的变化（如自然条件变化或建筑市场物价变化等）均会造成工程费用的变化，从而引起索赔。

（11）工程所在国家法律和法规的变化

工程所在国家的法律和法规的变化，如外汇管制、汇率提高、提出更严格的强制性质量标准等，这些情况都可能使施工成本发生变化。如果法律法规的变化是在承包商投标报价前发生的（如FIDIC合同条件中规定投标截止日的28天以前），则认为此种变化已经在投标时考虑了。若此种变化在此时间之后发生，则按国际惯例，允许调整合同价格。

（12）其他第三方原因

因与工程有关的其他第三方的原因，如银行付款延误、邮路延误等，引起的对工程的不利影响而引起的索赔往往比较难以处理。比如，业主在规定时间内依规定方式向银行寄出了要求向承包商支付款项的付款申请，但由于邮路延误，银行迟迟没有收到该付款申请，因而造成承包商没有在合同规定的期限内收到工程款。在这种情况下，由于最终表现出来的结果是承包商没有在规定时间内收到款项，所以承包商往往会向业主索赔。对于第三方原因造成的索赔，业主给予补偿后，应该享有依约或依法律规定向第三方追偿的权利。

6. 工程索赔的类型

（1）按索赔对象分类

按索赔对象，索赔可以分为索赔与反索赔。实际上，索赔与反索赔并存，有索赔就会有反索赔存在，一方向另一方提出索赔，则另一方一定会进行反索赔。但是因为施工过程中大多是承包商向业主索赔，所以人们习惯认为：

①索赔是指承包商向业主提出的索赔；

②反索赔是指业主向承包商提出的索赔。

（2）按索赔的处理方式分类

按索赔的处理方式，索赔可以分为单项索赔和总索赔。

①单项索赔就是采取一事一索赔的方式，即在每一起索赔事项发生后，报送索赔通知书，编制索赔报告，要求单项解决支付，不与其他的索赔事项混在一起。单项索赔要求合同管理人员能迅速识别索赔机会，对索赔作出敏捷的反应，而且单项索赔分析起来比较容易，避免了多项索赔的相互影响和制约，解决起来也比较顺手。

②总索赔又称为综合索赔或一揽子索赔，即对整个工程（或某项工程）中所发生的数起索赔事项，综合在一起进行索赔。这种索赔方式是特定情况下被迫采用的一种索赔方法。

（3）按范围分类

按范围分类，索赔可以分为合同规定的索赔、非合同规定的索赔和道义索赔。

①合同规定的索赔是指索赔涉及的内容在合同文件中能够找出依据，业主或承包商可以据此提出索赔要求。这种在合同文件中有明文规定的条款，常被称为明示条款。一般凡是工程项目合同文件中有明示条款的，这种索赔基本不会发生争议。

②非合同规定的索赔是指索赔所涉及的内容在合同文件中没有专门的文字叙述，但可以根据某些条款的含义，推论出有一定的索赔权。这一种索赔隐含在合同条款中没有明确表示，但符合合同双方签订合同时的设想和当时环境条件的一切条款。这些默示条款，或

从明示条款的设想愿望中引申出来、经合同双方协商一致，或被法律或法规所明指，都构成合同文件的有效条款，要求合同双方都遵照执行。

③道义索赔是指通情达理的业主看到承包商为了完成某些困难的施工，承受了额外费用损失，甚至承受了重大亏损，出于善良意愿给承包商适当的经济补偿，因为合同条款中没有此项规定，所以也被称为额外支付。这往往是合同双方友好信任的表现，但较为罕见。

（4）按索赔的有关当事人分类

按索赔的有关当事人分类，可以将索赔分为：

①承包商与业主之间的索赔；

②总承包商与分包商之间的索赔；

③承包商与供货商之间的索赔；

④承包商向保险公司、运输公司索赔等。

7. 工程索赔处理程序

1）索赔事件发生后 28 天内，向工程师提出索赔意向通知。

2）发出索赔意向通知后 28 天内，向工程师提出补偿经济损失和（或）延长工期的索赔报告和索赔资料。

3）工程师在收到承包方送交的索赔报告和有关资料后，于 28 天内给予答复，或要求承包方进一步补充索赔理由和证据。

4）工程师在收到承包方送交的索赔报告和有关资料后 28 天内未给予答复或未对承包方作出进一步要求，视为该项索赔已经认可。

5）当该项索赔事件持续进行时，承包方应当阶段性向工程师发出索赔意向，在索赔事件终了后 28 天内，向工程师送交索赔的有关资料和最终索赔报告。

承包方未能按合同约定履行自己的各项义务或履行发生错误给发包方造成损失的，发包方也按以上各条款确定的期限向承包方提出索赔。

索赔处理的一般程序如图 7-29 所示。

8. 索赔报告编写的技巧

（1）索赔报告内容齐全

索赔报告标题应该能够简要、准确地概括索赔的中心内容，如“关于××事件的索赔”。

（2）索赔报告文字处理恰当

索赔报告论述的逻辑性要强。根据合同重点阐述索赔事件的影响是对方责任，强调索赔事件、工程受到的影响、索赔值三者之间的因果关系。

其次，索赔报告语言要简洁，通俗易懂。重大索赔项目索赔权是否成立，需要各级领导认可，因此索赔报告如果篇幅过长，语言艰涩或者过于专业化，将增加立项的难度。用词方面要委婉，避免生硬、刺激性、不友好的语言。不宜使用“你方违反某某合同条款，使我方受到严重损失”，最好采用“请求贵方作公平合理的调整”“请在×××合同条款下加以考虑”等，既要正确表达自己的索赔要求，又不伤害双方的和气和感情，以达到索赔的良好效果。

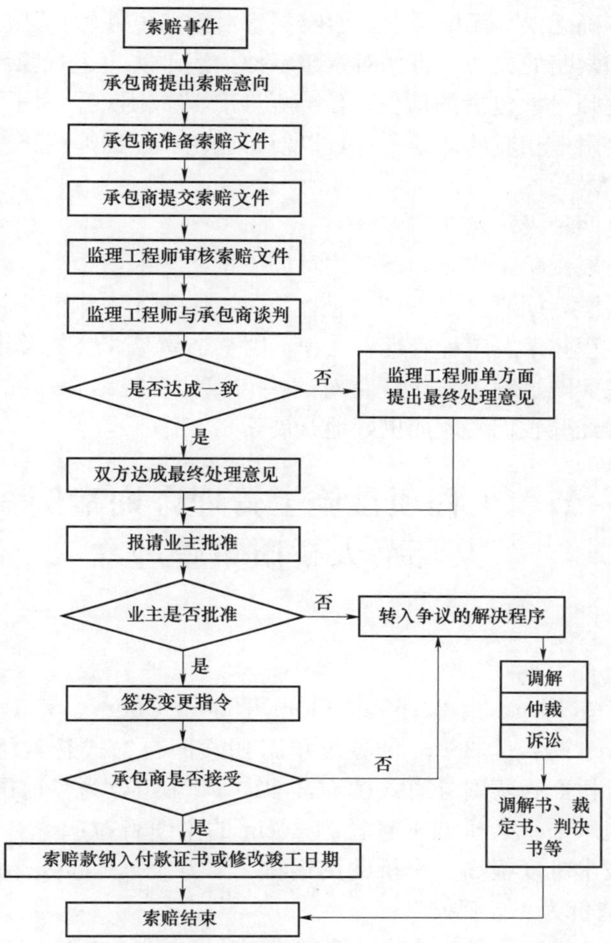

图 7-29　索赔处理的一般程序

如果对于合同一方一次次合理的索赔要求，对方拒不合作或置之不理，并严重影响工程的正常进行的，索赔方可以采取较为严厉的措辞和切实可行的手段，以实现自己的索赔目标。

（3）责任分析应清楚、准确、有逻辑性

一般索赔报告中所针对的干扰事件都是由对方责任引起的，应将责任全部推给对方。不可用含糊的字眼和自我批评式的语言，否则会丧失自己在索赔中的有利地位。

（4）索赔报告要简洁、条理清楚

在索赔报告中首先简明扼要地阐述索赔的事项、理由和索赔的款额或工期延长天数，以便使工程师了解你的全部要求。然后再详细地论述事实和理由，列出详细的费用清单和计算过程，再附以必要的证据资料。索赔报告简洁且条理清楚，既能使业主或工程师了解索赔的全貌，又可以使其清晰地审阅索赔报告、审查数据、检查证据资料，便于较快地对承包商的索赔报告提出自己的评审意见及决策建议。

（5）索赔事件的真实性

对索赔事件应进行如实准确的描述，不应主观臆造，弄虚作假。对工期延误和费用索赔数额的推算都应准确无误，无懈可击。索赔报告对索赔事件的描述应该真实准确，这关系到承包商的信誉和索赔的成功与否。对索赔事件描述不实，主观臆测，或缺乏证据，都会影响到业主和工程师对承包商的信任，给索赔工作造成困难。为了证明事实的准确性，在索赔报告的后面要附上相应的证据资料，以便于业主和工程师核查。

（6）讲求索赔艺术

①承包商应防止两种极端倾向。

②合同双方在开展索赔工作时，还要注意以下索赔艺术：

索赔既是一门科学，同时又是一门“艺术”，它是一门融自然科学、社会科学于一体的边缘科学，涉及工程技术、工程管理、法律、财会、贸易、公共关系等在内众多学科知识，因此索赔人员在实践过程中，应注重对这些知识的有机结合和综合应用，不断学习，不断体会，不断总结经验教训，才能更好地开展索赔工作。

第六节　工程项目施工管理咨询案例——某环路大桥质量管理

一、概况

大桥主桥全长 679.24m，由 29.60m＋30m＋350m＋30m＋5×40m＋39.64m 组成，主桥是塔高 142.07m、跨径为 350m 的独塔单跨四索面自锚式悬索桥，锚跨为混凝土箱梁、主跨为钢箱梁，桥面为两副分离式桥面，双向 10 车道，为目前国内跨径较大的自锚式悬索桥，处于领先水平。大桥四根直径为 44cm 的主缆将拉起 1.2 万 t 的钢箱梁桥身，由于采取自锚式，技术难度很高。全桥共用钢材 2.4 万余 t，混凝土量 4.5 万余方，工期 26.5 个月，工程总造价为 4.5 亿元。

大桥工程量大、工期短，是市快速环线东线工程的控制工程，是关系到全线能否按时建成通车投入运营的关键，目前无现成同类型跨径悬索桥的施工技术与经验可以借鉴。本工程施工的重点控制在主塔基础、承台和塔身、横梁的施工，主桥主跨钢加劲梁的加工制造、工地拼装和顶推施工，以及悬索、吊杆的安装施工。

大桥的施工单位是某大桥局、某公路工程公司、某集团的三家联合体，其中主塔、缆吊系统由某大桥局施工，钢箱梁制作和安装由某集团施工，桩基和混凝土加劲梁及锚跨由某公路工程公司完成。监理单位是中国公路工程咨询监理总公司。市路桥建设有限公司聘请了某国际工程咨询有限公司对平胜大桥进行咨询。

1. 重大施工方案实行专家评审

大桥许多分项工程的技术含量高，施工难度大，无先例可借鉴，为了保证工程质量和安全，加快工程进度，凡重大施工技术方案，均组织了重大技术方案评审，吸取有关专家的经验和建议，并严格要求承包人按施工组织设计的要求结合评审意见进行施工。为此，先后成功组织召开了钢箱梁焊接工艺评审会，钢箱梁首制段制造质量评审会，钢箱梁顶推架设方案评审会，边、锚跨施工方案评审会，索鞍、索夹、主缆制造方案评审会，桥梁上部结构（含锚道）施工方案评审会，吊索张拉和体系转换施工组织设计评审会，钢桥面铺装施工方案评审会等。

对重大施工方案实行专家评审及关键施工、工艺等方面的技术支持，使工程在安全、质量、进度等方面有了充分的保障。

2. 严格执行质量管理程序

牢固树立“质量第一”的观念，以质量为核心，完善质量管理体系和运行机制，规范工程质量管理。以工序质量管理为基本环节，坚持以数据说话，试验、测量工作超前把关，在质量上要求高标准，把大桥建成精品工程，从材料进场验收、工艺操作、工序验收等方面都严格把关，确保工程质量。

如在吊杆张拉和体系转换这一大桥成功最关键的施工过程中，由于无经验可借鉴，具有施工难度大、控制严格、操作工序要求高、管理要到位等特点。针对这一重大问题，始终保持清醒头脑，严格执行监理程序，全过程旁站，建立统一指挥系统，精心准备、精心施工，严格控制张拉程序，当质量和安全无保证时决不允许进行张拉和违反程序施工。由于措施得力，准备充分，指挥得当，质量和安全有保障，施工比预想的顺利，“一环”项目提前完成了大桥这一最关键工程，为后续工作的展开奠定了良好基础。

3. 强调事前控制，防止质量隐患

对大桥的质量控制，强调事前控制，对出现的问题，勇敢面对，从不缩手缩脚，认真严肃对待，处理要果断，不留后患。一经发现原材料或施工（制造）质量不满足规范要求，立即要求施工单位进行整改。

项目先后组织了几十次工程专家会议，请国内外专家一起讨论并解决大桥的技术难题。在建设阶段，各参建单位逐步克服了钢箱梁制作及顶推，钢箱梁和混凝土箱梁结合段的施工，结构受力体系转换，钢桥面环氧沥青铺装等四项技术难点，在保证工程质量的同时，实现了质量与投资、进度和安全的协调。

二、软基工程

工程地处珠江三角洲，区域范围内普遍分布有软土层，该类软土层除兼有典型珠江三角洲地区软土特点（含水量大、压缩性高、渗透性低、天然强度低等）及在物理力学指标、土层分布，以及土体结构性等方面的明显的区域性特征。上述特点给项目软土处理带来很大难度。而市“一环”城市快速路更具有工期紧、标准高、工程地质条件差、路基宽、参建单位多等特点，这些不利因素给软基施工和管理带来了巨大的挑战。因此，对软基施工质量进行全面监控非常必要。在软基施工监控方面，市路桥有限公司针对“一环”项目路基宽度大，要求的质量标准高于一般公路工程，存在路基横向排水难度大、汽车荷载的影响深度大等问题，聘请高校和社会科研机构对工程施工进行全面监控。

1. 完整、全面的软基施工监控体系保证了工程全线的质量

项目聘请市公路桥梁工程检测站岩土工程科学研究所对此工程进行软基监控技术开发研究，承担全线的软基监控工作。双方强强联合，在市路桥建设有限公司的大力支持下，针对“一环”工程的具体情况，开展了卓有成效的工作，保证了工程各项工作平稳有序地进行。

在实施高等级公路路基施工监控中，监控的工作主要包含两个阶段，即路基填筑期间的软基监控和预压期的软基监控。监控从一开始，就制定了详尽的软基监控方案，并采取了科学的软基监控方法和严密的质量保证体系，严格按照既定工作流程开展工作。例如，路基填筑期间，指导和培训相关人员建立了完整的软基监控体系；开发了网上申报系统，极大地提高了观测数据的传输效率；通过合理利用各种监控手段，加强现场巡视，控制填土过程中的路基变形，保证了路基填筑期间无一起稳定性事故发生。进入预压期后，督促施工单位加强排水以加快路基沉降；并通过联测、数据复核等多种措施保证观测数据的准确性；召开各种专家会议解决工程中遇到的各种实际问题；参与制定了合理的卸载标准，并以此标准为依据开展软基卸载的各项工作。经过分批卸载、集中卸载和提前卸载几个阶段后，全线的软基卸载工作顺利完成。

1）施工单位根据市路桥公司下发的有关软基监测文件和通知，在监理全程旁站的情况下，认真搞好一般断面的现场观测工作，并将初始观测数据报监理单位进行复核确认。

2）施工单位将经监理位复核确认的观测数据和现场施工情况（填土情况等）报管理处和监控单位。

3）监控对上报数据进行分析、复核，同时进行相应的理论分析和计算，并根据施工的进度提出指导性建议。

4）提出对监控单位的工作要求，并根据施工进展情况，要求监控单位进行相应的理论分析和计算工作。根据管理处和监控单位上报的资料和施工组织建议，下发关于现场监测、施工组织和质量控制等相关文件。

5）管理处为执行主体，对监控单位提出工作要求的同时，一方面将施工单位上报的观测情况和施工情况上报市路桥公司，另一方面对于下发的关于现场监测、施工组织和质量控制等相关文件，督促施工单位和监理单位执行。

6）监理负责施工单位进行现场观测的旁站工作和对施工单位上报的初始观测数据进行复核确认。观测数据复核确认后及时反馈给施工单位，并督促施工单位按时上报。执行管理处下发的关于现场监测、施工组织和质量控制等的相关文件。

在各参与单位的共同努力下，此项目软基监控工作得到了预期的效果。“一环”工程软基路段施工质量监控的工程实践，不仅丰富了工程实例，为不断完善软基处理施工质量监控方法提供了第一手资料，也为类似工程提供了可借鉴的经验，对提高整个佛山地区的软基处理水平也是一种贡献。

2. 细致、周到的软基卸载安排保证了工程施工的顺利进行

市路桥建设有限公司对“一环”工程软基卸载的工作非常重视，制定了软基路段卸载实施细则，成立了专门的卸载工作小组，由管理处组织，会同总监办督促项目部负责实施卸载工作。由于卸载工作措施到位，参与各方认真负责，保证了“一环”工程全线卸载工作顺利进行。

此项目软基卸载工作的组织机构如图 7-30 所示。

（1）管理处软基卸载工作领导小组及办公室主要职责

指导、协调管理“一环”各区内全线软基卸载的一切工作；组织卸载专题会或评审会；督促各总监办、项目部日常做好软基排水、异常路段处理、卸载、二次加载等各项工作；督促设计单位及时进行预估沉降量的动态设计，提出不同预压土高度下的卸载标准；督促软基监控单位进行软基沉降分析、卸载分析及开展联测工作。

（2）总监办软基卸载工作领导小组主要职责

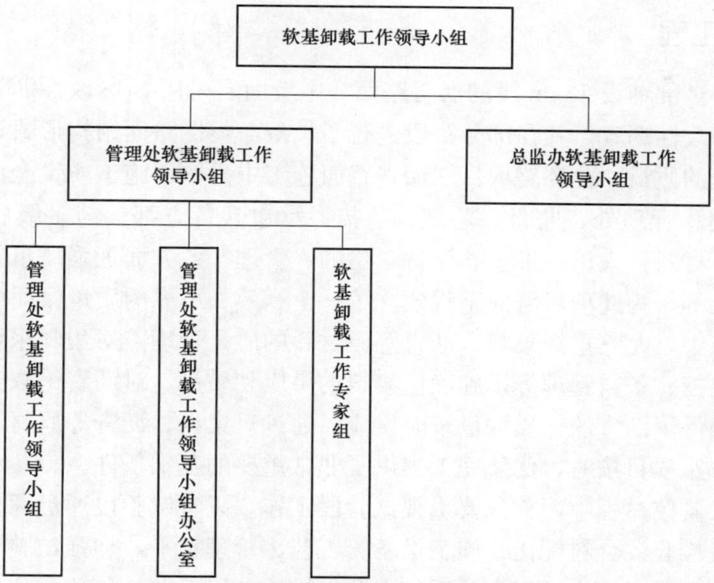

图 7-30 “一环”软基卸载工作的组织机构图

负责具体落实所辖标段软基卸载的一切工作。项目软基卸载的实施步骤如图 7-31所示。

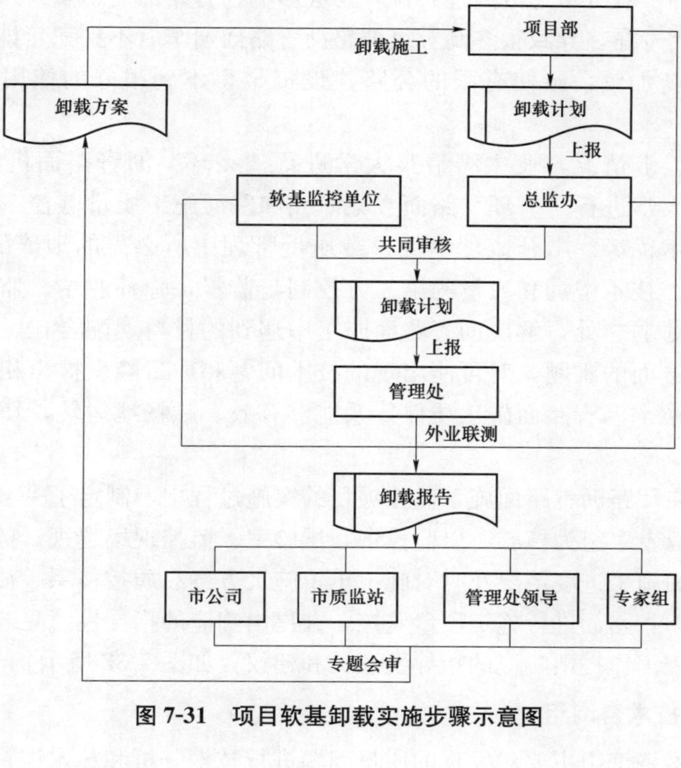

图 7-31　项目软基卸载实施步骤示意图

三、路面工程

此项目路面全部铺设 18cm 厚的沥青路面，中上面层采用 SBS 改性沥青和特立尼达天然湖沥青优质的改性沥青，并在部分路段进行了长寿命柔性路面结构形式试验段研究。为了保证路面工程的质量，此环路项目在沥青路面施工中采取了施工质量全面管理体系，即组建了由市公司、管理处、监督、监理、监控、承包人各方都参与多级质量管理组织体系，并从设计、材料、人员、工艺、设备、检测、管理等各方面加强质量管理工作，采用高科技管理手段等，为此项目路面工程建立了一个高效、可靠的质量保证体系。

在路面施工中，尤其重视集料、沥青等原材料的质量管理，对集料采取料场考察、试验评价、过程监控、备料管理等措施确保集料的供应和质量。对沥青采取全方位的实时质量监控方案，确保了沥青的保质保量按时供应。通过对集料、沥青等原材料采取有效的管理措施，为此环路项目按时、优质完工提供了非常重要的基础条件。

在路面施工监控过程中，首先要重视试验段工作，只有试验段通过考核才允许正式施工，通过试验段检验混合料配比、施工设备、工艺、管理水平，加强试验段质量管理显著提高了路面施工质量。施工过程中采用动态监控措施，以保证施工质量稳定、可靠，并采取无损检测技术，检验评价路面施工均匀性，根据检测数据提出改进措施和建议。环路路面工程质量基本达到了均匀、稳定、优质的监控目标。

沥青路面的设计与施工在技术上要求较高，涉及结构、材料、工艺和施工组织等众多方面，任何一个环节没有考虑或处理到位，均会影响沥青路面的质量，从而影响沥青路面的使用性能和使用寿命，导致很多高等级公路沥青路面通车后不到三年即出现大面积的早期破坏而需要重新加铺，致使有限的公路建设资金得不到很好的使用，甚至是极大的浪费。

因此，针对以上情况，业主聘请某大学进行“一环”沥青路面机械化施工技术咨询，聘请某理工大学进行“一环”路面方案研究和路面施工质量监控。第三方质量监控依靠其强大的技术优势，撇开监理单位日常质量管理中所必需的琐碎的质量管理细节，致力于技术支持、技术咨询和质量的第三方控制与监督，弥补业主、监理单位、施工单位在技术层面的薄弱之处，解决沥青路面施工中遇到的材料、配合比、施工工艺、质量管理和质量控制方面的难题，对可能出现的技术问题和质量隐患提出相应的咨询意见和处理建议，确保整个沥青路面施工质保体系能够有效、顺畅地运转，切实保证沥青路面的施工质量。

某理工大学在环路沥青路面施工监控项目的实施过程中，制定了一套路面施工质量监控的工作模式，以专家组为核心，以监控中心试验室、监控现场巡视、监控现场检测为辅助手段，根据路面施工进度情况及时对施工单位施工方案、质控体系、质保体系、施工质量等全方位地对沥青路面进行施工质量监控，并提出响应的指导性意见和咨询意见，同时对监理单位的质控工作提出响应的指导性意见和建议，如图 7-32 所示。

1. 路面监控技术咨询组

路面监控技术咨询组主要对发现的质量问题进行技术分析和技术咨询，同时完成业主要求的合同范围内的技术咨询和技术服务工作。

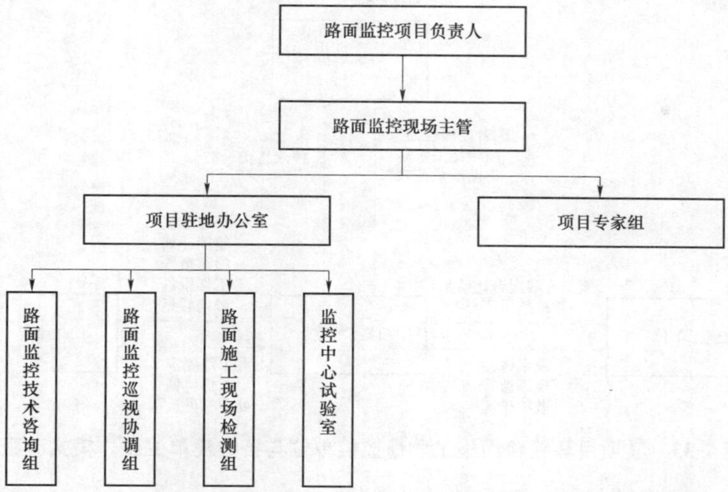

图 7-32　某项目环路路面施工质量监控项目组织管理机构

2. 路面监控巡视协调小组

路面监控巡视协调小组主要对沥青路面现场施工进行巡视，并对现场发现的问题和检测发现的问题及时向监控组汇报，同时对一些质量问题的整改情况进行检查与监督。

3. 路面施工现场检测组

路面施工现场检测组主要进行 PFWD、PQI 和桥面防水黏结层拉拔等的试验检测。

4. 监控中心试验室

监控中心试验室主要对监控合同规定的试验检测项目进行抽检，为监控单位的施工质量监控和技术咨询工作提供数据支持。

为了有效进行路面工程施工质量控制与管理，保证信息的高效沟通和交流，形成信息、指令、措施传递和反馈的有效渠道，根据项目环路路面工程施工质量管理的特点，规定了监控单位与各参建单位的工作流程，如图 7-33 所示。同时，为了便于各参建单位的信息沟通和交流，路面施工质量监控每半个月举行一次例会。

根据沥青路面施工技术和质量控制指南的要求，进行现场的沥青路面施工全过程的质量控制和监测及工后跟踪观测，对施工过程中遇到的问题及时解决，确保路面的施工质量。"一环"工程路面设计、施工与养护的质量控制工作流程如图 7-34 所示。

这种沥青路面施工监控的工作模式和控制流程，是完完全全的第三方质量控制，有资深的专家组、独立的试验室、独立的现场控制人员和检测人员，配合先进的检测设备，能对沥青、沥青混合料、沥青路面施工质量进行有效的、准确的、快速的检测和评价，能准确地获得有关的技术信息和材料参数，为专家组的咨询和决策提供足够的依据和检测数据，为业主、咨询单位和施工单位进行切实有效的质量控制提供相应的技术支持和监督，使得"4＋1"的质量控制和保障体系得以有效地运转，使沥青路面的施工质量得到了保障和进一步的提高。

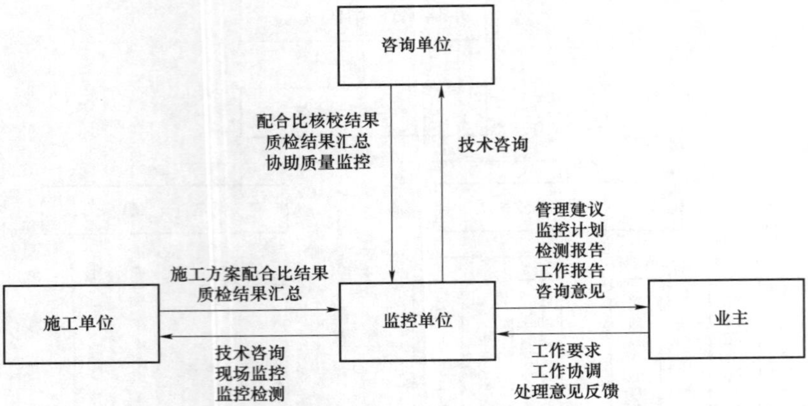

图 7-33　某项目环路路面施工质量监控单位与各参建单位工作模式流程图

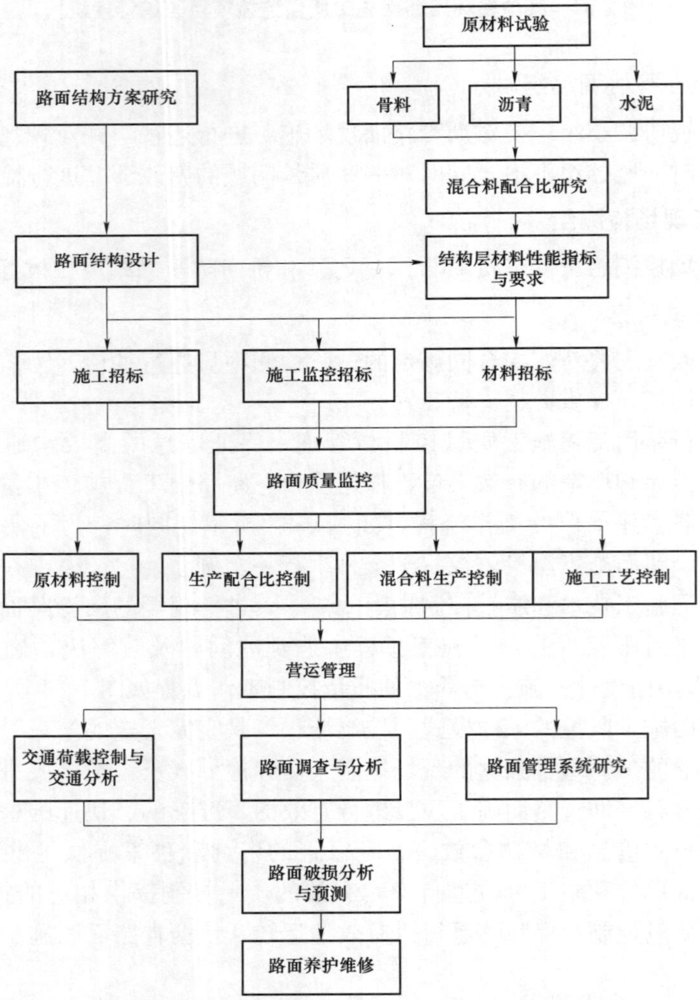

图 7-34　某项目工程路面设计、施工与养护的质量控制工作流程

第八章　基础设施工程建设过程其他专项咨询

第一节　工程项目信息技术咨询

一、工程项目信息管理简介

信息管理指的是信息传输合理的组织和控制。项目的信息管理是通过对各个系统各项工作和各种数据的管理，使项目的信息能方便和有效地获取、存储、存档、处理和交流。

建设工程项目的信息管理是指在工程实施中对项目信息进行组织和控制，合理的组织和控制工程信息的传输，能够有效地获取、存储、处理和交流工程项目信息，这对工程项目的实施和管理有着重要的意义。

建设工程项目的信息包括管理信息、组织信息、经济信息、技术信息和法规信息，信息管理工作贯穿于项目的全生命期，即贯穿于项目的决策阶段、设计阶段、实施阶段和运营阶段。项目的信息管理的目的旨在通过有效的项目信息的组织和控制来为项目建设的增值服务。

其中，在工程项目信息中，主要包括下面三种类型。

结构化信息：结构化的信息是可数字化的信息，它经过一定的分析步骤后可分解为数个互相关联的部分，而每个部分之间具有明确的层级结构，信息的使用和维护也可通过数据库进行，并有一定的操作规范，如项目的成本信息、进度信息、财务信息、资源信息等。

非结构化信息：非结构化信息是指那些无法完全数字化表达的信息，如图纸、电子邮件、图片、声音、视频等。

半结构化信息：半结构化信息则是指除了结构化和非结构化之外的信息。常见的HTML、XML等格式的信息均是半结构化信息。

在工程项目中，结构化的信息一般仅占工程所有信息的10%～20%，半结构化和非结构化的信息占到80%～90%，也就是说，绝大多数的项目信息都存储在半结构化与非结构化的文件中。

二、信息技术咨询的基本要求

1）工程咨询方可根据工程咨询合同约定，针对信息技术系统集成或某一特定信息技术应用，为委托方在项目投资决策、建设实施乃至运营维护阶段提供数字化解决方案。

2）工程咨询方应以建筑信息建模技术为核心，综合集成地理信息系统、物联网、大数据、人工智能等现代信息技术，为委托方提供数字化整体解决方案。

3）信息技术咨询依据主要包括下列内容。

①相关法律法规、部门规章及政策。

②工程建设标准及信息技术标准。

③相关阶段工程咨询成果文件。

④工程咨询合同及委托方信息技术咨询需求。

4）工程咨询方应进行充分的需求调研和技术分析，并结合信息技术发展趋势和数字化实践经验，为委托方编制数字化建设总体方案，并提出数字化实施策略。

5）在项目投资决策阶段，工程咨询方可通过构建项目仿真模型进行项目场址优选、技术经济及建设条件分析，也可为委托方策划项目建设实施阶段信息技术应用方案。

6）在项目设计阶段，工程咨询方可构建建筑信息模型，进行设计方案比选、建筑性能模拟分析、交通仿真优化、管线碰撞检测、虚拟仿真漫游、工程算量计价等。

7）在项目施工阶段，工程咨询方可协助委托方构建以建筑信息模型为核心的协同工作平台，进行施工放样及测量、4D 施工模拟及进度管理、质量与安全管理、设备与材料智能管理、5D 成本管理等。

8）在项目竣工阶段，工程咨询方可完成工程竣工集成数据模型。

9）工程咨询方可在项目运营阶段提供智能运营管理系统、智能资产管理系统、智能空间管理系统、应急管理系统等建设咨询服务。

三、工程项目信息技术流动过程

工程项目的决策和实施过程，不但是物质生产过程，也是信息的生产、处理、传递及应用过程。从信息管理的角度，可把纷繁复杂的工程项目建设过程归纳为两个主要过程（见图 8-1）：一是信息过程（Information Processes），二是物质过程（Material Processes）。项目全过程中会有大量的信息产生，不同的项目参与组织、参与人，在围绕项目目标开展工作时，几乎每时每刻都在接收信息、处理信息、产生信息、传递信息。图 8-2 以设计单位为例，展示了信息资源在项目不同参与组织之间的循环流动。

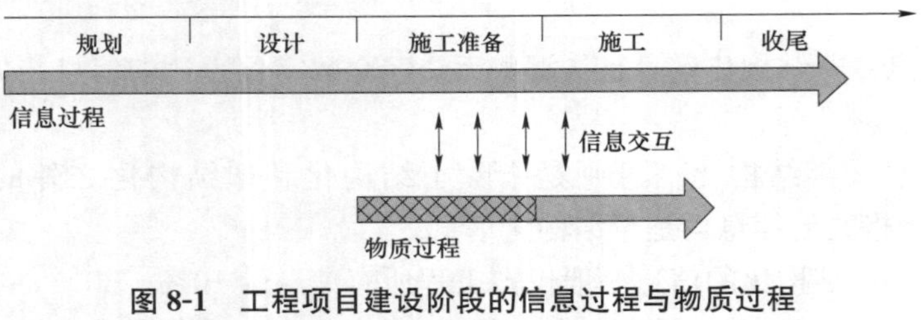

图 8-1　工程项目建设阶段的信息过程与物质过程

工程项目信息来源广泛，且基于不同的参与组织或个人对项目利益诉求的不同，对信息的需求也完全不同。例如：在施工总承包模式下，某种乙供材料从不同地区采购时的成本差异信息，对建设方来说一般不需也不必要关注，但对施工方来说却是需要收集和管理的重要成本信息；又如：项目管理人员提交给领导审批的某文件草稿，除非文件上包含了重要的审批签认信息，否则在文件正式审议发布后，对整个项目的信息管理而言，该草稿就已经失去了管理的价值。

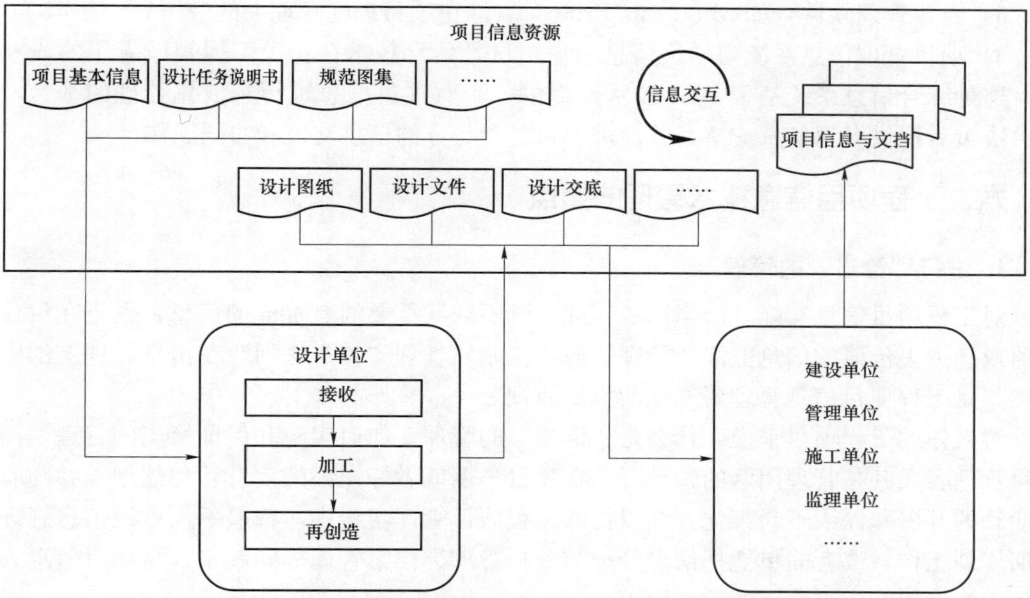

图 8-2 项目信息资源循环流动图（设计方）

四、工程项目信息技术管理的内容

1）编制项目信息管理手册及相关的规章制度，在项目实施过程中进行必要的修改和补充，并检查和督促其执行。

2）协调和组织项目管理班子中各个工作部门的信息处理工作，管理信息流程，传递重要信息。

3）各工作部门之间协同组织收集信息、处理信息和形成各种反映项目进展和项目目标控制的报表和报告。

4）建立和维护项目变更登记手册，并将经批准的变更信息及时、完整地向项目管理其他部门和人员传递。

5）编制项目管理总体绩效报告。

6）进行工程档案管理。

7）如果本项目使用项目管理信息系统或信息化管理平台，需要进行系统与平台的建立和运行维护。

五、工程项目信息技术管理的方法

1）传统纸质档案管理。

2）办公与文档处理软件，如应用 Microsoft Office 软件进行文档编排、数据排列统计等。

3）非结构化的信息传递，如应用电子邮件、QQ 等软件，进行文字或语言交流，传送附件文档等。

4）专业技术软件，如 AutoCAD 软件在设计上的应用等。

5）专业管理软件，如 Microsoft Project 软件在项目进度管理上的应用等。

6）项目管理信息系统与项目信息门户，这是信息技术在建设工程领域应用的最新趋势。这种综合信息系统基于 Web 技术，提供一个对项目信息进行集成化处理的平台，为项目决策者提供多源信息支持，并促进项目各参与方的信息交流和协同工作。

六、工程项目信息技术管理的重点

1. 进行“恰当”的管理

对工程项目信息实施“恰当”的管理，既不缺漏重要的有价值的信息，也不在没什么价值或已失去价值的信息上浪费管理资源，控制好管理“二八法则”在信息管理上的应用尺度，是工程项目信息管理要遵循的重要原则之一。

对具体的工程项目来说，什么是“恰当”的管理，如何实施和保证恰当的管理，需要项目管理者尤其是管理团队的领导者，在项目早期就做好详细的信息管理规划，并随着项目活动的开展和深入不断细化。在以往的工程项目管理实践中，普遍不太重视信息管理的早期规划工作，或者简单地把信息管理与资料管理、档案管理等同起来，是项目信息管理无法正常发挥其应有作用的重要原因。

2. 针对管理原则

理论上，完整的信息管理应该包括对所有类型信息资源的管理和全面控制，但在实际应用中，这显然是一个不可能完成的任务。考虑到项目所具有的临时性和多重约束性特征，我们需要分析不同类型的项目信息资源所具有的特征以及其对项目绩效所发挥的作用，采用不同的管理策略，以确保有限的项目管理资源被合理分配利用，实现管理价值最大化。

针对不同的应用层面，信息资源类型管理策略重心会有所不同，但对于工程项目的信息管理来说，一般应遵循表 8-1 所列的基本原则。

表 8-1　不同类型的工程项目信息资源的重点管理策略

信息资源类型	信息资源实例	信息资源特征	重点管理策略
记录型	工程档案、工程文件、外部规范性文件等	种类与数量多，一般情况下易于复制、传递； 管理不善容易毁损，但多数情况下仍能找到相关依据	收集、发布
实物型	封存的试块、样品、样机等	对储存有特定要求，难以复制，不便传递； 毁损后很难或无法再在同等条件下取得； 重要的技术活动依据和纠纷处理证据	提取、储存
智力型	个人经验教训、知识、技能等	信息资源随人力资源流动，交流和培训是传递的主要途径，但传递过程中容易出现信息失真； 有很强的主观性，主要价值在于参考； 可以被转化成记录型信息资源	交流、总结
零次信息	交谈、讨论、旁听等	零星分布，参与人众多，传递过程不可控； 情景很难再现，信息失真严重； 更容易吸引人们的兴趣	约束、澄清

在项目信息管理的过程中，无论项目规模大小、管理团队人数多少，都必须根据本项目的特征，提出有针对性的管理原则和要求，并采取必要的措施来保障实现。这些原则和要求可以是汇总的（如项目信息管理规划或管理计划），或是分散的（在不同层次的项目文件中提出对某一项信息资源的详细管理要求）。

工程项目投资大、工期长、团队成员复杂、信息来源和沟通渠道繁多，对任何一种信息资源的忽视甚至是遗忘，都会导致项目风险的增加。

3. 范围明确原则

不同的工程参与方，对工程项目信息管理的需求和范围的理解会有很大的差异，我们现在讨论的主要是基于业主方的项目信息管理，无论这种管理由业主方本身来实施，还是由专业的项目管理机构来实施。当业主委托项目管理机构来管理项目信息时，项目管理机构自身对信息的需求，不应干扰业主方的项目信息管理过程。

作为咨询服务机构的项目管理单位在与业主方自身的项目管理团队共同实施项目管理的过程中，管理咨询机构与业主方之间的信息不对称，是可能导致管理决策失误的一个重要因素。因此我们建议，项目管理单位的信息管理人员应尽可能地介入业主方的信息管理策划和信息流转制度的建设过程，预防和减少信息不对称造成的管理决策失误风险。

七、工程项目信息管理的系统和平台

1. 项目管理信息系统（PMIS）

项目管理信息系统（Project Management Information System，PMIS）为实现项目管理的目标控制而服务，是工程项目管理人员进行信息管理的必要手段。PMIS 与企业管理信息系统（MIS）有明显的区别。MIS 服务于企业的人、财、物、产、供、销等的管理，进行信息的收集、传输、加工、存储、更新和维护，以人事管理、财务管理、设备管理等为目标，支持企业高层决策、中层控制、基层运作的集成化的人机系统。

目前国内外工程建设项目中应用的项目管理信息系统，主要分为两大类：

一类是国外相对成熟的大型项目管理软件，如 Primavera 公司的 P3e/c，Microsoft 公司的 Project 等。这类软件集成了国外相关领域多年的管理和研发经验，其本身体系比较完整，功能也相对全面。但在国内的引进过程中，还同时面临着价格昂贵，对国内工程建设与管理模式适应性较差，缺乏足够的专业应用人才等问题。

另一类是建设工程相关单位或软件开发单位自主开发的项目管理信息系统，分别以北京奥运会项目对 P3e/c 软件的应用和三峡工程对自主开发项目管理信息系统的应用为典型案例，这两个超大型工程，由于其自身的特点，对项目管理信息系统的应用较为全面，系统的功能也相对完善，系统在进度控制、质量控制、投资控制、合同管理、信息管理及全面组织协调等项目管理所涉及的各项工作中都发挥了很大的作用。

2. 项目信息门户（PIP）

项目信息门户（Project Information Portal，PIP）是在项目主题网站（Project-Specific WebSites）和项目外联网（Project Extranet）的基础上发展而来的，它是国际上工程建设领域一系列基于 Internet 技术标准的项目信息交流系统的总称。PIP 是以项目控制论、项目协同和电子商务思想为基础，在对项目实施全过程中项目参与各方产生的信息和知识进行集中式管理的基础上，为项目参与各方在 Internet 平台上提供的一个获取个性项目信息的单一入口，其目的是为工程项目参与各方提供一个高效率信息沟通和协同工作的环境。

PIP 的主要功能是项目信息的共享和传递，一般的项目信息门户主要提供项目文档管理、项目信息交流、项目协同工作以及工作流程管理四个方面的基本功能。其中，项目文档管理功能包括文档的查询、文档的上传与下载、文档在线修改以及文档版本控制等功能；项目信息交流功能主要是使项目主持方和项目参与方之间以及项目各参与方之间在项目范围内进行信息交流和传递；项目协同工作功能则由在线提醒、网络会议、远程录像以及虚拟现实等内容构成；工作流程管理功能是基于工作流程理论的流程模板、流程定制以及流程控制。

图 8-3 是常见的项目信息门户的功能结构图，在具体建设项目的应用中仍需要结合工程实际情况进行适当的选择和扩展。

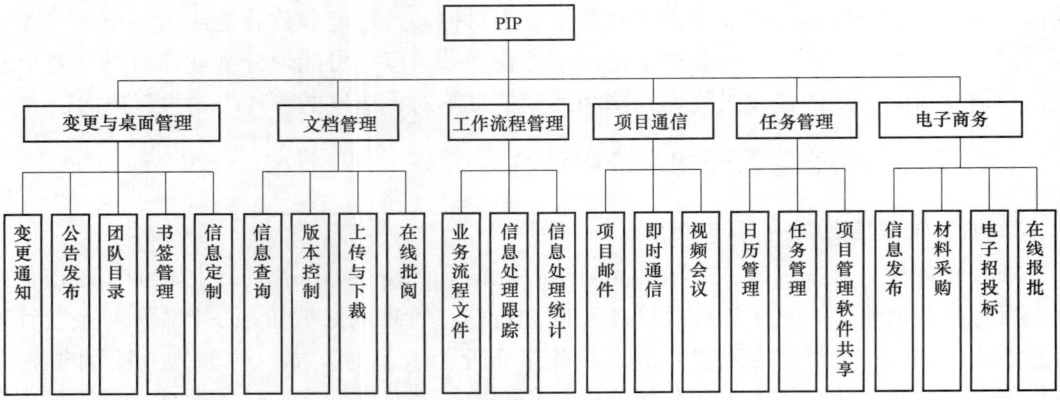

图 8-3　项目信息门户功能结构示意

3. 基于 BIM 的建设工程生命周期管理（BLM）应用软件

BIM 是随着信息技术在建筑行业中应用的深入和发展而出现的，将数字化的三维建筑模型作为核心应用于建设工程的设计、施工等过程中的一种工作方法。它主要通过相关的软件开发和应用为工程技术与管理人员提供工具和工作手段，并在有关技术的发展过程中逐渐形成了较为通行的行业标准和操作规范。

建设工程生命周期管理（Building Life cycle Management，BLM）的核心目的就在于解决建设工程生命周期中的信息创建、信息管理和信息共享问题，BLM 是改变数字化设计信息管理和共享的理念与技术。

建筑信息模型（BIM）技术的出现，为真正实现 BLM 的理念和 BLM 的实践应用提供了技术支撑。BIM 技术从根本上改变了建筑信息的创建行为和创建过程，采用 BIM 技术，则从建设工程设计开始，创建的就是数字化的设计信息。基于数字化设计信息的创建，再应用 BLM 的相关技术产品，可以改变建设工程信息的管理过程和共享过程，从而实现建设工程生命周期管理。

基于数字化信息模型，改变了建设工程信息的创建过程，建筑设计从传统的 2D 图形到 3D 信息模型，即由图形到工程信息模型的本质变换；再进一步实现已创建数据的共享，即从 3D 到 nD（多维），即三维信息模型＋时间维＋费用维＋多项管理集成，实现真正意义上的建设工程管理集成化和信息化。

结合了基于 BIM 的在线协同工作的 BLM 理念和相关技术，被认为是未来改进建设工程设计过程、建造过程和管理过程的重要推动力量。当然，BLM 理论的实践，并不仅仅是技术问题，更多的是文化问题。应该看到，应用 BLM 理论及其技术和相关软件产品，需要改变传统工程管理的思维和方法，强化工程建设的基础性管理工作，提高项目参与各方人员的素质。

八、信息化技术在全过程工程咨询中的应用

信息化是促进建设行业科技创新发展的重要举措之一。在住房和城乡建设部 2016 年 8 月颁布的《“十三五”建筑业信息化发展纲要》中，进一步指出在“十三五”期间，基本实现建筑企业信息系统的普及应用，加快建筑信息模型（BIM）、基于网络的协同工作等新技术在工程中的应用，推动信息化标准建设，形成一批信息技术应用达到国际水平的建筑企业。国务院办公厅 2017 年 2 月发布的《国务院办公厅关于促进建筑业持续健康发展的意见》提出：“加快推进建筑信息模型（BIM）技术在规划、勘察、设计、施工和运营维护全过程的集成应用。”

瑞和安惠项目管理集团顺应行业发展潮流，自 2013 年引入 BIM 技术后，积极谋划和部署不同业务、不同时点的 BIM 实践和研究，逐步掌握了贯穿工程项目设计阶段、招标采购阶段、工程施工阶段、收尾阶段、运营阶段，提供全过程工程咨询 BIM 技术应用的能力，同时基于多年的项目管理业绩经验陆续开发了基于网络的协同工作平台产品，应用信息化技术助力全过程工程咨询服务。

（一）BIM 技术在全过程工程咨询各个阶段的应用

1. BIM 技术在设计阶段的应用

（1）可视化设计

对于设计师而言，除了用于前期构思和阶段成果展现，大量的设计工作还是要基于传统 CAD 平台，使用平、立、剖等三视图的方式表达和展现自己的设计成果。这种由于工具原因造成的信息割裂，在遇到项目复杂、工期紧张的情况下，非常容易出错。BIM 的出现使得设计师不仅拥有了三维可视化的设计工具，所见即所得，更重要的是通过工具的提升，使设计师能使用三维的思考方式来完成建筑设计，同时也使业主及最终用户真正摆脱技术壁垒的限制，随时知道自己的投资能获得什么。

（2）协同设计

现有的协同设计主要是基于 CAD 平台，并不能充分实现专业间的信息交流。这是因为 CAD 的通用文件格式仅仅是对图形的描述，无法加载附加信息，导致专业间的数据不具有关联性。BIM 的出现使协同不再是简单的文件参照，BIM 技术为协同设计提供底层支撑，大幅提升协同设计的技术含量。借助 BIM 的技术优势，协同的范畴也从单纯的设计阶段扩展到建筑全生命周期，需要规划、设计、施工、运营等各方的集体参与，因此具备了更广泛的意义，从而带来综合效益的大幅提升。

（3）性能化分析

利用 BIM 技术，建筑师在设计过程中创建的虚拟建筑模型已经包含了大量的设计信息（几何信息、材料性能、构件属性等），只要将模型导入到相关的性能化分析软件中，就可以得到相应的分析结果，原本需要专业人士花费大量时间输入大量专业数据的过程，如今可以自动完成，这大大降低了性能化分析的周期，提高了设计质量，同时也使设计公司能够为业主提供更专业的技能和服务。

（4）校核施工图纸错误、专业冲突及不合理问题

对全专业全过程或指定区域（和系统）进行三维建筑信息模型建模，校核施工图纸错误、专业冲突及不合理问题，协助解决设计问题，并进行各专业之间的碰撞检查，对其中不合理的地方进行反馈与优化。强化设计协调、减少因"错、缺、漏、碰"导致的设计变更，提高设计效率和设计质量。建模过程中，将发现的图纸问题，用二维和三维的展现形式反馈给设计部门，做好预控，提前解决问题，减少了过程中的变更。通过建模识图、三维可视及局部碰撞，能够清晰地发现部分设计问题，并直观表述给设计部门。

2. BIM 技术在招标采购阶段的应用

项目管理中，施工总分包界面文字划分容易产生错、漏，界面不清晰。运用 BIM 技术，将不同分包界面利用模型进行划分，直观反映界面内容，改变了以往用文字叙述界面现状，减少了文字描述的分歧，可有效准确地用三维展示各分包的界面，并通过划分的模型对分包单位进行质量、投资、进度等控制，如图 8-4 所示。

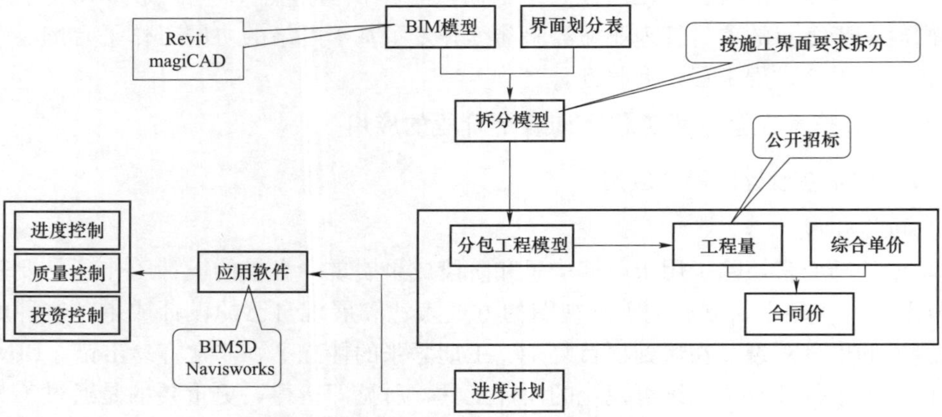

图 8-4　BIM 技术的应用

例如，项目实践中可将通风空调系统采用三维施工界面与分包界面矩阵、文字描述相结合，出具工程量，公开招标选定施工单位。

3. BIM 技术在工程施工阶段的应用

（1）管线综合及支吊架优化

在 CAD 时代，由于二维图纸的信息缺失以及缺乏直观的交流平台，导致管线综合成为建筑施工前让业主最不放心的技术环节。利用 BIM 技术，通过搭建各专业的 BIM 模型，设计师能够在虚拟的三维环境下方便地发现设计中的碰撞冲突，从而大大提高了管线综合

的设计能力和工作效率。依据设计文件，利用搭建好的模型，按设计和施工规范要求将主管廊及设备间的水、电、暖、通风等各专业管线和设备进行综合排布，既满足功能要求，又满足净空、美观要求，如图 8-5 所示。

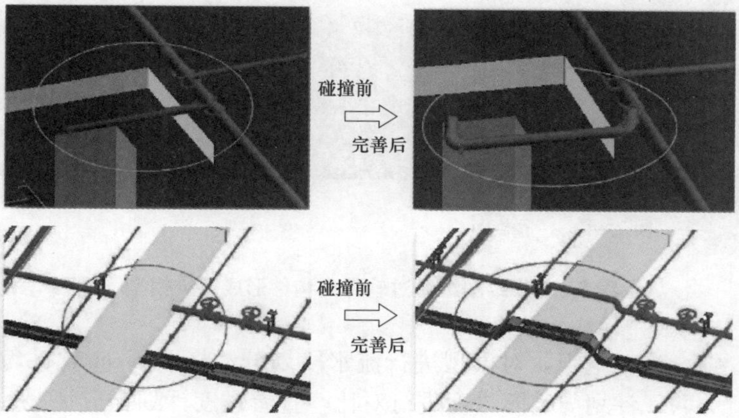

图 8-5 BIM 技术优化前后对比

这不仅能及时排除项目施工环节中可以遇到的碰撞冲突，显著减少由此产生的变更申请单，更大大提高了施工现场的生产效率，降低了由于施工协调造成的成本增长和工期延误。

管线综合方面。改变了以往的管线综合是由不同专业的设计人员通过二维图纸结合各专业意见进行的局面，运用相关 BIM 软件进行软、硬碰撞检查，及时迅速进行图纸交底和会审等工作，减少变更等带来的经济损失；进行三维管线综合和综合支吊架设计，将样板工程在电脑上进行合成设计，减少了施工时的多次试验。

（2）三维技术交底

BIM 集成了建筑物的完整信息，提供了一个三维的交流环境。对于一些重要的施工环节或采用新施工工艺的关键部位、施工现场平面布置等施工指导措施进行模拟和分析，以提高计划的可行性。通过复杂节点的三维展示图及动画，直观地进行技术交底，及时排除风险隐患，从而缩短施工时间，降低由于设计不协调造成的成本增加，提高施工现场生产效率，还便于施工人员更好地理解图纸意图及施工工序。

（3）施工总平面三维布置

通过相应的 BIM 软件，将二维的施工平面布置图创建成为直观的三维模型，模拟场地的整体布置情况，协助优化场地方案。如图 8-6 所示。通过 3D 漫游，展现现场设施布置情况，提前发现和规避问题，根据内嵌规范对布置情况进行合理性检查。自动生成工程量，为场布提料提供依据，避免浪费，也可更直观地辅助投标、施工组设计及方案交底。

（4）进度控制

当前建筑工程项目管理中经常用甘特图表示工程的进度计划，其可视化程度比较低，无法清晰描述施工进度以及各种复杂关系，难以准确表达工程施工的动态变化过程。通过将 BIM 与施工进度计划相链接，将空间信息与时间信息整合在一个可视的 4D（3D＋Time）模型中，可以直观、精确地反映整个建筑的施工过程。可运用 BIM 技术对进度实

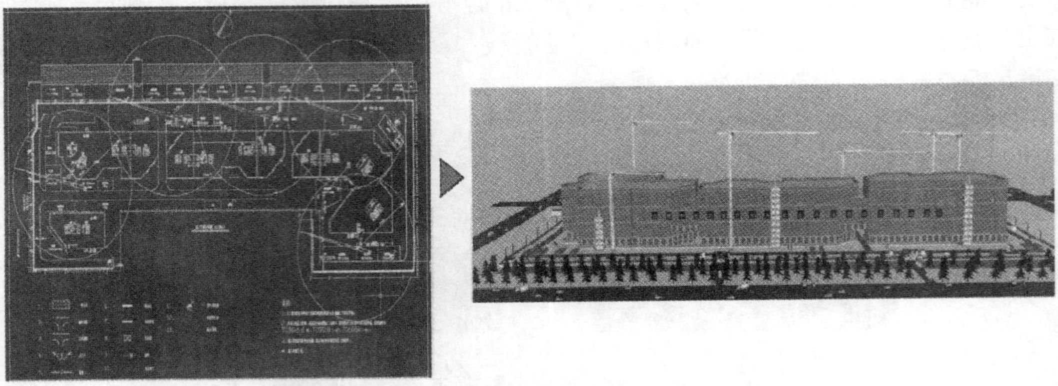

图 8-6　二维图纸通过软件内构件形成三维模型

施跟踪和管理，结合施工组织，对模型进行流水段划分，将 Project 软件编制的进度计划与模型构件进行关联，计划与实际进度进行对比，查看进度计划完成情况，对进度计划实时进行监控。发现进度滞后点，及时进行纠偏，从而有效控制并完成计划进度，减少返工，提前实现预期进度目标。改变了以往横道图或网络图形式下的抽象进度控制的格局，更直观、可视、清晰，改变了传统的施工进度管理模式，确保了进度计划的合理性和可行性。

（5）商务应用

在项目实践中可将 Revit 模型导入广联达 BIM 土建算量 GCL，MagiCAD 模型导入广联达 BIM 安装算量 GQI，按照国家颁布的计价规则修正，出具准确的工程量和招标清单。在施工过程中将 BIM 模型导入广联达 BIM5D 平台，将模型与清单关联后，可以按照时间范围、楼层、流水段、构件类型统计各类材料数量，协助快速完成采购计划编制、中期计量及中期支付审核、编制资金需求计划，实现限额领料，减少项目资金风险，避免供货量不足、甲供出现超领等现象。

1）协助编制资金需求计划。施工阶段将 BIM 模型导入对应的平台，通过流水段划分、进度计划与清单关联，编制资金需求计划，以便建设方及时落实建设资金，保证项目进展。

2）协助变更费用估算。在施工阶段的变更，按变更单调整模型，快速提供变更造价依据，实现目标成本控制，并可追溯。

3）协助完成快速期中支付。将 BIM 模型导入对应的平台，关联清单后，实现可按照时间范围、楼层、流水段、构件类型统计计算中期计量，快速提供进度款支付数据，完成中期支付审核，避免超付。

4）配合结算。利用建造过程中不断丰富的模型，实现对过程中签证、变更、索赔费用的自动汇总生成，合同各分项工程量、造价快速统计，结算审核工作快速完成。

（6）质量、安全及验收应用

为便于验收及数据共享，运用 BIM 强大的空间标记功能进行质量、安全及验收的应用，通过云端共享 PC、移动端数据，改变了随身携带图纸、记录本或用头脑直接检查和记录现场问题的传统的现场联检制度，使工作效率得到了提高。通过将 BIM 模型上传至云端，项目人员可在PC端和移动端同步浏览。现场检查中，通过移动端BIM模型锁定质量、安全等问题构件，用不同颜色区分，并通过文字、图片等可以记录问题说明，并在问题出现空间处进行标记，及时反馈问题状态。将所发现的问题通过BIM平台直接反馈给相关责任人进行整改，责任人整改完成后，检查人员复检，合格后上传整改后图片及检查意见。

4. BIM技术在收尾阶段的应用

BIM能将建筑物空间信息和设备参数信息有机地整合起来，从而为业主获取完整的建筑物全局信息提供途径。通过BIM与施工过程记录信息的关联，甚至能够实现包括隐蔽工程资料在内的竣工信息集成，不仅为后续的物业管理带来便利，并且可以在未来进行的翻新、改造、扩建过程中为业主及项目团队提供有效的历史信息。

5. BIM技术在运维阶段的应用

BIM运维的通俗理解即运用BIM技术与运营维护管理系统相结合，对建筑的空间、设备资产等进行科学管理，对可能发生的灾害进行预防，降低运营维护成本。具体实施中通常将物联网、云计算等技术与BIM模型、运维系统与移动终端等结合起来应用，最终实现维护计划、资产管理、空间管理等。

（1）维护计划

在建筑物使用寿命期间，建筑物结构设施（如墙、楼板、屋顶等）和设备设施（如设备、管道等）都需要不断得到维护。一个成功的维护方案将提高建筑物性能，降低能耗和修理费用，进而降低总体维护成本。BIM模型结合运营维护管理系统可以充分发挥空间定位和数据记录的优势，制订合理的维护计划，分配专人专项维护工作，以降低建筑物在使用过程中出现突发状况的概率。对一些重要设备还可以跟踪维护工作的历史记录，以便对设备的适用状态提前做出判断。

（2）资产管理

一套有序的资产管理系统将有效提升建筑资产或设施的管理水平，但由于建筑施工和运营的信息割裂，使得这些资产信息需要在运营初期依赖大量的人工操作来录入，而且很容易出现数据录入错误。BIM中包含的大量建筑信息能够顺利导入资产管理系统，大大减少了系统初始化在数据准备方面的时间及人力投入。此外，由于传统的资产管理系统本身无法准确定位资产位置，通过BIM结合RFID的资产标签芯片还可以使资产在建筑物中的定位及相关参数信息一目了然，便于快速查询。

（3）空间管理

空间管理是业主为节省空间成本、有效利用空间，为最终用户提供良好工作生活环境而对建筑空间所做的管理。BIM不仅可以用于有效管理建筑设施及资产等资源，也可以帮助管理团队记录空间的使用情况，处理最终用户要求空间变更的请求，分析现有空间的使用情况，合理分配建筑物空间，确保空间资源的最大利用率。

（二）基于网络的协作管理平台的应用

1.“惠招标”——电子招标投标系统

“惠招标”是一款专业电子招标投标交易平台，业务功能覆盖发标、投标、开标、评标、定标等招投标全部业务环节，同时集成专门为招标（代理）机构设计的业务管理功能，并引入了河北CA、银联支付、电子保函、支付宝、电子发票等第三方平台接口，为用户提供一站式服务。

“惠招标”是国家发展改革委电子招投标交易系统的首批试点单位，也是河北省唯一一家试点单位，研制过程全程在河北省招标投标协会电子交易委员会的指导下进行，系统架构完全符合《电子招标投标办法》《电子招标投标系统技术规范》相关规定和要求，是河北省首家获得在国家认证认可监督管理委员会注册登记的权威检测认证机构最高等级的三星级检测认证证书的单位。

“惠招标”的业务功能在满足检测认证的基础上，同步支持行业和地域特色功能，如河北省交通行业的双信封模式、抽签模式等。

除了常规业务功能外，“惠招标”还提供了各具特色的辅助功能，包括以下几方面。

1）投标文件两层加密，通过“惠招标”专用工具制作的投标文件会被投标人和代理机构的CA锁两层加密，解密时须投标人和代理机构两轮解密才能正常打开投标文件，最大限度地保障投标文件安全。

2）开标保障。通过开标保障措施，可以在保障安全性的基础上保障投标人或代理机构的CA锁发生异常情况、网络发生异常、电脑发生异常情况时顺利开标。

3）辅助评标功能。评标时，“惠招标”会自动分析投标文件的特征，计算相似度，为评委判别围标串标行为提供数据支撑。同时也可以自动计算评委打分的标准差，方便招标人根据离散情况分析评委打分是否有异常。

图 8-7 SaaS

“惠招标”以软件即服务（SaaS）的形式向广大用户提供服务，专门面向招标代理机构、有自主招标需求的企事业单位和各级公共资源交易中心。用户无须额外购置硬件、网络等环境即可以非常方便地通过“惠招标”实现全流程电子化的建设工程、政府采购及国际采购等项目的招标，如图8-7所示。

“惠招标”已经通过内置数据接口和省级招标投标公共服务平台、招标投标行政监督平台进行了对接，实现了招标项目及公告的一处登记、自动同步、多处分发，极大地降低了招标项目核准及公告备案的工作量，同时“惠招标”的数据接口还支持对接企事业单位内部的ERP系统、财务系统、供应链系统等第三方应用，方便企事业单位将招标业务相关数据纳入整体的数据架构中。

“惠招标”常态化运营至今，已经积累了15000多种招标文件模板，100多种各行业的评标办法，并在以下几个方面取得了明显的成效。

1）公开、公正、公平。在“惠招标”中进行的招标活动会全程留痕，招标人、代理机构、投标人、评标专家在“惠招标”中进行的所有操作都将以数字电文的形式存储下来，可追溯、可审计，同时，数据会通过专用接口同步到河北省招标投标公共服务平台和河北省招标投标行政监督平台，供行业监管单位和行政机关进行监督，并向社会公众公开，整个招标投标过程公开、公正、公平。

2）社会成本节约。在“惠招标”电子交易平台中进行的招标活动，从代理机构建立项目开始，直至投标单位收到中/落标通知书，无论招标人、代理机构、投标人和评标专家，都不需要到现场，也不需要提供纸质的材料，全部通过电子文件和互联网完成，既提高了效率，也节约了用户时间，降低了招标投标活动的成本。

3）数据积累。“惠招标”的常态化运营会积累大量项目数据和投标单位数据，通过对这些数据进行挖掘和分析，可以对投标单位的信誉和实力进行评估、对市场趋势进行判断，为政府决策提供参考数据。

“惠招标”将持续致力于构建“互联网＋招标投标采购”生态系统，提供创新的软件产品和服务，成为统一规范、便民高效、阳光透明的专业电子招标投标交易平台。

2.“惠造价”——造价业务管理系统

“惠造价”管理平台是针对工程建设方/造价咨询企业特点的信息化解决方案，具有灵活的体系架构，能够作为企业项目管理平台，以项目为主线贯穿整个业务流程，实现公司本地、异地分项工作高效协同，信息数据资源共享，能够极大地提高企业工作效率，降低运营风险，为企业积累丰富的数据以供决策，从而提高企业核心竞争力。

1）操作简便、界面清晰。通过企业初始化，根据企业特色进行系统基础设置，设定组织架构，明确编制人员、审核人员和审定人员角色安排，即刻实现造价业务互联网平台化管理。

2）发掘项目大数据发挥数据价值。对于做过的工程进行筛选汇总整理，提炼出各类型工程的各专业的经济指标和消耗量指标等数据，用于为业主提供类似项目经验、用于指导控制未来项目投资。

3）适应各种业务场景。适应单价、总价、成本加酬金等多类合同模式，融合一单一审核、结算集中审核、分阶段审核、一个合同多个报告等结算方式，对接预付款支付、形象进度支付、时间节点支付等各种支付方式。支付方式如图 8-8 所示。

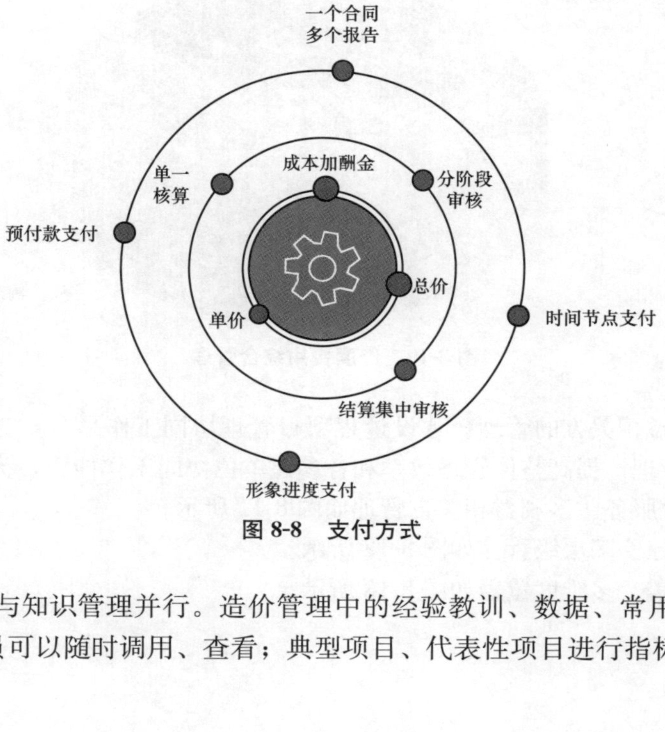

图 8-8　支付方式

4）经验积累与知识管理并行。造价管理中的经验教训、数据、常用工具均进行了汇总，所有造价人员可以随时调用、查看；典型项目、代表性项目进行指标分析、汇总，可供专业人员参考、学习。

5）全方位质量控制。系统具有完备的质量控制体系：清晰的三级审核制度；各个环节均有记录，可控、可追溯；审核成果的问题分类并汇总，每一类问题对应相应扣分，并在 OA 系统中共享。全方位质量控制如图 8-9 所示。

图 8-9　全方位质量控制

6）计划进度管理，轻松掌控时间。超过项目计划完成时间，自动黄色警示，个性化超时提醒，非正常超时设置及审核。

7）BIM 技术综合应用。可以与 BIM 模型相结合，利用模型实现界面划分、支付款等工作。

3. “惠管理”——全过程项目管理平台系统

“惠管理”是企业一体化项目集成管理平台，通过平台系统实现投资方或项目管理方对于项目进度、费用、安全、合同、档案等的综合管理，通过平台系统的业务管理体系对招标代理单位、设计单位、施工总承包单位、分包单位、监理单位等多相关方实现管理。

1）进度费用综合管理。拥有时间和投资额等多维度的进度管理方式，及时对项目进度的核心数据进行清晰的展示，向客户反馈项目的本期完成工作量、完成百分比等数据，通过逐级限额分解，严格控制、对比、纠偏，层层汇总控制，实现项目费用管理。进度费用综合管理如图 8-10 所示。

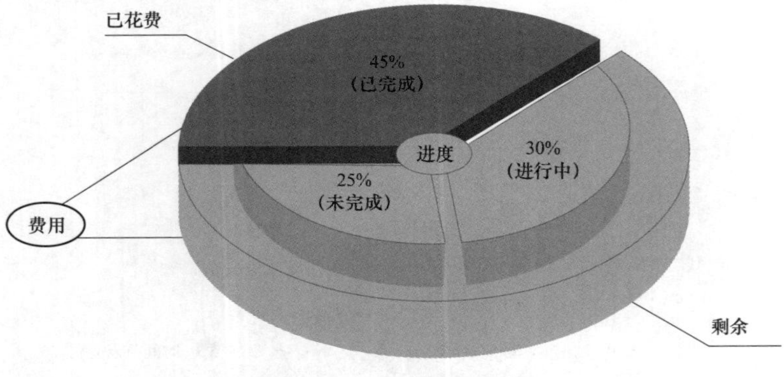

图 8-10　进度费用综合管理

2）实现多利益相关方的管理。建设过程项目管理协同工作平台，对利益相关方的统一接入和标准化管理，提高整体管理效率和各参建单位协同工作能力，为项目建设提供全面多层次的信息化服务。多利益相关方管理如图 8-11 所示。

3）多层级管控。多层级管控如图 8-12 所示。

4）多维度覆盖。多维度覆盖如图 8-13 所示。

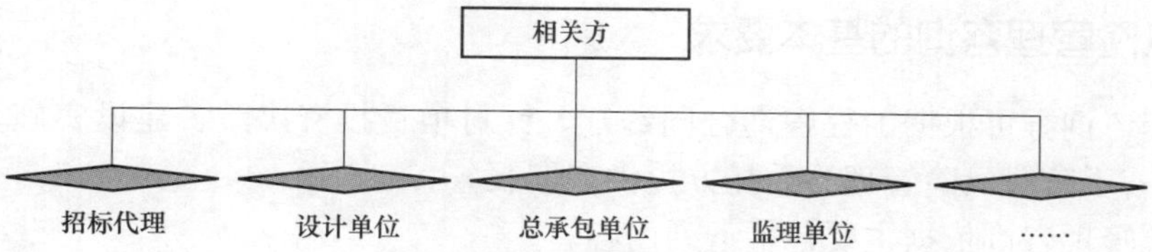

图 8-11 多利益相关方管理

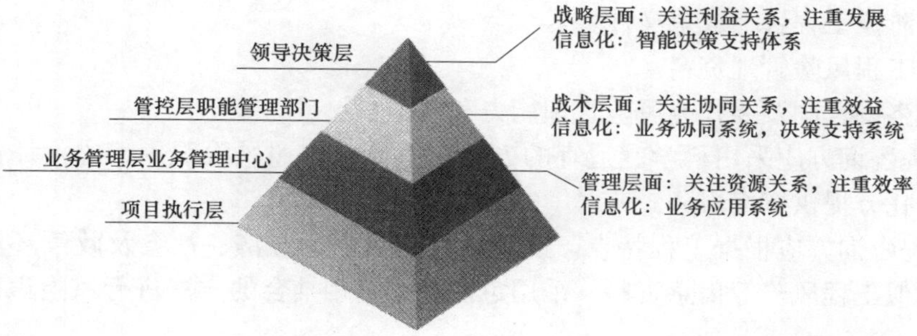

图 8-12 多层级管控

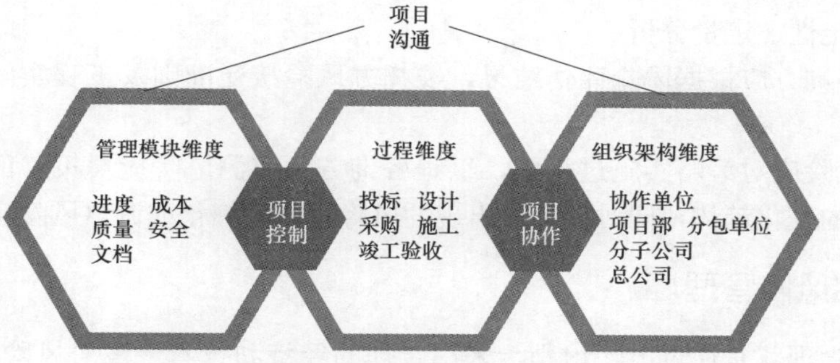

图 8-13 多维度覆盖

第二节 工程项目风险管理咨询

一、项目风险咨询简介

项目风险是指工程项目在决策、设计、施工和竣工验收等阶段中可能产生的，与工程各参与单位目标相背离的，会造成人身伤亡、财产损失或其他经济损失后果的不确定性。面对项目风险的不确定性，需要一个标准且有序的流程，通过对项目风险进行系统的识别、评估和应对，使风险保持在可接受的控制范围以内。

实施项目风险管理并且提高项目风险管理效率和效果，对于保证项目目标的顺利实现具有重要意义。

二、风险管理咨询的基本要求

1）工程咨询方可根据工程咨询合同约定，针对项目投资决策、建设实施及运营维护阶段或其中若干阶段风险管理为委托方提供咨询服务。

2）风险管理咨询依据主要包括下列内容。

①相关法律法规、政策及工程建设标准。

②工程自身情况及工程环境相关信息资料。

③相关阶段工程咨询成果文件。

④类似工程风险管理资料。

⑤工程咨询合同及委托方风险管理能力和需求。

3）工程咨询方应采用科学、适宜的方法和工具，按照风险识别、风险评估、风险应对程序为委托方提供咨询服务。

4）工程咨询方应根据工程特点，工程所处的自然、经济、社会及政策环境，工程进展阶段和类似工程风险等信息资料，采用定性与定量相结合的方法进行风险识别，建立工程风险清单。

5）工程咨询方应根据类似工程风险概率及损失的统计资料、工程自身情况及所处环境，基于工程风险清单，通过风险评估对风险发生的可能性及风险事件发生后可能导致的损失大小进行定性、定量分析。

6）工程咨询方应根据风险评估结果，委托方风险接受准则及工程实际情况，明确风险应对策略。

7）工程风险应对策略实施过程中，工程咨询方可监测风险应对策略的实施效果，预测已识别风险的变化趋势，同时识别新出现的风险，并应细化或调整风险应对策略。

三、项目风险管理

项目风险管理就是通过风险识别，采用合理的经济和技术手段对风险因素进行估计、评价，并以此为基础进行决策，合理地使用回避、转移、缓和或自留等方法有效应对各类风险，并对其实施监控，妥善处理风险事件发生后引起的不利后果，以保证预期目标顺利实现的管理过程。

项目风险管理作为减少或降低风险的有效手段，应从规划、可行性研究、勘察设计、施工直至竣工及交付使用的全过程实施风险管理，对各类建设风险尽早、及时地进行辨识、分析与应对，对各阶段建设风险实施跟踪记录和管理。

每个阶段完成后应形成风险评估报告或风险管理记录文件，记录风险管理对象、内容、方法及控制措施，并作为下阶段风险管理的实施和管理的基本依据。

四、工程项目风险管理的程序

工程项目风险管理过程如图 8-14 所示。

1. 风险识别

进行风险调查，收集企业风险管理的历史资料、同类项目、同地区项目、邻近建筑物、本项目的用地范围、建设方案、地质水文资料、地下工程等相关资料。识别项目风险的来源、确定风险的发生条件、描述风险特征及风险影响的过程，填写项目风险辨识表。

风险识别的方法主要有：①检查表法；②专家调查法。

2. 风险估计

风险估计是建立在有效识别工程风险的基础上，根据工程风险的特点，对已确认的风险，通过定性和定量分析方法估计其发生的可能性和破坏程度的大小。

风险估计的方法主要有：①统计法；②分析法；③推断法。

3. 风险评价

风险评价是指在风险识别、风险分析的基础上，对工程风险进行综合分析，并根据风险对工程目标的影响程度对风险等级进行排序。风险评估的目的就是为了分清风险的轻重缓急，以便为将来如何分配资源提供依据。工程风险评价的主要内容是确定风险的等级，提出预付、减少、转移或消除风险损失的初步方法。对于不同等级的风险应给予不同程度的重视。

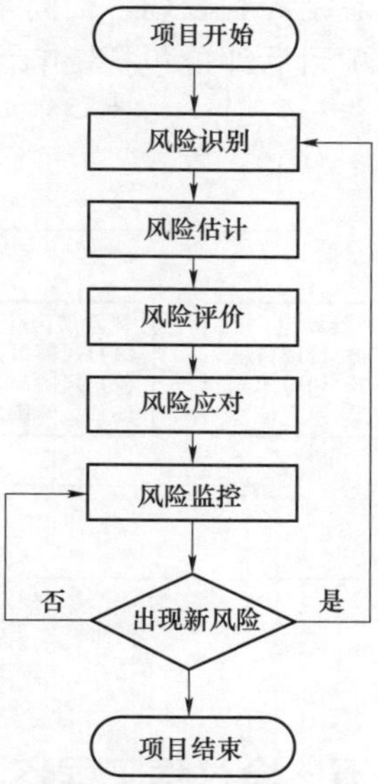

图 8-14　工程项目风险管理过程

4. 风险应对

在全面分析评估风险因素的基础上，制定翔实、全面、有效的项目风险控制方案。针对重大风险开展专项风险论证并编制风险监控方案与应急预案。

主要风险应对措施如下。

（1）风险回避

当项目风险发生的可能性太大，或一旦风险事件发生造成的损失太大时，主动放弃该项目或改变项目目标。

（2）风险转移

通过项目担保、工程保险，在风险事件发生时将损失的一部分或全部转移到项目以外的第三方身上。

（3）风险减轻

通过主动、系统地对项目风险进行全过程识别、评估及监控，按照风险合理分担的原则，充分发挥工程建设各方的优势，调动其积极性，以达到降低风险发生的概率、减少风险发生的损失。

（4）风险接受

当处理风险的成本大于承担风险所付出的代价时可以选择风险接受。准备应对风险事件包括积极制订应急计划，或者消极接受风险的后果。

5. 风险监控

识别、分析和预测新风险，保持对已识别的风险的跟踪记录，监测不可预见事件的引发条件，监测残留风险，评审风险应对策略的实施效果，对项目风险实施动态循环管理。

6. 风险管理后评价

对工程项目风险管理决策实施后进行总结评价，判断项目风险管理预期目标的实现程度，总结经验教训，提高未来项目风险管理水平，如图 8-15 所示。

项目后评价包括影响评价法、效益评价法、过程评价法和系统评价法。

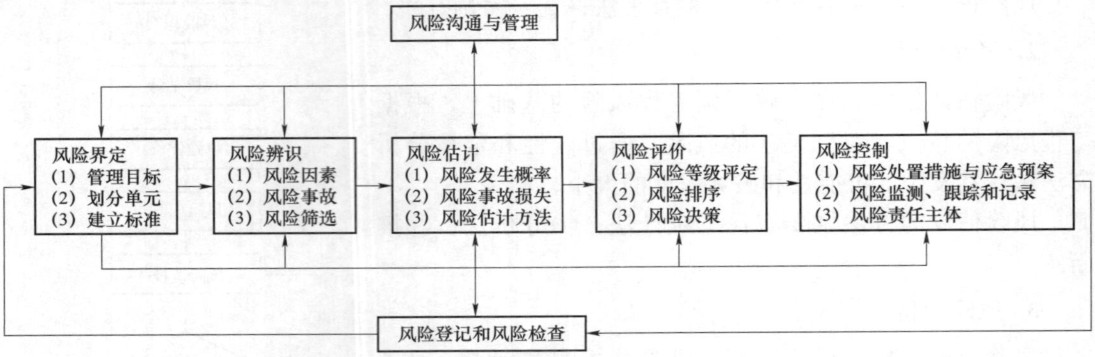

图 8-15　工程项目风险沟通与管理过程

五、全过程工程咨询项目主要风险及控制措施

1. 全过程工程咨询项目各阶段的主要风险

（1）项目决策阶段的主要风险

1）市场风险。由于对宏观经济形势（包括国民经济发展状况，经济政策及经济状况）的分析和对市场供需情况（包括主要产品的市场供需状况，价格走势及对竞争力的判断）和预测与实际情况不符；市场调研报告（包括市场调查、预测、市场竞争策略、营销策略等内容）及其论证或者评估不正确或不可靠所引起的风险。

2）技术风险。

①工艺技术选用，在先进适用性，安全可靠性，经济合理性，耐久性等方面，存在问题所引起的风险。

②由于对产品品种、建设规模、建设方案和建设地址的选择报告（包括建设条件、资源状况、材料来源与供应、总平面布置、环保、安全、技术经济分析等内容）。可行性研究及其论证或评估不正确或不可靠引起的风险。

3）筹、融资风险。由于投资估算和资金筹措渠道与筹措方式不合理或不可靠引起的风险。

4）环境风险。由于建设地区的社会、法律、经济、文化、自然地理、基础设施、社会服务等环境因素对项目目标产生不利影响所引起的风险。

（2）项目招、投标阶段的主要风险

项目成立后到承包合同签订之前，招、投标阶段的主要风险如下。

1）招标风险：风险承担人是项目主办人（单位）。

2）投标（报价）风险：风险承担人是承包商。

3）合同风险：风险承担人为双方，但主要是承包商。

（3）项目实施阶段的主要风险

承包合同签订后，项目实施阶段的主要风险。

1）勘察设计风险。

2）设计风险。

3）采购风险。

4）项目管理风险（质量、安全、费用、进度等风险）。

（4）项目收尾阶段的主要风险

1）合同收尾风险。

2）管理收尾风险。

此阶段的风险承担人主要是项目业主。

2. 全过程工程咨询项目风险管理的目的

全过程工程咨询企业在项目合同签订后，立即组建项目部，对项目的策划、勘察、设计、采购、施工、试运行进行全过程的管理。

项目实施阶段的风险管理，即是在项目实施过程中，通过风险识别与风险分析（定性与定量分析），采取合理的管理方法与技术手段，对项目活动涉及的风险进行有效的控制，以合理的成本、保证安全、可靠地实施合同项目的目标与任务。

3. 全过程工程咨询项目风险管理制度

1）全过程工程咨询项目风险管理风险管理计划。对项目风险管理目标、范围、内容、方法、步骤等作出安排和说明。它是整个项目计划的组成部分。根据项目需要，它可以正式的、详细的，也可以非正式的、框架式的。

2）全过程工程咨询项目风险管理应对计划。在风险管理计划中预先计划好的，一旦已识别的风险事件发生，应当采取的应对措施计划。

3）全过程工程咨询项目风险管理替代方案。在风险应对计划中预先拟定好的，在必要时通过改变原计划以阻止或避免风险事件发生的方案。

4）权变措施。对于不利风险事件的未经计划的应对措施。它与应对计划的区别是在不利风险事件发生前未对其编制出应对措施计划。需根据风险管理人员的应变能力和经验，采取权变措施。

5）后备措施。有些风险需要事先制定后备措施，一旦项目进展情况与计划不同，就动用后备措施以减轻风险，其中“费用后备”即在估算中设置一笔为可预见费或“储备金”。

“时间后备”即在进度计划中设置一段“应急时间”。

4. 全过程工程咨询项目风险管理岗位职责

1）项目实施阶段风险管理工作的主要责任人是项目经理。

2）风险管理工程师协助项目经理对项目风险管理工作进行组织与协调。项目部各方管理人员是其职责范围内的风险管理责任人。

3）策划经理负责项目前期策划风险管理。

4）造价经理负责项目造价风险管理。

5）设计经理负责项目设计（包括工艺设计和工程设计）的风险管理。

6）采购经理负责项目采购风险管理。

7）控制经理负责项目控制（QHSE、进度、费用等）风险管理。

8）财务经理负责项目财务风险管理。

5. 全过程工程咨询项目风险管理程序

1）在项目初始阶段，项目经理负责组织编制“项目管理计划”时，应将项目风险管理目标、范围、组织、内容、要求等纳入项目管理计划中。

2）在项目开工会议上，项目经理宣布项目风险管理的目标、范围、组织、内容、要求组织分工，并明确其职责。

3）风险管理工程师负责组织“项目风险管理计划”的编制。风险管理工程师提出的“项目风险管理计划编制大纲”，风险管理工程师组织项目内各方的风险管理负责人，在风险管理计划编制会议上对“项目风险管理计划编制大纲”进行讨论、研究。会议由项目经理主持。风险管理工程师汇总上述各方意见，编制“项目风险管理计划”。

4）项目风险管理计划，经风险管理主管部门审核，项目经理批准后，由风险管理工程师具体组织实施。

5）在项目进展情况会议上，组织审查项目风险管理计划是实施情况。由风险管理工程师提出项目风险管理计划的阶段执行情况报告，必要时提出修改或调整意见。

项目经理组织讨论、作出决定（修改或者调整项目风险计划，制定目标、措施等）。

6）风险管理工程师随时监控项目风险，根据项目实际情况，向各方风险管理工程师提出风险控制建议（必要时启动应急预案），经项目经理批准后实施。

7）当实际发生的风险事件是风险应对计划中预定的时，风险管理工程师负责组织对项目风险重新进行分析，制订新的风险应对计划，按上述的程序审查，批准后实施。

风险管理基本工作程序框图如图 8-16 所示。

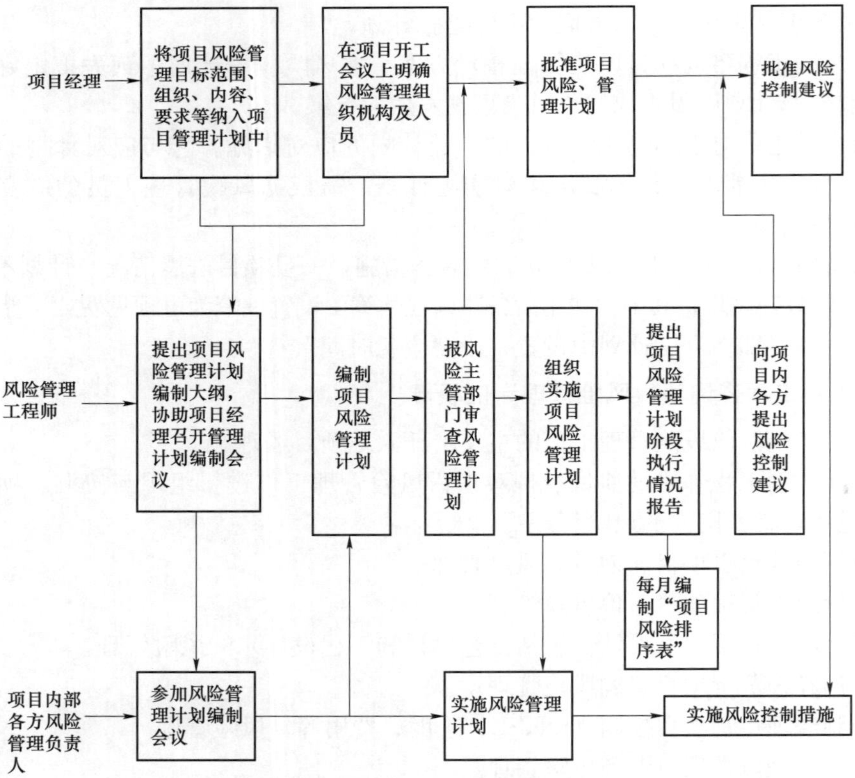

图 8-16　风险管理基本工作程序框图

6. 全过程工程咨询项目风险控制措施

（1）强制性措施

在工程项目中，不可避免会有多种风险，对于其中一些，无论是业主还是承包商都认为必须先给予应对的风险投保强制性保险。

强制性保险一般是指法定必须投保的险种，由当时的相关法规确定。但对于合同约定或者某些行业，因其行业特点与需要，对某些险种也作为强制性规定应予以投保。

（2）非强制性措施

对于其他风险，在考虑采用非强制性措施时，可按下列程序选择。

①分析风险事件可否回避，并且又不损害根本利益（即不会把机会也回避掉），则可选择风险回避。

②风险减轻、风险隔离。

③采取风险减轻、风险隔离均会产生费用。要考虑效果与费用。效果好，费用又不高，则也可选择之。

④如果选择风险减轻、风险隔离所花的费用与采用风险分散后风险转移所花的费用差不多，则也可以选择后者。

⑤风险分散。如果认定采用分散风险的办法，较之集中由自己一家承担更为有利的话（因为分散了风险，也就分散了机会）则应选择风险分散。

⑥风险转移。多数风险不可能靠分散的办法解决。因为分散只能解除一部分风险，承包商还要承担相当一部分的风险。这时，可以考虑风险转移。风险转移包括非保险转移和保险转移两种。非保险转移是通过各种契约，将本应由自己承担的风险转移给别人。例如技术转移、设备租赁等。保险转移则是通过买保险，从而通过保险公司获得可能的损失补偿。风险转移同样要付出代价。风险转移的结果可能有以下两种：

a. 风险事件并未发生，但却付出了风险转移的费用。比如因买保险，付出了保险费。技术转让使自己失去了某些盈利机会。

b. 风险事件发生了，由于已经转移风险，虽然付出了转移风险的费用，但却避免了巨大损失。

⑦风险自留。首先，这些风险造成的后果可以承受，不能承受的风险不能自留；其次，如果应对风险所付出的代价大于风险本身造成的损失，不如选择自留；当然对自己有利的可选择风险自留。

第三节　工程项目后评价

一、项目后评价

后评价是指对政府或企业投资建设项目竣工验收或投入使用后一段时间，运用科学、系统、规范的评价方法，对项目投入运行后的实际效果，投资产生的技术、经济、社会、生态效益和影响等方面进行综合评价。后评价应本着“客观、独立、科学、实用”的原则，通过对建设项目的实际现状分析，全面对项目实施过程、经济效益、社会和环境影响及项目可持续性进行评价，做出科学的判断，提出建议和措施。后评价结论（经验、教训和政策建议）可作为政府或企业发展和投资决策的参考依据，还可作为政府或企业重大决策失误和国有资产损失责任追究的参考依据。

二、项目后评价咨询

1）项目综合后评价应包括过程评价、效益评价及可持续性评价，项目后评价咨询成果是项目后评价报告。

2）结合项目后评价内容和要求，有针对性地收集和掌握相关依据，是开展项目后评价咨询的重要环节，需注意项目后评价咨询依据的准确性和可靠性。

3）项目效益后评价是为了确定项目的主要效益指标是否实现，投资预期的目标是否达到，并通过分析评价找出成败原因，总结经验教训，提出优化改进方案，为未来项目决策和提高投资决策管理水平提出建议。

4）项目后评价报告应包括下列内容。

①项目概况。

②项目过程后评价。

③项目效果和效益后评价。

④项目目标和可持续性评价。

⑤项目后评价结论和主要经验教训。

⑥对策建议。

三、工程项目后评价的主要内容

基础设施工程项目后评价的重点是对项目决策预期效果和项目实施后实际效果进行对比考核，分析变化原因，及时总结和反馈经验教训。具体内容包括以下几个方面。

（1）工程项目目标评价

目标评价主要是对项目设定决策目标的正确性、合理性和实践性进行分析评价。

（2）工程项目实施过程评价

过程评价是对照立项评估或可行性研究报告时所预计的情况和实际执行的过程进行分析和比较，分析存在的原因。一般要分析项目的立项、准备和评估，项目内容和建设规模，工程进度和实施情况，配套设施和服务条件，受益者范围及其反映，财务执行情况。

（3）工程项目效益评价

效益评价包含财务评价和国民经济评价，主要分析指标是内部收益率、净现值和贷款偿还期等项目盈利能力和偿债能力的指标。

（4）工程项目影响评价

评价内容包括经济影响、环境影响和社会影响。

（5）工程项目可持续性评价

在项目的生命周期内，项目的经济、社会、环境效益和影响相互协调适应，持续发挥，达到各种效益和影响之间的动态平衡，确保建设项目的发展速度和发展质量相互适应，使建设项目的效益发挥稳定、长久，从而保证建设项目目标和运营的持续性。主要体现在技术先进性，经济效益合理性，社会影响协调性，生态环境相容性，管理体系完整性。

对于政府投资建设项目，还需对工程项目审批及招标采购情况进行全面、综合评价。

四、工程项目后评价的主要依据

1）国家及地方对投资建设项目管理的相关法律、法规、规章及规定。

2）地方城市总体规划、行业发展规划和专项建设规划。

3）项目立项相关审批、核准、备案文件，如项目建议书、可行性研究报告、项目申请报告、项目资金申请报告、节能评估报告及相关评估报告等。

4）项目招投标文件与主要合同。

5）主要投资控制报告：概算（调整）报告、预算报告、结算报告、财务决算报告、审计报告及相关批复文件等。

6）主要工程建设文件：方案设计、初步设计、施工图及竣工图、监理报告、竣工验收报告等。

对于政府投资建设项目，还需审计或稽查的结论性资料、政府投资建设项目自评报告等。

五、工程项目后评价的重难点

1. 建设项目建设程序的把握

在后评价过程中，针对不同项目快速判断项目决策的依据和程序是否正确，决策阶段各项手续，如项目建议书、可行性研究报告及批复办理流程和时间节点是否合规，相关手续是否齐全；开工各种报批手续是否齐全；实施过程的各项质量检验报检是否及时，资料是否齐全，检验是否合格；竣工验收组织是否及时合规；结算决算工作是否及时合规。通过对建设程序的深入把握，保证后评价工作对项目建设全过程进行系统深入的评价。

2. 项目实施控制详细问题

通过项目后评价结果，如实反映项目单位自身存在的问题，如通过对招投标和合同管理、质量控制、进度控制、投资控制情况，资料归档整理情况，映射出项目单位的内部审批制度是否规范、决策程度是否科学；合同审批流程是否规范，项目组织管理体系是否齐全，质量管理体系，安全、进度、投资成本控制体系是否健全，档案管理是否到位。由于项目后评价工作实现了投资项目全过程的闭环管理，因此通过项目后评价的信息反馈作用，可进一步帮助提高项目单位的投资管理决策水平和投资效益，达到开展后评价工作的最终目的。通过项目后评价环节，项目单位可提早查找问题，总结分析，为措施整改提供参考依据；同时，引导项目单位建立一套规范的后评价工作管理制度，以便更好地完成今后的各项工作。

3. 项目可持续能力的分析

项目效果后评价主要是对运行（运营）效果、社会效益、经济效益、环境（生态）效益及可持续性做综合评价。对项目可持续能力和发展前景做出分析和预测，为投资决策提供依据，是后评价工作的目标之一。例如，企业投资建设项目的可持续能力分析主要从内部、外部两方面进行。

（1）内部因素分析

包括财务能力、技术创新能力、人力资源管理、生产能力、营销能力及综合管理能力等分析，这些因素都是组成企业核心竞争力的主要部分。其中，财务能力分析主要从偿债能力、营运能力、盈利能力和企业发展能力四个方面评价企业的财务状况以及经济效益；技术创新能力通常从创新投入能力、创新管理能力、创新实施能力、创新产出能力等四个方面评价；人力资源管理可以按人力资源规划、人员招聘与配置、培训与开发、绩效考核管理、薪酬福利管理、员工关系管理、人事管理和职业生涯管理八大管理模块分别进行分析评价；生产能力主要从企业所能生产的产品供应能力、规模及可扩产容量等因素进行分析；营销能力主要从产品和品牌策略、分销渠道建设、产品价格管理、促销策略四个方面分析；综合管理分析内容主要包括战略管理、制度体系建设、组织协调、资本运营管理、质量管理、供应链管理等。

（2）外部环境分析

外部环境是企业不可控制的因素，但会影响企业发展，有时会为企业提供发展机会，有时也会限制企业的发展。其主要包括经济环境、自然环境、科学技术环境、政治法律环境、社会文化环境、供应商、目标市场及竞争对手等。

4. 工程项目后评价指标体系的建立

工程项目后评价需采用定性和定量相结合的方法。定量指标的设计需充分反映投资建设项目的绩效水平，而定性指标的设计则需体现投资建设项目的管理水平。借鉴相关地方政府对政府投资建设项目后评价指标设定的规定，项目后评价指标分为一般性指标和特殊性指标。其中，一般性指标包括项目审批管理后评价指标、项目实施内容后评价指标、项目功能技术后评价指标、资金管理后评价指标、经济效益后评价指标、公共效益后评价指标以及根据需要采用的其他后评价指标；特殊性指标需根据政府投资的不同方式、项目的不同类型、后评价的重点和管理要求，设置不同的指标。企业投资建设项目后评价指标的设定可根据自身决策需求、项目实施特点及绩效考核重点进行设置。

第四节　绿色节能建筑评价

一、绿色建筑咨询简介

所谓绿色建筑就是建筑施工工程中，应该加强对绿色理念的践行，做到合理利用资源能源，使资源得到一定的节约，促进资源利用率的提升；减少环境污染，使环境得到积极的保护，以此能够促进我国的资源节约型社会，以及环境友好型社会的发展，能够使人们的生活更加健康与舒心。而对于绿色建筑技术来说，在项目建设中，应该合理控制能源质量、水电以及环境等问题，以此能够使建筑得到一定的绿化。对于绿色建筑技术的运用，能够促进节能节地目标的实现，而这也符合我国的可持续发展目标。因此，当前对建筑施工过程中，绿色建筑技术的分析与运用具有重要作用与意义，能够促进我国和谐社会的构建，为人们营造绿色、健康的生活环境，促进我国建筑行业的可持续健康发展。

二、绿色建筑咨询的基本要求

1）工程咨询方可在项目投资决策、建设实施或运营维护阶段针对建筑节能或绿色建筑为委托方提供规划设计、能耗模拟、绿色施工、用能系统调适、运营节能及绿色性能诊断等单项咨询服务，也可提供“一站式”咨询服务。

2）上位规划除包括城市总体规划、区域规划和控制性详细规划外，还包括国家与地方编制的“能源发展”和“建筑节能与绿色建筑”专项五年规划。

3）建筑节能评估报告应包括下列内容。

①建筑节能评估依据。

②节能技术和管理措施。

③项目建设方案的节能分析和比选。

④项目能源消费量、能源消费结构、能源效率等分析。

⑤对项目所在地完成能源消耗总量和强度目标、煤炭消费减量替代目标的影响等方面的分析评价。

4）片区能源专项规划主要包括电力规划、热力规划及燃气规划。片区绿色建筑专项规划应对接上位规划，细化落实绿色生态建设目标，明确规划技术要求，实施保障和技术路径等，使片区的绿色生态在完整、系统的规划建设程序指引下合理、有序发展。

5）节能验收工作应依据相关标准和要求进行，并应以文件检查和现场查验核实相结合的方式开展。文件检查主要是将验收资料与节能方案进行对比，检查其与项目节能审查意见的相符性。然后通过现场设备查验、铭牌核查等方式，进一步核实节能方案的落实情况。

6）对于国家机关办公建筑和大型公共建筑，应按相关规定安装分类和分项能耗计量装置，采用远程传输等手段将分项能耗数据上传建筑能耗监控平台，用于在线监测和动态分析能耗情况。

7）绿色建筑技术方案应包括下列内容。

①所执行的绿色建筑评价标准。

②绿色建筑主要技术措施。

③关键评价指标。

④增量成本分析。

⑤评分与达标情况。

⑥相关性能模拟计算书或计算报告。

8）工程咨询方可根据我国《绿色建筑评价标准》（GB/T 50378）进行绿色建筑认证评估，也可根据国际绿色建筑认证标准为委托方申请国际相关绿色建筑体系认证服务。

三、绿色建筑评价的程序

1. 准备阶段绿色评价

工程项目施工前，应该做好准备工作。而在此阶段，可以积极实施绿色建筑评价，主要针对一些对象类型进行评估，进行绿色建筑评价工作的实施。首先，应该对评价对象的类型进行积极确定。由于评价标准受到不同类型对象的影响，作为相关人员来说，应该从对象所在的自然环境，以及对象的建筑因素入手，对建筑评价的框架进行积极确定，从而能够将准备阶段的工作做好。

2. 确定评价标准

绿色建筑的评价标准主要包括两种：定量标准与定性标准。而对于这两种评价标准来说，有着各自的优缺点。然而，在现实评价过程中，应该对国家标准或者国际标准进行积极借鉴。而如果不能对现行的国家评价标准作为采纳，可以针对当地的现实发展情况，对评价标准进行制定，这一过程中可以积极采纳专家给出的意见等。此外，对于评价标准来说，主要借助标尺的形式，并且能够对当地的发展状态进行合理反映。此外，还要在评价过程中，注重核心方面的内容。在这一过程中，最主要的是应该对数据信息进行积极收集，然后实施测试工作。另外，作为评估人员来说，应该从评价标准出发，分类归纳所收集的信息内容，并且实施定性的判断。此外，在现实的评价中，作为评价人员来说，可以输入相应的设计以及运行过程中的数值，并且以评价标准为依据实施评价，从而能够使评价更加科学、合理。

3. 绿色评价总结

这一阶段中，应该综合所有评价层次的结果，借助权重系统，计算评价结果。而在这一过程中，对评价人员也有相应的要求，评价人员应该具有相应的资格水平，才能在评价过程中实施规范的评价。而对于评价的结果，应该通过加权累计的手段来计算，综合所有的评价分数，并且针对不同的分数，对绿色建筑的等级进行合理确定，最后还要颁发相应的登记证书等。

4. 绿色建筑评价体系的完善

当前，我国的绿色建筑的评价还存在着一些不尽如人意的方面，并且评价内容也不够全面。因此，应该加强我国绿色建筑评价的完善。首先，应该将科学的评价标准体系构建起来。而在这工作实施之前，需要认真贯彻可持续发展战略，而且积极响应环境保护政策，将促进人与自然和谐发展作为发展目标，以此才能有效完善绿色建筑评价体系，使绿色建筑评价体系更加科学。其次，还要从我国的国情出发，针对我国的发展实际，还要将我国相应的法律条文作为发展的积极参考与借鉴，才能使评价标准更加客观，以此能够使评价结果具有一定的现实意义。除此以外，要想使我国的绿色建筑评价体系更加完善，使评价标准更加科学与准确，一方面，应该保障评估的准确性，使评估工作具有一定的公正性与公平性；另一方面，还要积极从当地的现实状况出发，进行指标体系的制定；此外，还要积极考虑建筑行业的现实发展状况，以此能够在评价过程中，具有全局意识，能够对不同角色的利益进行积极考虑，以此能够促进评价的科学性与合理性发展。

在评价过程中，针对评价方法，应该将定性评价积极向定量评价方式转变。作为我国的绿色建筑评价体系，大多数是借助累积的形式进行计算，然后再对总评结果进行分析计算等。但是，随着实践经验的证明，这种方式存在着一定的不合理性。对于绿色建筑来说，不仅仅对艺术造型加以重视，还要具有一定的科学性。然而，在生产、使用不同的建筑材料过程中，其中能源消耗及二氧化碳的排放都有一定的数据，但是这很难进行定量评价，因此，当前应该加强对评价方式的完善，促进评价的科学发展。建筑行业的发展过程中，离不开评价体系的建设。而建筑评价体系的绿色环保也是符合我国可持续发展的目标。对于当前我国的发展现状，加强环境保护与资源能源节约是非常重要的。因此，在建筑行业发展过程中，应该增强自身的绿色环保意识，促进绿色建筑技术的发展，从而能够积极走向绿色环保道路，实现我国的可持续发展战略。

四、工程项目绿色施工评价对象及体系构成

绿色建筑评价是基于对项目工程的评价。它分为建设过程评价、施工阶段评价和单元工程评价三个层次。单元工程分为三个阶段：基本结构、主体结构和装饰安装。这些阶段按时间段和项目进度进行划分。施工阶段和项目评估根据相关标准，可分为基本绿色、绿色和满意绿色三个层次进行评估。绿色建筑评价指标体系由建筑管理、环境保护、节水和水资源利用、节能和能源利用、土地和建设用地组成。每种类型的指标都需要得到有效的控制。

为了促进建筑业的绿色建设，首先要完善我国的绿色建筑评价体系，积极学习先进的经验。对于现行制度不完善的部分，应及时纠正和完善。强制性法律制度是推进绿色建筑评价体系的有力措施。政府部门应当制定建设项目绿色建设的相关法律法规，制定符合实际和区域建设项目的标准，作为建设企业绿色建设的依据和标准。通过经济调整、政策鼓励、资金补贴等措施，提高施工企业绿色建筑的积极性，通过有效的惩罚措施，约束施工企业的不规范行为，促进绿色建筑评价体系的完善。

五、绿色建筑评价标准的主要技术指标

在绿色建设的过程中，主要的评价指标是节约材料、节约用水、节约能源、节约施工现场的临时用地和环境保护。回收材料的使用可以有效地改善材料的使用和减少浪费。在使用建筑材料的过程中，应考虑当地建筑材料总量的百分比，以达到节约材料的目的；节水指标主要包括使用有效的节水措施，减少自来水的用水量，减少水污染，促进水的循环利用；节能指标主要包括能源消耗的计量、电气设备效率的提高和一些新节能技术的使用。使用新技术可以有效地减少能源消耗；土地节约指数主要包括节约建筑空间和提高建筑用地利用率；环境保护包括一些防尘措施，以及做好污水处理。在安排项目施工进度时，不仅要对施工方案的动态适应性、合同期限和天气条件进行调整，还要根据业主的要求和现场条件进行适当的调整。应急准备和处理是对投标人可预见风险的有效防范措施，可以促进绿色建筑的正常运行。

六、绿色建筑评价的管理力度

管理是实施绿色建筑从意识到具体实施的重要措施，在决策者和领导者中起着重要的作用。在树立正确的绿色建筑意识后，相关的管理者应充分发挥自身的功能优势，将意识落实到施工现场管理中，严格要求并落实到位。除了施工阶段的管理之外，其他阶段的绿色建筑意识管理也不容忽视。在规划阶段，应将意识体现在具体的工作中，并进行成本预算。合理考虑资金总量和资金配置，对绿色建筑技术和资金的投资应符合实践和科学的准备。在材料采购中，要更加注重材料的质量和数量，不仅要保证施工的需要和施工质量，还要避免材料的过度浪费。在竣工验收的后期，应更加重视现场废弃物的管理和回收，并及时处理可能造成环境污染的建筑垃圾，并进行检查和实施。虽然我国的绿色建筑建设起步较晚，但发展速度非常快，在新时期环境保护和可持续发展的背景下，建筑行业的环境保护和节能意识对生态环境越来越重要，因此，加强建设项目的绿色建设，建立和完善相关制度，是促进建筑业企业持续健康发展的重要举措。

七、交通设施与公共服务绿色评价

1）场地周边公共交通设施、站点及联系路线的设置应有利于出行。

检查方法：对照区域规划图或交通规划图、建筑总平面图，现场检查场地周边公共交通布局情况，核查场地出入口到达公共汽车站或轨道交通站的距离、场地出入口步行距离800m范围内的公共交通线路数量、与公共交通站点可便捷连接的人行通道。

2）场地内人行通道、自行车停车设施、机动车停车设施应设置合理。

检查方法：对照建筑总平面图及景观专业施工图，现场检查人行通道无障碍设计实施情况；对照自行车库（棚）及附属设施施工图、停车场施工图、地面交通流线分析图，核查地面停车率计算书以及错时停车管理制度等文件，现场检查自行车、机动车停车设施设计实施情况。

3）场地内及场地周边公共服务设施应设置合理、使用便利。

①居住建筑应核查下列内容：

a. 场地出入口到达幼儿园的步行距离；

b. 场地出入口到达小学的步行距离；

c. 场地出口到达商业服务设施的步行距离；

d. 相关设施设置形式以及向周边居民开放措施；

e. 场地1000m范围内公共服务设施设置情况。

②公共建筑应核查下列内容：

a. 公共建筑集中设置或公共服务功能情况；

b. 配套辅助设施设备共同使用及资源共享情况；

c. 建筑向公众开放措施；

d. 室外活动场地向周边居民开放措施。

检查方法：对照场地规划图、建筑总平面图，现场检查公共服务距离场地的距离、开发措施等。

八、场地设计与场地生态绿色评价

1）建筑规划布局应符合地方城乡规划要求，满足日照标准且不降低周边建筑的日照标准。

检查方法：对照场地规划图、建筑总平面图、日照模拟分析报告，现场检查建筑布局、间距以及与周边建筑的关系。

2）场地设计与建筑布局应结合现状地形、地貌进行设计，核查场地内原有的自然水域、湿地和植被的保护，表层土利用等生态补偿措施。

检查方法：对照场地原地形图、带地形的规划设计图、景观设计总平面图以及表层土利用方案、乔木等植被保护、水面保留以及生态补偿等措施与实施方案，核查施工方案和记录；现场检查对原有地形，地貌的利用情况，场地内原有自然水域、湿地、植被等原有资源的保护措施，以及表层土利用、污染水体净化和循环、场地原有动植物生存环境恢复等生态补偿措施的落实情况。

3）场地绿色雨水设施应设置合理并满足场地年径流总量控制要求，并应核查下列内容：

①下凹式绿地、雨水花园等具有调蓄雨水功能的绿地和水体面积之和占绿地面积的比例；

②屋面雨水、道路雨水与地面生态设施的衔接和引导措施，以及径流污染控制措施；

③硬质铺装地面中透水铺装面积比例；

④场地年径流总量控制率计算值。

检查方法：对照建筑总平面图、室外给排水总平面图、景观专业施工图、有调蓄用水功能绿地水体面积比和透水铺装面积比计算书，以及场地雨水综合利用方案或雨水专项规划及设计控制雨量计算书，现场检查下凹式绿地、雨水花园、景观水体和透水铺装的实施情况，以及屋面和道路雨水与地面设施的衔接和引导措施、径流污染控制措施。

4）绿化方式合理、植物配置科学，应核查绿化方式、植物类型，以及乔木配置。

检查方法：对照景观专业施工图，核查植物购销合同或苗木出圃证明，居住建筑核查每 $100m^2$ 绿地种植的乔木数量，公共建筑核查屋顶绿化和垂直绿化的区域和面积，现场检查植物种植情况。

九、能量综合利用评价

1）采用排风能量回收系统时，应核查下列内容：

①集中空调系统中排风热回收装置的额定热回收效率；

②非集中空调系统中带热回收的双向换气装置的额定热回收效率。

对照暖通空调专业施工图、排风能量回收系统计算分析报告，核查排风能量回收系统装置产品质量证明文件和性能检测报告，现场检查排风能量热回收系统的实施情况，按规定进行填写。

2）蓄冷、蓄热系统应设计合理，并应核查下列内容：

①设计释能阶段，蓄能装置提供的冷量与热量的比例；

②设计蓄能阶段，蓄能装置蓄存的冷量比例及利用情况。

对照暖通空调专业施工图以及蓄冷、蓄热系统计算分析报告，核查蓄冷、蓄热系统设备产品质量证明文件、性能检测报告和系统试运行记录，现场检查蓄冷、蓄热系统及设备设计方案的实施情况，并按规定进行填写。

3）利用余热废热满足建筑蒸汽、供暖或生活热水需求时，应核查余热或废热提供的能量比例。

对照暖通空调专业施工图，余热废热利用计算分析报告，核查余热废热利用系统装置产品质量证明文件、性能检测报告和系统试运行记录，现场检查余热废热利用系统实施情况。

4）利用可再生能源的建筑，应核查可再生能源提供的生活用热水、空调用冷量和热量以及电量。

对照可再生能源利用专项施工图、可再生能源利用计算分析报告，核查可再生能源系统产品质量证明文件、性能检测报告和系统试运转记录，现场检查可再生能源系统实施情况。

5）设置分布式热电冷联供系统时，应核查系统全年能源综合利用情况。

对照电气、暖通空调等专业施工图、分布式热电冷联供技术利用计算分析报告，核查分布式热电冷联供系统产品质量证明文件和系统试运转记录，现场检查分布式热电冷联供技术应用实施情况。

6）采取措施降低单位建筑面积碳排放强度时，应核查技术措施的实施情况。

对照碳排放计算分析报告，核查施工过程中材料使用、技术手段、运输距离等施工记录，现场检查降低单位建筑面积碳排放强度的技术措施的实施情况。

十、节水与水资源利用

1. 节水系统

1）给水系统应采取避免管网漏损的措施。对照给排水专业施工图，核查阀门、设备、管材、管件等产品质量证明文件及其密闭性、耐腐蚀性、耐久性等性能检测报告，核查给水系统水平衡测试报告，现场检查给水系统阀门、水表、管材等附件安装情况及管网漏损措施的实施情况。

2）给水系统应无超压出流现象，应核查用水点供水压力。对照给水系统图、各层用水点用水压力计算表，核查减压产品质量证明文件、给水系统用水点供水压力；当用水点供水压力不大于 0.2MPa 时，应同时核查用水点供水压力是否满足用水器具最低工作压力。现场检查给水系统减压措施实施情况。

3）用水计量装置应按照使用用途、付费或管理单元分别设置。对照给排水专业施工图，核查计量水表产品质量证明文件，现场检查按使用用途、付费或管理单元设置的用水计量装置的安装情况。

4）设有公共浴室的建筑，应核查公用浴室的节水措施。对照公共浴室相关设计文件，核查节水产品质量证明文件，现场检查节水措施的实施情况。

2. 节水器具和设备

1）使用节水器具，应核查卫生器具的用水效率。对照给排水专业施工图，核查用水器具产品质量证明文件、节水性能检测报告、用水效率等级，并按规定进行填写，现场检查用水器具的安装情况。

2）设置绿化灌溉系统时，应核查节水灌溉措施及其应用面积，并应包括下列内容：

①节水灌溉系统覆盖的绿化面积比例；

②土壤湿度感应器、雨天关闭装置等节水控制措施所应用的绿化面积比例；

③无须永久灌溉植物占绿化面积的比例。

检查方法：对照给排水专业和景观专业施工图，核查节水灌溉系统、土壤湿度感应器和雨天关闭装置等节水措施的应用情况，核查无须永久灌溉植物种植情况，并按规定进行填写。

3）采取节水冷却措施的空调设备或系统，应核查节水冷却措施实施情况。

检查方法：对照给排水专业和暖通空调专业施工图，核查冷却塔产品质量证明文件和性能检测报告，现场检查循环冷却水处理措施、冷却水系统溢流防治措施的实施情况以及空调设备形式。

4）除卫生器具、绿化灌溉和冷却塔外，其他用水采用节水技术或措施时，应核查其他用水采用节水技术或措施的实施情况及应用比例。

对照参评的节水技术或措施相关设计文件、节水技术或措施实施比例计算书，核查用水器具产品和设备质量证明文件和性能检测报告，现场检查节水技术实施情况和设备安装情况，并按规定进行填写。

3. 非传统水源利用

1）合理使用非传统水源，应核查非传统水源利用措施及利用率。

对照给排水专业施工图、非传统水源利用方案和非传统水源利用计算书，核查非传统水源水质检测报告，现场检查非传统水源利用及其安全保障措施的实施情况，并按本标准附录E的规定进行填写。

2）冷却水补水使用非传统水源，应核查冷却水补充使用非传统水源的比例。对照给排水专业、暖通空调专业施工图以及非传统水源利用计算书，核查非传统水源水质检测报告，现场检查冷却水补水来源及系统设置情况，并按规定进行填写。

3）结合雨水利用设施进行景观水体设计的项目，应核查景观水体雨水利用及水体净化的措施。对照景观专业和给排水专业施工图，核查非传统水源水质检测报告，现场检查景观水体补水来源和补水管水表设置情况、控制雨水面源污染措施和利用水生动植物进行水体净化的实施情况，并按规定进行填写。

十一、节材与材料资源利用

1. 节材设计

1）优化结构设计，应核查地基基础、结构体系、结构构件的优化措施和节材效果。对照建筑专业和结构专业施工图、地基基础方案论证报告、结构体系节材优化设计书、结构构件节材优化设计书，现场检查结构优化设计措施实施情况。

2）建筑外立面应符合设计要求，居住建筑中纯装饰性构件造价不应高于所在单栋建筑总造价的2%，公共建筑不应高于5‰。对照建筑专业和结构专业施工图、建筑工程材料决算清单，核查装饰性构件造价比例计算书、全部装饰性构件及其功能一览表，现场检查装饰性构件的设置情况和女儿墙的高度。

3）土建与装修工程一体化设计的项目，应核查一体化设计实施比例。对照土建和装修专业施工图，核查施工方案和施工日志，现场检查装修是否有对土建工程已有构件和设施的破坏和较大拆改的痕迹，以及一体化设计实施情况。

4）办公楼、商店等采用灵活隔断（墙）的公共建筑，应核查灵活隔断（墙）的应用比例。对照建筑、结构、装修专业施工图、可重复使用隔断（墙）的设计说明及比例计算书，现场检查室内灵活隔断实施情况。

5）采用工业化预制构件，应核查预制构件用量比例。对照建筑、结构和装修专业施工图，核查工程材料决算清单、预制构件用量比例计算书、预制构件购销合同，现场检查工业化生产的预制构件实施情况。

6）整体化定型设计的厨房、卫浴间，应核查现场实施情况，对照建筑、结构和装修专业施工图，核查工程材料决算清单、整体化定型设计厨房、卫浴间购销合同，现场检查整体化定型设计的厨房、卫浴间实施情况。

2. 材料选用

1）选用本地生产的建筑材料，应核查施工现场500km以内生产的建筑材料比例。对照距离施工现场500km以内生产的建筑材料重量占建筑材料总重量的比例计算书，核查工程材料决算清单、材料进场验收记录，并按照规定进行填写。

2）采用高强、高耐久建筑结构材料时，应核查高强、高耐久建筑结构材料用量比例。对照结构专业施工图，核查高强度钢、高性能混凝土购销合同、产品质量证明文件和检测报告，核查高强建筑结构材料用量比例计算书、高耐久性建筑结构材料用量比例计算书、材料决算清单中有关钢材、钢筋、混凝土的使用情况，并按规定进行填写。

3）核查预拌混凝土、预拌砂浆用量及比例。对照建筑、结构专业施工图，核查预拌混凝土、预拌砂浆用量清单及其用量比例、预拌混凝土和预拌砂浆购销合同，并按规定进行填写。

4）使用可再利用材料和可再循环材料时，应核查可再利用材料和可再循环材料用量比例。核查工程材料决算清单、可再利用材料和可再循环材料性能检测报告及其使用比例计算书，并按规定进行填写。

5）使用以废弃物为原料生产的建筑材料时，应核查废弃物用量比例。对照以废弃物为原料的建筑材料用量比例计算书，核查工程材料决算清单、以废弃物为原料生产的建筑材料检测报告、废弃物建材资源综合利用认定证书，并按规定进行填写。

十二、室内环境质量

1. 室内声环境

1）建筑主要功能房间的隔声性能及室内噪声级应符合现行国家标准《民用建筑隔声设计规范》（GB 50118）的有关规定，并应核查下列内容。

①主要功能房间的室内噪声级。

②主要功能房间的外墙、隔墙、楼板和门窗的隔声性能。

检查方法：对照建筑专业施工图，核查外墙、楼板、分户墙、户门和外窗等构件隔声性能分析报告，核查室内产生噪声的设备产品质量证明文件和性能检测报告，并按本标准附录A、附录G的规定进行填写；对照暖通专业图纸、电梯图纸等相关文件，现场检查空调系统、电梯等产生噪声的设备的隔声、减噪措施。

2）采取措施减少环境噪声干扰，应核查下列内容。

①噪声源与建筑相对位置以及防止噪声的技术措施；

②建筑排水系统设置情况以及降低排水系统噪声的技术措施。

检查方法：对照建筑总平面图、建筑专业和给排水专业施工图，现场检查各项减少环境噪声干扰的技术措施实施情况。

2. 室内光环境与视野

1）建筑布局应使主要功能房间具有良好的户外视野，并应核查下列内容。

①居住建筑核查其与相邻建筑的直接间距。

②公共建筑核查其主要功能房间视野及视线干扰状况。

检查方法：对照建筑总平面图、建筑专业施工图以及视野模拟分析报告，现场检查建筑间距及主要功能房间的视野情况。

2）主要功能房间的采光系数应符合现行国家标准《建筑采光设计标准》（GB 50033）的

有关规定，并应核查下列内容。

①居住建筑卧室及起居室的窗地面积比例。

②公共建筑主要功能房间采光系数满足现行国家标准《建筑采光设计标准》（GB 50033）的比例。

检查方法：对照建筑专业施工图，核查居住建筑卧室及起居室的窗地面积比例计算书、公共建筑天然采光模拟分析报告和采光系数检测报告，现场检查主要功能房间天然采光情况。

3）采取措施改善室内天然采光效果，并应核查下列内容。

①主要功能房间眩光控制措施实施情况。

②公共建筑内区采光系数满足采光要求的面积比例。

③地下空间采光系数不小于0.5%的面积与首层地下室面积的比例。

检查方法：对照建筑专业施工图、采光计算报告以及主要功能房间采光系数检测报告，核查主要功能房间眩光控制、公共建筑内区和地下空间天然采光利用措施及实施情况。

第五节　某工程项目绿色建筑评价案例

1. 概况

某艺术中心占地面积约 159600m²，属于公益性建筑，建筑面积约 119371m²，地上 6 层，地下 1 层。该工程总投资 116677 万元，结构形式采用框架剪力墙混凝土结构。该工程用地东西长度约 590m，南北宽约 280m，其中包括大剧院（1567 座）、报告厅（622 座）、博物馆（3000 人次/天）、图书馆（藏书 150 万册）和城市规划展览馆、地下车库及配套用房。整体建筑采用曲线造型，一气呵成，能与周边环境很好协调，使建筑具备视觉连续性，可以从城市内多角度欣赏。将西侧的博物馆，东侧的图书馆和进入大剧院的大台阶，通过现代的建筑处理手法连接起来，形成如城台般的青铜墙面。大剧院居中，犹如一块无瑕的美玉浮于城台之上，充分体现了该城市文化的精髓，青铜文化、磁州窑瓷器文化及建筑传统中高台建筑的特征。艺术中心将成为该城市的标志性建筑。

2. 绿色建筑评价分析表（见表 8-2）

表 8-2　　某艺术中心绿色建筑评价分析

类别	指标名称	评价要点	评价分析结果及有无创新点
控制项	节地与室外环境		
	节能与能源利用		
	节水与水资源利用		
	节材与材料资源利用		
	室内环境质量		
	全生命周期综合性能		

续表

类别	指标名称	评价要点	评价分析结果及有无创新点
一般项	节地与室外环境	充分开发利用地下空间作为公共活动场所、停车库或设备房等	
		场地到达公共交通站点的步行距离不超过500m	
		充分考虑建筑周边、广场、道路、停车场的绿化和遮阴，绿地率高于国家及相关地区标准	
		绿化物种选择适宜当地气候和土壤条件的乡土植物，且采用包含乔、灌木的复层绿化，减少单纯的草坪绿化	
		绿化修剪和灌溉及时，绿地内无裸露土壤，绿化用地土壤厚度、土质条件满足植物的需要	
		场地内无严重污染空气环境的污染源	
		场地环境噪声符合现行《城市区域环境噪声标准》（GB 3096）的规定	
		室外风环境利于建筑通风和冬季人员行走舒适	
		合理开发利用地下空间	
	节能与能源利用	建筑总平面设计有利于冬季日照并避开主导风向，夏季则利于自然通风。建筑主朝向选择本地区最佳朝向或接近最佳朝向	
		建筑外窗可开启面积不小于外窗总面积的30%，透明幕墙具有可开启部分或设有通风换气装置	
		建筑外窗的气密性不低于《建筑外窗气密性能分级及其检测方法》（GB 7107）规定的4级要求	
		采用适宜的蓄冷蓄热技术和新型节能的空气调节方式	
		采取切实有效的热回收措施，设计为可以直接利用室外新风的空调系统	
		通风空调系统在建筑部分负荷和部分空间利用时不降低能源利用效率	
		风机的单位风量耗功率和冷热水系统的输送能效比符合现行《公共建筑节能设计标准》（GB 50189）第5.3.26、第5.3.27条的规定	
		建筑需蒸汽或生活热水选用余热或废热利用等方式提供	
		采用太阳能、地热、风能等可再生能源利用技术	
		楼宇自控系统功能完善，各子系统均能实现自动检测与控制	
		建筑总平面设计有利于冬季日照并避开冬季主导风向，夏季利于自然通风	
		合理采用蓄冷蓄热技术	
		全空气空调系统采取实现全新风运行或可调新风比的措施	
		改建和扩建的公共建筑，冷热源、输配系统和照明等各部分能耗进行独立分项计量	

续表

类别	指标名称	评价要点	评价分析结果及有无创新点
一般项	节水与水资源利用	在降雨量大的缺水地区，选择经济、适用的雨水处理及利用方案	
		在缺水地区，优先利用附近集中再生水厂的再生水；附近没有集中再生水厂时，通过技术经济比较，合理选择其他再生水水源和处理技术	
		采用微灌、渗灌、低压管灌等绿化灌溉方式，与传统方法相比节水率不低于10%	
		优先采用雨水和再生水进行灌溉	
		游泳池选用技术先进的循环水处理设备，采用节水和卫生的换水方式	
		景观用水采用非传统水源，且用水安全	
		通过技术经济比较，合理确定雨水积蓄、处理及利用方案	
		绿化、景观、洗车等用水采用非传统水源	
		非饮用水采用再生水时，利用附近集中再生水厂的再生水；或通过技术经济比较，合理选择其他再生水水源和处理技术	
		办公楼、商场类建筑非传统水源利用率不低于20%、旅馆类建筑不低于15%	
	节材与材料资源利用	施工现场500km以内生产的建筑材料用量占建筑材料总用量70%以上（按重量计）	
		使用耐久性好建筑材料，如高强度钢、高性能混凝土等建筑材料	
		使用可改善室内空气环境的功能性装饰装修材料	
		结构施工与装修工程一次施工到位，不破坏和拆除已有的建筑构件及设施，装修时避免重复装修与材料浪费	
		在保证性能的前提下，优先使用工业或生活废弃物生产的建筑材料	
		建筑结构材料合理采用高性能混凝土、高强度钢	
		办公、商场类建筑室内采用灵活隔断，减少重新装修时的材料浪费和垃圾产生	
	室内环境质量	单独处理的新风直接入室，避免二次污染	
		合理进行建筑平面布局和空间功能安排，减少相邻空间的噪声干扰以及外界噪声对室内的影响	
		室内背景噪声满足《民用建筑隔声设计规范》（GB 50118—2010）中室内允许噪声标准一级要求	

续表

类别	指标名称	评价要点	评价分析结果及有无创新点
一般项	室内环境质量	宾馆类建筑围护结构构件空气隔声性能满足《民用建筑隔声设计规范》（GB 50118—2010）中的二级要求	
		建筑设计和构造设计有采取诱导气流、促进自然通风的措施	
		建筑 75%以上的空间可根据需要实现自然采光	
		建筑入口和主要活动空间有无障碍设计	
		宾馆类建筑围护结构构件隔声性能满足现行国家标准《民用建筑隔声设计规范》中的一级要求	
		办公、宾馆类建筑 75%以上的主要功能空间室内采光系数满足现行国家标准《建筑采光设计标准》（GB 50033—2013）的要求	
	全生命周期综合性能	建筑规划设计充分体现所在地域的气候、经济、历史、文化等特点，并同自然环境特征相协调	
		占地标准、建设规模和荷载余度适宜，有效节约资源	
		建筑设备管道更换方便，空间可灵活划分，调整方便	
		施工、运营过程具有节约资源计划书，采取具体措施有效实现施工及运行过程中的节能、节水、节材	
		物业管理部门或公司通过 ISO 14001 环境标准认证	
		施工单位制订建筑废弃物管理计划，建筑废弃物回收利用率达到 30%以上	
		采用智能化手段进行系统运行状况的数据计量	
优选项	节地与室外环境		
	节能与能源利用		
	节水与水资源利用		
	节材与材料资源利用		
	室内环境质量		
	全生命周期综合性能		

3. 创新与特色分析（略）

4. 建议

（1）进一步开展的工作

（2）逐渐向创新过渡

（3）政府导向与提建议

第九章　基础设施工程竣工咨询

第一节　竣工咨询简介及基本要求

一、工程项目竣工咨询简介

全过程工程咨询单位在竣工阶段主要以工程资料整理、竣工验收、竣工结算为主。一方面需要整理和收集从决策、设计、发承包、实施等阶段中形成的过程文件、图纸、批复等资料，同时，协助投资人完成竣工验收、结算、移交等工作；另一方面，把经过检验合格的建设项目及工程资料完整移交给运营机构，并进入运营阶段。竣工阶段完成后，项目建设过程基本结束，各方集合对项目组织竣工验收并收集竣工资料。全过程工程咨询单位以此为基础进行项目结算或项目决算审核。竣工验收合格后，项目进入保修期，在全过程工程咨询单位的监管协调下进行项目移交工作。

依据《建设工程项目管理规范》（GB/T 50326—2017），项目竣工管理包括竣工收尾、竣工验收、竣工结算、竣工决算、回访保修及管理考核评价等。在此基础上，本书将建设项目竣工管理的内容概括为竣工验收管理、竣工结算管理、竣工资料管理、竣工移交管理、竣工决算管理、竣工备案管理、保修期管理，具体工作内容详如图 9-1 所示。

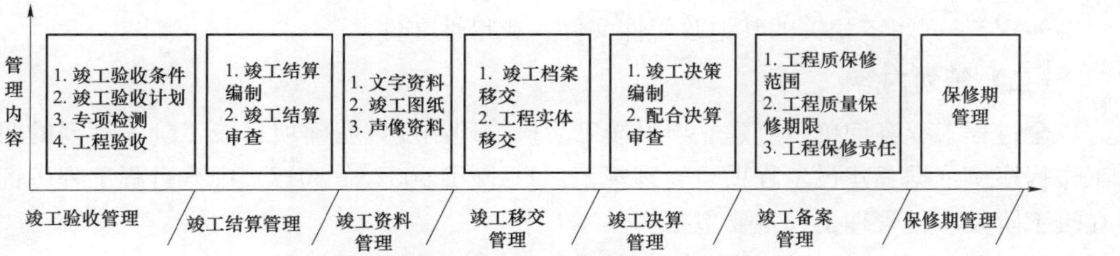

图 9-1　建设项目竣工管理的工作内容

完成竣工阶段后，主要咨询成果如下。

1）通过施工阶段完成的合格的建筑物、构筑物及构配件和其他设施，满足规模目标、功能目标、需求目标、使用目标的要求。

2）竣工验收报告是指工程项目竣工之后，由相关部门成立的专门验收机构组织专家进行质量评估验收以后形成的书面报告。同时，竣工验收报告也是体现建筑产品是否达到或满足规模目标、功能目标、需求目标、使用目标的重要依据。

3）档案资料。档案资料是指项目建设、管理过程中形成的，具有保存价值的各种形式的历史记录和存档依据。若当施工阶段中缺乏了工程档案或者资料，则会不利于在各项工程建设中施工与管理的进行，并且对于后期的维护、改建以及扩建造成很大影响，因此，档案资料是建设项目运营阶段中运维管理、项目后评价和设施管理等工作的重要依据和基础。

4）编制（审核）竣工结算报告。竣工结算是承包人按照合同约定的内容完成全部工作，经投资人和有关机构验收合格后，发承包双方依据约定的合同价款以及索赔等事项，最终计算和确定竣工项目工程价款的文件。经发承包双方确认的竣工结算文件是发包方最终支付工程款的依据，也是核定新增固定资产和工程项目办理交付使用验收的依据；竣工结算一般由承包人或其委托有资质的造价咨询机构编制，由投资人委托有资质的全过程工程咨询单位审查，竣工结算审定成果文件应由结算编制人（承包人）、结算审查投资人（投资人）、结算审查受托人共同签署。

5）编制（审核）竣工决算报告。工程竣工决算是投资人在项目准备、验收和使用过程中实际支付的所有建设费用。竣工决算是整个建设项目的最终价格，是作为投资人财务部门汇总固定资产的主要依据。

二、竣工咨询基本要求

（一）策划依据

1）现行《中华人民共和国建筑法》。

2）现行《建设工程质量管理条例》。

3）现行《建筑工程施工质量验收统一标准》。

4）现行《建设工程造价咨询规范》。

5）现行《建设工程监理规范》。

6）现行《建设工程文件归档整理规范（2019 年版）》。

7）现行《照片档案管理规范》。

8）现行《声像档案建档规范》。

9）与工程竣工相关的其他政策性文件、成果性文件。

（二）策划内容

全过程工程咨询单位应建立项目竣工阶段管理制度，明确项目竣工阶段管理的职责和工作程序。依据《建设工程项目管理规范》（GB/T 50326—2017）中全过程工程咨询单位在竣工阶段项目管理工作主要包括：

1）编制项目竣工阶段验收计划；

2）提出有关竣工阶段管理要求；

3）理顺、终结所涉及的对外关系；

4）执行相关标准与规定；

5）清算合同双方在合同范围内的债权债务。

进入竣工验收阶段后，总承包商制订详细的竣工验收计划，各专业分承包商应根据总承包商竣工验收计划的安排，确保建设项目的内容按计划具备验收条件，并发给总承包项目部门。在完成验收计划后，我们将为建设项目竣工验收计划编制拆分计划，包括各项工作完成时间、需提供的条件、需全过程工程咨询单位、投资人等解决的问题等，以便总包项目经理部统筹安排，确保检验工作按期完成。

（三）策划流程

1. 竣工验收管理

项目的竣工验收是考核和检查建设工程是否符合设计要求和工程质量的关键环节，是资产转入生产的标志。该阶段主要包括验收的程序、验收的依据和条件以及验收组织管理。

2. 竣工结算管理

项目竣工验收条件具备后，施工单位应按合同约定和工程价款结算的规定，及时编制并向投资人提交项目竣工结算报告及完整的结算资料，投资人组织监理单位、咨询单位进行结算审查，同时，还应完成政府审计工作。

投资人应督促监理单位、施工单位建立健全竣工资料管理制度，注意在施工过程中及时完成各类资料的签署、收集、归档工作，制订竣工资料形成、收集、整理、交接、立卷、归档的管理程序，实行“科学收集、定向移交、统一归口、按时交接”的原则，保证竣工资料完整、准确、系统和规范，便于存取和检索。

3. 竣工移交管理

项目竣工移交包括竣工档案和项目实体移交两大部分。其中，项目档案资料是在整个建设项目从酝酿、决策到建成投产（使用）的全过程中形成的应当归档保存的文件，包括建设项目的提出、调研、可行性研究、评估、决策、计划、勘测、设计、施工调试、生产准备、竣工试生产（使用）等活动中形成的文字材料、图纸、图表、计算材料、声像材料等形式与载体的文件材料。在项目实施过程中，应注意相关材料的存档工作，验收通过后，及时整理、建档、立卷等，确保竣工档案的按时移交。项目实体移交包括建设项目实体、配套的通用设备和专用设备等，施工单位应履行按时移交工程成品，并建立交接记录，完善交工手续。

4. 竣工决算管理

项目竣工决算是由投资人编制的项目从筹建到竣工投产全过程的全部实际支出费用的经济文件。竣工决算综合反应项目建设成果和财务情况，是竣工验收报告的主要组成部分，按国家有关规定所有新建、扩建、改建的项目竣工后都要编制竣工决算。

在此基础上，竣工决算包括竣工决算的编制和竣工决算的审核。竣工决算包括竣工决算的编制和竣工决算的审核。竣工决算的编制是以全过程工程咨询单位为主，在监理工程师和施工单位的配合下共同完成的，从项目筹建到竣工投产或使用全过程的全部实际支出费用的经济文件。依据财政部、国家发展改革委以及住房城乡建设部的有关文件规定，竣工决算是由竣工财务的决算说明书和决算报表、工程竣工图和工程竣工造价对比分析四部分组成。前两部分又称建设项目竣工财务决算，这是竣工决算的核心内容。竣工决算咨询工作最终形成竣工决算成果文件提交给投资人。工程决算的审核是全过程工程咨询单位的责任。在审核过程中，全过程工程咨询单位的责任是提供真实完整的审查资料。工程造价咨询单位的责任是在全过程工程咨询单位提供资料的基础上进行审核，并负有相关审查责任。其中，工程竣工阶段核心工作清单如图 9-2 所示。

5. 工程保修期管理

《中华人民共和国建筑法》《建设工程质量管理条例》中对于不同工程的保修期限做了

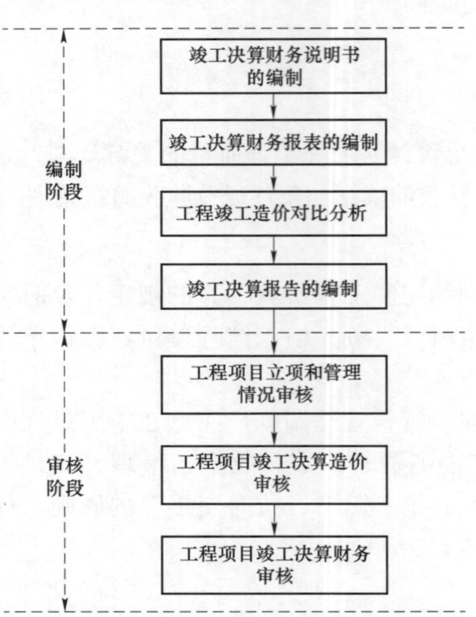

图 9-2 工程竣工阶段核心工作清单

具体的规定，施工单位的规定期限内必须履行相应的责任和义务。

（四）注意事项

竣工结算是施工企业争取自身劳务所得经济收益以及投资人确定投资所产生固定资产的价值的过程性工作。在项目竣工验收条件具备后，施工单位应按合同约定和工程价款结算的规定，及时编制并向投资人递交项目竣工结算报告及完整的结算资料，在此阶段的结算效率问题，应该被工程项目参与各方视为最重要的管理目标，是该部分应关注的重点。

在竣工验收与结算的过程中，首要管理目标即是强调竣工结算的编审效率。为提升效率，应强调施工阶段产生的结算文件直接作为竣工阶段的依据。其逻辑框架见表 9-1。

表 9-1 竣工验收及结算阶段逻辑框架

导向	目标	实现手段	工具	
			评价工具	操作工具
效率	竣工阶段编审效率最优	以施工阶段产生的结算文件为竣工阶段依据	交易成本理论、基于法学的竣工结算依据效力分析	竣工结算依据的确定 竣工阶段编制方法

《建设工程工程量清单计价规范》的出台一定程度上否定了竣工图重算法，而提倡采取历次计量支付结果直接进入结算的结算规则。历次计量支付结果作为施工阶段产生的结算文件，应直接进入结算的结算规则是仿照 FIDIC 国际惯例的一般做法，并结合我国实际而形成的新型结算规则，具有明显的“新常态”下的中国特色。

在此基础上，竣工决算环节全过程工程咨询单位的业务内容主要包括竣工决算的编制和竣工决算的审核两部分。竣工决算编制阶段的管理目标是通过竣工决算的编制，进行大量的统计分析而不是重新确定工程造价，反映建设项目经济效益的情况，使其可以准确作为项目法人核定各类新增资产价值、办理其交付使用的依据。通过竣工决算的编制，一方面能够正确反映建设工程的实际造价和投资结果；另一方面可以通过竣工决策与概算、预算的对比分析，考核投资控制的工作成效。工程决算审核阶段的管理目标是对建设项目竣工决算的真实性、合法性、完整性进行审核，通过审核督促项目建设相关部门及管理部门加强项目管理和财务监督，提高资金使用效率。

竣工决算阶段主要内容为项目竣工决算的编制和项目竣工决算的审查。其中，竣工决算的编制由竣工财务决算说明书和决算报表、工程竣工图和工程竣工造价对比分析组成。前两部分又称建设项目竣工财务决算，是竣工决算核心内容。竣工财务决算说明书主要内容有建设项目概况、会计账务的处理、债务债权的清偿、基建结余资金上交分配情况、主要技术经济指标的分析；竣工财务决算报表主要有建设项目财务决算审批表、建设项目竣工工程概况表、建设项目竣工财务决算总表、建设项目交付使用资产总表、建设项目交付使用资产明细表。

第二节　项目竣工验收

项目的竣工验收是考核和检查建设工程是否符合设计要求和工程质量的关键关节，是资产转入生产的标志，也是全面考核效益、设计、监理、施工质量的重要环节。项目竣工验收是项目使用或者投产的根本前提。

一、竣工验收依据

（1）现行国家法律、法规等；

（2）《建设工程质量管理条例》（2019 年修订）；

（3）《国务院关于修改部分行政法规的决定》（2016 年）；

（4）《建筑工程施工质量验收统一标准》（GB 50300—2013）；

（5）国家有关行政主管部门对该项目的批复文件，包括可行性研究报告及批复文件、环境影响评价报告及批复文件、初步设计批复文件以及与项目建设有关的各种文件；

（6）工程设计文件，包括初步设计或扩大初步设计、技术设计；

（7）设备技术资料，主要包括设备清单及其技术说明；

（8）与项目相关的标准规范，包括现行的工程施工及验收规范、工程质量检验评定标准等；

（9）招标及合同文件；

（10）全部竣工资料，包括全部工程的竣工图和说明；

（11）设计变更、修改通知单；

（12）现行设计、施工规范、规程和质量标准；

（13）引进项目的合同和国外提供的技术文件。

项目竣工验收主要是对工程项目的总体验收，工作内容就是查看项目有没有完成图纸和合同约定的各项工作，以及所完成的工作符不符合相关的法律法规和验收标准，竣工验收是对项目的工程资料和实体全面检查的一个过程。

二、竣工验收条件

《建设工程质量管理条例》规定投资人收到建设项目竣工报告后，应当组织全过程工程咨询单位（勘察、设计、监理）、施工单位等有关单位进行竣工验收，工程经验收合格之后方可交付使用。

其中，建设项目竣工验收应当具备下列条件：

1）完成建设工程设计和合同约定的各项内容；

2）有完整的技术档案和施工管理资料；

3）有工程使用的主要建筑材料、建筑构配件和设备的进场试验报告；

4）有勘察、设计、施工、工程监理等单位分别签署的质量合格文件；

5）有施工单位签署的工程保修书。

三、竣工验收计划

建设项目竣工验收条件具备之后，全过程工程咨询单位应组织成立验收工作小组，组织监理单位和施工单位编制竣工验收计划，将其纳入企业施工生产计划执行和管理，自检合格的施工项目应填写工程竣工报告和竣工报验单，报投资人批准后使用。竣工验收计划的具体内容应包括验收内容、验收单位以及所需资料等。其中，竣工阶段验收登记表见表 9-2。

表 9-2　　项目竣工阶段验收登记表

<table>
<tr><td colspan="2">工程名称</td><td colspan="2"></td><td></td><td colspan="2"></td></tr>
<tr><td colspan="2">施工许可文件号</td><td colspan="2"></td><td>工程竣工日期</td><td colspan="2"></td></tr>
<tr><td colspan="2">建设规模</td><td colspan="2"></td><td>合同价格</td><td colspan="2">（万元）</td></tr>
<tr><td rowspan="7">验收组成员</td><td>姓名</td><td>单　位</td><td colspan="2">职务</td><td colspan="2"></td></tr>
<tr><td></td><td>全过程工程咨询单位</td><td colspan="2"></td><td colspan="2"></td></tr>
<tr><td></td><td>勘察单位</td><td colspan="2"></td><td colspan="2"></td></tr>
<tr><td></td><td>设计单位</td><td colspan="2"></td><td colspan="2"></td></tr>
<tr><td></td><td>施工单位</td><td colspan="2"></td><td colspan="2"></td></tr>
<tr><td></td><td>监理单位</td><td colspan="2"></td><td colspan="2"></td></tr>
<tr><td colspan="2">专家</td><td colspan="4"></td></tr>
<tr><td rowspan="13">工程竣工验收内容</td><td>序号</td><td colspan="4">验收项目</td><td>验收情况</td></tr>
<tr><td>1</td><td colspan="4">是否已完成工程设计和合同约定的各项内容</td><td></td></tr>
<tr><td>2</td><td colspan="4">是否有完整的技术档案和施工管理资料；是否有工程使用的主要建筑材料、建筑构配件和设备的进场试验报告、工程质量检测和功能性试验报告资料；是否已取得城建档案馆预验收文件</td><td></td></tr>
<tr><td>3</td><td colspan="4">工程所含单位工程质量竣工验收是否合格</td><td></td></tr>
<tr><td>4</td><td colspan="4">全过程工程咨询单位是否已按合同约定支付了工程款</td><td></td></tr>
<tr><td>5</td><td colspan="4">施工单位是否已经签署工程质量保修书</td><td></td></tr>
<tr><td>6</td><td colspan="4">是否有规划行政部门出具的认可文件或者准许使用文件</td><td></td></tr>
<tr><td>7</td><td colspan="4">无障碍设施是否已验收合格</td><td></td></tr>
<tr><td>8</td><td colspan="4">对于住宅工程，质量分户验收是否已合格</td><td></td></tr>
<tr><td>9</td><td colspan="4">对于民用建筑工程，全过程工程咨询单位是否已组织设计、施工、监理单位对节能工程进行了专项验收</td><td></td></tr>
<tr><td>10</td><td colspan="4">商品住宅小区和保障性住房工程，全过程工程咨询单位是否已按分期建设方案要求，组织勘察、设计、施工、监理等有关单位对市政公用基础设施和公共服务设施进行了验收</td><td></td></tr>
<tr><td>11</td><td colspan="4">规划许可中注明规划绿地情况的建设工程，对附属绿化工程的验收是否合格</td><td></td></tr>
<tr><td>12</td><td colspan="4">是否已在工程明显位置设置了永久性标牌</td><td></td></tr>
</table>

续表

工程竣工验收内容	序号	验收项目	验收情况
	13	建设主管部门及工程质量监督机构责令整改的问题是否已全部整改完毕	
	14	法律、法规规定的其他验收条件完成情况	
验收意见	全过程工程咨询单位	签字（公章） 年 月 日	
验收单位	全过程工程咨询单位	签字（公章） 年 月 日	
	勘察单位	签字（公章） 年 月 日	
	设计单位	签字（公章） 年 月 日	
	施工单位	签字（公章） 年 月 日	
	监理单位	签字（公章） 年 月 日	
	专家签字	年 月 日	

四、竣工验收内容

（1）专项工程验收

竣工阶段需进行的专项验收包括电梯等特种设备、环保、消防、防雷、卫生防疫以及人防验收、生产工艺等，专项检查表见表 9-3，其中住宅工程必须进行分户验收。分户验收即“一户一验”，是指住宅工程按照国家有关标准、规范要求进行工程竣工验收时，对每一户住宅及单位工程公共部位进行专门验收，并在分户验收合格后出具工程质量竣工验收记录表 9-4 和表 9-5。

表 9-3　　项目专项检查表

工程名称		结构类型	
工程地址		联系人	联系电话
投资人			
全过程工程咨询单位			
设计单位			
施工单位			
监理单位			

续表

检查内容	
检查结论	
投资人（公章）	
全过程工程咨询单位	
设计单位（公章）	
施工单位（公章）	
监理单位（公章）	

表 9-4　　竣工验收室内质量分户验收检查表

工程名称				房号	
序号	验收项目	验收内容	验收要求	验收记录	验收结论
1	楼地面、墙面和顶棚	楼地面空鼓、裂缝、起砂			
		墙面、顶棚、裂缝、脱层和爆灰			
2	门窗安装	外窗台高度			
		外窗渗漏			
		推拉窗防脱落装置			
		安全玻璃认证标识			
3	栏杆安装	栏杆高度			
		竖杆间距			
		防攀登措施			
		护栏玻璃			
4	防水工程	屋面渗漏			
		有防水要求的地面渗漏			
		外墙渗漏			
5	室内空间尺寸	室内净高			
		室内净开间、净进深			
		地面水平度			
6	给水排水工程	管道渗漏			
		管道坡向			
		地漏水封高度			
		伸缩节、阻火圈（防火套管）设置			
7	电气工程	配电箱安装质量			
		开关、插座安装质量			

续表

工程名称				房号		
序号	验收项目	验收内容	验收要求	验收记录		验收结论
8	其他	烟道设置				
		空调孔、板设置				
综合验收结论						
投资人（投资人）		全过程工程咨询单位	监理单位	施工单位		物业单位
验收人员： 年　月　日		验收人员： 年　月　日	验收人员： 年　月　日	验收人员： 年　月　日		验收人员： 年　月　日

表 9-5　　　　　　住宅工程质量分户检查验收汇总表

工程名称		投资人		总户数	
监理单位		施工单位		物业单位	
内　　容	验　收　情　况				
室内分户验收汇总	本工程总计验收_______户。其中合格_______户，整改合格_______户；不合格_______户。存在问题：______________。				
功能试验					
给排水设备安装检测试验					
外墙					
公共部位					
保温节能					
验收结论					
投资人： 项目负责人： （公章） 年　月　日	全过程工程咨询单位： （公章） 年　月　日	监理单位： 总监理单位： （公章） 年　月　日	施工单位： 项目经理： （公章） 年　月　日	物业单位： 负责人： （公章） 年　月　日	

（2）单位工程验收

单位工程内容全部完成后，由施工单位自检，编制施工小结，向监理部门提出验收申请，监理部门应在规定的时间内，对工程完成的质量情况进行初步检查（预验收），同意验收时，做出单位工程质量评估报告，全过程工程咨询单位审查验收条件，通知各有关部门参加，地勘、设计单位应出具质量检查报告，施工、监理单位分别出具工程质量合格证明并组织单位工程验收，通过验收后，由各单位签署竣工文件并各自归档。

（3）工程竣工验收

当施工单位完成合同约定的所有工程量，且单位工程均通过自检验收合格后，可提出竣工验收申请，同时，施工单位应及时编制竣工验收计划报全过程工程咨询单位审核，报投资人同意后实施。

收到竣工验收申请后，全过程工程咨询单位应在规定时间内完成合同工程量完成情况的审核，符合要求后由全过程工程咨询单位监理单位落实预验收计划，提交并通知投资人参加预验收。全过程工程咨询单位组织各预验收单位检查确认预验收合格后，编写全过程工程咨询单位监理单位评估报告。

预验收合格并且投资人审核认为符合竣工验收条件后，应及时落实竣工验收的各项准备工作，成立验收小组，编写工程建设总结，组织竣工验收并通知政府各相关部门参加验收，验收通过后及时会签竣工验收报告，并填写建设工程竣工验收备案申请表，完成备案工作。

五、竣工验收程序

项目竣工验收是在参建单位完成自检合格的基础之上，由投资人组织各方责任主体以及相关政府职能部门参加的一个综合验收，验收组以法律法规、设计文件、施工验收规范、质量检验标准等为依据，按照程序和手续对项目进行检验综合评价的一个活动。

建设项目竣工验收的实施一般由全过程工程咨询单位组织投资人、施工、勘察、设计、监理等单位共同组成竣工验收小组，按照竣工验收程序，对工程进行核查后，做出验收结论，形成竣工验收记录。下面详细介绍竣工验收计划的编制以及竣工验收的流程图。

1）专项工程验收程序。其包括消防工程、人防工程以及环保等专项验收，验收程序如图 9-3 所示。

2）单位工程竣工验收程序。单位工程竣工验收程序如图 9-4 所示。

3）工程竣工验收程序。当整个建筑项目已按设计要求全部建设完成，并已符合竣工验收标准，全过程工程咨询单位组织监理单位的预验收已通过，应及时组织竣工验收，竣工验收具体流程，如图 9-5 所示。

六、竣工验收记录

竣工验收备案过程形成的验收记录主要包括四项成果文件：

1）竣工验收备案表；

2）观感评定；

3）验收组名单及竣工验收签到表；

4）竣工验收报告。

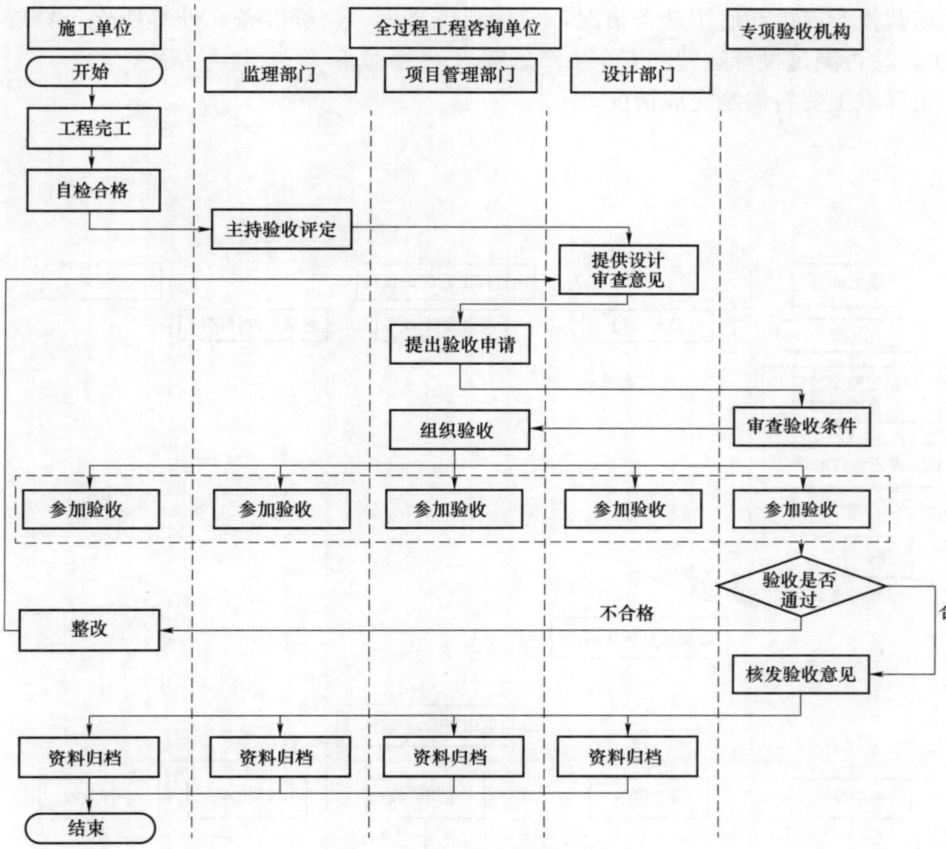

图 9-3　专项工程验收程序

七、竣工验收注意事项

根据《建筑工程施工质量验收统一标准》（GB 50300—2013）规定，应注意以下几方面：

1）工程实施内容、规模是否符合项目承包合同约定及初步设计审定的范围、标准和内容（包括变更设计）；是否按施工技术规范要求建成；生产链上下游相关配套工程是否与主体工程同步建成。

2）工程质量是否符合项目承包合同约定的工程质量验收评定标准。

3）机电和工艺设备选型配套及单体设备安装和系统调试情况，其中主要设备是否经过空载单机试验、联动试运行等，以及试生产和第三国引进设备合同执行情况。

4）环境保护、消防设施等是否按承包合同约定或批准的设计图纸建成，是否满足国家相关要求，经检验是否合格，建筑抗震设防是否符合相关规定，规定的竣工验收内容是否已全部验收合格。

5）运营投产或投产使用准备情况，包括岗位培训、物资准备、外部协作条件等是否已经落实，是否满足投产运营和安全生产的需求。

6）工程竣工资料编制完成情况。

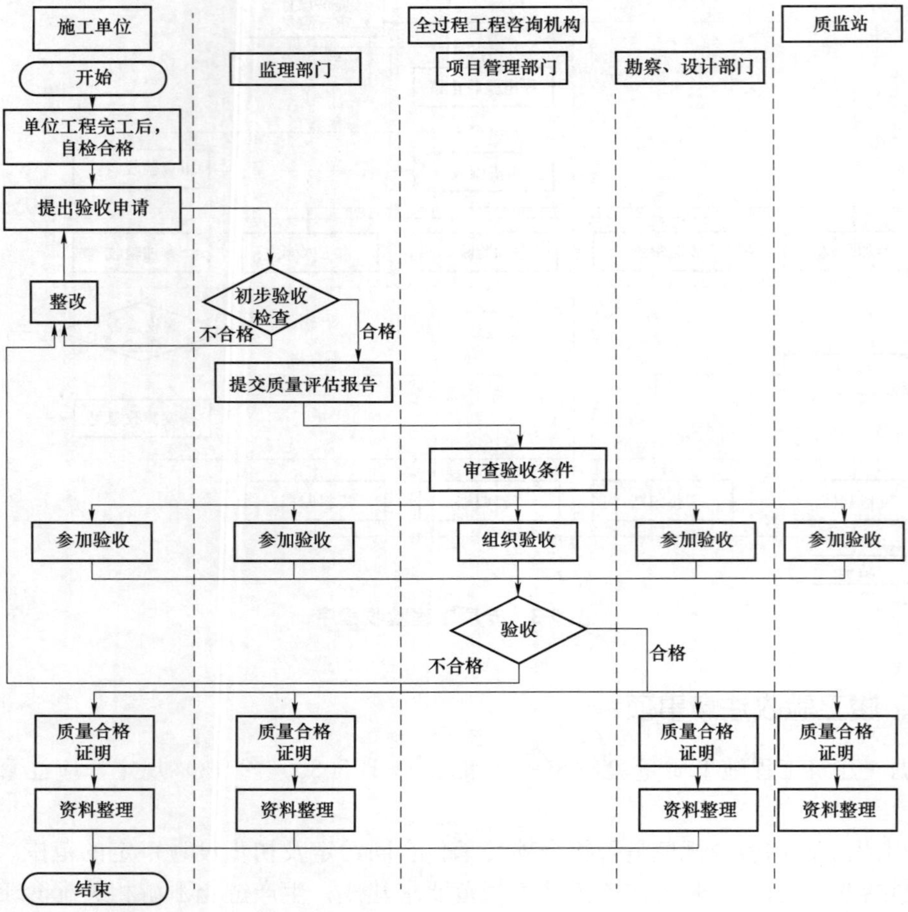

图 9-4 单位工程验收程序

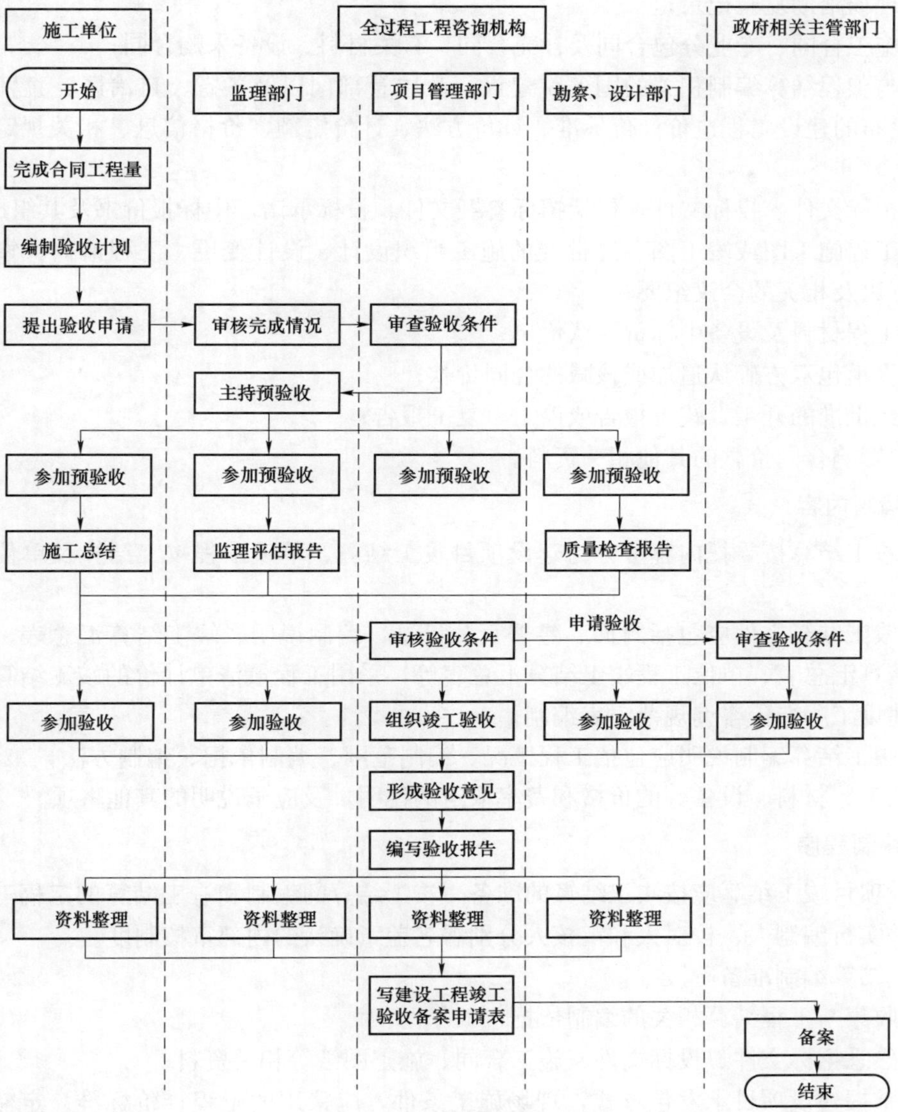

图 9-5　工程竣工验收程序

第三节　工程项目竣工结算与决算

一、工程项目竣工结算

1. 编制依据

根据《建设项目工程结算编审规程》（CECA/GC 3—2019）规定，同时根据《建设工程造价咨询规范》（GB/T 51095—2015）进行补充，竣工结算编制依据包括：

1）影响合同价款的法律、法规和规范性文件；

2）现场踏勘复验记录；

3）施工合同、专业分包合同及补充合同、有关材料、设备采购合同；

4）与工程结算编制相关的国务院建设行政主管部门以及各省、自治区、直辖市和有关部门发布的建设工程造价计价标准、计价方法、计价定额、价格信息、相关规定等计价依据；

5）招标文件、投标文件，包括招标答疑文件、投标承诺、中标报价书及其组成内容；

6）工程施工图或竣工图、经批准的施工组织设计、设计变更、工程洽商、索赔与现场签证，以及相关的会议纪要；

7）工程材料及设备中标价、认价单；

8）发承包双方确认追加或核减的合同价款；

9）经批准的开工、竣工报告或停工、复工报告；

10）影响合同价款的其他相关资料。

2. 编制内容

1）竣工结算按委托内容可分为建设项目竣工结算、单项工程竣工结算及单位工程竣工结算。

2）竣工结算文件应包括封面、签署页、目录、编制说明、竣工结算汇总表、单项工程竣工结算汇总表、单位工程竣工结算汇总表等，采用工程量清单计价的竣工结算成果文件可按建设工程造价咨询规范附表编制。

3）竣工结算编制说明应包括工程概况、编制范围、编制依据、编制方法，工程计量、计价及人工、材料、设备等的价格和费率取定的说明，及应予说明的其他事项。

3. 编制程序

建设项目竣工结算应按竣工结算的准备、竣工结算的编制和竣工结算的定稿三个阶段进行，并实行编制人、校对人和审核人分别署名盖章确认的内部审核制度。

（1）结算编制准备阶段

1）收集与工程结算相关的编制依据；

2）熟悉招标文件、投标文件、施工合同、施工图纸等相关资料；

3）掌握建设项目承发包方式，现场施工条件，应采用的工程计价标准、定额、费用标准、材料价格变化等情况；

4）对工程结算编制依据进行分类、归纳、整理；

5）召集工程结算人员对工程结算涉及的内容进行核对、补充和完善。

（2）结算编制阶段

1）根据工程施工图或竣工图以及施工组织设计进行现场踏勘，并做好书面或影像记录；

2）按招标文件、施工合同约定方式和相应的工程量计算规则计算分部分项建设项目、措施项目或其他项目的工程量；

3）按招标文件、施工合同规定的计价原则和计价办法对分部分项建设项目、措施项目或其他项目进行计价；

4）对于工程量清单或定额缺项以及采用新材料、新设备、新工艺，应根据施工过程中的合理消耗和市场价格编制综合单价或单位估价分析表；

5）工程索赔应按合同约定的索赔处理原则、程序和计算方法提出索赔费用；

6）汇总计算工程费用，包括编制分部分项工程费、措施项目费、其他项目费、规费和税金，初步确定工程结算价格；

7）编写编制说明；

8）计算和分析主要技术经济指标；

9）工程结算编制人编制工程结算的初步成果文件。

（3）结算定稿阶段

1）工程结算审核人对初步成果文件进行审核；

2）工程结算审定人对审核后的初步成果文件进行审定；

3）工程结算编制人、审核人、审定人分别在工程结算成果文件上署名，并应签署造价工程师或造价员执业或从业印章；

4）工程结算文件经编制、审核、审定后，工程造价咨询企业的法定代表人或其授权人在成果文件上签字或盖章；

5）工程造价咨询企业在正式的工程结算文件上签署工程造价咨询企业执业印章。

建设项目竣工结算编制程序如图 9-6 所示。

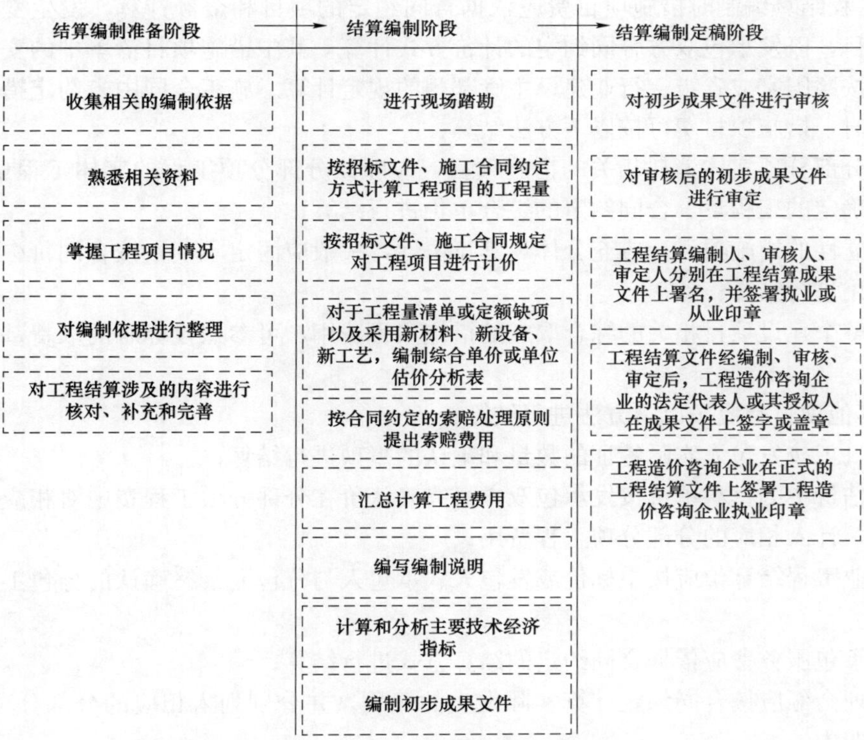

图 9-6　工程竣工结算编制程序

4. 编制方法

竣工结算应按施工合同类型采用相应的编制方法，应符合《建设工程造价咨询规范》

(GB/T 51095—2015)、《建设项目工程结算编审规程》(CECA/GC 3—2010) 的规定。

1) 采用总价合同的，应在合同总价基础上，对合同约定能调整的内容及超过合同约定范围的风险因素进行调整。

2) 采用单价合同的，在合同约定风险范围内的综合单价应固定不变，并应按合同约定进行计量，且应按实际完成的工程量进行了计量。

3) 采用成本加酬金合同的，应按合同约定的方法，计算工程成本、酬金及有关税费。

4) 采用工程量清单方式计价的工程，一般采用单价合同，应按工程量清单单价法编制工程结算。

5) 分部分项工程费应依据施工合同相关约定以及实际完成的工程量、投标时的综合单价等进行计算。

6) 工程结算编制时原招标工程量清单描述不清或项目特征发生变化，以及变更工程、新增工程中的综合单价应按下列方法确定：

①合同中已有适用的综合单价，应按已有的综合单价确定；

②合同中有类似的综合单价，可参照类似的综合单价确定；

③合同中没有适用或类似的综合单价，由承包人提出综合单价，经发包人确认后执行。

7) 工程结算编制时措施项目费应依据合同约定的项目和金额计算，发生变更、新增的措施项目，以发承包双方合同约定的计价方式计算，其中措施项目清单中的安全文明施工费用应按照国家或省级、行业建设主管部门的规定计算。施工合同中未约定措施项目费结算方法时，措施项目费可按以下方法结算：

①与分部分项实体消耗相关的措施项目，应随该分部分项工程的实体工程量的变化，依据双方确定的工程量、合同约定的综合单价进行结算；

②独立性的措施项目，应充分体现其竞争性，一般应固定不变，按合同价中相应的措施项目费用进行结算；

③与整个建设项目相关的综合取定的措施项目费用，可参照投标时的取费基数及费率进行结算。

8) 其他项目费应按以下方法进行结算：

①计日工按发包人实际签证的数量和确认的事项进行结算；

②暂估价中的材料单价按发承包双方最终确认价在分部分项工程费中对相应综合单价进行调整，计入相应的分部分项工程费用；

③专业工程结算价应按中标价或发包人、承包人与分包人最终确认的分包工程价进行结算；

④总承包服务费应依据合同约定的结算方式进行结算；

⑤暂列金额应按合同约定计算实际发生的费用，并分别列入相应的分部分项工程费、措施项目费中。

9) 招标工程量清单漏项、设计变更、工程洽商等费用应依据施工图，以及发承包双方签证资料确认的数量和合同约定的计价方式进行结算，其费用列入相应的分部分项工程费或措施项目费中。

10) 工程索赔费用应依据发承包双方确认的索赔事项和合同约定的计价方式进行结

算，其费用列入相应的分部分项工程费或措施项目费中。

11）规费和税金应按国家、省级或行业建设主管部门的规定计算。

5. 注意事项

在竣工结算过程中，全过程工程咨询单位应注意：

1）注重竣工结算资料的收集、整理，竣工结算资料是保证竣工结算造价的基础，同时完整的结算资料能够加快竣工结算的时间，并可以减少结算纠纷。对于全过程工程咨询单位来说，应与施工单位设立工程竣工资料管理组，并由熟练的专业、专职人员负责此项工作，从而做好结算资料的收集与整理。

2）竣工结算造价的计价应严格按照合同约定的原则进行，合同中没有约定的应参照计价规定进行计算，不应仅仅注重结算总造价，还应做到每个分项的结算造价准确，避免错算、漏算。

3）竣工结算造价是合同承包范围内的全部结算价款（包含索赔价款及相关分包价款），不含在竣工结算价款的相关费用应进行说明。

4）应注重合同约定的结算编制时间，应在约定的时间内编制竣工结算书，并随完整结算资料一并提交投资人审核，避免由于未及时提交竣工结算而产生不利影响。

6. 竣工结算编制常用的计算方法

工程量清单计价法通常采用单价合同的合同计价方式，竣工结算的编制是采取合同价加变更签证的方式进行。

$$\text{工程项目竣工结算价} = \sum \text{单项工程竣工结算价}$$

$$\text{单项工程竣工结算价} = \sum \text{单位工程竣工结算价}$$

$$\text{单位工程竣工结算价} = \text{分部分项工程费} + \text{措施费} + \text{其他项目费} + \text{规费} + \text{税金}$$

《建设工程工程量清单计价规范》（GB 50500—2013）中对计价原则有如下规定：

1）分部分项工程和措施项目中的单价项目应依据双方确认的工程量与已标价工程量清单的综合单价计算；发生调整的，应以发承包双方确认调整的综合单价计算。

2）措施项目中的总价项目应依据已标价工程量清单的项目和金额计算；发生调整的，应以发承包双方确认调整的金额计算，其中安全文明施工费应按国家或省级、行业建设主管部门的规定计算。

3）其他项目应按下列规定计价：

①计日工应按发包人实际签证确认的事项计算；

②暂估价应按计价规范相关规定计算；

③总承包服务费应依据已标价工程量清单的金额计算；发生调整的，应以发承包双方确认调整的金额计算；

④索赔费用应依据发承包双方确认的索赔事项和金额计算；

⑤现场签证费用应依据发承包双方签证资料确认的金额计算；

⑥暂列金额应减去合同价款调整（包括索赔、现场签证）金额计算，如有余额归发包人。

4）规费和税金按国家或省级、建设主管部门的规定计算。规费中的工程排污费应按工程所在地环境保护部门规定标准缴纳后按实列入。

5）发承包双方在合同工程实施过程中已经确认的工程计量结果和合同价款，在竣工结算办理中应直接进入结算。

7. 工程结算书编制实务

1）结算办理的前提条件是合同履约完成，验收合格并得到政府部门或公司相关部门的确认，竣工资料完整并按规定进行移交。

2）要办理工程结算的合同包括各种建安施工合同以及甲购材料设备合同。

3）结算的办理由承包商提出申请，填写《工程结算申请表》（附件五），报项目部审核，工程主管副总审批后到成本部办理工程结算。提交的结算资料包括：①《工程结算申请表》；②质量评定表；③《工程验收报告》；④设计变更、现场签证以及其他有关结算的原始资料；⑤甲方审核确认的补充预算；⑥施工单位结算书；⑦竣工图。结算资料均一式三份（原件一份，复印件二份）。

4）成本部收到上述资料后，按部门月度工作计划编制《结算书》。结算编制流程如下：资料整理→编制结算书→双方核对→技术经济指标分析→校对→审批流程→办理结算协议书（附件三）→存档。各项目分管经理办理审批手续。

5）结算价由合同价、补充预算、价差调整、合同约定的其他费用四个部分组成。

①补充预算的编制详见《设计变更、现场签证与补充预算编制办法》。

②材料设备调整价款是对招标时数量暂定、价格暂定的项目依据实际情况进行调整。进行价差调整时，只计算数量、价格引起的差异以及合同约定的税费、利润、管理费等。

③合同约定的其他费用是依据合同条款，对工期奖罚、质量奖罚、甲购物资款项、采保费、总包管理配合费、水电费、扣款通知、保修金等作出计算和说明。

6）对于提供保修服务的承包项目，保修期满由施工单位提出申请，填写《保修金结算审批表》报相关部门审核后到成本部办理保修金结算，成本部依据保修合同、审批意见等编制保修金结算书；采取一次性扣留保修金的承包项目，不再办理保修金结算。

7）代扣与代付款项：在工程实施过程中，甲购材料设备供应商、分包方、总包之间往往存在费用关系（待扣款项）。

①对于甲方现场代表发布指令所导致的费用关系，由成本部组织，项目部配合完成，办理代扣与代付款项。各种代扣与代付款项金额，须有双方盖章确认的扣款单据（书面文件）。

②非甲方原因产生的费用关系，由承包商自行解决。

8. 合同解除结算

合同解除是合同非常态的终止，为了限制合同的解除，法律规定了合同解除制度。根据解除权来源划分，可分为协议解除和法定解除。鉴于建设工程施工合同的特性，为了防止社会资源浪费，法律不赋予发承包人享有任意单方解除权，因此，除了协议解除，按照《最高人民法院关于审理建设工程施工合同纠纷案件适用法律问题的解释》第八条、第九条的规定，施工合同的解除有承包人根本违约的解除和发包人根本违约的解除两种。发承包双方协商一致解除合同的，应按照达成的协议办理结算和支付合同价款。

（1）因发包人违约解除合同

由于发包人违约解除合同，应依据以下价款结算与支付的原则。

1）发包人除应按照由于不可抗力解除合同的规定向承包人支付各项价款外，还应按合同约定核算发包人应支付的违约金以及给承包人造成损失或损害的索赔金额费用。该笔费用由承包人提出，发包人核实后与承包人协商确定后的7天内向承包人签发支付证书。

2）发承包双发协商不能达成一致的，按照合同约定的争议解决方式处理。

(2) 因承包人违约解除合同

由于承包人违约解除合同，应依据以下价款结算与支付的原则：

1）发包人应暂停向承包人支付任何价款。

2）发包人应在合同解除后28天内核实合同解除时承包人已完成的全部合同价款以及按施工进度计划已运至现场的材料和工程设备货款，按合同约定核算承包人应支付的违约金以及造成损失的索赔金额，并将结果通知承包人。

3）发承包双方应在28天内予以确认或提出意见，并办理结算合同价款。如果发包人应扣除的金额超过了应支付的金额，则承包人应在合同解除后的56天内将其差额退还给发包人。

4）发承包双方不能就解除合同后的结算达成一致的，按照合同约定的争议解决方式处理。

(3) 因不可抗力解除合同

由于不可抗力致使合同无法履行解除合同的，发包人应向承包人支付合同解除之日前已完成工程但尚未支付的合同价款。此外，还应支付下列金额：

1）现行《建设工程工程量清单计价规范》中提前竣工相关条款中规定的应由发包人承担的费用；

2）已实施或部分实施的措施项目应付价款；

3）承包人为合同工程合理订购且已交付的材料和工程设备货款；

4）承包人撤离现场所需的合理费用，包括员工遣送费和临时工程拆除、施工设备运离现场的费用；

5）承包人为完成合同工程而预期开支的任何合理费用，且该项费用未包括在本款其他各项支付之内。

发承包双方办理结算合同价款时，应扣除合同解除之日前发包人应向承包人收回的价款。当发包人应扣除的金额超过了应支付的金额，承包人应在合同解除后的56天内将其差额退还给发包人。

9. 竣工结算审核

由于基础设施项目建设工程的生产过程是一个周期长、数量大的生产消费过程，具有多次性计价的特点。因此，采用合理的审核方法不仅能达到事半功倍的效果，而且直接关系到审核的质量和效率，主要分以下几种。

(1) 全面审查法

全面审查法就是按照施工图的要求，结合现行定额、施工组织设计、承包合同或协议以及有关造价计算的规定和文件等，全面审核工程数量、定额单价以及费用计算。这种方法常常适用于投资不多的项目，如维修工程；工程内容比较简单（分项工程不多）的项目，如围墙、道路挡土墙、排水沟等；建设单位审核施工单位的预算等。这种方法的优点是：全面、细致、审查质量高、效果好；缺点是：工作量大、时间较长。在投资规模较大，审核进度要求较紧的情况下，这种方法是不可取的；但建设单位为严格控制工程造价，依旧常常采用这种方法。

（2）重点审查法

重点审查法就是抓住工程预结算中的重点进行审查的方法。这种方法类同于全面审查法，其与全面审核法之区别仅是审查范围不同而已。该方法是有侧重的，一般选择工程量大且费用比较高的分项工程的工程量作为审核重点。如基础工程、砖石工程、混凝土及钢筋混凝土工程，门窗幕墙工程等。高层结构还应注意内外装饰工程的工程量审核。而一些附属项目、零星项目（雨篷、散水、坡道、明沟、水池、垃圾箱）等，往往忽略不计。重点核实与上述工程量相对应的定额单价，尤其重点审核定额子目容易混淆的单价。另外，对于费用的计取、材料的价格也应仔细核实。该方法的优点是工作量相对减少，效果较佳。

（3）对比审核法

在同一地区，如果单位工程的用途、结构和建筑标准都一样，其工程造价应该基本相似。因此在总结分析预结算资料的基础上，找出同类工程造价及工料消耗的规律性，整理出用途不同、结构形式不同、地区不同的工程的单方造价指标、工料消耗指标。根据这些指标对审核对象进行分析对比，从中找出不符合投资规律的分部分项工程，针对这些子目进行重点计算，找出差异较大的原因的审核方法。常用的分析方法有：

①单方造价指标法。通过对同类项目的每平方米造价的对比，可直接反映出造价的准确性。

②分部工程比例。基础、砖石、混凝土及钢筋混凝土、门窗、围护结构等各占定额直接费的比例。

③专业投资比例。土建、给水排水、采暖通风、电气照明等各专业占总造价的比例。

④工料消耗指标。即对主要材料每平方米的耗用量的分析，如钢材、木材、水泥、砂、石、砖、瓦、人工等主要工料的单方消耗指标。

（4）分组计算审查法

分组计算审查法是把预结算中有关项目划分若干组，利用同组中一个数据审查分项工程量的一种方法。采用这种方法，首先把若干分部分项工程，按相邻且有一定内在联系的项目进行编组。利用同组中分项工程间具有相同或相近计算基数的关系，审查一个分项工程数量，就能判断同组中其他几个分项工程量的准确程度。这种方法的最大优点是审查速度快、工作量小。

（5）筛选法

筛选法是统筹法的一种，通过找出分部分项工程在每单位建筑面积上的工程量、价格、用工的基本数值，归纳为工程量、价格、用工三个单方基本值表，当所审查的预算的建筑标准与“基本值”所适用的标准不同，就要对其进行调整。这种方法的优点是简单易懂，便于掌握，审查速度快，发现问题快。但解决差错问题尚需继续审查。

（6）竣工结算审查的重难点

①明确审价范围，确认预审资料齐全性、送审数字准确性，加强审前调查。项目总投资包含前期工程费、建安工程费、其他工程费、预备费等内容，具体审价范围根据委托协议书确定。初步阶段重点要加强审前调查，详细了解被审项目的立项审批、招标投标、施工合同、决算编制、竣工验收等建设程序的实施情况，确认送审资料是否齐全、送审数字

是否准确以及是否具备审价条件。

完整的送审资料包含招投标文件、工程施工承包合同、竣工图、中标通知书、竣工验收资料、开竣工报告、工程设计变更及现场签证资料、记录工程施工过程的施工员及监理日志、施工照片、工程勘察报告等。资料完备与否直接影响审价结果。

②根据项目具体情况，选择正确的审计方法。工程审价资料收集齐全、现场查看后，要选择正确的审计方法。首先请建设方召集设计方、现场勘查人员、监理方、施工方等相关单位详细介绍项目的实施过程及控制重点，相关单位应积极配合项目审价。然后采用全面审计的方法实施审价，通过现场勘察丈量，对工程项目的工程量进行逐一计算，并检查综合单价的执行情况，新增项目定额子目的套用是否合理，综合单价组成中的材料价格、机械价格、人工价格是否参照投标文件和施工合同的规定，以此来核准工程造价。

③把握合同重要条款，审核合同执行情况。施工合同是施工阶段造价控制、竣工结算审核的依据。严密的施工承包合同、补充合同协议及经常性的工地会议纪要、工作联系单等作为合同内容的一种延伸和解释，也是工程审价的重要依据。必须强调的是补充合同协议、工程会议纪要不能与合同的主要条款相违背，否则视为无效补充。

审价时对于闭口合同的处理，要根据项目实际情况具体对待。咨询企业主要是以施工承包合同为基础，严格审查工程量计算是否准确，材料单价是否合理，定额的套用是否妥当，执行的有关文件是否正确，新增项目单价是否有依据等，使其真实反映整个工程的实际造价。而对于闭口合同签订是否合理，只能作为工程管理方面的问题和建议提供给建设方。

④认真研读招投标文件，严格审查量价取值计算的正确性。工程量的正确计算需结合合同计价方式的选择，定额计价、工料单价、完全单价、综合单价等计价方式不同，计算规则便有区别。计算工程量时要分析招投标的工作内容及工程量清单计价规范计算规则，根据竣工图纸核算。

⑤审查现场签证和设计变更的合理性及手续的完整性。现场签证除了在施工过程中应严把设计变更签证关之外，在竣工决算时，审价人员须从专业角度对现场签证和设计变更进行审查，主要包括：审查内容是否符合规定；变更增加的经费是否已包含在合同造价中；手续是否符合规定（凡现场签证都应有建设单位和施工单位的盖章及现场人员的签字，重要的变更还应有设计单位有关人员的签字方能生效，手续不全者不予计算）；审查签证是否准确。有无把不属签证范畴的内容列入签证参与决算的情况，诸如像施工单位自身原因返工的项目，施工现场临时设施项目，以及施工单位现场用工等。

⑥工期及质量的审计不能遗漏。项目合同往往对工期及质量进行了约定．有些项目明确约定工程质量未达标，扣除合同价一定比例作为违约金；非发包人原因或不可抗力造成逾期竣工的，按本工程总造价的一定比例支付违约金。竣工结算时承包方往往会遗漏该笔费用，审价时需要按合同审核。

二、工程项目竣工决算

1. 依据

项目竣工决算是指所有建筑建设项目竣工后，全过程工程咨询单位根据合同约定的要求，协助投资人按照国家规定编制的竣工决算报告。竣工决算应综合反映竣工项目从筹建开始至项目竣工交付使用为止的全部建设费用、投资效果以及新增资产价值，也是项目竣工验收报告的重要组成部分。项目竣工决算编制的主要依据：

1）影响合同价款的法律、法规和规范性文件；

2）项目计划任务书及立项批复文件；

3）项目总概算书和单项工程概算书文件；

4）经批准的设计文件以及设计交底、图纸会审资料；

5）招标文件和最高投标限价；

6）工程合同文件；

7）项目竣工结算文件；

8）工程签证、工程索赔等合同价款调整文件、各种设计变更；

9）设备、材料调价文件记录；

10）会计核算及财务管理资料，历年财务决算及批复文件；

11）其他有关项目管理的文件；

12）竣工档案资料。

2. 内容

竣工决算是以实物量和货币为单位，综合反映建筑项目或单项工程的实际造价和投资效益，核定交付使用财产和固定资产价值的文件，是建筑项目的财务总结，其内容主要包括以下几个方面。

1）竣工决算的内容：由文字和决算报表两部分组成。

2）文字说明包括：工程概况，设计概算和基建计划执行情况，项目竣工财务决算说明书，各项技术经济指标完成情况，各项投资资金使用情况，建设成本和投资效益分析以及建设过程中主要经验、存在问题和解决意见等。

3）决算表格分大中型和小型项目两种：大中型项目竣工决算表包括竣工工程概况表、竣工财务决算表、交付使用财产总表和交付使用财产明细表；小型项目竣工决算表按上述内容合并简化为小型项目竣工决算总表和交付使用财产明细表，见表 9-6。

表 9-6　大中型项目竣工决算报表

序号	类别	内容及要求
1	竣工工程概况表	①包括工程概况、设计概算和基本建设执行情况； ②主要反映竣工项目建筑的实际成本以及各项技术经济指标的完成情况，建筑工期和实物工程量完成情况，主要材料消耗情况、建筑成本分析和投资效果分析，新增生产能力和效益分析，建筑过程中主要经验、存在的问题和意见等
2	竣工财务决算表	①主要反映建筑项目的全部投资来源及其运用情况； ②资金来源是指项目全部投入的资金，包括国家预算拨款或贷款、利用外资、基建收入、专项资金和其他资金等； ③资金运用反映建筑项目从开始筹建到竣工验收的全过程中资金运用全面情况
3	交付使用财产总表和明细表	包括交付使用的固定资产构成情况（建安工程费用、设备费用和其他费用）和流动资金的详细情况

3. 程序

建设项目竣工决算的编制应遵循以下程序：

(1) 收集、整理有关项目竣工决算依据

在项目竣工决算编制之前，应认真收集、整理各种有关的项目竣工决算依据，做好各项基础工作，保证项目竣工决算编制的完整性。项目竣工决算的编制依据是各种研究报告、投资估算、设计文件、设计概算、批复文件、变更记录、招标标底、投标报价、工程合同、工程结算、调价文件、基建计划和竣工档案等各种工程文件资料。

(2) 清理项目账务、债务，结算物资

项目账务、债务和物资的清理核对是保证项目竣工决算编制工作准确有效的重要环节。要认真核实项目交付使用资产的成本，做好各种账务、债务和结余物资的清理工作，做到及时清偿、及时回收。清理的具体工作要做到逐项清点、核实账目、整理汇总和妥善管理。

(3) 填写项目竣工决算报告

项目竣工决算报告的内容是项目建筑成果的综合反映。项目竣工决算报告中各种财务决算表格中的内容应依据编制资料进行计算和统计，并符合规定。

(4) 编写竣工决算说明书

项目竣工决算说明书具有建设项目竣工决算系统性的特点，综合反映项目从筹建开始到竣工交付使用为止，全过程的建筑情况，包括项目建筑成果和主要技术经济指标的完成情况。

(5) 报上级审查

项目竣工决算编制完毕，应将编写的文字说明和填写的各种报表，经过反复认真校稿核对，无误后装订成册，形成完整的项目竣工决算文件报告，及时上报审批。

竣工决算编制程序如图 9-7 所示。

根据审定的竣工决算等原始资料，对原概预算进行调整，重新核定单项工程、单位工程的造价。属于增加固定资产价值的其他投资，如工程措施费、维修费、土地征用及拆迁补偿费等，应分摊于受益工程，随同受益工程交付使用一并计入新增固定资产价值。

4. 注意事项

1) 竣工决算应分清项目的性质，项目不同依据的文件不同，并依据对应的法规文件的特殊规定进行编制。

2) 严格按照财政部规定的内容和格式填制工程决算报告，概算明细及金额严格按照批准的设计、概算等文件进行填写，一般不允许更改。

3) 铁路、码头等建设项目的竣工决算报告，依据部委和行业规定，有特殊要求的，在按照财政部规定编制工程决算报告后，再按照部委和行业规定，编制特殊要求报告。

4) 基本报表、其他附表中的数据之间应具有严谨的逻辑关系，注意保持一致。

5) 竣工决算是办理交付使用财产价值的依据。正确核定新增资产的价值，不但有利于建设项目交付使用以后的财务管理，而且可以为建设项目进行经济后评估提供依据。新增资产主要包括流动资产、固定资产、无形资产、递延资产、其他资产。资产性质不同，其计价的方法也应不同。

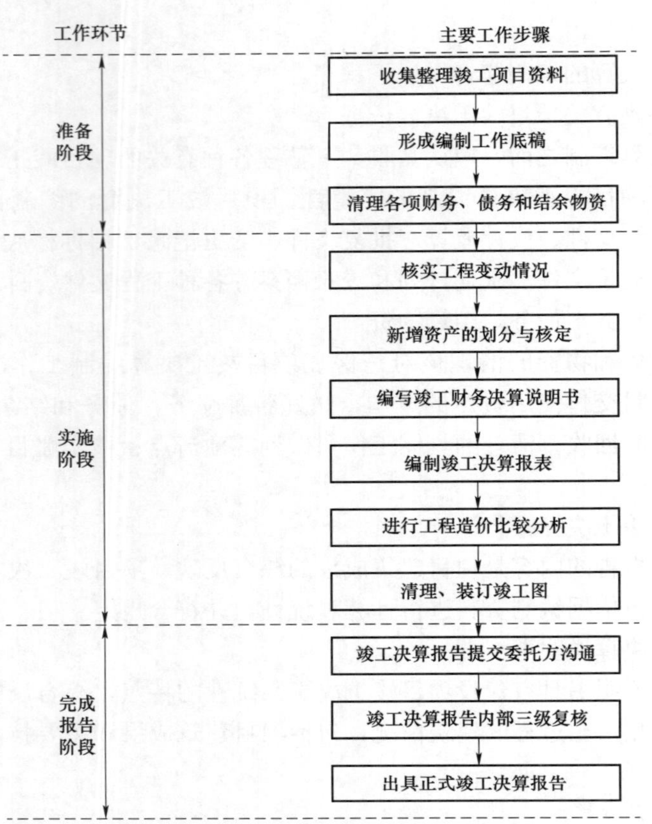

图 9-7 竣工决算编制程序

5. 工程竣工决算的计算方法

（1）固定资产价值的确定（见表 9-7）

表 9-7 固定资产价值的确定

<table>
<tr><th>内 容</th><th colspan="2">计算方法</th></tr>
<tr><td>房屋、建筑物、管道、线路等固定资产</td><td>成本包括建筑工程成本和应分摊的待摊投资</td><td rowspan="3">建设单位管理费按建筑工程、安装工程、需安装设备价值总额按比例分摊，而土地征用费、勘察设计费等费用则按建筑工程造价分摊。</td></tr>
<tr><td>动力设备和生产设备等固定资产</td><td>成本包括需要安装设备的采购成本、安装工程成本、设备基础支柱等建筑工程成本或砌筑锅炉及各种特殊炉的建筑工程成本、应分摊的待摊投资</td></tr>
<tr><td>运输设备及其他不需要安装的设备、工具、器具、家具等固定资产</td><td>仅计算采购成本，不计分摊的“待摊投资”</td></tr>
</table>

（2）无形资产价值的确定（见表 9-8）

表 9-8 无形资产价值的确定

内 容	计算方法
专利权	自创专利权的价值为开发过程中的实际支出
非专利技术	自创的非专利技术，一般不作为无形资产入账，外购非专利技术由法定评估机构确认后再进行估价
商标权	自创商标权一般不作为无形资产入账，购入或转让商标根据被许可方新增的收益确定
土地使用权	当建设单位向土地管理部门申请土地使用权并为之支付一笔出让金时，土地使用权作为无形资产核算；当建设单位获得土地使用权是通过行政划拨的，这时土地使用权就不能作为无形资产核算；在将土地使用权有偿转让、出租、抵押、作价入股和投资，按规定补交土地出让价款时，才作为无形资产核算

（3）流动资产价值的确定（见表 9-9）

表 9-9 流动资产价值的确定

内 容	计算方法
货币性资金	根据实际入账价值核定
应收及预付款项	按企业销售商品、产品或提供劳务时的成交金额入账
短期投资	采用市场法和收益法确定其价值
存货	外购存货按照买价加运输费、装卸费、保险费、途中合理损耗、入库前加工、整理及挑选费用以及交纳的税金等计价；自制的存货，按照制造过程中的各项实际支出计价

（4）递延资产和其他资产价值的确定（见表 9-10）

表 9-10 递延资产和其他资产价值的确定

资产类型	内 容	计算方法
递延资产	开办费	按账面价值确定
	以经营租赁方式租入的固定资产改良工程支出	在租赁有限期内摊入制造费用或管理费用
其他资产	特准储备物资	按实际入账价值核算

（5）新增资产价值的确定

工程项目竣工投入运营后，所花费的总投资应按会计制度和有关税法的规定，形成相应的资产。这些新增资产分为固定资产、无形资产、流动资产和其他资产四类。资产的性质不同，其核算的方法也不同。

1）新增固定资产。固定资产是指使用期限超过一年，单位价值在 1000 元、1500 元或 2000 元以上，并且在使用过程中保持原有实物形态的资产，包括房屋、建筑物、机械、运输工具等。不同时具备以上两个条件的资产为低值易耗品，应列入流动资产范围内，如企业自身使用的工具、器具、家具等。

①确定新增固定资产价值的作用。

如实反映企业固定资产价值的增减变化，保证核算的统一性。

真实反映企业固定资产的占用额。

正确计提企业固定资产折旧。

反映一定范围内固定资产再生产的规模与速度。

分析国民经济各部门的技术构成变化及相互间适应的情况。

②新增固定资产价值的构成。

第一部分工程费用，包括设备及工器具费用、建筑工程费、安装工程费。

固定资产其他费用，主要有建设单位管理费、勘察设计费、研究试验费、工程监理费、工程保险费、联合试运转费、办公和生活家具购置费及引进技术和进口设备的其他费用等。

预备费，包括初步设计及概算难以预料的工程费用等。

融资费用，包括建设期利息及其他融资费用。

③新增固定资产价值的计算。

新增固定资产价值的计算是以独立发挥生产能力的单项工程为对象的，当单项工程建成经有关部门验收鉴定合格，正式移交生产或使用，即应计算新增固定资产价值。一次交付生产或使用的工程一次计算新增固定资产价值；分期分批交付生产或使用的工程，应分期分批计算新增固定资产价值。

在计算时应注意以下几种情况。

①对于为了提高产品质量、改善劳动条件、节约材料消耗、保护环境而建设的附属辅助工程，只要全部建成，正式验收交付使用后就要计入新增固定资产价值。

②对于单项工程中不构成生产系统，但能独立发挥效益的非生产性项目，如住宅、食堂、医务所、托儿所、生活服务网点等，在建成并交付使用后，也要计算新增固定资产价值。

③凡购置达到固定资产标准不需安装的设备、工具、器具，应在交付使用后计入新增固定资产价值。

④属于新增固定资产价值的其他投资，应随同受益工程交付使用的同时一并计入。

⑤交付使用财产的成本，应按下列内容计算：

房屋、建筑物、管道、线路等固定资产的成本包括建筑工程成本和应分摊的待摊投资；

动力设备和生产设备等固定资产的成本包括需要安装设备的采购成本、安装工程成本、设备基础支柱等建筑工程成本或砌筑锅炉及各种特殊炉的建筑工程成本、应分摊的待摊投资；

运输设备及其他不需要安装的设备、工具、器具、家具等固定资产一般仅计算采购成本，不计分摊的“待摊投资”。

⑥共同费用的分摊方法。新增固定资产的其他费用，如果是属于整个建设项目或两个以上单项工程的，在计算新增固定资产价值时，应在各单项工程中按比例分摊。分摊时，什么费用应由什么工程负担应按具体规定进行。一般情况下，建设单位管理费按建筑工程、安装工程、需安装设备价值总额按比例分摊，而土地征用费、勘察设计费等费用则按建筑工程造价分摊。

2）新增无形资产。无形资产是指特定主体所控制的，不具有实物形态，对生产经营长期发挥作用且能带来经济利益的资源。无形资产主要有专利权、商标权、专有技术、著作权、土地使用权、商誉等。

新增无形资产的计价原则如下：

①投资者将无形资产作为资本金或者合作条件投入的，按照评估确认或合同协议约定的金额计价。

②购入的无形资产，按照实际支付的价款计价。

③企业自创并依法确认的无形资产，按开发过程中的实际支出计价。

④企业接受捐赠的无形资产，按照发票凭证所载金额或者同类无形资产市场价作价。

3）新增流动资产。流动资产是指可以在一年或者超过一年的营业周期内变现或者耗用的资产。它是企业资产的重要组成部分。流动资产按资产的占用形态可分为现金、存货（指企业的库存材料、在产品、产成品、商品等）、银行存款、短期投资、应收账款及预付账款。

依据投资概算核拨的项目铺底流动资金，由建设单位直接移交使用单位。

4）新增其他资产。其他资产是指除固定资产、无形资产、流动资产以外的资产。形成其他资产原值的费用主要是生产准备费（含职工提前进厂费和培训费），样品样机购置费和农业开荒费等。

6. 项目竣工决算审查

（1）决算审查依据

建设项目全部竣工后，全过程工程咨询单位要按照基本建设财务管理制度要求及时编制项目竣工财务决算，并报财政部门委托的投资评审机构或财政部门认可的有资质的社会中介机构进行审核，财政部门再按有关规定向项目全过程工程咨询单位批复项目竣工财务决算。

依据《财政部关于印发〈基本建设财务管理规定〉的通知》（财政部和建设部〔2002〕394号）、《财政部关于解释〈基本建设财务管理规定〉执行中有关问题的通知》（财政部和建设部〔2003〕724号）、《财政部关于进一步加强中央基本建设项目竣工财务决算工作的通知》（财政部〔2008〕91号）规定了基本建设项目竣工财务决算编制依据：

1）《中华人民共和国招标投标法》（主席令〔1999〕21号）；

2）财政部关于印发《基本建设财务管理规定》的通知（财政部和建设部〔2002〕394号）；

3）《基本建设财务规则》（财政部令第81号）；

4）《财政部关于进一步加强中央基本建设项目竣工财务决算工作通知》（财政部〔2008〕91号）；

5）《建设工程价款结算暂行办法》（财政部和建设部〔2004〕369号）；

6）《工程造价咨询企业管理办法》（建设部〔2006〕149号，中华人民共和国住房和城乡建设部令第32号修改）；

7）《注册造价工程师管理办法》（建设部〔2006〕150号，中华人民共和国住房和城乡建设部令第32号修改）；

8）基本建设项目竣工财务决算报表包括竣工财务决算说明书；

9）经批准的可行性研究报告、初步设计、概算及调整文件等相关文件；

10）历年下达的年度投资计划；

11）规划许可证书、施工许可证书或经批准的开工报告，竣工报告或停、复工报告；

12）会计核算及财务管理资料；

13）基本建设项目竣工验收资料；

14）招投标文件，项目合同（协议）包括勘察、设计、施工、监理、设备采购合同等；

15）工程结算报告书等有关资料；

16）项目剩余物资盘点资料；

17）其他有关资料等。

（2）竣工决算的审核要点

1）每个审核项目必须现场勘察。审核人员在接受审核任务后，要结合送审资料到工程项目现场进行勘察，详细了解工程项目的建设过程，在现场对工程建设成果有一个感官的认识。这是一个必不可少的程序。因为每个项目都是依据现场的施工条件和特有环境进行的，通过现场勘察，可以了解是否存在多个项目同时建设，可以观察到被审项目是否真实存在、真正完工。可以让审核工作人员分析出可能影响建设成本的因素，以便在审核过程中找到可疑的突破点，如各个项目的建设成本是否清晰单列，共同的成本是否已经合理分摊等。

2）审核项目概算执行情况。在建设项目建设过程中，概算是控制建设内容和建设成本的重要文件，是评价建设项目成败最主要的依据。我们要严格按概算的内容与实际建设成果进行比较，从而看出是否符合建设计划内容和是否存在超概现象，是否存在将不是该工程项目的建设内容挤占建设成本。

3）重视工程费用审核。待摊投资是指建设单位按项目概算内容发生的，按照规定应当分摊计入交付使用资产价值的各项费用支出。待摊投资核算内容纷杂，因此，待摊投资的审核一点不能大意。建设单位管理费的审核是基建财务管理规定控制较严的内容，一般情况下，只能在总额控制内列支，超过部分就应核减建设成本。此外，审核其他费用的依据是按有关合同、协议、结算书或按有关国家法规收费依据执行，同时要审核其合理性，不能只依据发票就直接确认。在实务中，我们要仔细收集证据，发现与项目建设无关的，我们就要坚决予以核减。待摊费用中关于损失的转销要格外注意，要分析造成损失的原因，不能只听建设单位的解释就予以确认，有些损失必须经过财政部门批准才能列支。

4）项目资金往来的审核不能轻视。一般认为资金往来账对工程的支出影响不大，所以放松了对这些科目的审核，其实不然。应收应付款在竣工决算报表中是一个重要的数据信息，应收款的发生和转销可能隐含挪用建设资金和涉及处理损失，要注意应收款的转销是否直接计入成本费用；对应收款的余额我们要考察其可收回性，考虑是否在审核报告中进行披露。

5）加强审核交付使用资产的真实性和完整性。交付使用资产价值是作为接收单位的资产入账价值的依据，所以资产价值的真实性十分重要。建设单位应按科学实用的方法对资产进行分类，待摊投资的分摊要按原则进行，不能图方便只是平均分摊到各项资产。我们应对移交资产（包括固定资产和流动资产）进行盘点确认。

第四节　工程项目竣工资料管理

建设项目的竣工资料管理工作非常重要，一切工程建设活动，无论其过程如何复杂，最终只能留下两个建设结果：一个是工程实体本身；另一个就是竣工资料。除建筑实体本身，竣工资料质量也是建设项目质量管理的重要组成部分。

一、竣工资料依据

1）现行《中华人民共和国档案法》。

2）现行《市政工程施工技术资料管理规定》。

3）现行《建设工程监理规范》。

4）现行《建设工程文件归档整理规范》。

5）现行《照片档案管理规范》。

6）现行《声像档案建档规范》。

7）其他相关规定。

二、竣工资料管理的内容

项目档案是项目建设管理的过程中形成的，以各种形式呈现并具有保存价值的历史记录。项目档案验收是项目竣工验收的重要组成部分。未经档案验收或档案验收不合格的项目不得进行或通过项目的竣工验收。竣工资料档案管理的主要内容包括归档资料的范围、质量要求，归档资料的立卷，资料的归档，档案的验收与移交。

（一）竣工资料归档的范围

对与工程建设有关的重要活动、记载工程建设主要过程和现状、具有保存价值的各种载体的文件，均应收集齐全，整理立卷后归档。归档资料可归纳为文字资料、竣工图以及声像资料三种类型。

具体归档范围应包括：

1）工程准备阶段文件，工程开工以前，在立项、审批、征地、勘察、设计、招投标等工程准备阶段形成的文件；

2）监理文件：监理单位在工程设计、施工等监理过程中形成的文件；

3）施工文件：施工单位在工程施工过程中形成的文件；

4）竣工图：建设项目竣工验收后，真实反映建设项目施工结果的图样；

5）竣工验收文件：建设项目竣工验收活动中形成的文件。

（二）竣工资料归档的质量要求

竣工归档的资料必须依照《建设工程文件归档整理规范》（GB/T 50328—2014，2019年版）中对于归档文字资料、竣工图以及声像资料的要求来整理资料，文字资料、竣工图以及声像资料的归档要求如下。

（1）文字资料归档质量要求

竣工文字资料归档的具体质量要求包括以下几个方面：

1）归档的竣工文字资料必须为原件；

2）竣工文字资料内容及其深度必须符合国家有关工程勘察、设计、施工、监理等方面的技术规范、标准和规程；

3）竣工文字资料应采用耐久性强的书写材料，如碳素墨水、蓝黑墨水，不得使用易褪色的书写材料，如红色墨水、纯蓝墨水、圆珠笔、复写纸、铅笔等；

4）竣工文字资料应字迹清楚，图面整洁，不得使用易褪色的书写材料书写、绘制；

5）竣工资料文字材料幅面尺寸规格宜为 A4 幅面（297mm×210mm）。图纸宜采用国家标准图幅；

6）竣工文字资料的纸张应采用能够长期保存的韧力大、耐久性强的纸张。

（2）竣工图归档质量要求

竣工图是建筑工程竣工档案的重要组成部分，是工程建设完成后主要凭据性材料，是建筑物实际施工的真实写照，是工程竣工验收的必备条件，是工程维修、管理、改建、扩建的依据，各项新建、改建、扩建项目均必须编制竣工图。竣工图归档的具体质量要求包括以下几个方面：

1）竣工图的编制应在盖有设计院出图章、注册设计师章和设计审核章的蓝图上进行绘制，报送的竣工图图样清晰，图表整洁，无破损，签字盖章手续完备。

2）绘制竣工图须符合制图规范，做到图形清晰和字迹工整。绘制与注记要用碳素墨水笔。

3）所有竣工图均应加盖竣工图章。竣工图章的基本内容应包括“竣工图”字样、施工单位、编制人、审核人、技术负责人、编制日期、监理单位、现场监理、总监。“竣工图章”应使用不易褪色的红色印泥，应盖在图标栏上方空白处。还须加盖施工单位和监理单位公章。

4）竣工图纸变更依据。主要包括图纸会审记录、设计变更单、技术核定单、工程业务联系单等修改。

5）图纸变更注记方法。竣工图必须与工程实物相符，与设计变更通知单等有关资料一致，所有修改内容必须修改到位，竣工图的修改、注记方法规定如下：

①对于少量文字和数字的修改可用扛改法。即用一条实线将被修改的部分划去，在其附近适当的位置填写变更后的内容，并注明修改依据和注记人、注记日期。

②对少量图形的修改可采用叉改法。即用“×”将被修改部分划去，在其附近适当的位置画上修改后的图形，注明修改内容及修改依据、注记人、注记日期。

③对较多图形的修改，可采用蓝图粘贴法。即将变更较大的部分进行重新绘制或绘成底图后晒成蓝图剪下，粘贴在变更部分上，吻合相接成竣工图，并注明修改依据、注记人、注记日期。

④图纸变更内容若超出图纸版面的 1/3，需要重新制作新图。

⑤声像资料归档质量要求。

建设项目声像资料主要是指在城市规划、建设、管理活动中直接形成的，具有保存价值的照片、底片（包括反转片）、影片、录像带、光盘及磁性载体，以声像为主，辅以文字说明的历史记录。全过程工程咨询单位应向城建档案管理机构报送的声像资料主要包括建设项目的照片档案、录像档案和相应的文字说明。具体要求见表 9-11。

表 9-11　　建设项目声像资料归档质量要求一览表

序号	声像资料类型	归档质量要求
1	照片档案	①主体明确、影像清晰、画面完整、未加修饰剪裁； ②能体现工程竣工后的外观、设计特色、地理位置； ③以传统感光材料为载体的照片需报送底片、正片（照片）； ④使用数码照相机拍摄，其影像不能进行后期加工，光学分辨率不得小于 400 万有效像素（不允许插值）
2	录像档案	①主题明确、内容连贯简洁、影像清晰、镜头平稳； ②需注明建设项目所在的地理位置、外观、周围环境、人防设施、消防设施、水电设施、保安设施、标准房、标准层、设计特色、建筑特色等； ③报送第一代素材录像带，以及编辑后成品带或光盘（DVD 或以上素质的格式）
3	文字说明	包括工程名称、投资人名称、设计单位、施工单位、地点、开工日期、竣工日期、投资额、占地面积、建筑面积、结构、层数、摄影日期、摄影者等

（三）竣工资料的立卷

1）立卷的原则和方法。立卷应遵循工程文件的自然形成规律，保持卷内文件的有机联系，便于档案的保管和利用；一个建设项目由多个单位工程组成时，工程文件应按单位工程组卷；案卷不宜过厚，一般不超过 40mm，不同载体的文件一般应分别组卷。

2）卷内文件的排列。文字材料按事项、专业顺序排列。同一事项的请示与批复、同一文件的印本与定稿、主件与附件不能分开，并按批复在前、请示在后，印本在前、定稿在后，主件在前、附件在后的顺序排列；图纸按专业排列，同专业图纸按图号顺序排列；既有文字材料又有图纸的案卷，文字材料排前，图纸排后。

3）案卷的编目。立卷目录编制内容包括卷内文件页号、卷内备考表、案卷封面，具体见表 9-12。

表 9-12　　立卷目录编制内容一览表

序号	立卷目录	具体内容
1	卷内文件页号	①卷内文件均按有书写内容的页面编号。每卷单独编号，页号从“1”开始。 ②页号编写位置：单面书写的文件在右下角；双面书写的文件，正面在右下角，背面在左下角。折叠后的图纸一律在右下角。 ③成套图纸或印刷成册的科技文件材料，自成一卷的，原目录可代替卷内目录，不必重新编定页码。 ④案卷封面、卷内目录、卷内备考表不编定页号
2	卷内目录的编制	①卷内目录式样宜符合《建设工程档案管理规范》的要求。 ②序号：以一份文件为单位，用阿拉伯数字从 1 依次标注。 ③成套图纸或印刷成册的科技文件材料，自成一卷的，原目录可代替卷内目录。不必重新编定页码。 ④文件编号：填写工程文件原有的文号或图号。 ⑤文件题名：填写文件标题的全称。 ⑥日期：填写文件形式的日期。 ⑦页次：填写文件在卷内所排的起始页号，最后一份文件填写起止页号。 ⑧卷内目录排列在卷内文件首页之前

续表

序号	立卷目录	具体内容
3	卷内备考表	①卷内备考表的式样宜符合《建设工程档案管理规范》的要求。 ②卷内备考表主要标明卷内文件的总页数、各类文件页数（照片张数），以及立卷单位对案卷情况的说明。 ③卷内备考表排列在卷内文件的尾页之后
4	案卷封面	①案卷封面印刷在卷盒、卷夹的正表面，也可采用内封面形式。案卷封面的式样宜符合《建设工程档案管理规范》的要求。 ②案卷封面的内容应包括档号、档案馆代号、案卷题名、编制单位、起止日期、密级、保管期限、共几卷、第几卷。 ③档号应由分类号、项目号和案卷号组成，档号由档案保管单位填写。 ④档案馆代号应填写国家给定的本档案馆的编号。档案馆代号由档案馆填写等

4）案卷装订。案卷可采用装订与不装订两种形式。文字材料必须装订。既有文字材料，又有图纸的案卷应装订。装订应采用线绳三孔左侧装订法，要整齐、牢固，便于保管和利用；装订时必须剔除金属物。

（四）竣工资料的归档

1）竣工资料归档时间。根据建设程序和工程特点，归档可以分阶段分期进行，也可以在单位或分部工程通过竣工验收后进行；勘察、设计单位应当在任务完成时，施工、监理单位应当在工程竣工验收前，将各自形成的有关工程档案向投资人归档。

2）工程档案一般不少于两套，一套由投资人保管；另一套（原件）移交当地城建档案馆（室）。

3）勘察、设计、施工、监理等单位移交档案时，编制移交清单，双方签字、盖章后方可交接。

4）凡设计、施工及监理单位需要向本单位归档的文件，应按国家有关规定和《建设工程档案管理规范》的要求单独立卷归档。

（五）竣工档案的验收

1）列入城建档案馆（室）档案接收范围的工程，全过程工程咨询单位在组织工程竣工验收前，应提请城建档案管理机构对工程档案进行预验收。投资人未取得城建档案管理机构出具的认可文件，不得组织工程竣工验收。

2）城建档案管理部门在进行工程档案验收时，应重点验收以下内容：

①工程档案齐全、系统、完整；

②工程档案的内容真实、准确反映工程建设活动和工程实际状况；

③工程档案已整理立卷，立卷符合本规范的规定；

④竣工图绘制方法、图式及规格等符合专业技术要求，图面整洁，盖有竣工图章；

⑤文件的形成、来源符合实际，要求单位或个人签章的文件，其签章手续完备；

⑥文件材质、幅面、书写、绘图、用墨、托裱等符合要求。

三、竣工资料管理的程序

各单位应按全过程工程咨询单位对本项目工程竣工资料整理归档的相关规定及国家有关文件的规定进行整理，完成后施工单位内部初验，初验合格后向监理单位递交验收申请，监理单位进行复验。复验合格后，由监理单位向全过程工程咨询单位提交竣工资料验收申请，投资人审核合格后做好向城建档案馆归档的相关准备工作。对验收不合格的竣工资料，由监理返还给编制单位重新整理和完善，直至所有资料满足整理及归档要求为止，流程如图 9-8 所示。

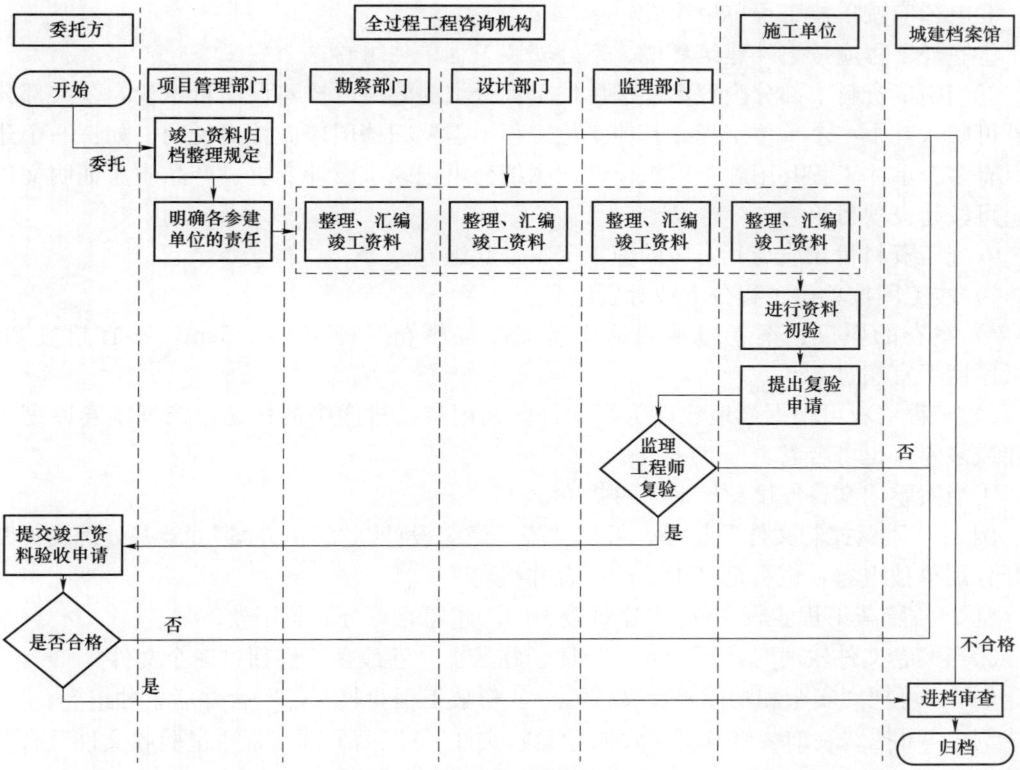

图 9-8　竣工资料管理流程图

（一）管理原则

档案管理体现了单位的管理水平。管理好工程档案，既有利于做好工程的建设，又有利于工程的后续管理工作。有效进行档案管理主要集中在以下几方面：

1）要有规章制度。工程建设档案涉及的单位和人员较多，全过程工程咨询单位应分析建设项目的特点建立健全管理规章，规范文件的收发、起草、签发、借阅、档案等行为，认真抓好规章制度的执行。规章制度不健全、不落实，档案工作就很难做好。

2）要熟悉有关业务。工程档案管理专业性强、业务范围广、涉及法律法规较多，相关领导和档案管理人员应尽可能多了解国家有关法律法规，了解工程建设的业务知识，熟悉档案管理相关知识。

3）要形成督导机制。全过程工程咨询单位要加强对其他单位档案管理工作的督导，在工程建设过程中督促检查各参建单位工程文件的形成、收集、整理和立卷归档工作。工程验收后，要进一步加大力度，采取经济等手段督促各参建单位尽快完成归档工作。

（二）管理方法

1）工程准备阶段文件、竣工验收文件、监理文件可按建设项目或单位工程单独组卷。

2）施工文件应按单位工程组卷，并应符合下列规定：

①建筑节能施工资料单独组卷；

②专业承包工程形成的施工资料应单独组卷；

③电梯应按单位工程单独组卷；

④室外工程应按室外建筑环境、室外安装工程单独组卷；

⑤当施工资料中部分内容不能按单位工程分类组卷时可按建设项目组卷，公共部分的原件可归入其中一个单位工程，其他单位工程不需要归档但应做档案说明。如：一个建设项目有多个单体工程共用施工组织设计、图纸会审记录、设计变更、产品质量证明文件等时，可按建设项目组卷；

⑥施工资料目录应与其对应的施工资料一起组卷。

3）竣工图按单位工程分专业分别组卷。

4）案卷的厚度：案卷厚薄要适中，文件材料卷厚控制在 1.5cm，不宜超过 2cm，图纸厚度不宜超过 3cm。

5）工程资料可根据当地建设工程文件归档内容及排序中的标题，依据案卷厚度组成一卷或多卷，也可合卷。

①当案卷内文件厚度超厚时，可拆卷。

例 1：“质量控制文件”超厚，可把“施工组织设计”“施工方案”“地基处理文件”等拆开分别单独组卷，也可把其中的两项合并组卷。

例 2：“隐蔽工程验收文件”“建筑竣工图”超厚，可分成若干卷。

②当案卷文件较薄时，可合卷，为便于题名，合卷最多不能超过三个文件。

例 3：可把“安全和功能检验文件”＋“隐蔽工程验收文件”合并后单独组卷。

例 4：可把“装饰装修分部工程质量验收文件”“屋面分部工程质量验收文件”合并后单独组卷。

四、注意事项

1）编制竣工图的费用承担主体问题。如果由于设计错误导致设计更改较大且建筑图纸无法替代或使用，则设计单位必须绘制完成图纸并承担费用。如果根据投资人或主管部门的要求更改设计，需要重新绘制完成的图纸，则由投资人绘制或委托设计单位负责绘制，其费用由投资人在基建投资中解决；否则由施工单位自行承担。

2）凡有引进技术或引进设备的建设项目，要做好引进技术和引进设备的图纸、文件的收集、整理工作，无论通过何种渠道得到的与引进技术或引进设备有关的档案资料均应交档案部门统一管理。档案部门要加强提供利用的手段和措施，保证使用。

3）对超过保管期限的基本建设项目档案资料必须进行鉴定，对已失去保存价值的档案资料，经过一定的审批手续，登记造册后方可处理。保密的档案资料应按保密规定进行管理。

4）建设大、中型建设项目时，均应设计建设与工作任务相适应的，符合要求的档案资料库房，并为档案资料保管和提供利用配置必要的设备，其费用列入工程总概算。

第五节 竣工移交管理

一、项目竣工档案移交

（一）依据

建设项目竣工档案移交时应严格按照国家相关规定开展工作，其主要依据包括：

1）《基本建设项目档案资料管理暂行规定》（国档发〔1988〕4号）；

2）《建设工程文件归档整理规范》（GB/T 50328—2014）；

3）《国家重大建设项目文件归档要求与档案整理规范》（DA/T28—2002）；

4）其他规定。

（二）内容

全过程工程咨询单位应根据上述法规的规定，要求所有参加项目建设的单位，包括设计、施工、监理等单位或工程师，要在全过程工程咨询单位的统一组织安排下，分工负责，按照工程编序建立项目档案体系，对本单位分管项目的工程文档进行全面系统的收集、整理、归档后妥善保存；在单项（单位）工程交工验收时，经监理单位签证、全过程工程咨询单位检查复核后，除依照合同按投资人需求移交一份给项目投资人保管外；还应同时按《建设工程文件归档整理规范》（GB/T 50328—2014）的规定将需列入城建档案馆（室）接收范围工程的相关资料，在工程竣工验收后3个月内，全过程工程咨询单位应协助投资人必须向城建档案馆（室）移交一套符合规定的工程档案。竣工归档文件的归档范围及保管期限，规范都明确做了规定，如文件的保管期限分为永久保管、长期保管和短期保管三类，其中永久保管是指工程档案需永久保存；长期保管是指工程档案的保存期限等于该工程的使用寿命；短期保管是指工程档案保存20年以下。同一卷内有不同保管期限的文件，该案卷保管期限应从长。

（1）工程准备阶段文件

工程准备阶段文件主要包括立项文件，建设用地、征地拆迁文件，勘察、测绘、设计文件，招标文件，开工审批文件，财务文件，全过程工程咨询单位、施工单位、监理单位以及负责人。

（2）监理文件

监理文件主要包括监理规划、监理月报中的有关质量问题、监理会议纪要中的有关质量问题、进度控制、质量控制、造价控制、分包资质、监理通知、合同与其他事项管理以及监理工作职责。

（3）施工文件

施工阶段归档的资料包括建筑安装工程和市政基础设施工程，其中建筑安装工程包括土建（建筑与结构）工程，电气、给排水、消防、采暖、通风、空调、燃气、建筑智能化、电梯工程以及室外工程的相关资料文件；市政基础设施工程包括施工技术准备，施工现场准备，设计变更、洽商记录等文件。《建设工程文件归档整理规范》（GB/T 50328—2014）中规定了归档范围及保管期限的具体内容和要求。

（4）竣工图

竣工图资料包括综合竣工图和专业竣工图，《建设工程文件归档整理规范》（GB/T 50328—2014）规定了归档范围及保管期限。

（5）竣工验收文件

竣工验收文件包括工程竣工总结，竣工验收记录，财务文件和声像、缩微、电子档。

（三）程序

竣工档案移交工作应按照参照《建设工程文件归档整理规范》（GB/T 50328—2014），具体实施过程包括：

1）全过程工程咨询单位受投资人授权与城建档案管理部门签订《建设工程竣工档案移交责任书》；

2）城建档案管理部门对项目参与各单位进行业务指导与技术培训；

3）全过程工程咨询单位组织各单位按归档要求对建设工程档案进行收集、整理与汇总；

4）全过程工程咨询单位提交《建设工程竣工档案预验收申请表》；

5）城建档案馆对工程档案进行预验收，预验收合格后出具《建设工程竣工档案预验收意见书》；

6）全过程工程咨询单位组织各单位向城建档案管理部门移交建设工程竣工档案；

7）城建档案管理部门对移交档案合格项目发放《建设工程档案合格证》，如图 9-9 所示。

常用的竣工档案移交的方法主要包括：

1）邀请城建档案馆工作人员提前到项目部对各单位进行业务指导与专业培训；

2）分包施工单位应按合同约定的资料份数、内容、装订方式和移交时限将完整的组卷成册的资料移交给总承包施工单位，并办理移交手续；总承包施工单位整理各分包单位资料后，按合同约定的资料份数、内容、装订方式和移交时限将完整的组卷成册的资料移交给监理单位进行初审，合格后交全过程工程咨询单位复审，合格后办理移交手续；移交给全过程工程咨询单位的资料应按合同约定的套数如数移交。若需增加套数，应在合同中约定或另行商定，并明确所发生费用的承担方；分包施工和总包施工单位应按合同约定时限将资料分别移交给总承包施工单位和监理（全过程工程咨询）机构，不得以任何理由，拖延甚至拒绝资料的移交；总承包单位或监理（全过程工程咨询）机构不得因资料不符合规定以外的其他原因，拖延甚至拒绝接收分包单位或总承包单位移交的资料。

（四）注意事项

1）注意应以总包单位为主体进行移交。

2）注意资料的完整性，在移交前，全过程工程咨询单位应组织监理单位对移交资料进行核查。

3）全过程工程咨询单位向投资人移交工程竣工资料，其要求是必须在规定的时间内，按工程竣工资料清单目录，进行逐项交接，办清交验签章手续。

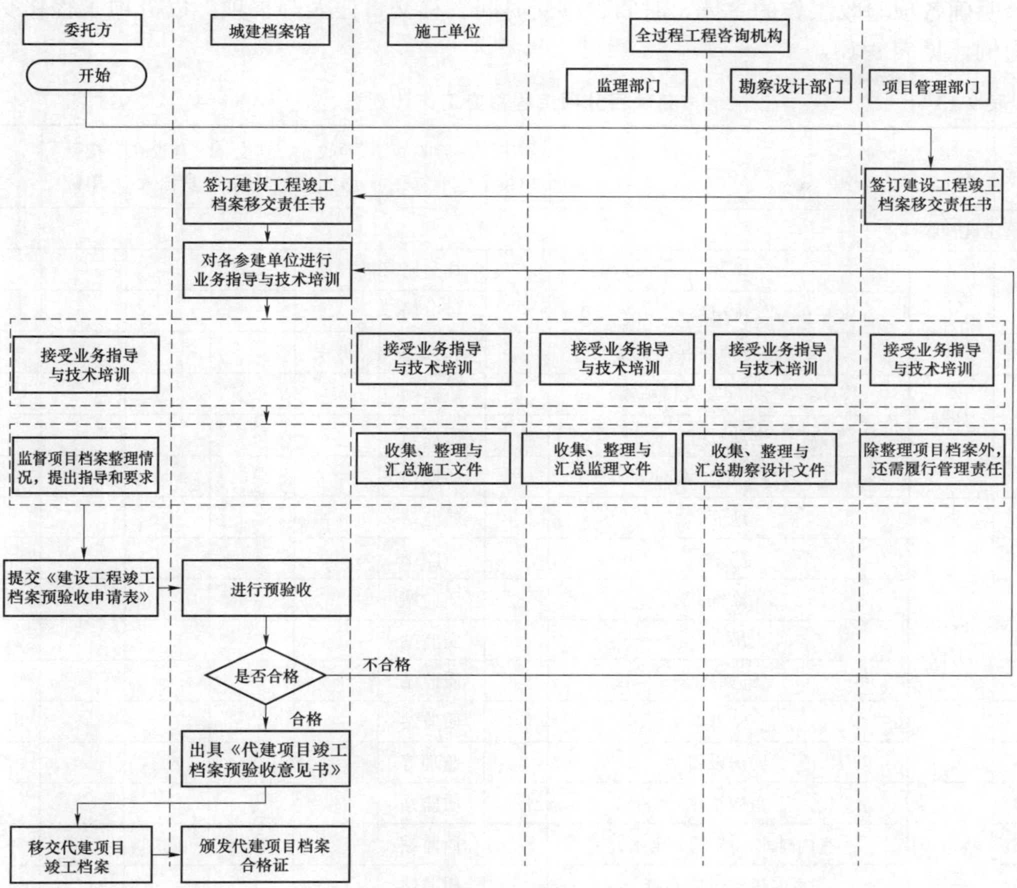

图 9-9　竣工档案移交流程图

二、项目工程实体移交

（一）依据

建设项目工程实体移交时应严格按照国家相关规定开展工作，其主要依据包括：

1）现行《建设工程质量管理条例》；

2）现行《建筑工程施工质量验收统一标准》（GB 50300）；

3）现行《房屋建筑和市政基础设施项目工程竣工验收规定》；

4）现行《房屋建筑和市政基础设施工程竣工验收备案管理办法》；

5）其他相关规定。

（二）内容

全过程工程咨询单位应组织监理、施工单位按承包的建设项目名称和合同约定的交工方式，向投资人移交，然后由投资人再移交给使用单位。

（1）工程移交计划

建设项目移交工作开展之前，应组织监理、施工单位依照移交内容制订一份移交计划，明确各项验收工作的主体、时间、移交时间、移交责任人等事项。以分项工程移交计划为例，见表 9-13。

表 9-13　　某项目分项工程移交工作计划表

序号	工作内容		施工单位	验收单位	验收时间	移交时间	移交责任人	接受单位	备注
单项建筑验收									
1	专项工程	电梯		技监局					
2		变配电室		供电局					
3		火灾报警及消防联动系统		消防大队					
4	外装工程	幕墙（含外网及入口雨篷）		质监站					
5		电动百叶		质监站					
6		入口车道、壕沟		质监站					
7	内装工程	地面		质监站					
8		门窗		质监站					
9		涂饰		质监站					
10		吊顶		质监站					
11		饰面砖		质监站					
12		细部		质监站					
13		厨房设备		监理等					
14	给排水系统	室内给水		质监站					
15		室内排水（含压力雨水）		质监站					
16		室内热水供应系统		质监站					
17		卫生器具安装		质监站					
18	通风与空调系统	室内采暖系统（含地热）		质监站					
19		供热锅炉及辅助设备		质监站					
20		送排风系统（含座椅送风）		质监站					
21		防排烟系统		质监站					
22		空调风系统		质监站					
23		制冷设备系统		质监站					
24		空调水系统（含冷却塔）		质监站					
25	……	……	……	……	……	……			

（2）施工单位的工程移交

在工程整改及工程竣工验收完毕后，全过程工程咨询单位应协助投资人立即组织施工单位提交房屋竣工验收报告、消防部门出具的消防验收文件、质量技术监督部门出具的电梯验收文件等相关资料，文件齐全后应去当地建设部门办理竣工验收备案手续，取得竣工验收备案回执；在取得竣工验收备案回执及整改情况处理完毕后，施工单位向投资人、监理、全过程工程咨询单位提出移交申请，全过程工程咨询单位应立即组织各专业工程师及监理单位的各监理人员、投资人、接收单位相关人员共同组成项目移交组，对项目进行初步验收，按照交验标准逐一查看，发现问题后要求施工单位限期整改并跟踪处理结果；在将遗留问题处理完毕、各系统已具备使用的条件下（若是住宅工程还需编制住宅质量保证书等相关文件），方可以办理移交手续。

（3）全过程工程咨询单位工程移交的工作

在施工单位将工程移交的同时，全过程工程咨询单位应协助投资人提前组织设备厂商、施工单位完成项目使用及维护手册的编制，并完成对使用单位（一般委托物业公司接收）相关人员的培训。另外，应要求使用单位（物业公司）对室内的电气、上下水、灯具、门窗、各设备系统操作等进行全面检查，发现问题后立即组织施工单位进行整改；在各项整改工作全完毕后，将室内的钥匙移交给使用单位（物业公司），钥匙移交过程中要进行签字记录；在使用单位入伙期间，应派专人协助使用单位熟悉及合理使用建筑物，对出现的问题需及时进行处理。

（三）程序

工程实体移交的程序主要包括以下几个部分：

1）建设项目移交是建设项目通过了竣工验收后，全过程工程咨询单位组织投资人、施工单位、监理单位向使用单位（物管公司）进行移交项目所有权的过程。

2）建设项目经竣工验收合格后，便可办理工程交接手续，交接手续应及时办理，以便早日投产使用，发挥投资效益。

3）竣工结算已审核并经各方签字认可后，即可移交项目工程实体。

4）工程实体移交前，各单位应将成套的工程技术资料按规定进行分类管理，编目建档后，由全过程工程咨询单位负责组织移交给投资人，同时施工单位还应将在施工中所占用的房屋设施，进行维修清理，打扫干净，连同房门钥匙全部予以移交。

工程实体移交程序具体如图 9-10 所示。

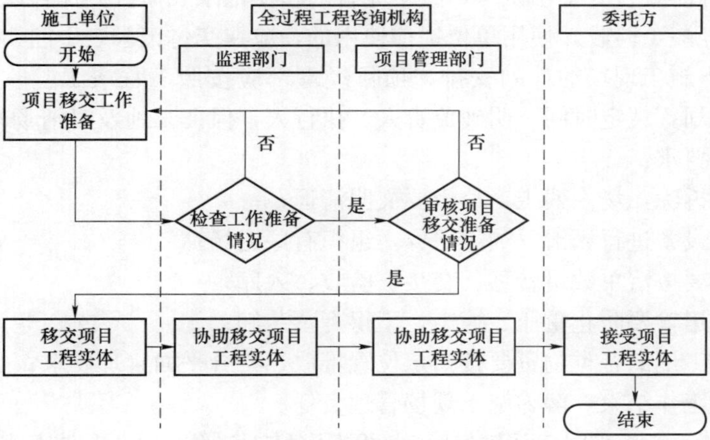

图 9-10　工程实体移交程序

工程实体移交方法如下：

1）编制工程实体移交计划；

2）按分部分项工程，如按室内、外装修、总平等逐一移交给使用单位；

3）移交前完成对使用单位的培训；

4）移交完成后参与各方签字确认，完成移交记录表的确认，如表 9-14 所示。

表 9-14　　××项目分项工程移交记录表

工程名称：　　　　　　　　　　　　　　　　编号：

移交分项工程	门禁系统	数量		单位	
验收单位					
施工单位					
验收情况说明：					
移交清单：（详附件）					
资料情况		签收人		时间	
移交单位					
接收单位					
接收单位意见：					
移交人：		时间：			
接收人：		时间：			
备注： 随机附件包括：					

本表一式两份，由移交、接收单位各存一份。

（四）注意事项

1）原施工合同中未包括工程质量保修书附件的，在移交工程时，应按有关规定与施工单位签署或补签工程质量保修书。

2）向使用单位提交工程移交工作计划表，确定工程移交时间及移交项目。

3）移交过程需要各方签字认可，签字完善的移交记录表需各方保存以备查。

4）工程未经竣工验收，使用单位提前使用的，应在交付记录表中注明。

5）编制撤出施工现场的计划安排，项目经理部应按照工程竣工验收、移交的要求，编制工地撤场计划，规定时间，明确负责人、执行人，保证工地及时清场转移。撤场计划安排的具体工作要求：

①临时工程拆除，场内残土、垃圾要文明清运；

②对机械、设备进行润滑、油漆保养，组织有序退场；

③周转材料要按清单数量转移、交接、验收、入库；

④退场物资运输要防止重压、撞击，不得野蛮装卸；

⑤转移到新工地的各类物资要按指定位置堆放，符合平面管理要求；

⑥清场转移工作结束，解除施工现场管理责任。

竣工决算审核一般应采用全面审核法，也可采用延伸审查等方法。具体审核方法主要包括：

1）现场勘察。到建设项目现场实地查看，获取对项目的初步感性认识、核实相关工程量及以竣工图核对实物存在状态。可以选择在项目现场施工阶段初期、中期或完成阶段前进行。

2）审阅项目资料。对全过程工程咨询单位提供的批复文件、科目余额表、可行性研究报告、初步设计、招投标资料、合同、记账凭证、竣工结算书、工程决算报表等所有资料进行认真审阅。

3）重新计算。对于项目建设期间的贷款利息和待摊费用的分配、招待费占投资人管理费的比例、结算中的主要工程量等重大事项必须进行重新计算。

4）函证。对于银行存款余额和资金往来余额必须进行函证。函证是指注册会计师为了获取影响财务报表或相关披露认定的项目的信息，通过直接来自第三方对有关信息和现存状况的声明，获取和评价审核证据的过程。函证是受到高度重视并经常被使用的一种重要程序。

5）询问。对审核工程中的疑问，全过程工程咨询单位总咨询师进行询问，必要时要求相关人员写出说明并签字。

6）沟通。对审核中发现的问题全过程工程咨询单位要充分进行沟通，对审核中发现的重大问题充分与审核单位相关领导进行沟通。

第六节 竣工验收备案

一、竣工验收备案的依据

（一）法律法规

1）《中华人民共和国建筑法》（主席令〔1998〕91号）（2011年修订）；

2）《建设工程质量管理条例》（国务院令〔2000〕279号）（2017年修订）。

（二）建设项目工程资料

1）合同文件；

2）建设工程竣工验收报告；

3）规划、公安消防、环保等部门出具的认可文件或者准许使用文件；

4）其他相关资料；

5）全过程工程咨询单位的知识和经验体系。

二、竣工验收备案的内容

1）经承包人自检合格后，并且符合相关政策的要求方可进行竣工验收。由承包人在工程完工后向投资人提交工程竣工报告，申请竣工验收，并经专业咨询工程师（监理）签署意见。

2）对符合竣工验收要求的工程，全过程工程机构协助投资人负责组织专业咨询工程师（勘察、设计等）组成的专家组实施验收并协助投资人在竣工验收7个工作日前将验收的时间、地点及验收组名单书面通知负责监督该工程的工程质量监督机构。

3）工程竣工验收合格之日起15个工作日内，全过程工程咨询单位及时提出竣工验收报告，向建设项目所在地县级以上地方人民政府建设行政主管部门（及备案机关）备案。

4）工程质量监督机构，应在竣工验收之日起5工作日内，向备案机关提交工程质量监督报告。

5）城建档案管理部门对工程档案资料按国家法律法规要求进行预验收，签署验收意见。

6）备案机关在验证竣工验收备案文件齐全后，在竣工验收备案表上签署验收备案意见并签章。工程竣工验收备案表一式两份，一份由投资人保存，一份留备案机关存档。

三、竣工验收备案的程序

竣工验收备案程序如图 9-11 所示。

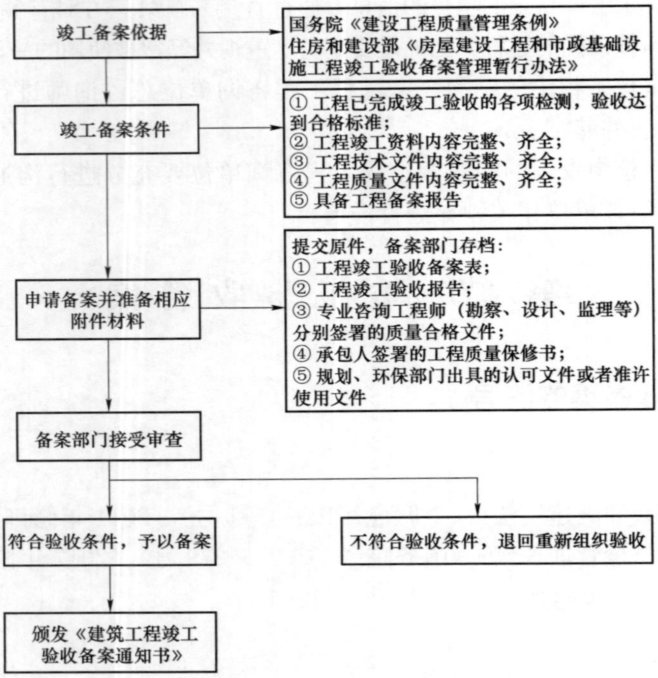

图 9-11　竣工验收备案程序图

四、竣工验收备案的注意事项

1）工程质量验收备案均应在承包人自检合格的基础上进行。

2）参加工程施工质量验收的各方人员应具备相应的资格，在备案前签署质量合格文件。

3）对涉及结构安全、节能、环境保护和主要使用功能的试块、试件及材料，应在进场时或施工中按规定进行检验，形成资料性文件。

某市房屋和市政基础设施工程竣工与验收备案表见表 9-15。

表 9-15　某市房屋建筑和市政基础设施工程竣工验收备案表

工程名称			
建设地址			
建设规模		合同价格	万元
规划许可证编号		施工许可文件编号	
开工时间		工程竣工日期	

续表

<table>
<tr><td colspan="2">单位名称</td><td colspan="2">项目负责人</td></tr>
<tr><td colspan="2">建设单位：</td><td colspan="2"></td></tr>
<tr><td colspan="2">全过程工程咨询单位：</td><td colspan="2"></td></tr>
<tr><td colspan="2">勘察单位：</td><td colspan="2"></td></tr>
<tr><td colspan="2">设计单位：</td><td colspan="2"></td></tr>
<tr><td colspan="2">施工单位：</td><td colspan="2"></td></tr>
<tr><td colspan="2">监理单位：</td><td colspan="2"></td></tr>
<tr><td colspan="2">工程质量监督机构：</td><td colspan="2"></td></tr>
<tr><td colspan="4">本工程已按规定进行了竣工验收，并且验收合格。依据《建设工程质量管理条例》第四十九条及有关规定，所需文件已齐备，现报送备案
全过程工程咨询单位（公章）</td></tr>
<tr><td>法定代表人
（签字）</td><td></td><td>报送时间</td><td></td></tr>
<tr><td>工程
竣工
验收
备案
文件
目录</td><td colspan="3">目录
1. 工程竣工验收备案表一式两份；
2. 工程竣工验收报告；
3. 法律、行政法规规定应当由规划部门出具的认可文件或者准许使用文件；
4. 法律规定应当由公安消防部门出具的对大型的人员密集场所和其他特殊建设工程验收合格的证明文件；
5. 施工单位签署的工程质量保修书；
6. 住宅工程提交《住宅质量保证书》和《住宅使用说明书》；
7. 法规、规章规定必须提供的其他文件：建设工程档案预验收意见书；
8. 法人委托书</td></tr>
<tr><td colspan="4">该工程的竣工验收备案文件于　　　　年　　　月　　　日收讫。
备注：
1. 工程参建各方必须依照法律、法规、规章的有关规定承担各自质量责任，严格履行保修义务。
2. 供水、供电、供热、供气、绿化、邮电、通信、安防、卫生防疫等未尽事宜，由全过程工程咨询单位联系相关部门妥善解决。
备案部门</td></tr>
</table>

第七节　工程项目竣工案例

某工程项目结算综合案例参考如下：

一、概况

1）工程竣工验收合格，双方签署竣工验收报告，施工单位向工程部递交《工程结算申请表》及结算书。工程结算申请表需工程经理和总经理签字转预算合约部。

2）施工单位向预算合约部提供完整的竣工图、设计变更单、工程量签证单、材料价格认定单等结算资料。

3）预算合约部预算员收到以上资料后，需对资料进行审核，看是否符合公司签证要求和定额计算有关规定要求，不符合要求退回施工单位重新整理。

4）预算合约部根据结算资料及合同进行造价测算核实，将核实结果与工程经理和总经理沟通后转施工单位，施工单位确认或提出修改意见，双方达成一致意见后按公司结算流程上报审批，审批完毕，预算合约部出核定单（内控）、结算单，双方签字盖章生效。

5）工程结算单一式四份原件，预算合约、工程、财务、施工单位分别保存。

二、工程结算程序

工程结算程序如图 9-12 所示。

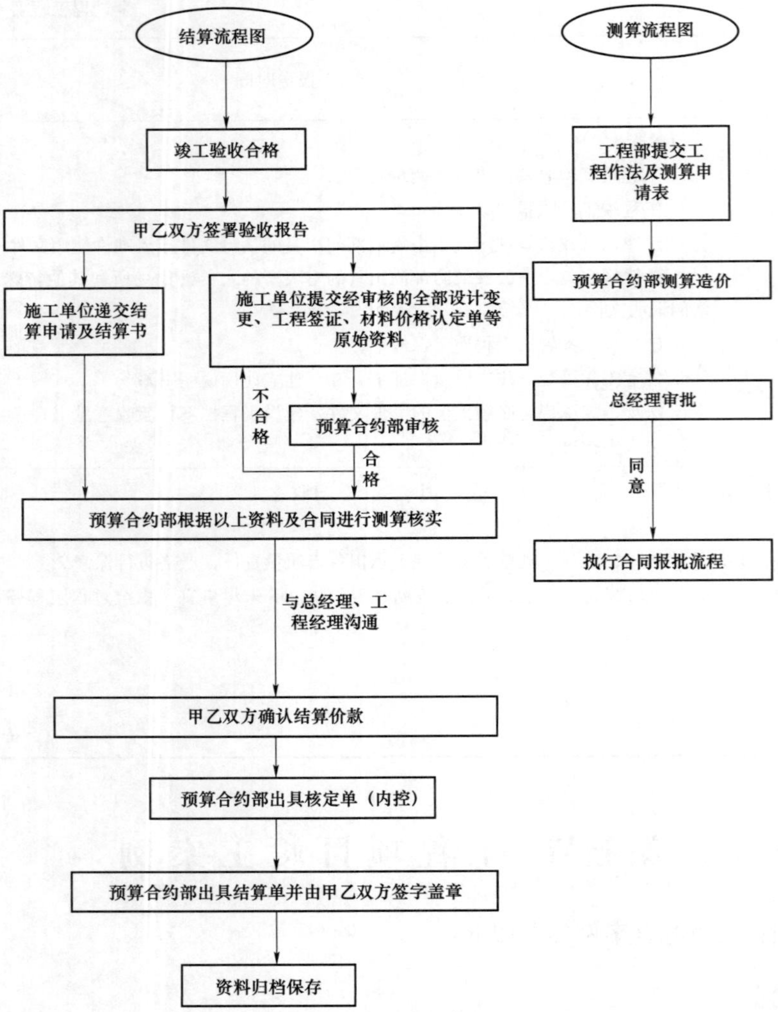

图 9-12　工程结算程序

三、工程结算申请表

工程结算申请表见表 9-16。

表 9-16 **工程结算申请表**

编号：

<table>
<tr><td>工程名称</td><td colspan="5"></td></tr>
<tr><td>执行合同名称</td><td colspan="5"></td></tr>
<tr><td>合同编号</td><td></td><td>验收时间</td><td></td><td>验收结论</td><td>合格</td></tr>
<tr><td colspan="6">××房地产开发有限公司：
我公司承建的________________工程，已经通过竣工验收，所有结算资料齐全，现申请进行结算。

附件：1. 工程验收报告单（含监理正式表格）
2. 结算资料（包括竣工图纸、技术资料、工程签证单、材料认价单等）
3. 施工单位预算书
4. 其他附件

施工单位：（盖章）
项目经理：（签字）</td></tr>
<tr><td colspan="6">建设单位意见</td></tr>
<tr><td colspan="3">主管工程师意见：

签字：</td><td colspan="3">工程经理意见：

签字：
（盖章）</td></tr>
<tr><td colspan="6">总经理意见：

签字：</td></tr>
</table>

备注：1. 盖工程部公章生效。

2. 本表原件两份，在预算合约部同结算资料一同保存。

四、工程结算单

工程结算单见表9-17。

表9-17 **工程结算单**

建设单位（甲方）：××房地产开发有限公司

施工单位（乙方）：

甲、乙双方根据签订的施工合同或工程签证，乙方在甲方开发建设的____________（开发项目名称）承建下表所列相关工程，现该工程已经 竣工（进度），双方对该工程进行了工程结算，结算金额如下：

序号	工程项目名称	合同编号	结算金额/元	核定单编号
1				
合计	大写：			

以上结算金额甲、乙双方均同意，无其他异议。

按施工合同及相关资料应由甲方从乙方工程款中扣除的各项费用正常执行。

此工程结算单一式四份，甲、乙双方各执两份，具有同等法律效力。

建设单位（章）：
法定代表人：
或委托代理人：

年　月　日

施工单位（章）：
法定代表人：
或委托代理人：

年　月　日

五、工程造价测算申请表

工程造价测算申请表见表9-18。

表9-18 **工程造价测算申请表**

申请部门		提出时间	
拟发包项目名称		拟发包时间	
其他情况说明： 经办人员签字：　　　　部门负责人签字： 年　月　日			

续表

预算合约部测算结果及发包建议： 部门负责人签字： 年　月　日
总经理批示： 签字： 年　月　日

备注：本表原件两份，申请部门、预算合约部各存档一份。

六、工程造价核定单

工程造价核定单见表 9-19。

表 9-19　　**工程造价核定单**

开发项目名称：　　　　核定单编号：

<table>
<tr><td colspan="4">工程名称：</td><td colspan="5">施工单位：</td></tr>
<tr><td>序号</td><td>工程项目名称</td><td>合同编号</td><td>原报金额/元</td><td>审定金额/元</td><td>下浮比例</td><td>核定金额/元</td><td>初审人签字</td><td>复核人签字</td></tr>
<tr><td>1</td><td></td><td></td><td></td><td></td><td></td><td></td><td></td><td></td></tr>
<tr><td>2</td><td></td><td></td><td></td><td></td><td></td><td></td><td></td><td></td></tr>
<tr><td>3</td><td></td><td></td><td></td><td></td><td></td><td></td><td></td><td></td></tr>
<tr><td>4</td><td></td><td></td><td></td><td></td><td></td><td></td><td></td><td></td></tr>
<tr><td colspan="4">合计　大写：</td><td></td><td></td><td></td><td></td><td></td></tr>
<tr><td>预算合约部</td><td colspan="4">预算人员（签字）：
主任（签字）：</td><td colspan="4">总经理意见：
总经理（签字）：</td></tr>
</table>

年　月　日

七、工程结算资料（部分）

工程结算资料见表 9-20～表 9-23。

表 9-20　　结算资料类别及整理要求

类　别	资料名称	资料整理要求
1. 合同	招（邀）标文件 投标文件及承诺 工程量清单 补充协议	1. 时间：施工队伍进场前。 2. 现场工程师及预算员熟悉相关合同条款。 3. 作为处理签证、质量和进度管理的依据，归档作为结算资料
2. 挖、拆工程资料	原始地貌测量记录	1. 时间：土石方工程施工前。 2. 现场工程师及预算员现场共同测量。 3. 测量记录需经各参建人员共同签字，开挖范围与拟建工程相对位置关系清楚，参照点、复核点位置及高程明确，测点读数（或高程）标注清楚，存档作为结算资料
	分层开挖面测量记录	1. 地质条件不同需要分开计量。 2. 由施工单位、监理、甲方现场工程师及预算员现场共同测量。 3. 测量记录需经各参建人员共同签字，开挖范围与拟建工程相对位置关系清楚，参照点、复核点位置及高程明确，测点读数（或高程）标注清楚，存档作为结算资料
	土石方开挖完成面测量记录	1. 时间：土石方工程完工。 2. 现场工程师及预算员现场共同测量。 3. 测量记录需经各参建人员共同签字，开挖完成范围与拟建工程、原始测量面相对位置关系清楚，参照点、复核点位置及高程明确，测点读数（或高程）标注清楚，存档作为结算资料
	地下管线、构筑物收方记录	1. 时间：基础或土石方施工过程中。 2. 在施工单位挖（或拆）除前，完善隐蔽工程收方记录。 3. 收方记录要求签字齐全，对管线、构筑物描述清楚（可借助摄像器材），是否从相关工程量中扣除签署具体意见，归档作为原始结算依据
3. 隐蔽工程资料	水电管线隐蔽工程验收记录	施工过程中，涉及管线的预留预埋，在管线被隐蔽前，施工单位按规定向监理单位报验并附该项工程隐蔽图，经监理及甲方现场代表验收合格后并在隐蔽图上签字后方可进行隐蔽，完善签字手续的隐蔽图归档作为结算资料
	人防门、防火卷帘预埋铁件及钢板隐蔽工程验收记录 防爆地漏，强排管隐蔽工程验收记录	人防地下室结构施工时，人防门框、防火卷帘门的铁件及钢板的预埋，由施工单位按规定向上级有关部门报验并附预埋铁件及钢板隐蔽图，经现场专业工程师验收合格并在隐蔽图上签字方可进行隐蔽，完善签字手续后作为结算资料归档

续表

类　别	资料名称	资料整理要求
4. 技术联系单/设计修改通知单	技术联系单	由于图纸的错、缺、漏，导致无法进行施工，由施工单位提出，经监理、建设方现场代表签字，报设计单位进行完善后回复的技术联系单，监理、现场工程师及预算员阶段性对联系单完成情况进行对接
	设计修改通知单	对已发出的图纸进行完善，由设计下发的设计修改通知单，监理、现场工程师及预算员阶段性对联系单完成情况进行对接
	图纸会审纪要	图纸会审纪要为参建各方施工前全面对图纸存在问题做一次大的梳理回复，一次性解决图纸中出现的大部分问题，经设计回复后的会审纪要，作为结算依据归档，监理、现场工程师及预算员阶段性对完成情况进行对接
5. 签证单	工程签证单	因设计变更，施工工艺改变，合同外增加工程量及其他引起签证的，由施工单位上报签证单，签证单要求事实清楚，数据准确，签证费用构成合理，按程序经监理、建设单位现场代表及预算员共同签认后，归档作为结算依据
6. 单项工程报价单	单项工程报价单	原合同或清单中没有、新增的单项工程，由施工单位上报单项工程价格报价单，并附详细的施工方案、单价构成、材质、材料规格及型号，经现场代表及预算员签认后，作为结算依据归档
7. 乙供材料价格审批单	乙供材料价格审批单	根据合同约定，需要进行材料调差的工程，应按部位进行材料价格的认定，签认材料价格审定单，审定单材料名称、规格、型号、使用部位必须清楚，经甲方现场工程师、预算员及招标中心签认后，结算时作为材料调差的依据，若约定按实施期间《造价信息》调差的，现场工程师应做好施工日志，结合工序报验，作为调差的依据
8. 甲供材料价格领用单	甲供材料价格领用单	部分统一采购供应的材料，货到现场，由施工单位、监理、建设单位共同验货收料，施工单位收料后在材料领用单上签字，领用单上面必须注明清楚材料品牌、名称、规格、型号、数量、采购价格，以及使用部位。领用单作为结算依据进入结算
9. 施工组织设计/施工方案	施组、施工方案	工程或专项工程施工前，施组（或方案）按程序报监理及建设单位审核，当方案引起造价变更时，需在施组及方案后附签证单
10. 竣工图	基础竣工图	竣工图在原施工图上进行编制。 1. 基础施工图根据各收方签证及隐蔽记录进行编制。 2. 竣工图必须与图纸会审纪要，技术联系单及设计修改通知单对应，并在变更部位作附注：如见×××号通知单。 3. 为确保计量的完整性，主体及装饰（分包）工程由主体单位统一绘制
	结构竣工图	
	建筑（含分项）工程竣工图	
	水电安装、消防、通风各专业工程竣工图	
11. 工程实施情况说明	基础工程实施情况说明	工程阶段完工或竣工，现场工程师对地质情况、签证情况、图纸修改情况、现场实施及图纸的符合性进行全面描述，作为结算的参考依据
	主体结构工程实施情况说明	
	建筑装饰工程实施情况说明	

说明：1. 以上资料为常规结算所需资料，根据合同所采用的结算方式可做相应调整。

2. 编制本要求是为了加强结算资料的过程控制。

3. 结算资料工程、监理、预算定期进行对接，每月不少于一次。

表 9-21　　结算资料汇总表

序号	资料名称	需要份数	备　注
1	工程结算通知书	1	由甲方项目部发出
2	工程结算工作交接单及附件、验收小组验收报告	1	附件表格统一由甲方项目部发给施工单位，按工程管理部要求报送
3	施工单位报来工程结算书及结算资料	2	按结算资料整理类别和要求报送，合同上特殊要求的需增加
4	建设单位审核结算书	3	
5	竣工结算造价协议书	3	
6	工程结算审批表	1	

表 9-22　　工程实施情况说明

工程名称：　　　　编号：

建设单位		施工单位	
工程部位			

本工程实施情况如下：
1 施工区间
1.1 工程分段的执行时间，此项涉及材料调差，比如基础、地下室、主体结构、建筑装饰等实施时间。
1.2 设计修改做法后分段实施时间。
1.3 未分段工程填写本项工程实施区间。
2 设计图纸实施情况
2.1 图计中未实施的工程内容：
指设计图纸中有，但实际并未实施；比如现场口头指令取消，又未完善修改手续。
2.2 未按图纸要求实施的工程内容：
指图纸中已有明确做法，现场已实施但并未按设计要求实施，最终进入结算的。
2.3 图纸中设计或甲方取消的工程项目。
3 设计修改
3.1 对原设计进行修改：
仅指对工程造价影响大的，比如做法的改变、方案的改变、对工程造价影响。
预估大于 5 万元以上局部修改项目。
3.2 原设计图中没有，新增的工作内容。
4 签证
4.1 合同范围外指令工作内容。
4.2 现场因实施条件与合同或清单条件不符增加的费用。
4.3 由于施工方案变动导致增减的费用项目。
4.4 合同工作范围的增加。
5 其他注意事项
可能导致结算费用增减的注意事项

编制：　　　　审核：　　　　日期：

说明：1. 本表格由项目现场分管专业人员编制，负责人审核并签字，作为结算资料组成部分与结算资料一并提交。
2. 表格按上述所列项填写，若此项无相关内容，则填“无”。
3. 此表仅要求对情况给予准确描述，作为结算费用核算的依据。

表 9-23　　结算资料审核单

工程名称：

审查内容	是（√） 否（×）	备　注
1. 根据结算资料整理要求，结算资料是否齐全		
2. 是否有技术、经济验收小组的验收报告		
3. 是否有结算通知书、结算工作交接单		
4. 是否有按工程管理部要求的一套验收移交表单		
5. 是否有保修书		
6. 竣工图是否按要求进行绘制，设计修改部分是否注明设计修改通知单号		
7. 是否有按合同及工程管理部规定要求的其他资料		
8. 建筑装饰做法改变的竣工图是否修改		
9. 设计修改减少的工作在竣工图上是否有体现		
10. 由其他施工单位施工的分包工程是否绘入竣工图，竣工图对工作范围是否有描述		
11. 隐蔽资料与收方资料核对是否有错误		
12. 工程实施情况说明是否将所要求的工作内容描述清楚		
……		

审核人：

八、外派结算审核单

外派结算审核单见表 9-24。

表 9-24　　外派结算审核单

工程名称：

审查内容	是（√） 否（×）	备　注
1. 是否按要求进行现场踏勘		
2. 是否有完整的计算过程		
3. 工作范围是否界定清楚		
4. 结算指标是否都在合理的范围		若指标不在合理范围，请事务所解释，并审核相应的计算过程
5. 签证审核是否合理		
6. 甲供材是否进行了结算		
7. 定额及清单套用是否合理		
8. 抽查工程量是否计算准确		备注抽查的部位及结果
……		

审核人：

九、结算复审审核单

结算复审审核单见表9-25。

表 9-25　　结算复审审核单

工程名称：

审查内容	是（√） 否（×）	备　注
1. 专业工程师是否按要求审核结算资料		
2. 专业工程师是否按要求审核外派事务所结算初稿		
3. 专业工程师是否按要求审核外派事务所与施工单位核对完的结算报告		
4. 结算指标是否都在合理的范围		若指标不在合同范围，请专业工程师解释，并审核相应的计算过程
5. 签证审核是否合理		
6. 甲供材是否进行了结算		
7. 定额及清单套用是否合理		
……		

审核人：

十、工程结算审批表

工程结算审批表见表9-26。

表 9-26　　工程结算审批表

合同编号：　　　　结算书编号：

签约单位		合同名称	
合同总金额/元		施工单位送审金额/元	
经审核结算金额/元		至上期累计已支付金额	
		结算应扣金额 （详见竣工结算协议书）	
		结算后留保修金 （结算金额的5%）	
		本期实付金额 （详见竣工结算协议书）	
项目现场意见：		设计部意见：	

续表

项目负责人意见：	
合约预算中心意见：	
工程验收小组意见：	
经济验收小组意见：	
总（副）总工程师意见：	
总会计师意见：	
项目分管副总意见：	
常务副总意见：	
总经理意见：	

备注：本表后附竣工结算造价协议书及工程结算书。

第十章　基础设施工程运营咨询

第一节　工程项目总体运营

一、工程项目运营策划简介

运营是人们创造产品或服务的有组织的活动过程。从一般意义上说，运营活动是一个“投入—变换—产出”的过程，即投入一定的资源，经过一系列、多种形式的变换，使其价值增值，最后以某种形式的产出提供给社会的过程。运营活动过程如图 10-1 所示。

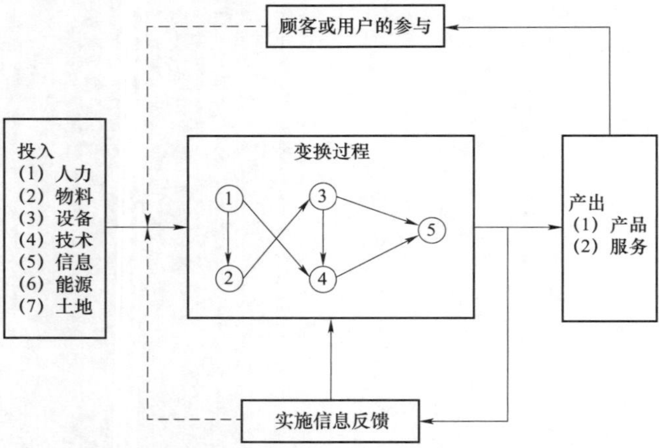

图 10-1　运营活动示意图

注：(1) 图中的点线表示两种特殊的投入：顾客或用户的参与、有关运营活动实施情况的信息反馈。

(2) 实施信息反馈与“投入”框图中已有的“信息”投入的区别在于：后者是指运营系统外部的信息，而前者是指来自运营系统内部，即变换过程中所获得的信息。

(3) 图中变换过程方框中的①～⑤表示，在一个现代化大生产和服务运作过程中，从投入到产出往往需要经过多个环节，这些环节有并行，有串行，也有交叉，这表明了运营过程的复杂性。

工程项目运营有其自身的特点，其基本特征包括一次性和不可逆性、目标性、一定的约束性（时间、资源、质量、空间约束）、影响的长期性、风险性等。工程项目运营可定义为：在工程项目建成投产后，工程项目运营主体根据既定的效益目标，通过有效利用各种资源，对工程项目的运营过程进行计划、组织与控制，运营出满足社会需要、市场需求的产品或服务的管理活动总称。

工程项目运营策划是指在工程项目运营前期对项目的经营管理过程进行全方位的构思，通过对项目本身及项目的各种相关资源进行合理分析与统筹安排，使项目在经营使用过程中发挥其最大价值的活动。项目的运营策划不是在项目的运营阶段才开始，项目运营策划的时间越早，对项目的运营越有利。项目的运营策划应该与项目的开发策划、项目的实施策划相结合，才能达到最好的效果。

项目运营策划按照时间的不同，可以分为运营前的准备策划和运营过程的策划；按照内容的不同，分为运营管理的组织策划和项目的经营机制策划等；按照项目性质的不同，分为民用建设项目的运营策划和工业建设项目的运营策划，而民用建设项目的运营策划又可以进一步划分为办公楼项目的运营策划、商业项目的运营策划和酒店项目的运营策划等。

二、工程项目运营策划的内容

（1）项目背景分析

项目的背景分析主要包括市场背景分析和政策背景分析。在分析过程中，需要充分观察行业、政策、竞争者、客户、技术等方面的变化和情况，使得项目的发展具有前瞻性。

（2）项目可行性分析

项目可行性分析主要用来阐述项目在各个层面上的可行性与必要性。项目可行性分析对于项目审核通过、获取资金支持、理清项目方向、规划抗风险策略都有着相当重要的作用。

（3）项目的运营模式及操作方案

项目的运营模式是企业根据企业的经营宗旨，为实现企业所确认的价值定位所采取某一类方式方法的总称，包括企业为实现价值定位所规定的业务范围，企业在产业链的位置，以及在这样的定位下实现价值的方式和方法。

（4）品牌的规划及实施方案

品牌规划核心在于建立与众不同的品牌识别，为品牌建设设立目标、方向、原则与指导策略，在充分研究市场环境、行业特性、目标消费群、竞争者以及企业本身情况的基础上，提炼高度差异化、清晰的、明确的、易感知、有包容性、能触动和感染消费者内心世界的品牌核心价值，并在传播过程中，将其贯穿至整个企业的所有经营活动里。

（5）项目资源管理及计划

项目资源管理是指为了降低项目成本，而对项目所需的人力、材料、机械、技术、资金等资源所进行的计划、组织、指挥、协调和控制等活动。项目资源管理的全过程包括项目资源的计划、配置、控制和处置。

（6）机构规划及人员配置

机构规划及人员配置主要是对组织结构进行设计，并对各部门进行人员设置和规划。

（7）市场营销拓展方案

市场营销主要是营销人员针对市场开展经营活动、销售行为的过程。完善的市场营销拓展方案能够促进项目产品和服务的市场占有份额。

(8) 产品价格定位方案

产品的价格定位是与产品定位紧密相连的，通常分为高价定位、低价定位、市场平均定位三种方案。高价定位需要借助良好的品牌优势、质量优势和售后服务优势。低价定位通常由于该企业要么具有绝对的低成本优势，要么是企业形象好、产品销量大，要么是出于抑制竞争对手、树立品牌形象等战略性考虑，这种定位的产品质量和售后服务并非都不如竞争者，有的可能比竞争者更好。市场平均定位即把价格定在市场同类产品的平均水平上。企业的价格定位并不是一成不变的，在不同的营销环境下，在产品的生命周期的不同阶段上，在企业发展的不同历史阶段，价格定位可以灵活变化。

(9) 项目的风险预见及规避

主要通过风险识别、风险分析和风险评价认识工程项目的风险，并以此为基础，合理地使用各种风险应对措施、管理方法、技术和手段对项目的风险实行有效控制，妥善处理风险事件造成的不利后果，以最少的成本保证项目总体目标的实现。

三、工程项目运营策划组织结构

大型基础设施建设项目，在项目寿命期内需要对工程项目的组织进行策划和管理，以确保项目能够正常运行，发挥应有的经济效益。常见的组织结构类型主要包括直线-职能制结构、事业部制结构、模拟分权制结构及矩阵结构。

(1) 直线-职能制结构

直线-职能制结构是按职能组织部门分工的，将承担相同职能的管理业务及其人员组合在一起，设置相应的管理部门和管理职务。对于只生产一种或者少数几种产品的企业来说，职能式组织结构是一种最佳模式。其优点包括：

1) 稳定性好。每一个管理人员都固定地归属于一个职能机构，专门从事某一项职能工作，在此基础上建立起来的部门间联系能够长期不变。

2) 运作效率高。各部门和各类人员实行专业分工，有利于强化专业管理，提高工作效率。

3) 管理权力集中，便于最高领导层对整个项目实施严格的控制。其缺点是横向协调差、适应性差、领导负担重，不利于培养素质全面的、能够经营整个企业的管理人才。

(2) 事业部制结构

事业部制结构是按项目的产出将业务活动组合起来，成立专业化的事业部，在纵向关系方面，按照“集和政策，分散经营”的原则，处理高层领导与事业部之间的关系；在横向关系方面，各事业部均为利润中心，实行独立核算。

事业部制结构的优点是每个事业部都有自己的产品与市场，能灵活自主地适应市场出现的新情况并迅速做出反应；有利于最高领导层摆脱日常行政事务，同时又能使各事业部发挥经营管理的积极性和创造性，从而提高项目的整体效益；便于建立衡量事业部及其经理工作绩效的标准，各事业部之间可以有比较、有竞争；按产品划分事业部，便于组织专业化生产，形成经济规模。其缺点是各个事业部都需要设置一套齐备的职能机构，因而用人较多，费用较高；各事业部自主经营、独立核算，考虑问题往往从本部门出发，忽视整体利益，影响各事业部间的协作。

（3）模拟分权制结构

模拟分权制结构就是按照研究开发、生产制造、市场销售等不同经营管理领域及其特点，将高层领导下的第一级组织分成若干个组织单位，把相应的业务活动分别归属到这些单位；让这些单位承担模拟性的盈亏责任，并给予与这种责任相适应的管理权限，各自建立必要的职能机构，组织本单位的生产、技术或经营活动。

（4）矩阵结构

矩阵结构是按职能组合业务活动，以及按产品（或工程项目、规划项目）组合业务活动的方法结合起来运用的一种组织设计，形成纵向与横向管理系统相结合，形如矩阵的组织结构形式。

矩阵结构的优点是有利于加强各职能部门之间的协作配合，通过具有横向报告关系的管理系统，把各职能部门的有关人员联系起来，提高企业的适应性；能够减轻上级主管人员的负担，有利于高层管理集中精力制定战略目标、决策与规划，以及对执行情况的监督；有利于职能部门与产品部门相互制约，保证企业整体目标的实现。其缺点是组织的稳定性较差，按产品或项目成立的组织，其成员经常变动，人事关系不稳定；由于双重领导的存在，容易产生责任不清、多头指挥的混乱现象。

同一项目在不同时期，组织结构也会由于外部环境和内部条件的变化而有所变化。即便是同一项目、同一时期，因不同组织单位在运营上的不同特点也会形成不同结构形式的组合。

第二节　设　施　管　理

一、设施管理咨询简介

按照国际设施管理协会（IFMA）和美国国会图书馆的定义，设施管理（FM）是指“以保持业务空间高品质的生活和提高投资效益为目的，以最新的技术对人类有效的生活环境进行规划、整备和维护管理的工作”。它“将物质的工作场所与人和机构的工作任务结合起来。它综合了工商管理、建筑、行为科学和工程技术的基本原理”。设施管理服务除了基本的物业管理外，服务内容往往涉及设置或使用目的机能的“作业流程规划与执行、效益评估与监督管理”。

设施管理综合利用管理科学、建筑科学、行为科学和工程技术等多种学科理论，将人、空间与流程相结合，对人类工作和生活环境进行有效的规划和控制，保持高品质的活动空间，提高投资效益，满足各类企事业单位、政府部门战略目标和业务计划的要求。其所含的基本内容如下。

1）所有权的费用。设施所有权有最初的和正在发生的费用。管理时，应该知道需要的费用，并通过计划分配，提供这些费用。

2）生命周期内的花费。一般说来，所有的经济分析和比较都应该基于生命周期花费。如果只考虑资本费用和最初的费用，经常会做出错误的决定。

3）服务的融合。优质的管理意味着不同服务的融合（例如，设计和运作）。

4）运作和维护的设计。运作者和维护者，即使他们是承包商，也应该积极参与设计审查。

5）委托的责任。项目管理的功能应该归入到预算项目中去，由一位经理对各项工作负责。

6）费用的时效性。关键是识别和比较这些费用，并且过一段时间进行一次有规律的比较。

7）提高工作效率。应该时常通过特定的比较、使用者的反馈以及管理来判断其效率。

8）生活质量。设施经理应该设法提高和保护职员的生活质量。最低的要求是有一处安全的工作场所，努力的目标是有一处可以提高个人和团体工作效率的工作环境。

9）设施的冗余和灵活性。因为工作的本身经常是部分在变化的，设施经理必须进行设施的冗余和灵活性分析。

10）作为资产的设施。设施应该被看作是可以通过各种途径给公司带来收益的有价值的资产。

11）设施管理的商业职能。值得用一种商业的办法来进行设施管理。设施应该和公司的业务同时发展、同步规划。

12）设施管理是一个连续的系统。设施管理从开始计划到进行处理，是一个连续的过程，不是一系列分立项目的组合。

13）服务。设施管理只提供了一种产品：服务。设施管理的本质希望是强调权利和顺从，同时也应该具有灵活性和服务性。质量计划是基于消费者怎样才能获得服务的问题制订的。一项成功的质量计划要依赖于各种层次客户的长期联系和约束。

二、设施管理咨询的基本要求

设施管理作为一个新兴行业，它具有自己独特的特点，即专业化、精细化、集约化、智能化、信息化以及定制化。

1）专业化。设施管理提供策略性规划、财务与预算管理、不动产管理、空间规划及管理、设施设备的维护和修护、能源管理等多方面内容，需要专业的知识和管理，有大量专业人才参与。另外，化工、制药、电子技术等不同的行业和领域，对水、电、气、热等基础设施以及公共服务设施的要求不同，所涉及的设施设备也不同，需求实行专业化服务。

2）精细化。设施管理以信息化技术为依托，以业务规范化为基础，以精细化流程控制为手段，运用科学的方法对客户的业务流程进行研究分析，寻找控制重点并进行有效的优化、重组和控制，实现质量、成本、进度、服务总体最优的精细化管理目标。

3）集约化。设施管理致力于资源能源的集约利用，通过流程优化、空间规划、能源管理等服务对客户的资源能源实现集约化的经营和管理，以降低客户的运营成本、提高收益，最终实现提高客户营运能力的目标。

4）智能化。设施管理充分利用现代 4C 技术，通过高效的传输网络，实现智能化服务与管理。设施管理智能化的具体体现是智能家居、智能办公、智能安防系统、智能能源管理系统、智能物业管理维护系统、智能信息服务系统等。

5）信息化。设施管理以信息化为基础和平台，坚持与高新技术应用同步发展，大量采用信息化技术与手段，实现业务操作信息化。在降低成本提升效率的同时，信息化保证了管理与技术数据分析处理的准确，有利于科学决策。

6）定制化。每个公司都是不同的，专业的设施管理提供商根据客户的业务流程、工作模式、经营目标，以及存在的问题和需求，为客户量身定做设施管理方案，合理组织空间流程，提高物业价值，最终实现客户的经营目标。

三、物业设备设施管理的内容

物业设备设施管理是指物业服务企业的工程管理人员通过熟悉和掌握设备设施的原理性能，对其进行正确的使用、保养与维修，使之保持最佳运行状态，从而为业主和使用人提供一个舒适、安全的环境。物业设备设施管理不仅能确保设备设施的正常运行，延长使用寿命，降低物业管理成本，更重要的是能够充分发挥设备设施的使用功能，使业主和使用人得到最大限度的满足。随着物业设备设施的推陈出新和人们对物业使用功能要求的提高，物业设备设施的正确使用与完善管理，更能体现出物业服务企业的技术水平与管理水平。

不同的物业设备设施有不同的特点，物业设备设施管理的内容也各不相同，其基本内容一般包括以下几个方面。

（1）档案资料管理

物业设备档案资料管理的基本任务有两个方面：一是做好设备技术档案资料的保管；二是为设备运行、维护、管理等提供信息资料。物业设备档案资料主要包括以下一些内容。

1）设备原始资料。设备原始资料包括设备清单或装箱单，设备发票，产品质量合格证明书，开箱验收报告，产品技术资料，安装、试验、调试、验收报告等。

2）设备维修资料。设备维修资料包括报修单、事故记录、中大修工程记录、更新记录等。

3）设备管理资料。设备管理资料包括设备卡片、设备台账、运行记录、普查记录、考评记录、技术革新资料等。

（2）安全运行管理

物业设备种类繁多，涉及面广，具有一定的危险性。为保障业主的利益及设备操作人员的生命安全，必须制定设备安全运行的有关规定。其内容包括下面三项：

1）安全作业培训教育。设备维修操作人员是安全管理的重点对象，必须对其进行安全作业的培训教育，使维修人员参加学习培训考核后持证上岗。

2）安全使用宣传教育。对业主、使用人进行宣传教育，使其了解安全使用一些危险设备（如电梯）的知识，提高自我保护意识，为安全管理建立广泛的群众基础。

3）建立安全运行制度。建立安全运行制度和安全操作规程，建立定期检查运行情况和规范服务制度，建立安全责任制等。

（3）保养与维修管理

1）建立设备档案登记卡。参考设备使用说明书、使用手册、安装调试质量说明书中的有关维护保养内容，对要进行维护保养的设备建立设备档案登记卡，并按说明书中规定的维护保养项目设计表格，建立维护保养记录。

2）编制设备计划维护总表。将全部维护保养记录表中的任务和时间汇总到计划维护总表中，制订出年度设备维护保养一览表。

3）发出维护保养指令工作单。维护保养指令工作单是根据计划维护总表及维护保养一览表的安排，按时间向员工发出的工作命令。

4）维护保养计划的落实跟踪检查。员工根据指令完成任务后必须在工作单上做好记录，包括所用时间、检查结果等，并签字交回。技术主管及主管工程师要对维修工的工作进行检查或抽查，考核其工作质量。

5）有计划地组织巡查。坚持和完善设备的巡查制度，安排员工根据不同的设备及运行状况进行有计划的巡查，发现设备初期问题，要及早解决、降低维修成本。

第三节　工程项目保修管理

一、保修咨询简介

项目保修是项目竣工验收交付使用后，在一定期限内由施工单位到建设单位或用户进行回访，对于工程发生的确实是由于施工单位责任造成的建筑物使用功能不良或无法使用的问题，由建设单位通知施工单位负责修理，直到达到正常使用的标准。

建设工程质量保修制度是国家所确定的主要法律制度，建设工程保修制度对于完善建设工程保修制度、促进承包方加强质量管理、保护用户及消费者的合法权益能够起到重要的作用。

按照《建设工程质量管理条例》（国务院令〔2000〕279 号，2017 年修订）规定，建设项目竣工后，施工单位应在保修期内承担相应的责任，监理和全过程工程咨询单位应负责相应的管理工作。其主要依据包括：

1）《中华人民共和国建筑法》（主席令〔1998〕91 号）（2019 年修订）；

2）《建设工程质量管理条例》（国务院令〔2000〕279 号）（2017 年修订）；

3）合同文件等。

二、工程质量保修的基本要求

1）工程质量保修范围。一般来说，凡是施工单位的责任或者由于施工质量不良造成的问题，都属保修范围。保修的内容主要有以下几个方面：基础、主体结构、屋面、地下室、外墙、阳台、厕所、浴室、卫生间及厨房等处渗水、漏水；各种管道渗水、漏水、漏气；通风孔和烟道堵塞；水泥地面大面积起砂、裂缝、空鼓；墙面抹灰大面积起泡、空鼓、脱落；暖气局部不热，接口不严渗漏，及其他使用功能不能正常发挥的部位。凡是由于用户使用不当而造成建筑功能不良或者损坏者，不属于保修范围；凡从属于工业产品发现问题者，亦不属于保修范围，应由使用单位自行组织修理。

2）工程质量保修期限。《建设工程质量管理条例》（国务院令〔2000〕279 号，2017 年修订）规定，在正常使用条件下，建设工程的最低保修期限为：①基础设施工程、房屋建筑的地基基础工程和主体结构工程，为设计文件规定的该工程的合理使用年限；②屋面防水工程、有防水要求的卫生间、房间和外墙面的防渗漏，为 5 年；③供热与供冷系统，为 2 个采暖期、供冷期；④电气管线、给水排水管道、设备安装和装修工程，为 2 年；

⑤其他工程保修期限由发包方与承包方约定，建设工程保修期，自竣工验收合格之日起计算。

3）建设工程在保修范围和保修期限内发生质量问题，全过程工程咨询单位应督促监理立即分析原因，找出责任单位，并要求相关责任单位在规定时间内完成修补工作，若责任单位拒不或迟迟不予处理的，由全过程工程咨询单位上报投资人认可后，可另行委托施工单位给予维修，产生的费用从责任单位保修金内支出；质保期满后，全过程工程咨询单位应组织使用人、物管方、监理单位以及施工单位进行质量缺陷的检查，确认无质量缺陷后，办理书面手续，并以此作为退还质保金的依据。

保修期过后，施工单位的质保义务解除，全过程工程咨询单位完成质保金退还手续后，相应的义务也完成。

三、保修费用及其处理

1）保修费的含义。保修费是指对保修期间和保修范围内所发生的维修、返工等各项费用的支出。

2）保修费用的处理。根据《中华人民共和国建筑法》的规定，在保修费的处理问题上，必须根据修理项目的性质、内容以及检查修理等多种因素的实际情况，区别保修责任的承担问题，对于保修的经济责任的确定，应当由有关责任方承担。由建设单位和施工单位共同商定经济处理办法。

承包单位未按国家的有关规范、标准和设计要求施工造成的质量缺陷，由承包单位负责返修并承担经济责任。

由于设计方面的原因造成的质量缺陷，由设计单位承担经济责任，可由施工单位负责维修，其费用按有关规定通过建设单位向设计单位索赔，不足部分由建设单位负责协同有关方解决。

因建筑材料、建筑构配件和设备质量不合格引起的质量缺陷，属于承包单位采购的或经其统一验收的，由承包单位承担经济责任；属于建设单位采购的，由建设单位承担经济责任。

因使用不当造成的损坏问题，由使用单位自行负责。

因地震、洪水、台风等不可抗力原因造成的损坏问题，施工单位、设计单位不承担经济责任，由建设单位自行负责处理。

根据《中华人民共和国建筑法》第七十五条的规定，建筑施工企业违反该法规，不履行保修义务的，责令改正，可以处以罚款。在保修期间屋顶、墙面渗漏、开裂等质量缺陷，有关责任企业应当依据实际损失给予实物或价值补偿。质量缺陷因勘察设计原因、监理原因或者建筑材料、建筑构配件和设备等原因造成的，施工企业可以在保修和赔偿损失之后，向有关责任者追偿。因建设工程质量不合格而造成损害的，受害人有权向责任者要求赔偿。因建设单位或者勘察设计的原因、施工的原因、监理的原因产生的建设质量问题，造成他人损失的，以上单位应当承担相应的赔偿责任。受损害人可以向任何一方要求赔偿，也可以向以上各方提出共同赔偿要求。有关各方之间在赔偿后可以查明原因后向真正责任人追偿。

四、工程质保期管理程序

工程质保期管理程序如图 10-2 所示。

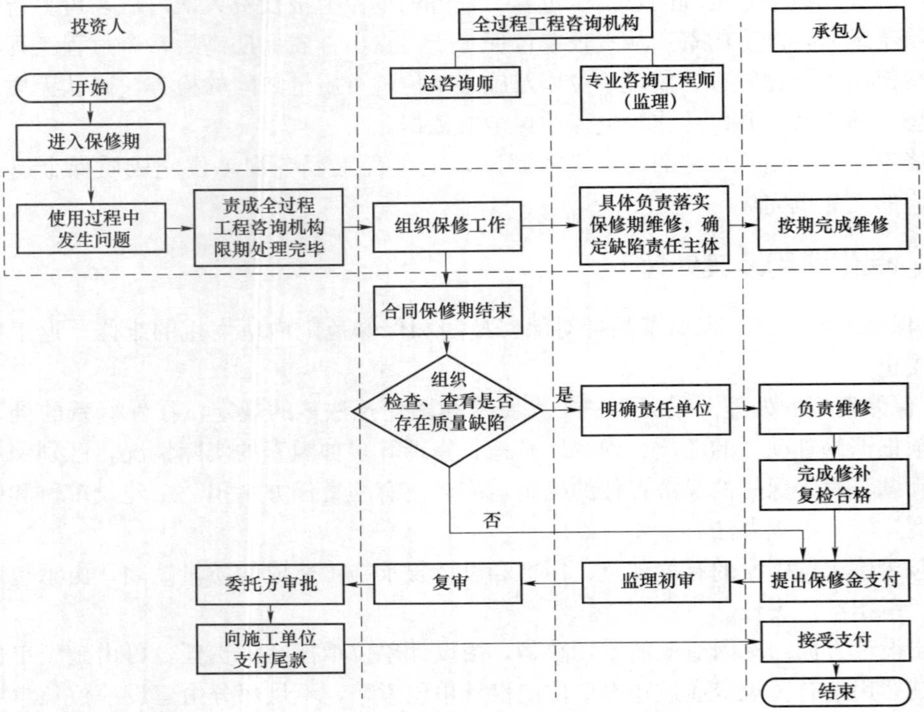

图 10-2　工程质保期管理程序图

五、注意事项

1）建设工程质保期满，全过程工程咨询单位应组织投资人、物管方、监理单位以及施工单位进行工程质量保修期到期验收，以作为退还质保金的前提条件。

2）保修到期验收记录。质保期满的验收必须有项目各方同时参与，并签字盖章，施工单位以及供货单位保修到期验收记录。

六、保修记录表

质保期满的验收必须有监理单位、使用单位、全过程工程咨询单位、投资人以及施工单位等各方同时参与，并签字盖章确认。施工单位以及供货单位保修到期验收记录见表 10-1。

表 10-1　　　　某工程质量保修期到期验收记录表

编号：

<table>
<tr><td>工程名称</td><td></td><td>分项工程名称</td><td></td><td>合同编号</td><td></td></tr>
<tr><td>施工单位</td><td></td><td>项目负责人</td><td></td><td>竣工日期及
质保期限</td><td></td></tr>
<tr><td>监理单位</td><td></td><td>总监理单位</td><td></td><td>保修期
到期时间</td><td></td></tr>
<tr><td>验收时间</td><td></td><td>参加单位</td><td colspan="3"></td></tr>
<tr><td>××单位
自评结论</td><td colspan="5">项目负责人（签字）：　　　　单位（盖章）：</td></tr>
<tr><td>验收组结论</td><td colspan="5"></td></tr>
</table>

<table>
<tr><td>使用单位</td><td>投资人</td><td>全过程
工程咨询机构</td><td>监理单位</td><td>施工单位</td></tr>
<tr><td>总监（签字）：</td><td>负责人（签字）：</td><td>项目负责人（签字）：</td><td>项目负责人（签字）：</td><td>项目负责人（签字）：</td></tr>
<tr><td>使用单位（盖章）：</td><td>投资人（盖章）：</td><td>全过程工程咨询单位
（盖章）：</td><td>监理单位（盖章）：</td><td>施工单位（盖章）：</td></tr>
</table>

此表一式六份，投资人两份，其余各单位一份。　　　　年　月　日

第十一章 基础设施工程——某垃圾焚烧发电厂项目全过程工程咨询案例

一、项目基本概况

本项目为垃圾焚烧发电厂项目建设，实施的规模为1000t/日的一期垃圾处理量和1500t/日规模的一期、二期垃圾处理量所涉及的厂内外土建等公辅工程。项目可研批复一期总投资为5.7亿元，焚烧采用往复式机械炉排工艺、烟气净化采用组合烟气净化工艺、余热回收锅炉选用中温中压锅炉系统、配备2台15MW汽轮发电机组、污水采用厌氧-外置式两级硝化反硝化技术、炉渣就近转至已有垃圾卫生填埋场、飞灰采取螯合剂稳定固化技术。项目于2014年8月20日开工，2015年12月24日竣工。

某咨询公司接受本项目建设业主某环保发展有限公司的委托，作为本项目咨询单位对本项目进行了以工程造价咨询单位为核心的全过程工程咨询服务。咨询单位提出了“以投资控制为主线、以风险管理为重点”的管控思路，即厂区建设采取EPC工程总承包固定总价合同，通过编制限额设计清单和控制价进行招标，在合同中明确固定总价必须达到的产能指标、建设标准、污染物排放指标、工期要求等，通过在实施过程中依据限额设计清单和合同约定对初步设计图和施工图进行审查，对现场实际完成内容、质量、进度、安全进行监督，建立管理制度对进场工艺设备品质进行控制等措施进行全过程管理和控制，以实现建设目标和获得较高的性价比。该管控思路得到了建设业主的采纳，该项目最终在批复的计划投资内按期完成。

本项目除进场道路、前期工程外，厂区建设全部采用EPC勘察设计采购施工总承包模式，通过公开招标确定承包人。本案例主要以厂区建设的重点内容为例。

二、咨询服务范围及组织模式

1. 咨询服务的业务范围

项目全过程工程咨询包括前期策划和招标咨询、限额设计招标限价和限额设计清单编制、实施阶段全过程控制、配合审计部门跟踪审计、竣工结算审核、运营期垃圾处理费用测算等。

2. 咨询服务的组织模式

1）本项目以建设业主委托的造价咨询单位为核心，提供从可行性研究报告批复开始的全过程工程咨询服务，按照“以投资控制为主线、以风险管理为重点”的管控思路，以达到建设业主所需产能和技术指标的情况下实现投资控制和风险管理为目标，将咨询工作贯穿项目全过程。

同时与监理单位配合，进行现场进度、质量、安全、环保监督，招标代理单位按法律法规规定程序完成招标程序工作，工程总承包单位承担勘察、设计、采购、施工。

2）本项目建设管理组织模式如图 11-1 所示。

3）本项目咨询单位内部组织架构如图 11-2 所示。

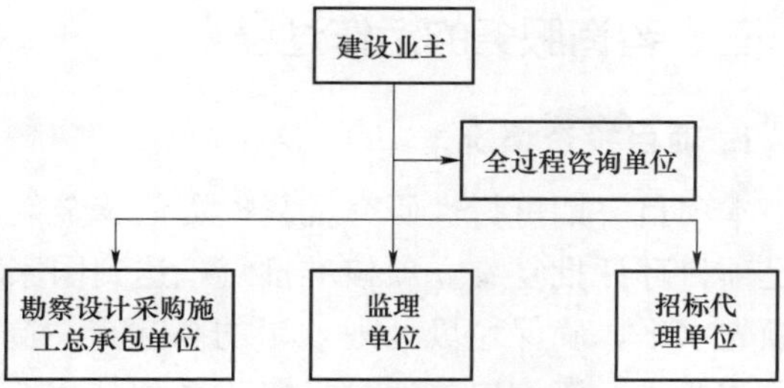

图 11-1　建设管理组织模式图

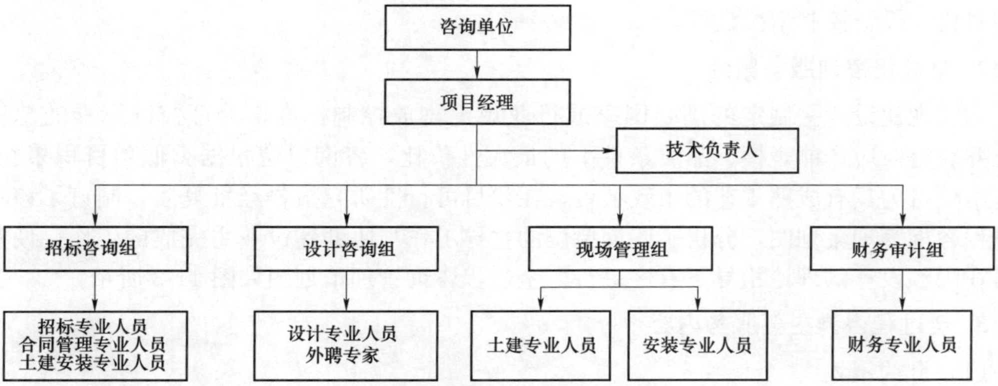

图 11-2　咨询单位内部组织架构图

3. 咨询服务工作职责

本项目咨询单位自可行性研究报告批复后即开展全过程工程咨询工作，各阶段的咨询服务工作职责包括以下阶段。

1）前期阶段：协助建设业主进行项目管理策划和合约规划，确定发包范围、发包模式、合同价款形式、过程管控重点等，协助建设业主建立管控的相关制度等。

2）招标阶段：结合可研报告选择的技术方案，与建设业主共同考察已完成的类似项目和行业市场；与设计专业人员配合细化方案；编制限额设计招标限价和限额设计清单；协助业主制订商务竞争指标；拟写招标文件发包人要求、招标文件合同条款；分析中标人投标文件、对投标报价进行清标、协助定标和签订合同前合同谈判和合同审查等。

3）实施阶段：参与设计文件审查，审查概算和预算；对项目实施全过程驻现场提供咨询服务，进行合同管理、计量与支付管理、变更与签证管理、参与隐蔽工程验收、主要材料设备进场验收、施工方案审查等；配合审计机关对现场进度、质量、安全、环保进行监督；对各参建单位履职履约情况进行监督；每月向委托人和审计机关报送月报，内容包括投资完成情况、进度情况、现场影像资料、存在问题等。

4）竣工阶段：参与竣工验收和检测，进行竣工结算审核。

5）运营阶段：收集运营相关数据，对垃圾处理服务费单价进行测算。

三、咨询服务的运作过程

1. 项目投资情况

本项目一期可行性研究批复投资估算金额5.7亿元，按建设业主“项目各项指标必须满足项目环评批复、立项核准批复，达到国家对垃圾焚烧发电项目的AAA评级要求及国内领先水平，确保垃圾处理效果的高起点、高标准，并产生良好社会、环境和经济效益”的总体要求，咨询单位通过采取一系列技术与经济措施，最终EPC固定总价合同招标控制价为4.14亿元，合同价为4.07亿元，结算价为4.03亿元，结算价比合同价减少426.14万元，投资偏差率为1.05%，产能指标单价40.327万元/t，与同类项目产能造价指标对比，投资控制情况良好。

2. 全过程咨询服务策划

为实现建设业主制定的满足国家或行业规定排放控制标准、治理控制标准的总体目标，并获得对应产能规模、品质条件下的最大性价比，咨询单位根据类似项目积累经验，结合本项目为具有成熟工艺的市政项目，在项目可行性研究报告经批复后，制订了该项目全过程咨询管理策划图，分析了咨询单位的主导工作与协助建设业主完成的工作，使整个项目在限额设计的理论指导下有序进行。全过程咨询管理策划图如图11-3所示。

3. 全过程咨询主要服务内容

（1）合约策划

由于垃圾焚烧是由多专业、多工艺组合实施项目，其成熟的技术工艺及关键设备选用采购一直由本行业少数具有关键设备生产制造和运营能力的企业掌控。通过项目前期考察情况并结合行业惯例，建设业主最终决定采用EPC总承包模式，报经某市政府及相关部门批准实施。

咨询单位在配合业主开展本项目实施前期准备工作的同时，在了解行业动态及对同类项目的调研考察情况基础上，考虑到本项目工艺技术条件成熟、工程任务和范围明确、工期要求紧迫（510日历天），建议“采用EPC总承包固定总价的合同价格形式，并特别对项目实施内容、风险范围予以明确要求”，同时协助建设业主明确EPC发包的范围为厂区建设范围，其他厂外道路工程和前期工程按传统DBB模式进行发包，建立了本项目完整的合约体系。

（2）EPC总承包招标咨询

在确定采取EPC总承包模式后，咨询单位为本次EPC总承包招标提供了招标咨询，主要工作包括：

1）协助建设业主了解潜在投标人情况。根据建设业主和可行性研究编制单位基本要求，结合垃圾特质对垃圾焚烧炉等关键设备的选型配置比较、烟气净化系统等关键工艺方案的要求，咨询单位协助建设业主对比国内同类型各大垃圾焚烧营运商质量，在招标文件中合理确定对总承包商综合实力和焚烧炉技术的评审标准，设置了垃圾处理量、上网电量、烟气排放指标、限额设计清单报价为可竞争商务指标。

2）拟写招标文件发包人要求。通过对本项目主要工艺流程的梳理、分析，按工程项目特征，咨询单位为建设业主分系统和分专业拟写了EPC招标文件中的发包人要求，包

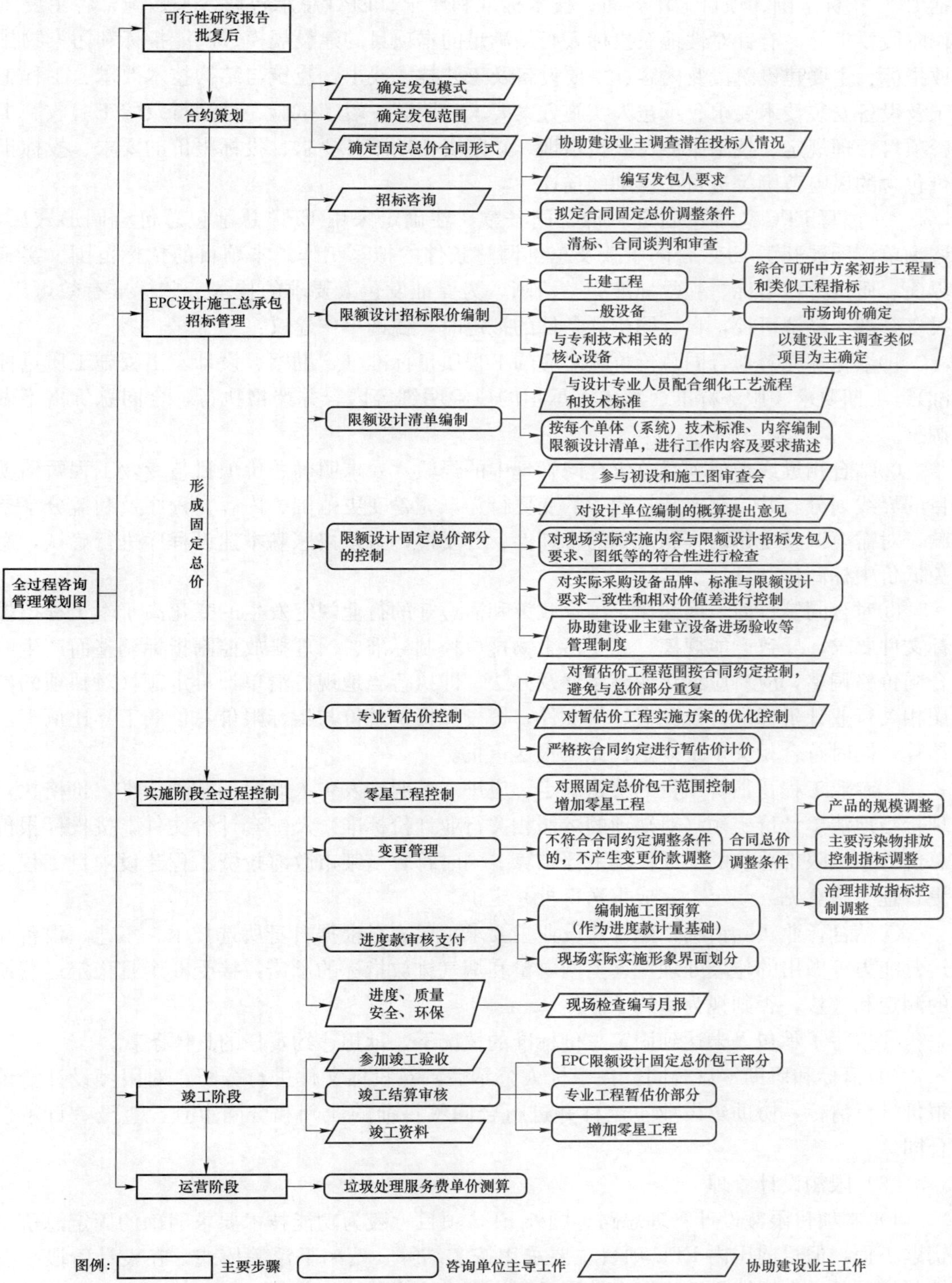

图 11-3 全过程咨询管理策划图

括 EPC 招标范围、项目工作界面、技术标准和要求、EPC 总承包设计采购施工各主要工作阶段要求等，有针对性地对投标人必须满足的本项目的建设规模、产能指标和污染物排放指标、主要建设阶段及内容、主要设备及工艺技术要求、建筑与结构技术要求、工程施工及设备安装技术要求、承包人实施方案要求、调试、竣工试验、试运行及竣工验收、工程项目管理规定、技术服务及人员培训、缺陷责任期服务要求、投标报价的要求、投标报价包含的风险范围等进行了详细的描述。

3）拟写 EPC 总承包固定总价合同条款。在确定采用 EPC 总承包总价合同形式后，咨询单位即展开了 EPC 合同条款及总价调整条件的拟写工作。本项目的招标范围、实施界面、质量考核目标、验收标准完整清晰，为保证发包人要求的技术工艺标准有效可靠、投资合理、经济可控，在合同价款条件的拟定时，咨询单位建议：

①细化并完善与合同总价价款对应的工程质量标准（含勘察、设计、工程施工质量标准）、工期要求、服务标准、承包人承担的风险明细等内容并严格执行，合同总价格不做调整。

②结合相近或类似项目总价合同管理中的经验，要求明确总价项目与专业工程暂估项目的界线划分，并控制实施过程中的变更行为，完善变更范围、内容、程序及利益分享条款，对需要调整变化内容和范围的合理性、必要性，必须按照基本建设程序进行确认，避免低价中标高价结算。

③对合同签订后，因法律、国家政策和需遵守的行业规定发生的变化高于本工程招投标文件要求，导致产能规模、主要污染物排放控制标准、治理排放控制指标调整而产生的合同价格调整，应对应细化调整条件及办法，即执行当地现行清单计价定额（对缺项的参照相关行业计价标准）及配套计价文件，按投标报价总价与招标限价总价的下浮比例下浮结算。同时符合相关审定规定，完成报送审批。

④专业工程暂估价项目的价格确定，应进一步明确发包人确定的施工标准，价格执行现行当地清单计价定额（对缺项的参照相关行业计价标准）及配套计价文件，按投标报价总价与招标限价总价的下浮比例下浮结算。同时符合《某市政府投资工程建设项目工程变更管理实施意见》规定，完成报送审批并定价。

⑤结合行业实际情况，建议建设业主要求承包人对根据自身所选技术、工艺、设备和运营能力等做出的垃圾处理量、上网电量和烟气排放指标的承诺，接受 6 个月稳定运营期的测定和考核，否则视为违约。

⑥拟写了承包人未达到固定总价标准的情况下，承担违约责任的具体条款。

4）清标和协助签订合同。在中标人公示后，对投标文件进行分析，对限额设计清单报价进行清标，协助建设业主定标并进行合同签订前的谈判和合同审查，直至签订承包合同。

（3）限额设计管理

1）本项目限额设计管理思路。国外 EPC 项目一般为功能技术要求明确的固定总价交钥匙工程，但目前国内 EPC 项目主要采用按实结算、费率下浮等模式，在设计阶段投资控制效果差，在后期预算评审和结算过程中常常出现争议，为保证发包人要求的工艺技术标准得以实现、建设投资合理、实施项目费用可控，咨询单位建议建设业主对项目采取限额设计管理，具体思路如下：

①在招标时根据可行性研究报告中的工艺技术指标，结合类似项目和方案设计合理确定设计限额；

②为了避免在初步设计阶段因总价包干降低建设水平、过度缩小建设规模，在招标阶段编制限额设计清单，即按项目可行性研究报告中每一个单体（系统）的技术标准、规模要求、范围内容，对应进行限额清单费用的测算，并明确约定详细的实施标准和内容；

③在初步设计阶段和施工图设计阶段，依据限额设计清单确定的具体实施标准和内容对图纸进行审查、管理和控制。

2）限额设计招标限价和限额设计清单编制要点。在确定设计限额和编制限额设计招标清单中，通过对项目可行性研究报告资料的分析，及时就项目的编制范围、内容、工艺流程及方案、完成功能的相应配套设备装置的基本情况及问题与建设业主进行了沟通和交流；为加深对项目工艺流程及方案的理解，咨询单位还实地考察了已建成投运的几家环保发电有限公司，将本项目与考察项目进行对比，发现本项目可研工艺流程和系统中的方案设计还存在不明确的工艺流程、设备选型、建设标准等；通过与建设业主、可行性研究报告编制单位相关人员、建设业主推荐的两家设计院进行对接工作，对部分工艺要求进行细化，形成了切实可行的技术咨询处理意见，并对项目涉及的主要工作内容进行了价格咨询。

通过对项目各单项（单位）工程限额设计清单编制，在明确完善可研主要工艺系统的技术条件和参数标准，细化系统配置、组成内容的基础上，使得限额清单的控制价格测算更接近市场价格，并将所有资料提供给财政评审，协助财政评审中心完成了评审工作，合理确定了限额设计总价。在此基础上完善限额设计清单，作为 EPC 招标的清单。

（4）项目实施阶段控制

在工程实施阶段，结合限额设计清单明确的工艺功能内容实施管理控制，咨询单位主要进行的咨询服务内容包括：

1）参与初步设计和施工图审查，对初步设计的主要规模、技术、功能指标等与招标文件发包人要求、限额设计清单内容标准等进行对比，提出完善施工图设计的建议意见。

2）对设计单位编制的概算和预算提出建议，对概算和预算内容、标准与发包人要求和限额设计要求是否一致进行咨询。

3）对现场实际实施标准结合限额设计清单标准、施工图设计标准，进行全面的符合性审查，如对结构开间、进深、层高进行测量比对，对钢筋布置、规格、数量进行检查比对，对附属道路的基层面层厚度、施工工艺是否按照设计要求实施，对选用工艺设备是否符合限额设计清单和经审查确定的设计施工图要求等内容，在每天的现场巡查中都进行了相应的检查和记录。对未按设计要求实施的情况，通过工作月报或专项汇报的形式向业主进行反馈并监督落实调整。

4）对限额设计清单专业工程暂估价项目（装饰、绿化、边坡治理工程）、总价项目、合同外新增项目的工作内容和范围进行进一步划分。咨询单位经查阅招标文件、合同文件、招标限额设计清单等资料后多次与建设业主沟通、讨论，提出了初步意见和对应的判定依据，出具了《关于 EPC 合同段专业工程暂估价项目及 EPC 合同外项目的工作范围的咨询意见》，为建设业主确定界面划分做好了全面分析准备工作，并最终达成一致意见。

5）协助建设业主建立建设管理制度。本项目为工艺项目，咨询单位一直将设备作为关注重点，在项目实施过程中，咨询单位发现设备的进场管理工作比较混乱，未按合同约定，对进场设备及时进行报验清点，对随货发送的图纸资料、技术文件资料、出厂合格证及检验检测报告未作及时清理，可能造成进场设备的不合格而产生重新发货延误工期的情况。为加强项目设备进场验收管理，确保设备质量、数量、规格符合发包人要求，满足项目建设需要，加强工程投资控制，咨询单位协助业主建立和完善了《设备进场验收管理制度》，牵头严格管理控制设备进场报验，确保现场安装工艺设备与限额设计报价和经审定的施工图一致。

6）咨询单位对EPC承包人拟采购进场设备建立了管理台账，通过严格管控设备采购和进场，咨询单位发现存在EPC承包人签订的设备采购协议中的设备供货商与EPC承包人限额设计报价中的设备供货商不一致的问题，咨询单位及时向建设业主反馈汇报，建设业主通过调查，根据其委托的第二设计院出具的技术审查意见，部分要求需承包人整改，部分在确保EPC承包人投标承诺的设备质量品质标准不低于EPC签约合同设备质量同档次水平下，批准同意EPC承包人调整。

7）计量与支付管理。由于本项目为EPC固定总价合同，根据合同约定的按进度计量支付，为了真实地反映项目每月完成实际进度投资情况，有效节约资金利息，咨询单位对EPC总承包单位报送的设计施工图预算进行全面审核，并以审核预算作为进度款支付的计量参考依据。在合同约定的计量日期，由咨询单位与建设业主、监理单位、施工单位等共同对现场实际完成项目内容进行确认，统计计算当月完成合格工程量，结合合同约定支付条件确定当月进度支付金额。

通过咨询单位对中间计量支付的严格把关，控制了计量支付的超付风险。本项目总承包单位累计送审进度计量支付金额36400.00万元，经过审核后的累计进度计量支付金额为34587.00万元，审减金额1713.00万元，审减率5%。

8）变更管理。根据本项目固定总价的合同价款形式，咨询单位严格依据合同约定的合同价款调整条件，只对超出总价包干范围的内容和因发包人调整技术指标功能需求的内容进行变更审核和变更价款审核。

9）对专业工程暂估价项目的优化控制。限额设计清单专业工程暂估价项目中的边坡治理工程，在设计施工图中二号挡墙为条石挡土墙。若按设计放坡距离施工，会超出征地红线范围，且与该位置的1根$\phi108$的天然气管道交叉，咨询单位通过分析后向建设业主提出以下优化意见：根据现场基础开挖的岩土情况，可以将原设计的条石挡墙取消，调整为喷锚，且价格经测算略低于条石挡土墙。该建议得到了建设业主和EPC设计施工承包人的采纳，进行了设计优化，节约了投资。

10）关注质量安全进度情况。本项目同步接受审计机关跟踪审计，由咨询单位全程驻场对项目基本建设程序、建设管理、财务管理、投资、进度、质量、安全、环保、各参建单位履职履约等进行跟踪，全程参与现场隐蔽工程验收和现场管理，每月编制月报提交审计机关、财政部门和建设业主，在月报中反映质量、投资、安全等综合管理情况，及时督促进行整改，同时严把工程进度，使得施工阶段的工期提前2%。

通过施工阶段按照限额设计清单明确的工艺内容，实施全过程管理控制，避免了承包人偷工减料，以次充好，性价比偏离发包人要求的情况，保证了工程质量，建设成本得到了有效控制，工期提前。

（5）竣工结算审核

根据 EPC 总承包合同，咨询单位在竣工结算审核时，按合同约定分为两个部分进行审核：

1）EPC 限额设计总价工程：根据合同约定除产能规模调整、主要污染物排放控制标准调整、治理排放控制指标调整等性质的变更及发包人的赶工指令、不可抗力持续而无法继续施工的项目外，合同价格不做调整。因此，咨询单位主要对 EPC 总承包人完成的工程承包范围、内容和标准进行符合性审查。对合同承包范围已包含，但 EPC 承包人未实施的燃气工程费用，根据业主与燃气工程施工单位签订的施工合同结算金额 80876.00 元，在固定总价中予以扣减。

2）专业工程暂估价项目：合同约定工程量按提供的有效竣工结算资料，结合合同约定的计量原则按实计算。

通过结算审核，一期项目在实现拟建项目产能标准基础上的实际完成建设项目结算金额为 40327.43 万元，严格控制在一期合同金额 40753.57 万元和批准的计划投资 57000.00 万元范围内的。目前，本项目已于 2015 年底建成投入试生产使用，2016 年底通过省环保厅环保验收，且已经通过了某市审计局审计。与相同规模和工艺的其他项目相比，本项目功能产出指标和环保指标满足要求，同时建设投资合理，控制效果良好。

（6）运营成本测算

本项目建设完成后，某市人民政府拟与建设业主签订特许经营协议。咨询单位接受某市城市管理行政执法局委托，根据拟签订的特许经营协议，结合市场情况和类似项目情况，通过对本项目建设和运营相关数据的收集，对垃圾处理服务费单价进行分析测算，为政府核定垃圾焚烧发电补贴费用提供决策参考。

咨询单位根据政府方与投资人签订的项目特许经营合同内容，包括项目规模、建设投资、项目投融资计划、垃圾处理规模、设计规模负荷率、垃圾保底量、项目特许经营期、人员编制情况、资产摊销方式等，结合相似规模及工艺的垃圾焚烧发电项目直接材料成本、当地能源费用等要素，运用生产成本加期间费用估算法、生产要素估算法等计算出项目的运营成本。

根据《国家发展改革委关于完善垃圾焚烧发电价格政策的通知》（发改价格〔2012〕801 号）规定，结合项目规模（日处理垃圾量）、项目运营期，算出垃圾焚烧发电收入。

根据《市政公用设施建设项目经济评价方法与参数》以营业收入、建设投资、经营成本和流动资金的估算为基础，考察整个特许经营期内现金流入和现金流出编制出项目现金流量表；利用资金时间价值的原理进行折现，计算出项目的财务投资内部收益率、资本金内部收益率、投资各方内部收益率；通过内部收益率与行业比较，运用不确定性分析与风险分析等科学决策方法，结合区域经济与宏观经济影响，测算出各种假设情况和政府将要支付的垃圾处理费用，供政府决策参考。

四、咨询服务的实践成效

1. 实现社会资源的可持续发展

垃圾焚烧发电项目的标准化、规范化建设，实现了处理技术先进、管理水平科学的目标；采用焚烧方式处置垃圾后，垃圾减量化将达到 85％左右，缓解了采用填埋方式占地面积较大与莱市城市化建设加快而用地紧张的矛盾，节约了土地资源；本项目的建成，将杜绝采用填埋方式产生的污水、废气等二次污染，改善了人居环境质量，垃圾焚烧热能发电为社会提供大量能源，创造了财富，保持了资源的可持续供给能力；项目的建设，按城市规划后续将形成以生活垃圾处理处置为主要功能，餐厨垃圾、污水污泥、粪渣处理处置作为配套功能的废弃物静脉产业园区，最大限度地提高资源再利用效率，实现资源经济的良性循环，实现企业、社会、环境一体的可持续发展。

2. 按期完成了项目实体建设目标

1）在合同约定的建设工期（510 天）内，完成了本项目建设目标，建设效率高，成效显著。垃圾焚烧项目的提前投运，完善了城市功能配套，惠及了广大群众。

2）垃圾焚烧项目的投产运营，按计划批复实现了建成一个配备齐全、功能完善、满足招标文件技术功能要求的垃圾焚烧发电厂的总体目标，发电厂的土建工程建设和设施、设备安装与合同的约定一致；性能测试结果和环保测试指标均达到合同规定标准；各污染源自动监测设备已同环保主管部门的监控中心并网，并取得环保部门签发的环保验收证书和发改部门签发的项目验收批文。

3. 实现了价格与品质标准一致的投资管理目标

在传统承发包模式下的政府投资建设管理，常常因各单位管理职能不到位出现的结算超批复概算情况。本项目中，咨询单位在 EPC 设计采购施工总承包模式下进行了固定总价包干的管理探索，运用技术与经济相结合的手段，通过限额设计管理、明确细化产能标准、建设标准、验收标准的方式，在经批准的一期投资估算（57000.00 万元）内完成项目建设 40327.43 万元，同时各项性能满足国家标准和发包人要求，实现了价格与品质标准一致的投资控制管理目标，为全过程工程咨询服务积累了宝贵的经验。

4. 获得了社会对全过程工程咨询管理的认可

1）本项目从可研批复开始咨询单位即介入，实现了全过程的咨询。从实践效果来看，本项目"以投资控制为主线，以风险管理为重点"，根据投资控制与项目决策、建设效益、质量、进度、安全、环保等多环节、多目标均密切相关且为建设业主与承包人之间主要博弈点的原理，由造价咨询单位牵头实现了项目从策划、招标、设计、现场管理、完工、运营等全过程各环节、各专业间的密切配合和衔接，通过整体把控避免了信息流断裂和弥补传统单一服务模式下易出现的管理漏洞和缺陷，使得建设业主获得了完整的建筑产品和服务。

2）由于建设效果显著，建设业主的主要负责人等三人获得了市科技局颁发的 EPC 项目科学管理奖。

3）本项目的全过程工程咨询服务中，咨询单位经历了与建设业主从磨合到支持认可的过程，以实践取得了建设业主对于以造价咨询单位为核心，以达到建设业主所需产能和技术指标为目标，贯穿项目全过程的咨询工作的认可。

业主对咨询单位的评价意见为"本项目功能产出指标和环保指标满足要求，同时建设投资合理，控制效果好，对工程造价事务所提供的建设全过程专业技术咨询服务工作表示满意"。

4）在由市审计部门负责实施的项目过程审计和结算复核中，咨询单位按审计部门要求，配合做好项目技术经济资料、数据的收集、取证、清理、分析工作，对过程中发现的情况和问题，通过随时电话反馈、当面沟通汇报、重大问题专题汇报、按月度年度方式报告项目建设情况，实现对项目管理、投资、质量、进度、安全、环保等各方面的同步监督和记录，并对调整落实情况随时跟进反馈，提供给审计部门参考、了解和决策处理，通过了审计监督。

5）本项目的设计施工总承包单位某环境产业有限公司对咨询单位从本项目限额设计EPC招标开始直至运营费用测算的全过程工作取得的效果，从开始的博弈到最终认同。已委托我公司为其正在承包建设的另一垃圾焚烧发电项目提供总承包管理服务，为咨询单位发展开辟了新的业务来源。

参 考 文 献

[1] 丁雪英，等. 公路桥梁建设与工程项目管理 [M]. 长春：吉林科学出版社，2019.

[2] 中南大学，佛山市路桥建设有限公司. 大型基础设施建设项目管理模式与目标控制体系-佛山“一环”工程管理探索与实践 [M]. 北京：中国建筑工业出版社，2010.

[3] 葛培健，等. 基础设施 BT 项目运作与实务 [M]. 上海：复旦大学出版社，2014.

[4] 李亚峰. 城市基础设施规划 [M]. 北京：机械工业出版社，2017.

[5] 汤铭潭. 城镇信息化及其基础设施规划建设 [M]. 北京：中国建筑工业出版社，2010.

[6] 李元庆. 工程总承包管理价值研究 [D]. 大连理工大学，2016.

[7] 郭超. 建设工程电子招投标系统及应用研究 [D]. 浙江大学，2015.

[8] 全国一级建造师编写委员会. 建设工程项目管理 [M]. 北京：中国建筑工业出版社，2017.

[9] 徐苏云，等. PPP 项目引进产业基金投融资模式探讨——以某市轨道项目为例 [J]. 建筑经济，2015.36（11）：41-44.

[10] 张步诚. 建筑工程项目设计管理模式创新探索 [J]. 中国勘察设计，2015（2）：84-89.

[11] 韩立立. 挣值法下建筑施工项目的成本控制研究——基于 CZ 建筑公司案例研究 [D]. 山东大学，2014.

[12] 周子炯. 建筑工程项目设计管理手册 [M]. 北京：中国建筑工业出版社，2012.

[13] 齐娜娜. PPP 模式下综合管廊项目风险评价研究 [D]. 山东大学，2016.

[14] 赵佳. 城市地下综合管廊 PPP 模式融资风险管理研究 [D]. 青岛理工大学，2016.

[15] 全国注册咨询工程师（投资）资格考试教材编写委员会. 工程咨询概论（2017 年版）[M]. 北京：中国计划出版社，2017.

[16] 全国注册工程师（投资）资格考试参考教材编写委员会. 工程咨询概论 [M]. 北京：中国计划出版社，2015.

[17] 中国施工企业管理协会. 建设工程全过程质量控制管理规程 [S]. 北京：中国计划出版社，2018.

[18] 陈金海，陈曼文，杨远哲，等. 建设项目全过程工程咨询指南 [M]. 北京：中国建筑工业出版社，2018.

[19] 王建中，尹贻林. 代建项目管理指南 [M]. 天津：天津大学出版社，2013.

[20] 李明瑞，李希胜，沈琳. 基于 BIM 的建筑信息集成管理系统概念模型 [J]. 森林工程，2015.31（1）：143-148.

[21] 张飞涟，郭三伟，杨中杰. 基于 BIM 的建设工程项目全生命期集成管理研究 [J]. 铁道科学与工程学报，2015（3）：702-708.

[22] 杨晓，郭晓川. 范围经济研究综述 [J]. 资源与产业，2016，18（4）：110-115.

[23] 尹贻林，张勇毅. 中国工程咨询业的发展与演进 [J]. 土木工程学报，2005.38（10），129-133.

[24] 全国咨询工程师（投资）职业资格考试专家委员会. 工程项目组织与管理（2017 年版）[M]. 北京：中国计划出版社，2016.

[25] 左进，韩洪云. 中国建筑业全生命周期价值链的应用研究 [J]. 价值工程，2004（6）.

[26] 王兆红，邱菀华，詹伟. 设施管理及其在中国的未来发展 [J]. 现代管理科学，2006（2）.

[27] 全国一级建造师编委会. 建设工程项目管理 [M]. 北京：中国建筑工业出版社，2017.

[28] 建筑科学研究院. 绿色建筑工程竣工验收标准 [S]. 北京：中国计划出版社，2017.

[29] 中华人民共和国住房和城乡建设部. 绿色建筑评价标准 [S]. 北京：中国建筑工业出版社，2019.

[30] 潘自强，赵家新．建设工程项目管理咨询服务指南［M］．北京：中国建筑工业出版社，2017.
[31] 中国建筑设计咨询有限公司．建设工程咨询管理手册［M］．北京：中国建筑工业出版社，2017.
[32] 安连发．我国工程建设项目招标代理机构目前存在的问题及对策［J］．建筑市场与招标投标，2010（4）：26-34.
[33] 郑利娜．建设工程施工阶段质量管理绩效评价体系研究［D］．西安建筑科技大学，2010.
[34] 李娟．建筑施工项目管理绩效评价研究［J］．消费导刊，2010（2）：121，147.
[35] 陈年和．建筑工程竣工验收与资料管理［M］．北京：中国建筑工业出版社，2010.
[36] 李光．建筑工程资料管理实训［M］．2 版．北京：中国建筑工业出版社，2013.